suhrkamp taschenbuch
wissenschaft 1152

Die moderne Wirtschaft beschreibt sich selbst durch Preise und durch Informationen über Preise. Das mag in der Wirtschaft genügen, zumal anders größere operative Genauigkeit und schnelle Verständigung auch bei wachsender Komplexität kaum zu gewinnen wären. In der Gesellschaft genügt es nicht, denn hier kann beobachtet werden, daß in den Preisinformationen, mit denen sich die Wirtschaft versorgt, Informationen über die Auswirkungen der wirtschaftlichen Operationen in der gesellschaftlichen und natürlichen Umwelt der Wirtschaft systematisch zu wenig Berücksichtigung finden. Der Erfolg der Wirtschaft gefährdet Gesellschaft und Natur.
Die vorliegende Beschreibung der Wirtschaft der Gesellschaft, die sich für beide Aspekte, den Erfolg und die Gefährdung, interessiert, setzt dort an, wo die Wirtschaft selbst sich bereits aufhält: an einer höchst eigenartigen Gemengelage von Instabilität und Stabilität, von hochgradiger Temporalisierung und Unbeweglichkeit, von Entsachlichung und Erfindungsreichtum, von Bestimmtheit und Unbestimmtheit aller elementaren Operationen. Sie beschreibt die Instabilität selbst als Reproduktionsmechanismus und fragt von dort aus nach den Auswirkungen einer sich selbst destabilisierenden Wirtschaft auf zum Beispiel Politik und Erziehung, natürliche Ressourcen und menschliche Motive.

Niklas Luhmann (1927-1998) hat im Suhrkamp Verlag u.a. veröffentlicht: *Die Kunst der Gesellschaft* (stw 1303); *Die Gesellschaft der Gesellschaft* (stw 1360); *Ausdifferenzierung des Rechts* (stw 1418); *Die Religion der Gesellschaft* (stw 1581); *Die Politik der Gesellschaft* (stw 1582); *Schriften zur Pädagogik* (stw 1697).

Niklas Luhmann
Die Wirtschaft der Gesellschaft

Suhrkamp

9. Auflage 2023

Erste Auflage 1994
suhrkamp taschenbuch wissenschaft 1152

Umschlag nach Entwürfen von
Willy Fleckhaus und Rolf Staudt
Druck und Bindung: C. H. Beck, Nördlingen
Printed in Germany
ISBN 978-3-518-28752-1

www.suhrkamp.de

Inhalt

Vorwort

Soweit Soziologen sich überhaupt mit Fragen der Wirtschaft befaßt haben, ist ihre Einstellung zur wirtschaftswissenschaftlichen Forschung eher ergänzend oder auch »kritisch« gewesen. Talcott Parsons beispielsweise hat noch unter dem Eindruck der Weltwirtschaftskrise von 1929 und nach sorgfältiger Lektüre der soziologischen Klassiker den individuell-utilitaristischen Ausgangspunkt der Wirtschaftswissenschaften für unhaltbar, ja für schlechthin unrealistisch erklärt. Jede Handlung habe eine kulturelle und eine soziale Komponente.[1] Deshalb sei es schon im Ansatz verkehrt, mit Arrow das Problem der Sozialität als ein Problem der Aggregation individueller Präferenzen zu behandeln. Auch Helmut Schelsky hat von einer Überbewertung der »Entscheidung« gesprochen.[2] Neuere Publikationen fordern, in der Radikalität und in der theoretischen Orientierung dahinter zurückfallend, die stärkere Berücksichtigung wirtschaftsexterner Faktoren, des Eingebettetseins von Konzepten für Rationalität, für Konkurrenz und für Konflikt.[3] Das könnte unter dem

1 Vgl. Talcott Parsons, Economics and Sociology: Marshall in Relation to the Thought of His Time, Quarterly Journal of Economics 46 (1932), S. 316-347; ders., Some Reflections on ›The Nature and Significance of Economics‹, Quarterly Journal of Economics 48 (1934), S. 511-545; und in ausgereifter Form Talcott Parsons/Neil J. Smelser, Economy and Society, New York 1956. Mehr als diese Publikationen erkennen lassen, ist diese »Wirtschaft und Gesellschaft«-Perspektive theoriebiographisch der Motor gewesen, der Parsons zu einer Theorie der Dekomposition des Handelns in Einzelfunktionen und dann zu Teilsystemen des Handlungssystems angeregt hat.

2 In einem Vortrag, in dem sich der Soziologe den Wirtschaftswissenschaften gegenüber kollegial als »Laie« einführt. Siehe Helmut Schelsky, Die Wirtschaftwissenschaft und die Erfahrung des Wirtschaftens: Eine laienhafte Betrachtung, Wiesbaden 1980.

3 Vgl. z. B. Neil J. Smelser, On the Relevance of Economic Sociology for Economics, in: Tjerk Huppes (Hrsg.), Economics and Sociology: Towards an Integration, Leiden 1976, S. 1-26; Amitai Etzioni, Encapsulating Competition, Journal of Post-Keynesian Economics 7 (1985), S. 287-302; Richard Swedberg, Economic Sociology and Exogenous Factors, Social Science Information 24 (1985), S. 905-920.

Gesichtspunkt der »Institutionalisierung« von Wirtschaft zusammengefaßt und in eine den Ökonomen an sich nicht unbekannte Tradition zurückverwiesen werden. Damit wird an Problemstellungen der wirtschaftswissenschaftlichen Theorie, insbesondere an das Problem der rationalen Entscheidung und an das Problem der konfliktträchtigen Verteilung angeknüpft – und zugleich vermieden, in den Hoheitsbereich einer anderen wissenschaftlichen Disziplin einzugreifen.

Die in diesem Band zusammengestellten Beiträge sind nicht als Kritik dieses soziologieüblichen Ausgangspunktes gemeint. Sie sind erst recht nicht als Kritik der wirtschaftswissenschaftlichen Theoriebildung zu verstehen. Sie setzen nur anders an – und rechnen damit, daß man sich auf dem weiteren Weg schon hin und wieder, wenn vielleicht auch in etwas überraschender Weise, begegnen wird und dann in der Situation immer noch entscheiden kann, ob in Konsens oder in Dissens und mit welcher Vorfahrtsregulierung.

Der Ausgangspunkt hier liegt nicht in einer Gegenüberstellung von wirtschaftlichen und sozialen Aspekten à la »Wirtschaft und Gesellschaft«.[4] Erst recht halte ich die Unterscheidung wirtschaftlich/sozial/ kulturell für irreführend. Alles wirtschaftliche Handeln ist soziales Handeln, daher ist alle Wirtschaft immer auch Vollzug von Gesellschaft. Vielleicht wird das von niemandem bestritten, aber dann sind eben die angeführten Unterscheidungen inadäquat, wenn es darum geht, die Beobachtung und Analyse der wirtschaftlichen Aspekte des gesellschaftlichen Geschehens zu beschreiben. Wir behandeln deshalb die Wirtschaft als Teilsystem der Gesellschaft – und das soll der Titel »Die Wirtschaft der Gesellschaft« ankündigen.

Man gewinnt mit diesem Ausgangspunkt den Vorteil, neuere Entwicklungen in der allgemeinen Systemtheorie verfolgen und sie für die Darstellung der Wirtschaft der Gesellschaft nutzen zu können. Sowohl die Gesellschaft als auch die Wirtschaft werden als soziale Systeme begriffen, und die Verbindung beider liegt in einer Theorie der Systemdifferenzierung, die Differenzierung als Wiederholung der Systembildung in Systemen auffaßt. Auf diese

4 Vgl. dazu auch Richard Swedberg, The Critique of the ›Economy and Society‹ Perspective During the Paradigm Crisis: From the United States to Sweden, Acta Sociologica 29 (1986), S. 91-112.

Weise lassen sich Konzepte der neuen Kybernetik zweiter Ordnung (der Kybernetik des Beobachtens von Beobachtungen) und Ansätze zu einer Theorie selbstreferentieller Systeme anzapfen. Man kann prüfen, ob und wie die Vorstellungen über operative Geschlossenheit und strukturelle Kopplung zur Klärung klassischer Probleme der Geldwirtschaft beitragen können, und dabei wird immer mit im Blick zu halten sein, wie das Gesellschaftssystem begriffen werden muß, damit eine solche Anwendung möglich ist. In jedem Falle werden, und daran muß man sich mühsam gewöhnen, Systeme nicht einfach als Objekte behandelt, die neben anderen Objekten in der Welt existieren und von einem unabhängigen Beobachter richtig oder falsch beschrieben werden können; sondern Gegenstand einer Beobachtung ist jeweils eine Differenz, eine Differenz von System und Umwelt, und dies mit der Zusatzannahme, daß es die selbstreferentielle Schließung des Systems ist, die diese Differenz erzeugt und reproduziert.

In verschiedenen Hinsichten, die wir hier nicht vorwegnehmend diskutieren sollten, führt dieser Theorieansatz zu einer Steigerung des Auflöse- und Rekombinationsvermögens und zu erhöhten Ansprüchen an begriffliche Genauigkeit – und dies auf einem ganz anderen Wege als dem üblichen der Mathematik. Man kann dann zum Beispiel über Geld oder über den Markt nicht mehr so reden, als wüßte man, worum es sich handelt, und als sei nur noch ein Problem der Erklärung konkreter Erscheinungen zu lösen. Nimmt man das, was wir »Autopoiesis der Wirtschaft« nennen werden, als Ausgangspunkt und reduziert man folglich das, woraus Wirtschaft besteht, auf ein Netzwerk von selbstproduzierten Ereignissen, das ständig reproduziert wird oder anderenfalls einfach aufhören würde zu existieren, dann stößt man in einem sehr radikalen Sinne auf die Frage der Bedingungen der Möglichkeit und damit nicht zuletzt auf die Frage der damit verbundenen Einschränkungen (constraints) für die Reproduktion von Zusammenhängen. Sowohl der Problembezug Knappheit als auch das Tauschmittel Geld, sowohl die Anthropologie der Bedürfnisse als auch das Entscheiden als Form des Prozessierens von Kontingenz verlieren damit ihre grundbegriffliche Selbstverständlichkeit und müssen systemtheoretisch kontrolliert rekonstruiert werden. Anhand von zentral gewählten Themen soll mit den Untersuchungen dieses Bandes ausprobiert werden, wohin eine Theorie treibt, wenn sie so anfängt, und welche theorietechnischen Entscheidungen dabei anfallen.

Eine zweite Ambition bezieht sich auf Gesellschaftstheorie. »Die Wirtschaft der Gesellschaft« – das sagt auch, daß wir mit einer Analyse der Wirtschaft etwas über die Gesellschaft erfahren können, und spezieller: mit der Analyse der Geldwirtschaft etwas über die moderne Gesellschaft. Für diese Zwecke muß die Begrifflichkeit so aufbereitet werden, daß sie sich, mit entsprechenden Veränderungen, auch auf andere Bereiche gesellschaftlicher Kommunikation anwenden läßt – also etwa auf das politische System oder das Erziehungssystem, auf das Religionssystem, das Wissenschaftssystem, das Rechtssystem und die Familiensysteme. Die Hintergrundannahme für einen solchen Vergleich lautet: daß die moderne Gesellschaft im Unterschied zu allen Vorläufern als primär funktional differenziertes System aufgefaßt werden kann. Das erklärt dann Unterschiede als bedingt durch den Unterschied der Funktionen und erklärt Vergleichbarkeiten durch die allgemeinen Erfordernisse der Partizipation an den besonderen Bedingungen funktionaler Differenzierung. Auch hierfür zieht die Analyse ihre Ressourcen aus der allgemeinen Systemtheorie, zusätzlich aber auch aus der Kommunikationstheorie und, soweit Geld in Betracht kommt, aus einer Theorie generalisierter symbolischer Medien. In dieser Hinsicht versucht der vorliegende Band nicht zuletzt, einen Beitrag zur Gesellschaftstheorie zu leisten. Denn wenn es gelänge, die wichtigsten Kommunikationsbereiche der modernen Gesellschaft überzeugend als ausdifferenzierte, operational geschlossene Funktionssysteme zu beschreiben und Ähnlichkeiten wie Unterschiede dingfest zu machen, wird sich damit der Eindruck festigen, daß solche Übereinstimmungen nicht rein zufällig vorkommen, sondern einer Konstruktion der modernen Gesellschaft, die sich dieser theoretischen Instrumente bedient, Plausibilität verleihen können. Insofern bietet dieser Band einen Ausschnitt aus umfassend angelegten gesellschaftstheoretischen Forschungen, dem weitere Publikationen für andere Funktionssysteme folgen sollen.

Historisch gesehen liegt darin ein radikaler Bruch mit der mehrhundertjährigen Tradition der »Politischen Ökonomie«. Dieser

Begriff hatte postuliert, daß die Gesellschaft in dem, was ihre Eigenart ausmacht, nicht mehr nur perfektionspolitisch (also alteuropäisch), sondern auch, ja schließlich nur noch von der Ökonomie her zu begreifen sei. Wir gehen statt dessen von einem Gesellschaftsverständnis aus, von dem her gesehen Funktionssysteme für Politik und für Wirtschaft neben vielen anderen nur für spezifische Funktionen ausdifferenziert sind und daher weder Vorrang noch übergeordnete Bedeutung, ja (wie in Kapitel 10 ausgeführt werden wird) nicht einmal Repräsentations- und Steuerungsfunktionen der Gesellschaft in der Gesellschaft in Anspruch nehmen können. Aber gerade aus diesem Verzicht folgt, daß die Abhängigkeit der Gesellschaft vom Funktionieren dieser Funktionssysteme sehr viel größer ist als je zuvor. Denn mit den Möglichkeiten, die sich aus der funktionalen Spezifikation ergeben, sind auch die Leistungsansprüche und die darauf eingestellten strukturellen Kompatibilitäten ins Unwahrscheinliche gewachsen, und zugleich hat die Gesellschaft multifunktionale Absicherungen und Redundanzen in so hohem Maße abgebaut, daß die Funktion der Politik nur noch von der Politik, die Funktion der Wirtschaft nur noch von der Wirtschaft, die Funktion des Rechts nur noch vom Recht erfüllt werden kann und eine auch nur temporäreAuslagerung auf andere Träger, etwa auf Religion oder auf Familienverbände, ausgeschlossen ist.

Angesichts der geschilderten Theorielage verhalten die Beiträge dieses Bandes sich explorativ. Sie gehen in der Regel von bekannten Themenstellungen aus, handeln also von Preisen und Geld, von Knappheit und von Entscheidung, von Kapital und Arbeit, von Markt und Organisation. An diesen Themen werden analytische Instrumente anderer Provenienz ausprobiert, vor allem die Theorie autopoietischer Systeme, aber auch Unterscheidungen wie Medium und Form oder Struktur und Semantik oder Code und Programm. Angesichts durchgehender thematischer Verflechtungen – die Wirtschaft wird schließlich als System beschrieben –sind Überschneidungen nicht vermieden, ja zum Teil sogar ausgebaut worden, um sichtbar zu machen, wie etwa das Medium Geld eine spezifische Problemstellung Knappheit braucht und schafft, um ein autopoietisches System Wirtschaft ausdifferenzieren zu können. Die Theorie sperrt sich aus inneren Gründen gegen eine lineare Darstellung. Deshalb erschien es mir

sinnvoll, verschiedene Einstiege zu wählen, um dann zeigen zu können, welche Konfigurationen sichtbar werden, wenn man das eine oder das andere Thema im einzelnen verfolgt.
Einige Beiträge greifen auf bereits publizierte Arbeiten zurück[5], andere sind eigens für diesen Band geschrieben worden. Die bereits publizierten Beiträge sind in allen Fällen für die Aufnahme in diesen Band überarbeitet, teils gekürzt, teils erweitert und auf den neuesten Stand gebracht worden. Bei der Ausarbeitung der Einzelbeiträge und bei der Vorbereitung ihrer Zusammenstellung war mir Dirk Baecker ein wertvoller Gesprächspartner. Ihm ist es zu danken, wenn die Zahl der unabsichtlichen Zusammenstöße mit Denkgepflogenheiten von Wirtschaftswissenschaftlern verringert werden konnte. Die absichtlichen gehen dann um so mehr auf eine theoretisch gesteuerte Intention zurück.

Bielefeld, im Dezember 1987 Niklas Luhmann

5 Siehe Niklas Luhmann, Das sind Preise, Soziale Welt 34 (1983), S. 153 bis 170; ders., Die Wirtschaft der Gesellschaft als autopoietisches System, Zeitschrift für Soziologie 13 (1984), S. 308-327; ders., Soziologische Aspekte des Entscheidungsverhaltens, Die Betriebswirtschaft 44 (1984), S. 591-603; ders., Kapital und Arbeit: Probleme einer Unterscheidung, in: Johannes Berger (Hrsg.), Die Moderne: Kontinuitäten und Zäsuren, Soziale Welt, Sonderband 4, Göttingen 1986, S. 57-78.

Kapitel 1
Preise

I.

Die Soziologie hat sich, besonders in neuerer Zeit, verhältnismäßig wenig an der Diskussion wirtschaftswissenschaftlicher Probleme beteiligt. Das liegt einerseits an der imposanten Dokumentation der wirtschaftswissenschaftlichen Forschung, die für jeden Außenstehenden abschreckend wirken muß. Es mag aber auch an der theoretischen Inkompetenz der Soziologie selbst liegen. Die Art und vor allem der Grad an Abstraktion in den derzeit verwendeten Grundbegriffen der Soziologie (etwa: Handlung, Rolle, Institution, Norm, Konflikt) reichen ganz offensichtlich nicht aus, um die Komplexität des wirtschaftlichen Geschehens, geschweige denn des wirtschaftswissenschaftlich beschriebenen und des durch diese Beschreibung beeinflußten Geschehens zu erfassen. Es fehlt in der etablierten soziologischen Theorie dafür adäquate Komplexität (und erst recht natürlich »requisite variety« im Sinne des Ashby-Theorems).

Die folgenden Überlegungen gehen von Möglichkeiten des Beschreibens und Erkennens aus, die sich ergeben, wenn man soziologische Analysen an einer allgemeinen Systemtheorie orientiert. Sie suchen nach Möglichkeiten einer Anwendung dieser Theorie auf Probleme des Wirtschaftssystems. Es geht also nicht darum, zum vorliegenden Stand wirtschaftswissenschaftlicher Forschung kritisch Stellung zu nehmen. Es geht auch nicht um eine »Wissenssoziologie« der wirtschaftswissenschaftlichen Forschung, etwa um ein Nachzeichnen der Differenzen zu vorliegenden Theorien, deren Reformulierung die Forschung voranbringt.[1] Das alles wäre im Prinzip möglich, würde aber (für die Soziologie zumindest) einen theoretischen Rahmen voraussetzen, der zur Zeit nicht einmal in Umrissen fixiert ist. Wir widmen uns zunächst deshalb nur dem Versuch, einen Beitrag zu einer

1 So z.B. die soziologische Analyse der psychologischen Forschung im Bereich von Persönlichkeitstheorien bei Ray Holland, Self in Social Context, New York 1978.

soziologischen Theorie der Wirtschaft zu skizzieren. Und um diesen ironischen »disclaimer« noch anzufügen: Sollten wirtschaftswissenschaftliche Theorien sich in unseren Ausführungen wiedererkennen können, wäre das reiner Zufall.

II.

Wie soziale Systeme überhaupt, sollen auch wirtschaftende Gesellschaften oder ausdifferenzierte Wirtschaftssysteme in Gesellschaften als Systeme begriffen werden, die aufgrund von Kommunikationen Handlungen bestimmen und zurechnen. Weder die Ressourcen, um die es geht, noch die psychischen Zustände der beteiligten Personen sind danach Elemente oder Bestandteile des Systems. Sie sind natürlich unerläßliche Momente der Umwelt des Systems. Über sie wird kommuniziert, und die Kommunikation nimmt ihrerseits Materielles und Psychisches in Anspruch. Sie wäre ohne diese Umwelt nicht möglich. Die Systembildung, um die es geht, liegt aber ausschließlich auf der Ebene des kommunikativen Geschehens selbst. Nur dies kann in einem genauen Sinne als soziale Wirklichkeit bzw. als soziales System bezeichnet werden.

Auf Wirtschaft bezogene Kommunikation ist in allen Gesellschaftsformationen nötig, weil man sich über Zugriff auf knappe Güter verständigen muß. Sie ist in entsprechend vielfältigen Formen möglich. Das Ausdifferenzieren eines besonderen Funktionssystems für wirtschaftliche Kommunikation wird jedoch erst durch das Kommunikationsmedium Geld in Gang gebracht, und zwar dadurch, daß sich mit Hilfe von Geld eine bestimmte Art kommunikativer Handlungen systematisieren läßt, nämlich *Zahlungen*. In dem Maße, wie wirtschaftliches Verhalten sich an Geldzahlungen orientiert, kann man deshalb von einem funktional ausdifferenzierten Wirtschaftssystem sprechen, das von den Zahlungen her dann auch nichtzahlendes Verhalten, zum Beispiel Arbeit, Übereignung von Gütern, exklusive Besitznutzungen usw., ordnet. Wir müssen zunächst, da Preise sich auf Zahlungen beziehen, genauer klären, was diese Bindung aller wirtschaftlichen Vorgänge an einen monetären Ausgleich systemtheoretisch besagt.

Üblicherweise geht man bei der Darstellung der Geldfunktion nicht von systemtheoretischen, sondern von tauschtheoretischen Vorstellungen aus. Geld ermöglicht eine sachlich/zeitlich/soziale Generalisierung von Tauschmöglichkeiten. Es erweitert in all diesen Hinsichten die Tauschmöglichkeiten und vergrößert damit den Auswahlbereich (also auch die Selektionsleistung) der konkreten Tauschoperationen. Diese Einsicht, die soziologisch im Kontext einer Theorie symbolisch generalisierter Medien ausgedrückt werden kann, wird nicht in Frage gestellt, sie reicht aber für eine systemtheoretische Analyse nicht aus. Die Ausdifferenzierung von sozialen Systemen erfordert die Schließung eines selbstreferentiellen Verweisungszusammenhangs für alle Operationen des entsprechenden Systems. Bei allem, was wirtschaftlich geschieht, also der Wirtschaft als System zurechenbar ist, muß demnach Selbstreferenz mitlaufen. Die Kommunikationen der Wirtschaft müssen sich als wirtschaftlich ausweisen, damit man sie nicht falsch interpretiert, etwa als auf Intimität zielenden Annäherungsversuch auffaßt[2]; sie müssen, was immer sie sonst leisten, immer auch das Wirtschaftssystem selbst reproduzieren. Andererseits ist diese Geschlossenheit des selbstreferentiellen Zirkels nie als ein Sachverhalt für sich möglich; sie kann nur als *mitlaufende Selbstreferenz* eingerichtet werden.[3] Geschlossene Systeme sind nur als offene Systeme möglich, Selbstreferenz kommt nur in Kombination mit Fremdreferenz vor. Diese Umformung eines früher als Gegensatz formulierten Begriffsverhältnisses in einen Steigerungszusammenhang ist eine

2 Für Prostituierte ist diese Differenz besonders in ihrer Lehrzeit ein durchaus praktisches Problem. Sie müssen daher in Erscheinung und Verhalten sichtbar machen, was gemeint ist.

3 Logiker würden im Anschluß an Tarski formulieren, daß die Tautologie der reinen Selbstreferenz »entfaltet« werden muß, und Entfaltung heißt hier: Aufbrechen der zugrundeliegenden Identität. Vgl. z.B. Lars Löfgren, Unfoldment of Self-Reference in Logic and Computer Science, in: Finn V. Jensen/Brian H. Mayoh/Karen K. Møller (Hrsg.), Proceedings of the 5th Scandinavian Logic Symposium, Aalborg 1979, S. 205-229. Ihr bevorzugter Ausweg ist die Differenzierung nach »Typen« oder »Ebenen«. Mit der These mitlaufender Selbstreferenz befinden wir uns an genau dieser Problemstelle, aber aufgrund der Beobachtung empirischer Systeme mit einem anderen Konzept.

der wichtigsten Errungenschaften der neueren Systemtheorie.[4]

Im Bereich der Wirtschaft ist das Geld die dafür nötige Voraussetzung. Geld ist instituierte Selbstreferenz. Geld hat keinen »Eigenwert«, es erschöpft seinen Sinn in der Verweisung auf das System, das die Geldverwendung ermöglicht und konditioniert.[5] Da alle basalen Wirtschaftsvorgänge durch rechnerische bzw. zahlungsmäßige Geldtransfers parallelisiert sein müssen, heißt dies, daß alle Wirtschaftsvorgänge strukturell an Simultaneität von Selbstreferenz und Fremdreferenz gebunden werden. Selbstreferenz und Fremdreferenz werden zwangsweise (das heißt unter anderem: situationsunabhängig) gekoppelt. Sie bedingen sich wechselseitig. Und es ist *dieser Bedingungszusammenhang, der die Ausdifferenzierung des Wirtschaftssystems trägt*. Produktion ist nur Wirtschaft, Tausch ist nur Wirtschaft, wenn Kosten bzw. Gegenzahlungen anfallen. Dann realisiert der Vorgang einen Verweisungskontext, der auf Güter und Leistungen, auf Wünsche und Bedürfnisse, auf Folgen außerhalb des Systems Bezug nimmt; und zugleich einen anderen, in dem es nur um Neubestimmung der Eigentumsverhältnisse an Geld, also an Möglichkeiten der Kommunikation innerhalb des Systems geht. Diese mitlaufende Selbstreferenz ermöglicht durch ihre Geschlossenheit die Offenheit des Systems. »L'ouvert s'appuie sur le fermé.«[6] Die Sicherheit der Selbstverweisung ist Bedingung des Ausgreifens in die Umwelt. Die gewaltigen Veränderungen in Ressourcen, Naturgleichgewichten und Motiven, die das System der Geldwirtschaft ausgelöst hat, sind durch das Funktionieren der monetären Selbstreferenz bedingt. Das heißt auch, daß weitere Veränderungen und vor allem das Bewältigen der Folgen solcher Veränderungen wieder der »Natur« überlassen werden müßten, wenn die Wirtschaft kollabiert.

4 Oder ähnlicher Forschungsrichtungen, die sich nicht auf Allgemeine Systemtheorie festlegen lassen wollen. Vgl. namentlich Edgar Morin, La Méthode, Bd. 1, Paris 1977, insb. S. 197ff.

5 Mit dem Begriff »Konditionierung« (einem systemtheoretischen Grundbegriff) halten wir uns hier die Stelle offen, an die später die Diskussion von Preisen angeschlossen wird.

6 Morin, a. a. O., S. 201.

III.

Ein solches System ist nicht nur anhand von Grenzen von seiner Umwelt unterscheidbar. Es identifiziert sich in jedem seiner Elemente. Die Kopplung von Selbst- und Fremdreferenz dient daher auch zum Erkennen, Bestimmen und Reproduzieren der Elemente, aus denen das System besteht.

Als Letztelement eines solchen Wirtschaftssystems haben Zahlungen besondere Eigenschaften. Sie sind, wie Handlungen, temporäre, zeitpunktgemäße Ereignisse. Indem sie beginnen, hören sie auch schon wieder auf. Ein System, das auf der Basis von Zahlungen als letzten, nicht weiter auflösbaren Elementen errichtet ist, muß daher vor allem für immer neue Zahlungen sorgen. Es würde sonst von einem Moment zum anderen schlicht aufhören zu existieren. Und dabei geht es nicht um die abstrakte »Zahlungsfähigkeit«, die sich aus dem Besitz liquider Mittel ergibt; es geht also nicht um eine relativ konstante Größe, sondern um die konkrete Motivation zur Zahlung und ihren aktuellen Vollzug. Die Wirtschaft ist demnach ein »autopoietisches« System[7], das die Elemente, aus denen es besteht, selbst produziert und reproduzieren muß. Der adäquate Bezugspunkt für die Beobachtung und Analyse des Systems ist daher nicht die Rückkehr in eine Ruhelage, wie Theorien des »Gleichgewichts« suggerieren, sondern die ständige Reproduktion der momenthaften Aktivitäten, eben der Zahlungen, aus denen das System besteht. Diese Motivation muß nicht, oder jedenfalls nicht nur, von außen gesichert werden, sondern durch das System selbst, das heißt durch systemeigene Konditionierungen der Zahlungsvorgänge. Die hierfür notwendigen Konditionierungen werden durch Preise vermittelt.

Darüber hinaus haben Zahlungen, im Vergleich zu anderen Handlungssorten, besondere Eigenschaften. Für ihre systemim-

7 Der Begriff ist eingeführt und auf der Ebene biologischer Systeme behandelt durch Humberto R. Maturana/Francisco J. Varela, Autopoiesis and Cognition: The Realization of the Living, Dordrecht 1980. Für eine vielseitige Diskussion und weitere Hinweise vgl. auch Milan Zeleny (Hrsg.), Autopoiesis: A Theory of Living Organizations, New York 1981. Für die Übernahme in soziologische Theorie Niklas Luhmann, Soziale Systeme: Grundriß einer allgemeinen Theorie, Frankfurt 1984.

manente Reproduktion ist vor allem wichtig, daß Zahlungen durch einen *sehr hohen Informationsverlust* gekennzeichnet sind: Weder brauchen die Bedürfnisse oder Wünsche, die man über Geldzahlungen befriedigen kann, besonders erläutert oder begründet zu werden, noch gibt der Zahlende über die Herkunft des Geldes Aufschluß. Insofern wirkt die Geldform sozial destabilisierend, sie kappt kommunikativ mögliche Bindungen, und genau das ist Bedingung der Ausdifferenzierung eines besonderen Funktionssystems für Wirtschaft. Dieser Informationsverlust verstärkt sich nochmals auf der Ebene derjenigen Konditionierungen, die als »Preise« allgemein festgesetzt sind; denn solche Preise geben nicht einmal darüber Auskunft, ob und wie häufig zu diesem Preis tatsächlich Zahlungen erfolgt sind.
Andererseits ermöglichen feststehende Preise aufgrund dieses Verzichts auf Information auch Informationsgewinn. Man kann sich anhand von Preisen über Zahlungserwartungen informieren, kann also beobachten, wie andere den Markt beobachten[8], und kann insbesondere anhand von Preisänderungen Trends erkennen. Preise müssen in diesem Theoriezusammenhang also als Informationen für Kommunikationsprozesse aufgefaßt werden. Der Begriff bezeichnet demnach nicht die in Tauschzusammenhängen faktisch erbrachten Geldzahlungen (die gezahlten Geldsummen), sondern Informationen über zu erwartende Geldzahlungen, und zwar über Geldzahlungen, die als Gegenleistung für Zugriff auf knappe Güter zu erwarten sind.[9] Daß solche Erwartungen (wie Erwartungen schlechthin) nicht ohne Rücksicht auf Erfahrungen mit bereits erfolgten Abläufen festgelegt werden können, versteht sich von selbst. Insofern haben faktisch getätigte Geldzahlungen erwartungsbildende Bedeutung. Die Funktion und die Orientierungsweise von Preisen hängt jedoch an ihrer Generalisierung, die ihrerseits wieder abhängt von monetä-

8 Diesen Gesichtspunkt verdanke ich Dirk Baecker, Information und Risiko in der Marktwirtschaft, Frankfurt 1988.

9 Diese Formulierung läßt mit Absicht offen, *wer* erwartet: der *Zahlungsempfänger*, der *Zahlende* oder, was für eine soziologische Analyse vielleicht am wichtigsten ist, *unbeteiligte Dritte*, die durch die Tatsache der preisgerechten Zahlung davon abgehalten werden, selbst ein Interesse an dem knappen Gut, das übertragen wird, anzumelden und durchzusetzen.

rer Quantifikation. In diesem Sinne ist festzuhalten, daß Preise für Verwendung in Kommunikationszusammenhängen generalisiert sind und daß darin ihre wirtschaftliche Funktion zu sehen ist.

Viele wichtige Seiten dieses informationsbezogenen Begriffs von Preis können hier nur kurz gestreift werden. Festzuhalten ist vor allem, daß ein preisorientiertes System fast ohne Gedächtnis operieren kann (und muß). Die notwendigen Informationen über Bedarf und Angebotsmöglichkeiten werden durch Preise und Zahlungen selbst erzeugt. Eine weitere Herkunftsforschung ist weder nötig noch sinnvoll. Wer nicht zahlen und was nicht bezahlt werden kann, wird vergessen. Die Komplexität, die das System erreichen kann, wird also nicht durch Anforderungen an Memorierleistungen eingeschränkt.[10] Die aggregierende und generalisierende Funktion von Gedächtnis bleibt freilich relevant; sie muß anderweitig erfüllt werden, und dies geschieht durch Aggregation von Daten in einem betrieblichen bzw. überbetrieblichen Rechnungswesen. Auf dieser Grundlage kann man dann nur noch ohne Gedächtnis, also über Algorithmen entscheiden.

Diese Informationsraffung und -verkürzung, die im Preis Operationsgrundlage wird, hat wichtige Funktionen auch für die Negativfassung der Operationen, für ihr Unterbleiben. Auch das gehört zur Ausdifferenzierung des Systems. Preise regulieren nicht nur die Zahlungen, die erfolgen, sondern auch die Zahlungen, die nicht erfolgen. Preise halten vom Kaufen ab. Sie tun dies nicht durch Disqualifizierung des Käufers, nicht im Anschluß an dessen Merkmale als Arbeiter, Bürger, Hausfrau, Neger, Schauspieler, Henker. Alle strukturellen Kombinationen von Personenmerkmalen und Zugangsbahnen zur Wirtschaft, wie sie in Europa bis zur Französischen Revolution üblich waren, sind aufgehoben. Das Nichtkaufen ist formal allein durch den Preis bedingt, und alles Zurückweisen von Interessen wegen ihrer Eigenmerkmale (an so jemanden verkaufe ich nicht!) gilt als wirtschaftlich irrationales Verhalten. Der hohe Informations-

10 Von der allgemeinen Systemtheorie aus gesehen muß dies als eine erstaunliche Besonderheit registriert werden. Vgl. z. B. Jean-Louis Le Moigne, La théorie du système général: théorie de la modélisation, Paris 1977, S. 106ff., 132ff.

verlust des Zahlungsvorgangs verhilft also auch dazu, das Abhalten vom Kauf zu entdiskriminieren. Gerade dadurch wird dann Geldbesitz zum Schichtungsmerkmal; und so erklärt sich auch, daß Abweisungsbegriffe, etwa »exklusiv« oder »Club« in Attraktions- und Reklamebegriffe umfunktioniert werden konnten.

Der quantitative Ausdruck, der so hohe Kontextverluste ermöglicht, ist kommunikationstheoretisch die Präzisierung eines Differenzschemas, das der weiteren Informationsverarbeitung zugrunde gelegt und durch sie dann nicht mehr überschritten werden kann. Wenn man Information auffaßt als »difference that makes a difference« (Bateson), heißt dies, daß alle weitere Informationsverarbeitung ihren Ausgangspunkt nimmt in einer Differenz im Hinblick auf ein Mehr oder Weniger. Ein Preis von DM 3,50 ist nicht mehr und nicht weniger als DM 3,50. Und »that makes the difference«. Es kommt also nicht darauf an, wie schwer es fällt, diesen Betrag zu verdienen, oder wie schwer man sich tut, ihn auszugeben.

Die Festlegung auf dieses (und kein anderes) Differenzschema hat freilich Folgen, die im System aufgefangen werden müssen – zum Beispiel anhand von zu viel oder zu wenig Absatz zu diesem Preis. Die Quantifikation erfordert zur Korrektur ihres eigenen Abstraktionsrisikos die Instabilität von Preisen: ihre Änderbarkeit. Die Änderung der Preise erfolgt anhand von Informationen, die auf Grund bestimmter Preise gesammelt werden können, aber nicht in der Preisinformation selbst bestehen. Was auf zu viel oder zu wenig Absatz hin geschieht, ist dem Preise selbst nicht zu entnehmen, wird durch ihn selbst nicht bestimmt. Aber die Unbestimmtheit dessen, was daraufhin geschieht, ist eine Unbestimmtheit, die nur möglich ist durch die Bestimmtheit der Preise.

Ein weiteres Merkmal führt auf dasselbe Problem der Instabilität. Preise sind, wie schon gesagt, Informationen über letztlich zeitpunktgebundene Ereignisse: über Zahlungen, die notwendigerweise an einem bestimmten Zeitpunkt stattfinden. Letztlich besteht ein Wirtschaftssystem, wie jedes Kommunikationssystem, aus temporalisierten Elementen, die als Elemente keine Dauer haben können. Der Zahlungsvorgang ist selbst nichts weiter als eine Kommunikation – aber eine Kommunikation, die zeitlich fixiert werden muß, weil sie Kommunikationsmöglichkeiten überträgt und weil man in einem Wirtschaftssystem wissen muß, wer in welchem Zeitpunkt über welche Kommunikationsmöglichkeiten verfügt. Der basale Prozeß des Wirtschaftssystems besteht insofern aus temporalisierten Selektionen, aus Ereignissen. Keine Strukturbildung kann die einmal hineingelassene Zeit wieder eliminieren. Darüber hinaus wird man sogar vermuten dürfen, daß alle Strukturbildung es daraufhin mit den Folgeproblemen der Temporalisierung des Systems zu tun hat, so wie eine Beschleunigung der Kommunikation (etwa mit Hilfe elektronischer Datenverarbeitung) im Weltwirtschaftssystem enorme strukturelle Auswirkungen hat.

An sich würde man bei temporalisierten Systemen, die aus sofort wieder verschwindenden Ereignissen bestehen, hohe Sicherheit des Anschlußwertes der Ereignisse erwarten müssen, denn sonst würde die kontinuierliche Reproduktion des Systems gefährdet sein. In einer Wirtschaft, die aus Zahlungsereignissen besteht, wird dieses Erfordernis durch eine ganz eigentümliche Verteilung von Sicherheit und Unsicherheit erfüllt. Die Zahlung schafft sehr hohe *Sicherheit der beliebigen Verwendung* des erhaltenen Geldes für den Gelderwerber (Geldeigentümer) und zugleich sehr hohe *Unsicherheit der bestimmten Verwendung* für alle anderen. Durch den Einbau der *beiden* Variablen Sicherheit/Unsicherheit und Beliebigkeit/Bestimmtheit *mit Extremwerten* in die Struktur der Reproduktion des Wirtschaftssystems wird sehr hohe Instabilität geschaffen, ohne daß die Operationen, die zur Reproduktion des Systems nötig sind, dadurch wesentlich beeinträchtigt würden. Die Vorteile dieser eigentümlichen Kombination von Instabilität und Reproduzierbarkeit sind so gewichtig, daß das Wirtschaftssystem (und als Folge auch die gesellschaftliche Umwelt dieses Systems) in Ausnutzung dieser Vorteile hohe Komplexität erreichen kann. Dadurch werden dann Geldcode, Zahlungen und Preise zu kaum mehr reversiblen evolutionären Errungenschaften: Man müßte auf zu viel verzichten, wollte man die kombinatorischen Gewinne aufgeben, die hierdurch ermöglicht sind.

Sicherlich beruht diese Problemlösung auf der Quantifikation des monetären Ausdrucks sozialer Beziehungen. So wird zum Beispiel in der marxistischen Analyse die »Ware« als »Zelle« der

Wirtschaft mit kapitalistischer Produktionsweise gesehen.[11] Diese Metapher ist jedoch noch zu grob und leitet auch insofern fehl, als Zellen wiederum hochkomplexe autopoietische Systeme sind, die ihrerseits riesige Mengen von Makromolekülen laufend reproduzieren. Neuere systemtheoretische Analysen legen deshalb eine stärkere Auflösung der Letzteinheit der Wirtschaft in rein temporale Ereignisse nahe, wobei dann Quantifikation als Struktur ihrer Reproduktion begriffen werden muß.

So gesehen nimmt die Zeitlichkeit des Systems Quantifikation (und wiederum: Quantifikation Zeitlichkeit) in Anspruch zum Ausgleich des Abstraktionsrisikos, und sie forciert damit die Ausdifferenzierung des Wirtschaftssystems auf der Basis zeitpunktgebundener, momenthafter, notwendig vergänglicher Ereignisse. Gewiß: Alle Handlungssysteme (wie auch alle Bewußtseinssysteme, alle neurophysiologischen Systeme usw.) haben diese Eigenart temporalisierter Komplexität, konstituieren sich also durch Relationierung von Ereignissen, die immer sofort wieder verschwinden. Alle diese Systeme sind endogen unruhig. Alle diese Systeme lassen das schrumpfen, was für sie »gleichzeitig«, also insofern unbeeinflußbar ist; und alle diese Systeme entwickeln deshalb Möglichkeiten, sich selbst in Zeithorizonten zu beobachten, das heißt, ihre aktuelle weltgleichzeitige Operation als »Gegenwart« zu unterscheiden von Vergangenheit und Zukunft. Insofern bietet das Wirtschaftssystem keine grundlegend andersartigen Züge als eine auch sonst bekannte Wirklichkeit. Die soziologisch interessante Frage ist jedoch, wieweit diese Eigenart temporalisierter Systeme in den Dienst von Spezialfunktionen des Gesellschaftssystems gestellt, wieweit sie funktional ausdifferenziert werden kann. Hierfür bieten Einsichten in Zusammenhänge von (1) Quantifikation des Differenzschemas der Informationsverarbeitung, (2) Spezifikation der Letztelemente auf den Basistypus Zahlung und (3) Risikoabsorption durch darauf bezogene Strukturen einen Schlüssel für weitere soziologische Analysen. Und zu betonen ist, daß der Einsichtsgewinn auf

11 Und dies durchaus so, daß die Einheit dieses Elements nicht auf seinen ontologischen Qualitäten beruht, sondern auf der Struktur des es reproduzierenden Systems. Vgl. dazu I. V. Blauberg/V. N. Sadovsky/E. G. Yudin, Systems Theory: Philosophical and Methodological Problems, Moskau 1977, S. 20.

den *Zusammenhang* dieser Variablen bezogen werden muß und auf die daraus sich ergebende immanente Beschränkung der Variation des Gesamtsystems. Nur so kommt man zu einer systemtheoretischen Analyse.

IV.

Für die Systemtheorie ist es eine geläufige These, daß komplexe Systeme Instabilitäten schaffen müssen, um den Problemen Rechnung tragen zu können, die sich aus der Erhaltung von geordneter Komplexität in einer noch komplexeren und weniger geordneten Umwelt ergeben. Diese Aussage läßt sich auch umkehren: Instabilitäten lassen sich in Systemen nur halten und gegen Verhärtung schützen, wenn eine hinreichend komplexe Umwelt besteht, die überraschende Informationen auslöst, welche durch Inanspruchnahme systeminterner Instabilität, hier also durch Änderung der Preise, verbraucht werden können.[12] Schon diese Einsichten führen zu der Frage, wie die Komplexität einer mit variablen Preisen vereinbaren Umwelt des Wirtschaftssystems bestimmt werden kann; und ob ein Wirtschaftssystem mit variablen Preisen zum Beispiel Vereinfachungen verkraften kann, die darin bestehen, daß *eine* Ressource (Öl) und *ein* Motiv (Autofahren) eine fatal dominierende Stellung einnehmen, die die Preise und damit den Absatz anderer Güter beeinflußt.

Wir sind nicht ausreichend vorbereitet, eine solche Frage, über dunkle Ahnungen hinausgehend, zu beantworten. Wir können jedoch das Problem der preisbezogenen Instabilität des Wirtschaftssystems noch etwas genauer analysieren und damit theoretische Perspektiven erschließen, in denen man weiterführende Untersuchungen anstellen könnte. Wir tun dies anhand der Frage, wie Schranken der Instabilität, also Variationsgrenzen der Preise ermittelt und kontrolliert werden können.

Das traditionelle Modell für die Lösung dieses Problems ist in der *Lehre vom gerechten Preis* zu finden. Diese Lehre sollte nicht Preisschwankungen schlechthin ausschließen, wohl aber be-

12 Siehe z.B. Ilya Prigogine, Vom Sein zum Werden: Zeit und Komplexität in den Naturwissenschaften, München 1979, insb. S. 158f.

stimmte Motive für Preisbestimmungen, vor allem Eigensucht und Gewinnstreben in einem Maße, das über das hinausging, was zum standesgemäßen Unterhalt erforderlich erschien. Soziologisch gesehen bezog sich die Semantik des »gerechten Preises« mithin auf moralische Vorgaben, damit auf das Gesellschaftssystem im ganzen, also auf allgemeine Bedingungen menschlichen Zusammenlebens und im besonderen auf Schichtung. Sie richtete sich gegen *rein individuelles* Gewinnstreben unter Ausnutzung *aller* sich anbietenden Möglichkeiten. Die Semantik »gerechter Preis« ist mithin zu lesen vor dem Hintergrund der Differenz von Gemeinwohl (das jedem Individuum sein Recht zukommen läßt) und Eigensucht.

Schon der »gerechte Preis« wurde natürlich als ein variabler Preis angesehen. Nicht das Verhindern der Anpassung an sich ändernde Verhältnisse war das Problem, sondern das Verhindern der ungerechtfertigten Ausbeutung von Chancen aus reinem Gewinntrieb. Die zunächst auftauchende Alternative war: entweder den Preis direkt oder den Markt zu regulieren. Sie lief auf taxierte Preise mit Hilfe einer Theorie der richtigen Preisbildung oder auf Konzentration und Übersichtlichkeit des Marktgeschehens hinaus. Beide Varianten finden im späten Mittelalter (und seitdem) ihre Vertreter. Preisregulierungen scheitern jedoch praktisch am Fernhandel sowie an den Finanzinteressen der politischen Herrschaften und der Kirche.[13]

Der Zusammenbruch der Lehre vom gerechten Preis zeichnet sich spätestens im 16. Jahrhundert ab. Man beginnt, besonders in England, das Gewinnstreben als *Natur* des Menschen zu sehen mit der Folge, daß alles Schrankensetzen – damals vor allem durch politische Maßnahmen – als unnatürlich, also als erfolglos beschrieben werden konnte.[14] Die sich abzeichnende, durch Alltagserfahrungen offenbar gedeckte *Differenz* von Wirtschaft

13 Hierzu und zu den auf den Territorialstaat zulaufenden Weiterentwicklungen einer Semantik wirtschaftlicher Verhältnisse im Gebiet des Deutschen Reiches Wolf-Hagen Krauth, Wirtschaftsstruktur und Semantik: Wissenssoziologische Studien zum wirtschaftlichen Denken in Deutschland zwischen dem 13. und 17. Jahrhundert, Berlin 1984.

14 Vgl. hierzu mit weiteren Hinweisen Alfred F. Chalk, Natural Law and the Rise of Economic Individualism in England, Journal of Political Economy 59 (1951), S. 332-347.

und Politik führt zur Legitimation *unsozialen* Verhaltens. Anders gesagt: Die nicht zuletzt aus Gründen des internationalen Handels[15] zunehmende Differenzierung von Wirtschaft und Politik führt zur Verschärfung der Differenz von Individuum und Gesellschaft. Gesamtgesellschaftliche und moralische (den Menschen als Menschen bindende) Schranken der Variabilität verlieren an Plausibilität und Operationalisierbarkeit. Die Funktionssysteme gewinnen an Autonomie, werden in sich komplexer, benötigen infolgedessen höhere Instabilitäten und müssen selbst für deren Kontrolle sorgen.[16]

In der neueren Zeit werden hierfür zwei verschiedene Lösungswege bereitgehalten. Beide haben ein Prinzip gemeinsam: *sie überlassen die Kontrolle der Instabilität Instabilitäten anderer Art*. Die eine Möglichkeit ist: die Kontrolle des Fluktuierens der Preise über Geldkosten laufen zu lassen. Die Verteuerung des Kredits limitiert das Steigen der Preise. Die Schranken von Instabilität werden im Wirtschaftssystem selbst geregelt, und zwar durch Instabilitäten einer höheren Ebene der Reflexivität: durch den Preis nicht für Waren, sondern durch den Preis für Geld.[17] Die andere Lösung liegt im Rückgriff auf die Instabilitäten eines anderen Funktionssystems; sie nimmt kollektiv bindende Entscheidungen des politischen Systems in Anspruch, zum Beispiel in der Form von Rechtspolitik, Geldpolitik, Strukturpolitik oder auch durch Einrichtung regulativer oder administrativer Organisationen.

Kollektiv bindende Entscheidungen können jeweils anders ge-

15 Siehe hierzu Immanuel Wallerstein, The Modern World-System: Capitalist Agriculture and the Origin of the European World-Economy in the Sixteenth Century, New York 1974.

16 Zum gesellschaftstheoretischen und wissenssoziologischen Kontext dieser Aussagen liegen weitere Untersuchungen vor. Vgl. Niklas Luhmann/Karl Eberhard Schorr, Reflexionsprobleme im Erziehungssystem, Stuttgart 1979; Niklas Luhmann, Gesellschaftsstruktur und Semantik, Bd. 1 und 2, Frankfurt 1980/81; ders., Ausdifferenzierung von Erkenntnisgewinn: Zur Genese von Wissenschaft, in: Nico Stehr/Volker Meja (Hrsg.), Wissenssoziologie, Sonderheft der Kölner Zeitschrift für Soziologie und Sozialpsychologie 22 (1980), S. 101-139; ders., Ausdifferenzierung des Rechts, Frankfurt 1981.

17 Vgl. hierzu auch Niklas Luhmann, Reflexive Mechanismen, in ders., Soziologische Aufklärung, Bd. 1, 4. Aufl., Opladen 1974, S. 92-112.

troffen und können, nachdem sie getroffen sind, wieder geändert werden. Sie binden nur, solange sie nicht geändert werden. Als Entscheidungen sind sie temporäre Ereignisse, wie die Zahlungen im Wirtschaftssystem. Wie das Wirtschaftssystem, so wird auch das politische System auf der Basis instabiler Elemente ausdifferenziert. Im einen Falle handelt es sich um Zahlungen, im anderen Falle um kollektiv bindende Entscheidungen. In beiden Fällen gibt es auf die Instabilität bezogene Orientierungen, und in beiden Fällen gibt es Stufen der Reflexivität, nämlich Preise für Geld bzw. Entscheidungen über Prämissen von Entscheidungen.

Systemtheoretisch gesehen ist also das Verhältnis von Wirtschaft und Politik durch funktionsbedingte Unterschiede und durch Parallelitäten im Systemaufbau, insbesondere durch entsprechende Instabilitäten in beiden Systemen charakterisiert. Das macht es möglich, politische Variabilität zur Kontrolle wirtschaftlicher Variabilität einzusetzen – allerdings nur in den Grenzen der Möglichkeit, durch kollektiv bindende Entscheidungen Einfluß auf wirtschaftliche Prozesse zu nehmen. (Man kann im politischen System zum Beispiel nicht einfach entscheiden: es soll uns wirtschaftlich gutgehen!) Dabei bleibt die Vorstellung, wirtschaftliches Geschehen durch politische Entscheidungen beeinflussen zu können und Verantwortung dafür übernehmen zu müssen, eine politische Vorstellung, die heute in den Mittelpunkt politischer Auseinandersetzungen gerückt ist, während die Wirtschaft mit eigenen Mitteln wie Variation von Preisen, Investitionen, Standortentscheidungen, Spekulation auf das reagiert, was sie als politische Festsetzung erfährt oder antezipiert. Auf beiden Seiten handelt es sich um strukturdeterminierte Systeme. Das heißt, die Strukturen eines Systems können nur mit systemeigenen Operationen variiert werden, die ihrerseits von den Strukturen des Systems abhängen. Auch kann jedes System sich selbst und seine Umwelt nur aufgrund eigener Unterscheidungen beobachten. Von politischer »Steuerung« der Wirtschaft kann man deshalb allenfalls in dem Sinne sprechen, daß die Politik die Wirtschaft mit Hilfe politikeigener Unterscheidungen (zum Beispiel Konjunkturdaten im Verhältnis zu erwünschten Verläufen) beobachtet, dabei Differenzen feststellt (zum Beispiel zwischen der tatsächlichen und der als unvermeidlich hinzunehmenden Arbeitslosigkeit) und diese Differenzen zu vermindern sucht.[18] Auch für die Wirtschaft gilt, mutatis mutandis, nichts anderes. Sie steuert sich selbst in genau diesem Sinne über an Preisen und Preisvariationen sichtbare Unterschiede. »Steuern« kann jedes System also nur sich selber, weil alle Unterscheidungen systemeigene Konstruktionen sind. Und nur ein externer Beobachter, etwa das Wissenschaftssystem, wird gewisse Zusammenhänge und gewisse Regelmäßigkeiten in den Zusammenhängen zwischen den Selbststeuerungsweisen von Wirtschaft und Politik erkennen können, aber auch dies nur auf Grund eigener Unterscheidungen.[19] Dies schließt im übrigen keineswegs aus, daß man aufgrund gesellschaftlich durchgehender Kommunikation von denselben »Daten« ausgeht; aber für Steuerung ist eben nicht entscheidend, was die Daten bezeichnen, sondern innerhalb welcher Unterscheidungen sie einen Unterschied machen.

Demnach haben es sowohl die Wirtschaft als auch die Politik mit strukturellen Instabilitäten zu tun. Anders wäre ja auch eine Variation von Strukturen nicht zu denken. Allgemeiner gesehen ist

18 Dies ist, wie leicht zu erkennen, der Steuerungsbegriff der Kybernetik, der jede Aussage darüber vermeidet, ob und wie das System seine Umwelt beeinflussen kann, obwohl er, zumindest in seiner altkybernetischen Form, Mechanismen voraussetzt, mit denen das System über Outputs seine Inputs verändern kann. Die neuere Kybernetik sieht all dies jedoch als rein internes Geschehen und macht nur noch das Überleben entsprechender kybernetischer Maschinen von einer dafür hinreichenden Anpassung an die Umwelt abhängig.

19 Dies gilt im übrigen auch für die Steuerungstheorie selbst. Man kommt in der Wissenschaft (und wie man hinzufügen sollte: nur in der Wissenschaft) zur Beobachtung ganz anderer Phänomene, wenn man nicht einen kybernetisch-systemtheoretischen Steuerungsbegriff, sondern einen handlungstheoretischen Steuerungsbegriff zugrunde legt. Dann geht es um Probleme der unerwünschten Nebenfolgen, der Schwierigkeiten bei der Implementation usw. So konsequent Renate Mayntz, Politische Steuerung und gesellschaftliche Steuerungsprobleme – Anmerkungen zu einem theoretischen Paradigma, Jahrbuch zur Staats- und Verwaltungswissenschaft 1 (1987), S. 89-110. Ob der eine Steuerungsbegriff bessere Möglichkeiten empirischer Forschung erschließt als der andere, ist damit im übrigen noch nicht entschieden. Er konstruiert zunächst einmal nur andere Phänomene. Vgl. hierzu im einzelnen Kapitel 10.

die Erhaltung struktureller Instabilitäten dasjenige Problem, das allen Anpassungen an rasch sich ändernde Bedingungen zugrunde liegt. Politik und Wirtschaft müssen, so gesehen, wechselseitig destabilisierend wirken, dann aber jeweils eigene Möglichkeiten der Selbststeuerung ansetzen können, um die für das eigene System wichtigen Differenzen zu verringern. Das rein politische Etikett der »sozialen Marktwirtschaft« dürfte diese Sachlage eher verschleiern als klären. In jedem Falle geht es auf beiden Seiten nicht um Annäherung an einen möglichst perfekten Naturzustand, sondern um die Möglichkeiten, Instabilitäten der Umwelt durch Instabilitäten des eigenen Systems zu kontrollieren. Und dazu braucht die Wirtschaft variable Preise.

V.

Wenn die These einer basalen und strukturellen Instabilität des Wirtschaftssystems zutrifft, hat das weittragende Folgen für die Probleme innerwirtschaftlicher Kalkulation. Man stelle sich dieses Wirtschaftssystem als Umwelt kalkulierender Unternehmen vor.[20] Die Fragestellung der klassischen Unternehmenstheorie war, wie Unternehmen in einer solchen Umwelt zurechtkommen und bestmögliche Resultate erzielen. Statt dessen kann man aber auch die Systemreferenz des Gesamtsystems der Wirtschaft beibehalten und fragen, ob die Art, wie Unternehmen kalkulieren, sich eignet, auf der Basis von Instabilität dynamisch-stabile Strukturen der Wirtschaft zu erzeugen. Wenn man sich das Unternehmen nach den Richtlinien der klassischen Theorie als Trivialmaschine vorstellt, die bei einer gegebenen Konstellation stets nur eine einzig-richtige Problemlösung erzeugen kann[21], so fehlt in der Wirtschaft (die ja als Ganzes nicht entscheiden kann!) jedes Potential der Unsicherheitsabsorption. Das Wirken solcher Trivialmaschinen müßte die basale Instabilität steigern, besonders wenn diese Maschinen sich wechselseitig beobachten.

20 Dazu näher Kapitel 3.

21 Siehe zu diesem Begriff Heinz von Foerster, Entdecken oder Erfinden: Wie läßt sich Verstehen verstehen? In: Heinz Gumin/Armin Mohler (Hrsg.), Einführung in den Konstruktivismus, München 1985, S. 27 bis 68.

Man kann nur vermuten, daß in solcher Situation Zufallsakkumulationen erzeugt werden, die die Instabilität des Systems erhöhen und schließlich über die Schranken hinaustreiben, innerhalb deren eine dynamische Stabilisierung noch möglich ist. Das Wirken solcher Trivialmaschinen würde dazu führen, daß die Wirtschaft ihre Stabilität nicht selbst erreichen kann, sondern externen Eingriffen zu verdanken hat. Und in der Tat hat sich das politische System, wenngleich nicht durch die klassische Theorie, aus Anlaß von Konjunkturschwankungen zum Eingreifen veranlaßt gesehen.

Inzwischen ist der Theorierahmen freilich revidiert worden. Einerseits ist das Rationalitätsziel vom optimierenden auf das brauchbare Entscheiden zurückgenommen worden – was unter anderem heißt, daß die Maschinen nicht trivial operieren, sondern auf undurchsichtige Weise unter mehreren zugelassenen Möglichkeiten wählen.[22] Andererseits sind im makroökonomischen Theoriezusammenhang Zweifel an Gleichgewichtsmodellen zumindest angemeldet, und es spricht manches für die Gegenthese, daß Stabilität nur entweder bei zuviel Produktion oder bei zuwenig Produktion relativ zur Nachfrage erreicht werden kann[23]; daß also entweder Käufer oder Waren knapp gehalten werden müssen, weil anders Knappheit als stabiler Orientierungsfaktor[24] des Systems nicht sichtbar werden kann. Und in der Tat scheint die politökonomische Aufteilung der Welt genau diesem Prinzip zu folgen.

Diese Änderungen an dem, was man als klassische Theorie voraussetzen muß, kommen einer soziologischen Analyse in wichtigen Hinsichten entgegen. Sie sind von soziologischer Seite jedoch noch kaum gesehen, geschweige denn genutzt worden.[25]

22 Vgl. als Ausgangspunkt einer umfangreichen Diskussion Herbert A. Simon, Models of Man, Social and Rational: Mathematical Essays on Rational Human Behavior in a Social Setting, New York 1957.

23 Hierzu János Kornai, Anti-Equilibrium: On Economic Systems Theory and the Tasks of Research, Amsterdam 1971.

24 In abstrakterer theoretischer Betrachtungsweise könnte man auch sagen: als »Kontingenzformel« des Systems. Für Vergleiche Niklas Luhmann, Funktion der Religion, Frankfurt 1977, insb. S. 201 ff.; Luhmann/Schorr, a. a. O., insb. S. 58 ff. Vgl. auch unten Kapitel 6.

25 Dies gilt, und das ist angesichts einer reich fließenden organisationsso-

Es fehlt in der Soziologie, wie eingangs bemerkt, ein theoretischer Transformator – eine Rolle, die wir der Systemtheorie zuweisen möchten.

VI.

Wir bleiben auf der Abstraktionsebene, auf der man interdisziplinär formulieren und Zusammenhänge mit der allgemeinen Systemtheorie erkennen kann. Hier kann man zusätzlich diejenigen Probleme in Betracht ziehen, die sich daraus ergeben, daß soziale Systeme selbstreferentielle Systeme sind. Für Kommunikationssysteme heißt dies, daß immer in Kommunikationszusammenhängen kommuniziert wird und daß das System sich in der eigenen Kommunikation auf sich selbst beziehen kann. Unter solchen Strukturbedingungen kann nicht verhindert werden, daß die Instabilitäten selbst, ihre Effekte und ihre Schranken die Wahl der Kommunikationen beeinflussen oder sogar selbst zum Thema der Kommunikation werden.

Demnach ist zu erwarten, daß ein instabilisiertes System in sich selbst auf die eigene Instabilität zu reagieren beginnt. Das System wird durch die eigene Unruhe beunruhigt. Die Instabilitäten wirken verunsichernd. Sie lösen reaktives Verhalten aus, das sich dann nicht mehr an den Preisen, sondern an Möglichkeiten der Änderung der Preise orientiert. Dabei kann es sich sowohl um spekulative Ausnutzung von vermuteten Chancen handeln als auch um Absicherungen, etwa um Bildung von Vorräten an Kapital oder an Waren oder auch um Überproduktion für den Fall einer etwaigen Steigerung der Nachfrage, die man durch mehr Absatz (statt durch Erhöhung der Preise) ausnutzen möchte.

Dies alles gehört zunächst zum normalen Umgang mit Instabilitäten und bringt keine unlösbaren Schwierigkeiten mit sich. Auch Spekulation und Sicherheitssuche werden in die normale Selbstreferenz des Systems einbezogen und in Grenzen erwartbar gemacht. Von hier aus gelangt man zu einer Art Evolutions-

ziologischen Forschung besonders erstaunlich, sogar für Beziehungen zwischen Organisationsformen und Entscheidungsleistungen. Speziell hierzu Niklas Luhmann, Organisation und Entscheidung, in ders., Soziologische Aufklärung, Bd. 3, Opladen 1981, S. 335-389.

theorie, die das Verhalten von Firmen in einer instabilen Umwelt untersucht. Die allgemeine, unfaßbare Komplexität der äußeren Umwelt des Wirtschaftssystems wird in diesem System auf die Form instabiler Preise gebracht, und an dieser wirtschaftsinternen, schon präparierten Umwelt orientieren sich dann – mit mehr oder weniger Erfolg und sicherlich ohne garantiert rationale Entscheidungsmöglichkeiten – die einzelnen Firmen.[26] Evolutionäre Selektion von sich bewährenden Unternehmen ist nur aufgrund jener wirtschaftsintern produzierten Instabilität und nur durch die Unmöglichkeit rational gesicherter Voraussicht möglich. Die unter solchen Bedingungen erfolgreichen Entscheidungsstrategien lassen sich nicht aus einer Theorie rationaler Entscheidungen deduzieren. Sie müßten empirisch ermittelt werden und hängen sicherlich von den Formen ab, in denen das Wirtschaftssystem seine Instabilität auf den Ebenen von Zahlungen und von Preisen reproduziert und begrenzt.

Damit gelangt man jedoch zu der Frage, ob die innerwirtschaftliche Umwelt der Unternehmen überhaupt hinreichend stabil ist für Möglichkeiten des Lernens und Bewährens; und ob der Einfluß der Unternehmen auf ihre Umwelt klein genug ist, so daß zirkuläre Prozesse des positiven feedback vermieden werden können. Wenn beide Voraussetzungen nicht erfüllt sind, muß man damit rechnen, daß die innerwirtschaftliche Evolution auf der Ebene der Unternehmen Erfolge prämiiert, die ihre eigenen Voraussetzungen untergraben. Die Instabilität der Preise ist für sich allein auch unter marktwirtschaftlichen Bedingungen jedenfalls keine ausreichende Stabilitätsgarantie.

In diese Betrachtung muß nun außerdem einbezogen werden, daß die Preisinstabilitäten ihrerseits durch Instabilitäten in Schranken gehalten werden oder daß das zumindest versucht wird. Auch auf dieser Ebene reflexiver Instabilitäten greifen selbstreferentielle Prozesse des Systems. Im Wirtschaftssystem orientiert man sich auch an der Instabilität der Geldkosten und an der Instabilität politischer Entscheidungen. Gerade weil mit beiden Arten von instabilen Ereignissen auf das Faktum der

26 Vgl. zu diesem noch in den Anfängen befindlichen Konzept einer Theorie wirtschaftsinterner Evolution Richard R. Nelson/Sidney Winter, An Evolutionary Theory of Economic Change, Cambridge, Mass. 1982.

Preisentwicklung und der davon abhängigen Wirtschaftsentwicklung *reagiert* wird, *ist auf sie kein Verlaß*. Gerade weil sie als Korrektiv einspringen und verhindern sollen, daß Inflationen und Deflationen Extremwerte erreichen, geben sie keine festen Anhaltspunkte, sondern schwanken mit der Entwicklung der Wirtschaft selbst. Andererseits bedeutet die Doppelung der Kontrollmittel, ihre Verteilung auf Wirtschaft und Politik, daß die Absorption dieser reflexiv gesteigerten Unsicherheit auf zwei Funktionssysteme verteilt werden kann, und darin liegt eine gewisse Entlastung. Die kollektiv bindenden Entscheidungen des politischen Systems fordern zu politischer Einflußnahme heraus, während der Geldpreis als solcher sich in die Wirtschaftsrechnung einbeziehen und von daher unter Druck setzen läßt: Man sieht von Kreditaufnahme und Investitionen ab, wenn Geld zu teuer ist. Beide Arten der Reaktion schaffen wiederum Fakten, die durch Inanspruchnahme der instabilen Basisprozesse resorbiert werden können.

Es ist schwer zu sagen (und rein theoretisch wohl auch kaum zu ermitteln), wo bei einem solchen System die Toleranzgrenzen für Instabilität liegen. Man sieht keine Strukturen, die mit Sicherheit ein fatales Kumulieren von Instabilitäten verhindern könnten. Das würde im Grenzfalle zu einem Zusammenbruch des Geldvertrauens, zu einem Schrumpfen der Zeithorizonte des Wirtschaftssystems auf die Gegenwart und damit zu einem Verzicht auf spezifisch wirtschaftliche, zukünftige Bedarfsbefriedigung sicherstellende Dispositionen führen. Die Repolitisierung der Wirtschaft wäre die Folge mit all den Problemen einer Überlastung der Politik mit politisch nicht lösbaren Aufgaben. Zu verhindern ist dies nur durch Ausnutzung der Chancen, die in der Instabilität selbst liegen, und durch Festhalten an den Strukturen, die genau diese Möglichkeit bereithalten: an dezentralisiertem Eigentum, an rechtsstaatlicher und demokratischer Verfassung der Politik und an einem politisch nicht direkt manipulierbaren Bankensystem. (Alle drei Faktoren sind hier als Variable genannt und nicht als Absoluta. Sie können mehr oder weniger realisiert sein. Das bedeutet auch, daß der Ausfall eines der Faktoren, etwa die volle Verstaatlichung des Bankensystems, zu einer Mehrbelastung des anderen führen muß, also etwa demokratisch geführte Politik schwieriger macht.)

VII.

Innerhalb komplexer Systeme muß die Orientierung der basalen Ereignisse und Prozesse am System durch eine *Selbstbeschreibung* des Systems vermittelt werden. Da das System selbst in seiner vollen Komplexität undurchsichtig ist, kann es sich bei solchen Selbstbeschreibungen nicht um Vollabbildungen des Systems handeln. Vielmehr sind zur Erstellung von Selbstbeschreibungen erhebliche, hochselektive Vereinfachungen erforderlich. Solche Vereinfachungen gewinnen sehr rasch Realität dadurch, daß das System auf sie reagiert. In der kybernetischen Literatur steht an dieser Stelle der Begriff des »Modells«[27], den wir jedoch nicht übernehmen, weil er die statische Komponente der Bezugspunkte selbstreferentieller Orientierungen überbetont.

Die Selbstbeschreibungen des Wirtschaftssystems bauen auf Informationen über Preise auf. Das ist kein Zufall. Preise bieten den besten Ausgangspunkt, weil sie sowohl dem temporären Charakter der basalen Elemente (Zahlungen) Rechnung tragen als auch, darauf bezogen, ein erwartungs- und kommunikationsfähiges Gemisch aus Stabilität und Instabilität darstellen. So vermeidet man die Gefahr, ein dynamisches System lediglich durch seine relativ stabilen Strukturen zu beschreiben und den Problemen der Eigendynamik eine untergeordnete, eher störende, destabilisierende, ausgleichsbedürftige Rolle zuzuweisen.

Sie repräsentieren also ein System, das nicht aus Substanzen, sondern nur aus Ereignissen besteht; und sie repräsentieren die darauf bezogenen Erwartungsstrukturen, die zwar über das Einzelereignis hinausgreifen, aber ihrerseits instabil, nämlich änderbar installiert sind. Anhand der Preise kann mithin eine Selbstbeschreibung gefertigt werden, in die eingeht, daß und wie das System mit selbstproduzierter Sensibilität auf sich selbst reagiert. Die Vorteile der quantitativen Darstellung und Aggregierbarkeit von Informationen kommen hinzu.

Auf diese Weise kann, in mehr oder weniger komplizierter Weise, die wirtschaftliche Leistungsfähigkeit eines Systems errechnet und im Zeitvergleich beobachtet werden, und zwar für

27 Vgl. R. S. Conant/W. Ross Ashby, Every Good, Regulator of a System Must be a Model of That System, International Journal of Systems Science 1 (1970), S. 89-97; Jean-Louis Le Moigne, a. a. O.

alle Systeme, die überhaupt unter dem Gesichtspunkt von Wirtschaft ausdifferenziert sind: für einzelne Betriebe, für Konzerne, für Nationalwirtschaften und für das Gesamtwirtschaftssystem der Weltgesellschaft.

Daß es auch andere, mehr literarische Möglichkeiten gibt, Systeme der Wirtschaft zu beschreiben, steht außer Frage. Man kann sie als kapitalistisch oder als sozialistisch bezeichnen, man kann auf Industrie abstellen, kann vom homo oeconomicus oder von Rollenmerkmalen wie Gewinnstreben oder ähnlichem ausgehen. Dies blieben jedoch Beschreibungen von außen, die für die Kommunikationsprozesse des Wirtschaftssystems kaum Bedeutung gewinnen können. Wenn es in strengem Sinne zu Selbstbeschreibungen kommen soll, die das beschriebene System in seinen eigenen Kommunikationsprozessen hervorbringt und benutzt, gibt es keine andere (gleich leistungsfähige) Möglichkeit als die, von Preisdaten auszugehen.

Wenn dies stimmt und wenn weiter stimmt, daß Selbstbeschreibungen hochselektive Simplifikationen sind, hat ein solcher Tatbestand weitreichende Bedeutung. Man ist auf die Sprache der Preise festgelegt, und diese Sprache hat nicht die gleiche Elastizität wie die Umgangssprache. Auch sie kennt reflexive Mechanismen, etwa in der Form der Preise für geliehenes Geld. Auch sie kennt zirkuläre Strukturen und Einschränkungen der Möglichkeiten, die sich daraus ergeben. So wie man Fragen an eine Sprache nur in der Sprache formulieren kann, so kosten Bemühungen um Information über Preise und erst recht Bemühungen um eine Aggregation von Preisdaten Geld. Auch kommt in beiden Fällen ein erheblicher Zeitbedarf hinzu, mit der Folge, daß der Versuch gar nicht erst unternommen wird, oder wenn unternommen, zu spät zu Resultaten kommt. Sprachtypische Probleme treten in den Spezialsprachen verschärft auf und schränken damit den Verwendungswert der Selbstbeschreibung zusätzlich ein. Wenn es aber keine anderen, keine besseren Möglichkeiten gibt, die der Ausdifferenzierung des Wirtschaftssystems entsprechen könnten, bleibt nur die Möglichkeit, sich mit mehr kritischem Bewußtsein darauf einzulassen.

Was am meisten auffällt, ist jedoch, daß Selbstbeschreibungen dieser Art keine direkte Information geben über das Verhältnis von System und Umwelt. Der Idee nach soll zwar ein Steigen der

Preise Knappheiten anzeigen, nämlich Knappheit der Ressourcen und/oder Knappheit der Arbeitsmotive, aber de facto werden die Knappheiten im System selbst erzeugt und manipuliert; und selbst wenn dies nicht oder in geringerem Maße der Fall wäre, würden sich preisbasierte Selbstbeschreibungen nicht eignen, die Differenz von System und Umwelt in das System selbst einzugeben. Wenn es also so etwas gäbe wie ein Knapperwerden von Arbeitsmotivation: an den Löhnen und Gehältern könnte man es nicht ablesen! Und wenn man sich frühzeitig genug auf die ökologischen Folgeprobleme der modernen Gesellschaft einstellen wollte: über Preise könnte man es nicht! Als Ergebnis ist demnach festzuhalten, daß die Gesellschaft durch ihre Wirtschaft nicht über die dort ausgelösten Umweltprobleme informiert wird; und daß man dafür auch die Selbstbeschreibung der Wirtschaft, ihre Bilanzen, ihr Bruttosozialprodukt nicht zu Rate ziehen kann; denn die Leistungsfähigkeit dieser Selbstbeschreibungen beruht gerade darauf, daß sie nicht an die Differenz von System und Umwelt anschließen. Zwar präsentiert auch die Selbstbeschreibung der Wirtschaft (wie jede Selbstbeschreibung) die Einheit des Systems als Differenz; aber nicht als Differenz von System und Umwelt, sondern als Differenz anhand einer Zahl: als nicht mehr und nicht weniger.

VIII.

Ein ausdifferenziertes Wirtschaftssystem kann im Hinblick auf die Erhaltung seiner Selbstreproduktion beurteilt werden. Seine basale Instabilität ist dann einerseits etwas, was gegen allen Wunsch nach Sicherheit und Berechenbarkeit zu reproduzieren ist, und andererseits der Reproduktionsmechanismus selbst. Das System ist in diesem Sinne ein autopoietisches System. Bei aller Abhängigkeit von der Umwelt kann es nur selbst die Elemente produzieren, aus denen es besteht. Diese Betrachtungsweise ist jedoch unvollständig. Sie zieht das Verhältnis von Umwelt und System nur in einer Richtung in Betracht, nämlich nur als Komplexitätsreduktion. Die Umwelt ist übermäßig komplex. Eine dafür adäquate Eigenkomplexität kann das System nur durch Temporalisierung seiner Elemente, also nur über eigene Instabilität erreichen, die dann ihrerseits durch Zusatzeinrichtungen entproblematisiert werden muß. So weit, so gut. Aber auch die Gegenüberlegung verdient Aufmerksamkeit: Wie wirkt ein solches System auf seine Umwelt zurück? Und: Muß man damit rechnen, daß ein solches System seine Umwelt wesentlich verändert oder daß es gar die Umweltvoraussetzungen untergräbt, von denen es selbst abhängt?

Diese Fragestellung gewinnt an Prägnanz im Rahmen einer Theorie, die soziale Systeme als Kommunikationssysteme begreift und alles andere, insbesondere ökologische Bedingungen und mentale Zustände der Menschen, Ressourcen und Motive, als Umwelt sozialer Systeme auffaßt. Zieht man ferner in Betracht, daß das Wirtschaftssystem nicht mit dem Gesellschaftssystem identisch ist, sondern als Funktionssystem mit eigener, selbstreferentieller Autonomie in der Gesellschaft ausdifferenziert ist, muß man zwei Arten von Umwelt des Wirtschaftssystems unterscheiden: Die gesellschaftsinterne Umwelt im Sinne anderer, nichtökonomischer Kommunikationen – etwa familialer, religiöser, erzieherischer, wissenschaftlicher, politischer Art, und die Umwelt der Gesellschaft selbst, also all das, was nicht Kommunikation ist. Beide Umwelten sind sehr verschieden gegliedert und sind durch diese unterschiedlichen Differenzierungen sehr verschiedenen Interdependenzen ausgesetzt. So ist die Differenz (und Interdependenz) von Familienleben und Politik eine gesellschaftsinterne Differenzierung in der Umwelt des Wirtschaftssystems; die Differenz (und Interdependenz) von Ressourcen und Bedürfnissen bzw. Motiven eine (im weitesten Sinne) ökologische Differenzierung in der Umwelt des Wirtschaftssystems (und auch: des Gesellschaftssystems).

Schon seit langem und besonders seit dem 19. Jahrhundert hatte man den Verdacht ventiliert, daß eine über Quantifikation und Instabilität koordinierte Wirtschaft den Menschen und seine Kultur ruinieren könnte, und zwar nicht durch ihr Scheitern, sondern durch ihren Erfolg. Die Französische Revolution und die Destabilisierung von Politik scheint eine Folge wachsenden wirtschaftlichen Wohlstands gewesen zu sein, die Ausbeutung der Arbeiter und die Kommerzialisierung der Kultur ergeben sich aus dem Sieg der kapitalistischen Produktionsweise. Konservative und revolutionäre Theorien setzen ihre Analysen sehr ähnlich an, ähnlich auch insofern, als sie zu einer partiellen und dadurch ideologischen Thematisierung tendieren. Im systemtheoretischen Aufriß erscheint die gleiche Problemstellung als sehr viel komplexer, und das heißt nicht zuletzt, daß Tendenzaussagen und Gesamturteile über die moderne, weitgehend durch Wirtschaft bestimmte Gesellschaft schwieriger werden.

Aus diesem Bündel zusammengehöriger Teilperspektiven ließe sich zum Beispiel die »politökonomische« Fragestellung herausgreifen. Sie müßte lauten: Welche Probleme ergeben sich für die Politik aus der Selbstdestabilisierung der Wirtschaft? Da die Politik eigene Sensoren besitzt und ein eigenes Nichtignorierenkönnen vertreten muß, werden die Effekte wirtschaftlicher Fluktuationen, obwohl sie an sich in der Sprache der Preise ausgedrückt werden, auch politisch relevant. Ein ständiges Laborieren zwischen Daten und Hoffnungen ist das daraus folgende Alltagsgeschäft. Die Tagesorientierung steht unter der Hoffnung, Wirtschaft durch kollektiv bindende Entscheidungen günstig beeinflussen zu können, und diese Hoffnung ist sicher nicht ganz ohne Grundlage in der Realität, denn kollektiv bindendes Entscheiden kann in der Tat Fakten schaffen, die das Fluktuieren der Preise limitieren. Die strukturelle Problematik für das politische System reicht jedoch in ganz andere Tiefen. Sie besteht in einem Problem der Kompatibilität, nämlich in der Frage, ob und wie wirtschaftliche Instabilitäten, die ihre Effekte zudem noch in unvorhersehbarer Weise kumulieren können, mit einem Schema institutionalisierter politischer Opposition und friedlichem Wechsel vereinbar sind. Die Gefahr ist nicht abzuweisen, daß ein politischer Wechsel durch Wirtschaftsentwicklungen ausgelöst (oder bei positiven Entwicklungen auch: verhindert) wird, die politisch nicht gesteuert und verantwortet werden können.

So sehr die politökonomischen Fragen derzeit im Vordergrund stehen: sie machen nur einen Teil der Gesamtkonstellation aus. In vielen anderen Zwischensystembeziehungen ergeben sich ähnliche Probleme. So mag man sich im Blick auf das Verhältnis von Wirtschafts- und Erziehungssystem fragen, ob die pädagogische Zielsetzung einer möglichst langen und gehaltvollen Erziehung für möglichst große Teile der Bevölkerung haltbar ist, wenn das Wirtschaftssystem über Fluktuation wirtschaftlicher Chancen eine unsichere Zukunft ankündigt und wenn zugleich das politische System unter egalitären Zielsetzungen schichtspezifische Berufskanalisierungen mehr und mehr auflöst. Das Erziehungssystem wird unter solchen Umständen mit einer hohen Quote von Aussteigern rechnen müssen, die den unmittelbaren Erwerb vorziehen, d.h. bei langfristiger Ausbildungsplanung: mit abgebrochenen und so kaum verwendbaren Ausbildungen.

Diesen Beispielen für gesellschaftsinterne Umweltbeziehungen des Wirtschaftssystems sind Analysen der Beziehungen des Wirtschaftssystems zur gesellschaftsexternen Umwelt anzufügen. Sprechen wir, stark vereinfachend, von Ressourcen und Motiven. Das Wirtschaftssystem richtet sich bei der Inanspruchnahme von Ressourcen und Motiven – Motiven für Arbeit und Konsum! – ausschließlich nach der eigenen Sprache der Preise. Nur in dieser Sprache kann wirtschaftlich kommuniziert werden. Nur in dieser Sprache kann die benötigte Instabilität reproduziert werden. Eine so systematisierte Kommunikation wirkt jedoch auf die Ressourcen und die Motive ein. Sie baut bekanntlich nichtreproduzierbare Ressourcen ab, und zwar sehr rasch. Und sie greift in die psychische Reproduktion der Motive ein, insbesondere durch Steigerung von Anspruchsniveaus und durch Sinndeprivationen im Arbeitsbereich. Sie ändert damit die Umwelt, von der sie selbst abhängt, und zwar die Umwelt des Gesellschaftssystems, nicht nur die Umwelt des Wirtschaftssystems. Sie schafft Fakten, die ihrerseits dann wiederum die Preisentwicklung beeinflussen mögen, ohne daß man annehmen könnte, daß diese Form der Reaktion die Fakten selbst entproblematisieren könnte. Das gilt besonders für das Problem erschöpfbarer Ressourcen. Der letzte Tropfen Öl mag auf einer Auktion zu welchem Preis immer versteigert werden – aber danach gibt es kein Öl mehr. Eine wirtschaftswissenschaftliche Theorie mag es ablehnen, limitationale Faktoren dieser Art zu berücksichtigen. Sie mag es bevorzugen, die Wirtschaft als geschlossen-selbstreferentielles System zu betrachten, das seine eigenen Substitutionsmöglichkeiten produziert, sobald es sich wirtschaftlich lohnt. Aber eben damit verzichtet diese Theorie dann auf eine gesellschaftstheoretische Beschreibung der Wirtschaft, ja eigentlich auch auf eine systemtheoretische Beschreibung der Wirtschaft, denn alle Systemtheorie baut heute, auch und gerade in der Orientierung am Theorem der Selbstreferenz, auf der Differenz von System und Umwelt auf.

Wie bei System/Umwelt-Beziehungen schlechthin stehen wir damit vor der Frage, ob, wie und mit welchen Folgen das Wirtschaftssystem Auswirkungen auf seine Umwelt in die eigene Kommunikation wiedereinführen kann. Im Prinzip ist das aufgrund der Instabilität der Preise möglich – aber eben nur so! Tendenziell ist bei wirtschaftlichem Erfolg daher mit zunehmender Knappheit und höheren Preisen zu rechnen, ohne daß auf diese Weise die entstehenden Probleme befriedigend gelöst werden können. Das Geldsystem und seine Preise lassen sich mithin einerseits als kaum reversible evolutionäre Errungenschaften charakterisieren, die durch die auf ihrer Grundlage erreichte Komplexität der Gesellschaft so gut wie festgeschrieben sind. Es ist nichts in Sicht, was die benötigten Instabilitäten ebenso wirksam reproduzieren könnte. Politische Entscheidungen sind jedenfalls, so viel ist heute an sozialistischen Wirtschaften ablesbar, ein problematisches Substitut. Andererseits ist genau dieser technische Vorteil mit Folgen belastet, die heute zunehmend sichtbar werden. Preise bieten keine ausreichende Information über die Umwelt, speziell dann nicht, wenn ihre Auswirkungen auf Nachfrage und Produktion Interdependenzen in der Umwelt tangieren und über Folgewirkungen langfristig auf das System, das sie auslöst, zurückwirken. Der Widerspruch läßt sich theoretisch nicht auflösen. Man kann allenfalls noch fragen, was geschehen könnte, wenn das Gesellschaftssystem auf ihn aufmerksam wird und ihn als »Theorie« in seine Selbstbeschreibung übernimmt.

Die neuzeitliche Semantik, die die Entwicklung funktionaler Differenzierung des Gesellschaftssystems begleitet und honoriert hat, hat begreiflicherweise trotz einer mitlaufenden Skepsis immer dazu geneigt, Erfolge in Funktionsrichtung für rational zu halten. Das wurde auf der Ebene des Zweck/Mittel-Schemas der Handlungsrationalität nur wiederholt und bestätigt. Effiziente Politik, wirtschaftlicher Erfolg, zunehmende wissenschaftliche Weltkenntnis, Bildung usw. gelten danach als rational. Die Erfahrungen, die mit System/Umwelt-Differenzierungen, und zwar gerade mit ihrer erfolgreichen Realisierung anfallen, zwingen dazu, dieses Urteil zu revidieren. Systeme, die über ihre Umwelt verfügen, verfügen über sich selbst. Sie müssen Reflexionsformen entwickeln, die die Differenz von System und Umwelt in die Selbstbeschreibung wiedereinführen – oder sie werden in für sie unkontrollierbarer Weise von sich selbst abhängig. Den Titel der Rationalität muß man für einen solchen Wiedereintritt der Differenz in die Identität reservieren, wenn die hohen Ansprüche gehalten werden sollen, die in der Tradition mit diesem Titel verbunden waren. Dann aber steht man vor einer Frage, die die Problemstellungen des 19. Jahrhunderts und alle revolutionär oder humanistisch auftretende Kritik des »Kapitalismus« zu ersetzen hätte, nämlich vor der Frage, ob und wie die Sprache der Preise je Rationalität erreichen kann.

IX.

Eine Kritik der Preise ist leicht gemacht – und gerade dadurch wird die Sprache der Preise der Kritik entzogen. Preise erscheinen immer als zu hoch oder als zu niedrig, je nachdem, an wessen Wünschen sie gemessen werden. Die Instabilität der Preise reproduziert Kritik als Dauerzustand. Der eigene Lohn ist zu niedrig, gemessen an eigenen Leistungen und eigenem Interesse; zugleich wundert man sich aber, daß bestimmte Waren in Deutschland nicht mehr hergestellt werden können, weil die Löhne zu hoch sind. Diese Art Kritik ist in den Preismechanismus so eingebaut, daß sie Dankbarkeit für eine Einigung über einen bestimmten Preis ausschließt und daher auch moralische Verpflichtungen als Folge von Geschäften ausschließt. Auch daran ist zu erkennen, wie der Geldmechanismus Wirtschaft ausdifferenziert.

Wenn die Kritik der Preise so stark suggeriert wird, fällt es um so schwerer, den Preismechanismus als solchen kritisch zu betrachten. Man mag befürchten, daß dem Menschen etwas von seinem Wesen verlorengehe oder daß er um Chancen der Selbstverwirklichung gebracht werde, wenn er zahle oder für Geld arbeite. Auch damit wird die Kritik jedoch nur abgeleitet auf den weichen Boden des Humanismus, wo sie versickert; und offenbar ist diese Kritik auch nicht ernst gemeint, denn niemand warnt die Frauen, wenn sie versuchen, Hausarbeit als Geldarbeit anerkannt zu erhalten. Die innerökonomische Kritik ebenso wie die humanistische Kritik scheinen gerade durch ihre Plausibilität und ihre Suggestivkraft den Zugang zu einer strukturellen Kritik des Preismechanismus eher zu verlegen.

Eine gewisse Befremdung hat den Geldmechanismus seit seiner Expansion im späten Mittelalter begleitet.[28] Auf die Versuche, ihn theologisch in Schranken zu halten, sind in der ersten Hälfte des 18. Jahrhunderts moraltheoretische Behandlungen gefolgt.[29] Im 19. Jahrhundert folgt dem ein über Entfremdung klagender Neuhumanismus, der sich einer primär ökonomisch orientierten Gesellschaft als schlechtes Gewissen anbietet. Für die eigentliche Kritik der Wirtschaft ist jetzt eine darauf spezialisierte »wirtschaftswissenschaftliche« Theorie zuständig, die aber als Theorie des Systems im System nur versuchen kann, den Ertrag der Wirtschaft und seine Verteilung zu verbessern.[30] Offenbar greift die Absicht, das Geld als solches zu kritisieren, zu weit, da niemand eine Re-archaisierung des Gesellschaftssystems wirklich herbeiführen möchte. Andererseits reicht eine Unzufriedenheit mit den jeweiligen Preisen nicht aus.

Eine soziologische Theorie wird weder zu viel kritisieren wollen, weil sie dann keine Alternativen sichtbar machen kann, noch zu wenig, weil sie dann darauf verzichten würde, über strukturelle Grundlagen des Gesellschaftssystems, mit dem wir leben, aufzuklären. Vielleicht bietet es einen Ausweg, eine Pauschalkritik des Geldes aufzugeben und statt dessen auf die Form abzustellen, mit der Geldzahlungen erwartbar gemacht werden, also auf Preise. Das böte nicht nur die Möglichkeit, Preise strukturell und funktional mit Formen anderer Funktionsbereiche zu ver-

28 Siehe als einen knappen Überblick Wilhelm Weber, Geld, Glaube, Gesellschaft, Vorträge der Rheinisch-Westfälischen Akademie der Wissenschaften G 239, Opladen 1979.

29 Symptomatisch ist, daß dies vornehmlich in der Form skandalöser Thesen und paradoxer Rechtfertigungen erfolgt. So als bekanntestes Beispiel Bernard Mandeville, The Fable of the Bees: or Private Vices, Publick Benefits, zit. nach der Ausgabe von F. B. Kaye, Oxford 1924, die auch den zeitgenössischen Diskussionszusammenhang erschließt (S. XCIV ff.). Die eigentliche moralphilosophische Literatur jener Zeit hat ein zu positives Verhältnis zur Moral und geht nur selten auf solche Fragen ein.

30 Der innerwirtschaftliche Bezugsrahmen der Theorie läßt sich leicht daran ablesen, daß von »Preispolitik« im Hinblick auf die Unerreichbarkeit perfekter Konkurrenz die Rede ist. Bei perfekter Konkurrenz könnte es nur Anpassungszwang und Fehler geben, aber keine Preispolitik.

gleichen, etwa mit Rechtsformen oder mit Erkenntnisformen (Begriffen). Man könnte dann auch der Frage nachgehen, welche Auswirkungen die Wahl dieser Form und ihre Instabilisierung auf Systemumwelten hat. Preise erzeugen, wie oben ausgeführt, Informationsverluste – darauf beruht ihre technische Leistungsfähigkeit, und daran ist nicht zu rütteln. Selbst wenn man dies nicht in Frage stellen will, könnte man sich doch überlegen, ob es nicht Möglichkeiten geben sollte, auf dieser Grundlage mit Hilfe zusätzlicher Unterscheidungen neue Informationen zu erzeugen (ob nun mit oder ohne Rückgriff auf die verlorenen) und die Auswirkungen der Orientierung an Preisen mit Hilfe dieser Informationen zu beobachten. Nur wenn dies gelänge und nur wenn man auf diesem Wege auf die Preise zurückwirken könnte, ließe es sich vertreten, dem Wirtschaftssystem Rationalität zu bescheinigen. Andernfalls bleibt es bei einem nachträglichen Erstaunen darüber, daß Ölpreise bei knapper werdendem Öl auch fallen können; oder daß mit einer Orientierung an Preisen die Vernichtung von Nahrungsmitteln und Hunger zugleich erzeugt werden können; oder daß trotz rapider Zunahme der Gesamtbevölkerung die Preise für Arbeit steigen. Was knapper wird, wird zuweilen billiger, was im Überfluß vorhanden ist, wird teurer. Wie im Umkehrspiegel kann der Preismechanismus von wirklichen Knappheiten ablenken und Knappheiten vortäuschen, wo keine sind, aber auch dies nicht so zuverlässig, daß man sich wie das Auge mit einer einfachen Gegenumkehrung begnügen könnte.

Die Erklärung dafür liegt in der vorstehend skizzierten Theorie. Preise dienen dem Prozessieren der Selbstreferenz des Wirtschaftssystems, und dies ist eine Bedingung für die Ausdifferenzierung und damit für die Leistungsfähigkeit dieses Systems. Es ist nicht zu erwarten, daß mit dem gleichen Instrument auch zureichende Informationen über die Umwelt dieses Systems, über Ressourcen und Motive geliefert werden. Über Daten, die auf der Basis von Preisen gewonnen werden, wird man die Auswirkungen der Wirtschaft auf ihre Umwelt innerhalb und außerhalb des Gesellschaftssystems nicht kontrollieren können. Preise und preisabhängige Daten sind daher keine Grundlage für ein Urteil über die Rationalität der Wirtschaft – wenn Rationalität heißen darf, daß die Einheit der Differenz von System und Umwelt im System wiederhergestellt wird.

Kapitel 2
Die Wirtschaft der Gesellschaft als autopoietisches System

I.

Unbestreitbar hat der Übergang zur Geldwirtschaft in der Entstehung der modernen Gesellschaft eine wichtige, manche meinen die ausschlaggebende Rolle gespielt. Nicht selten wird die Besonderheit der modernen Gesellschaft in Begriffen ausgedrückt, die Geldwirtschaft voraussetzen. Mit der Frage, ob es nun um Kapitalismus oder um Industriegesellschaft gehe[1], wird dann nur noch über unterschiedliche Versionen dieser Ansicht, sozusagen nur noch um die Wirtschaftsverfassung gestritten. Daß es hierbei um die Gesellschaft gehe, wird vorausgesetzt. Im folgenden wollen wir uns nicht mit diesem Streit, sondern mit seiner Voraussetzung beschäftigen. Wir wollen nicht einen Beitrag zur Genese der modernen Gesellschaft leisten, sondern eine Vorfrage dafür klären.

Dabei geht es um Wirtschaft und Gesellschaft. Diese Formel gibt uns aber noch nicht das Problem. Sie führt eher in die Irre, denn sie verführt dazu, sich Wirtschaft und Gesellschaft wie zwei unabhängig voneinander faßbare Sachverhalte vorzustellen, die zueinander in Beziehung gesetzt werden müßten. So hat die sozialwissenschaftliche Tradition jedoch nie wirklich gedacht – weder in ihrem politökonomischen noch in ihrem soziologischen Zweig. Eher war sie dem gegenteiligen, seit Hegel üblichen Begriffsspiel verfallen: Wirtschaft und Gesellschaft mehr oder weniger gleichzusetzen, die Gesellschaft sozusagen als mit Wirtschaft infiziert zu denken und dann auf Erlösung in der einen oder anderen Form zu hoffen, auf Erlösung durch einen ethisch fundierten Staat, durch Aufhebung der Klassen, durch eine neue Form sozialer Solidarität oder wie immer. Sie konnte dabei an eine dem Geld gegenüber kritische Tradition, ein Ressentiment gegen Hurerei, Käuflichkeit, Warenfetischismus, Kapitalismus,

1 So das Leitthema des 16. Deutschen Soziologentages Frankfurt 1968. Siehe Theodor W. Adorno (Hrsg.), Spätkapitalismus oder Industriegesellschaft, Stuttgart 1969.

Plutokratie anknüpfen und das, was ihr an Theorie fehlte, durch solche Ressentiments ausgleichen.

Sicherlich lagen dieser Tradition zuweilen beachtliche Theorieanstrengungen zugrunde. Vor allem die Klassiker der politischen Ökonomie von Adam Smith bis Karl Marx finden heute erneut Beachtung. Dennoch setzen die folgenden Überlegungen grundlegend anders an, und zwar deshalb, weil die klassische Theorie zwar als Reaktion auf die historisch neuartige, geldgesteuerte Ausdifferenzierung des Wirtschaftssystems entstanden war, gleichwohl aber deren Besonderheit nicht sofort zutreffend hatte erfassen können.[2] Zur Distanzierung müssen einige wenige Angaben genügen. Mit der beginnenden Industrialisierung war es vor allem die Zunahme der Produktivität gewesen, die ins Auge stach. Die Theorie der Wirtschaft wurde deshalb als Theorie der wirtschaftlichen Produktion angelegt. Die alte Vorstellung einer natürlich-begrenzten Gütermenge, die die Physiokraten noch fortgeschrieben hatten, indem sie Wohlstandsvermehrung ausschließlich dem Faktor Land zuschrieben, war nun offensichtlich unhaltbar. Eben deshalb wurde Arbeit als derjenige Faktor, der Steigerung erklären konnte, zum wichtigsten, wenn nicht einzigen Produktionsfaktor aufgewertet.[3] Die zirkulär-geschlossene Rekursivität des Systems wurde nicht in der Geldtheorie, sondern in der Theorie der Produktionsfaktoren zum Ausdruck gebracht, nämlich dadurch, daß man nur solche Faktoren berücksichtigte, deren Bereitstellung und Erneuerung wiederum als Produktion begriffen werden konnte, das heißt Arbeit bzw. Geld kostete. Letztlich lief so alles auf Arbeit zurück. Arbeitsteilung war das »Wunder« der Effektivitätssteigerung, und zur Ermöglichung von Arbeitsteilung war Geld notwendig. Die Differenz Naturzustand/Zivilisation wurde in die Differenz Ge-

2 Daß dies nicht sogleich möglich war, ergibt sich aus Problemen der systemimmanenten Reflexionstheorie, auf die wir unter VIII zurückkommen werden.

3 Die Physiokraten hatten Arbeit selbst noch unter einer Summenkonstanzprämisse gesehen, weil sie die Kräfte, die zu ihrer eigenen Produktion notwendig seien, verzehre. Vgl. z. B. Johann August Schlettwein, Die wichtigste Angelegenheit für das ganze Publicum: Oder die natürliche Ordnung in der Politik überhaupt, 2 Bde., Carlsruhe 1772/73, Bd. 1, S. 72 ff.

sellschaft ohne/Gesellschaft mit Arbeitsteilung umgeschrieben, und entsprechend mußte die beunruhigende Diskrepanz von Reichtum und Armut als Voraussetzung der Arbeitsteilung in Kauf genommen werden.[4] Auch der Kapitalbegriff wurde auf Produktion zugeschnitten, etwa als produzierte Produktionsmittel definiert. Geld wurde natürlich als ein unwegdenkbares Erfordernis der Marktwirtschaft und als zivilisatorische Errungenschaft gefeiert; es nahm in der Theorie aber gleichwohl nicht den Platz ein, der ihm gebührt.[5] Es wurde nach Adam Smith als ein Instrument der Verteilung aufgefaßt, und Verteilung ist natürlich sekundär zur Produktion. Deshalb kam es zu Widersprüchen im Begriff der Arbeit, der einerseits die ganze Theoriekonstruktion trägt, andererseits aber nur als Mitwirkung an der (geldorientierten) Warenproduktion berücksichtigt werden kann[6]; und ebenso zu Widersprüchen im Begriff der Produktion, nämlich zum Begriff der unproduktiven (nicht absetzbaren) Produktion und zur Feststellung gleichzeitiger Unterproduktion und Überproduktion. Die Wirtschaftstheorie wird darauf durch Zentrierung auf Probleme der Verteilung reagieren müssen.

Die Theorie des dialektischen Materialismus zweigt hier ab. Sie erfaßt die Folgeprobleme der Geldwirtschaft pointierter als zu-

4 So schon vor Adam Smith zum Beispiel Boesnier de l'Orme, L'esprit du gouvernement économique, Paris 1775, S. 57ff. Später stellt man das Argument mehr auf »Folge« von Arbeitsteilung und entsprechender Abstraktion der Bedürfnisse um. Vgl. Georg Friedrich W. Hegel, Philosophie des Rechts: Die Vorlesung von 1819/20 in einer Nachschrift (Hrsg. Dieter Henrich), Frankfurt 1983, S. 193ff.

5 Robert Torrens, An Essay On the Production of Wealth, London 1821, S. 290, z.B. sieht in der Entwicklung seiner Theorie der politischen Ökonomie zunächst bewußt vom Geld ab mit der Begründung: »When the hypothesis which we employ for the purpose of tracing out and elucidating the principles of economical science, has a reference to money, we are apt to be involved in confusion and error, in consequence of our attention being directed, not to what is essential and inherent in the case before us, but to some circumstance or accident connected with the commodity which happens to be employed as the medium of exchange, and practical measure of value.« Ähnlich Thomas Hodgskin, Popular Political Economy, London 1827, S. 179.

6 Vgl. Hodgskin, a. a. O., S. 28 und 50.

vor.[7] Ihre Glanzleistung ist vor allem, die skizzierten Theoriewidersprüche als Widersprüche der gesellschaftlichen Realität zu entlarven, sie als ein Moment des Gegenstandes der Theorie zu begreifen. Dennoch läßt die auf Dialektik getrimmte Analyse unbefriedigt. Sie bleibt mit ihrer Kritik der politischen Ökonomie an deren Begrifflichkeit, nämlich Kapital und Arbeit, hängen.[8] Sie erklärt soziale *Instabilität* durch logische Widersprüche (was man sehr wohl bezweifeln kann)[9], und sie verführt zu Syntheseerwartungen und zu entsprechenden Anstrengungen, ohne daß die Funktion des Geldes im Kontext von Wirtschaft und Gesellschaft zureichend geklärt wäre.

Gewiß: man kann nicht vorab wissen, daß gerade dieser Defekt ausschlaggebend, daß gerade die Theorie des Geldes (und nicht eine Theorie der Bedürfnisse oder der Produktionsverhältnisse oder der Arbeitsteilung) zu einem »besseren« Verständnis des Verhältnisses von Wirtschaft und Gesellschaft führen kann. Wenn aber zutrifft, daß die klassische Theorie einen Zustand betrachtet, in dem das Prinzip der konstanten Gütermenge nicht mehr gilt, und daß sie *deshalb* dem Faktor Arbeit fundamentale Bedeutung zuspricht, wird deutlich, daß jede Theorierevision, die hier ansetzt, revolutionierend wirken muß.

Die folgenden Überlegungen zielen darauf ab, den Faktor Arbeit (in der angegebenen theoretischen Plazierung) durch den Begriff der Codierung von Kommunikation zu ersetzen. Man kann das Geld als *Codierung* wirtschaftlicher Operationen begreifen und Codierung als Duplikation von *Knappheit*.[10] Es gibt danach zwei

7 Dies kann man allerdings bezweifeln. Siehe Niklas Luhmann, Bürgerliche Rechtssoziologie: Eine Theorie des 18. Jahrhunderts, Archiv für Rechts- und Sozialphilosophie 69 (1983), S. 431-445 oder Hodgskin, a. a. O.: »The peasant, who produce so much corn, that his master is ruined by its reduced price, has not wherewithal to eat and to cover himself. The weaver, who supplies the world with clothing, whose master undertakes perilous adventures to tempt savages to use his productions, is perishing with hunger and nakedness in the midst of an inclement season.«

8 Vgl. dazu Kapitel 5.

9 Vgl. dazu generell Jon Elster, Logik und Gesellschaft: Widersprüche und mögliche Welten, dt. Übers., Frankfurt 1981.

10 Siehe Kapitel 6.

Knappheitssprachen: die der Güter und die des Geldes, die beide auf verschiedene Bedingungen ansprechen. In der modernen Wirtschaft sind *alle* wirtschaftlichen Operationen gehalten, *beide* Knappheitssprachen *zugleich*, also den Gesamtcode der Wirtschaft und nur diesen Code zu verwenden, nämlich für *Leistungen* zu *zahlen*. Die Struktur der Wirtschaft besteht in der Konditionierung dieses operativen Zusammenhangs. Man kann die Knappheit der Güter nur deshalb mindern, weil man eine zweite Knappheit, eine Auffangknappheit gleichsam, danebensetzt. Diese Codierung bezieht Arbeit selbstverständlich ein, aber die Codierung selbst ist der strukturelle Grund für den Erfolg und nicht die Arbeit als solche, die im geschlossenen System der Geldwirtschaft als unabhängiger Faktor gar nicht denkbar ist.

Sucht man in der theoretischen Soziologie nach Anhaltspunkten für diesen Gedanken, so stößt man auf den Vorschlag von Parsons, Geld im Zusammenhang mit einer Theorie funktionaler Systemdifferenzierung als eines der symbolisch generalisierten Tauschmedien aufzufassen.[11] Dieser Ausgangspunkt ist allerdings, gebunden an das Theoriedesign der Parsonsschen Kreuztabellen, nicht nennenswert weiterentwickelt worden. Hochgesteckte Erwartungen sehen hier eine Nachfolgetheorie für das von Max Weber aufgeworfene Problem des Schicksals abendländischer Rationalität[12]; andere meinen, daß diese Theorie eigentlich nur im Bereich des Geldes, allenfalls noch im Bereich politisch-administrativer Macht funktioniere und als allgemeine Theorie nur die Überschätzung technischer Systemrationalität in ihrer Bedeutung für die moderne Gesellschaft zum Ausdruck bringe.[13] Mein Eindruck ist, daß hier ein wichtiges Theoriestück

11 Siehe für die wichtigsten Beiträge Talcott Parsons, Zur Theorie der sozialen Interaktionsmedien (hrsg. von Stefan Jensen), Opladen 1980. Für eine detaillierte Auseinandersetzung mit Parsons vgl. ferner Kapitel 7.

12 Vgl. Rainer C. Baum, Introduction Part IV: Generalized Media in Action, in: Jan J. Loubser et al. (Hrsg.), Explorations in General Theory in Social Science: Essay in Honor of Talcott Parsons, Bd. 2, New York 1976, S. 448-469; ders., Communication and Media, a. a. O., S. 533 bis 556.

13 So insb. Jürgen Habermas, Handlung und System – Bemerkungen zu Parsons' Medientheorie, in: Wolfgang Schluchter (Hrsg.), Verhalten,

vorentwickelt war, aber sozusagen im Wartestand verharren mußte, bis die Systemtheorie im allgemeinen und die Gesellschaftstheorie im besonderen einen entsprechenden Entwicklungsstand erreicht hat.
Die folgenden Ausführungen sollen dazu dienen, die heute hier möglichen Anschlüsse herzustellen. Sie lösen den Systembegriff aus dem Parsonsschen Theorierahmen und greifen statt dessen auf eine allgemeine Theorie selbstreferentieller Systeme zurück. Diese Theorie kann genauer begreiflich machen (1), welche Probleme im Zuge gesellschaftlicher Differenzierung zu lösen sind, und (2), wie speziell das Kommunikationsmedium Geld zur Lösung dieser Probleme beiträgt. Beibehalten wird, mit anderen Worten, die Vermutung eines Zusammenhangs von funktionaler Differenzierung und Medienentwicklung, unter anderem Geldentwicklung; aber die Begründung dafür wird als Konsequenz eines Paradigmawechsels in der allgemeinen Systemtheorie ausgewechselt.

II.

Die Systemtheorie der letzten beiden Jahrzehnte hat damit begonnen, Probleme der Selbstreferenz aufzugreifen und einzuarbeiten. Dabei standen zunächst Probleme der Reflexion der Identität des Systems im System und Probleme der Autonomie oder der Selbstorganisation im Vordergrund – das eine mehr für psychische Systeme, das andere mehr für datenverarbeitende Maschinen und für lebende Systeme. Gegenstand der Selbstreferenz war dabei nur die als Gegenstand vorgestellte Einheit des Systems bzw. die Struktur und vor allem die Änderung der Struktur des Systems. Seitdem hat dieser Theorieansatz sich radikalisiert. Angesichts des Vordringens der Forschung in subatomare und subsubatomare Bereiche muß die Theorie sich auf die Möglichkeit einstellen, daß die Welt nach unten offen, daß sie im Kleinen ebenso unendlich ist wie im Großen. Es gibt danach

Handeln und System: Talcott Parsons' Beitrag zur Entwicklung der Sozialwissenschaften, Frankfurt 1980, S. 68-105. Vgl. auch ders., Theorie kommunikativen Handelns, Frankfurt 1981, insb. Bd. 2, S. 384ff., S. 470ff.

keine nicht weiter auflösbaren Letztelemente, aus denen Systeme »zusammengesetzt« sind, und Ordnung kann nicht einfach als Netz von Beziehungen zwischen Elementen begriffen werden. Man muß dann zu Theorien übergehen, die *alles, was im System als Einheit fungiert, als Eigenleistung des Systems auffassen.* Auch die (für das System nicht weiter auflösbaren) Elementareinheiten haben ihre Einheit durch das System selbst und nur im Funktionszusammenhang des Systems. Jedes Element ist im Funktionszusammenhang des Systems immer schon Reduktion einer zugrundeliegenden Komplexität, die im System als Einheit behandelt und dadurch anschlußfähig wird. Die Systeme produzieren die Elemente, aus denen sie bestehen, durch die Elemente, aus denen sie bestehen. Für diesen Sachverhalt bürgert sich der von Maturana vorgeschlagene Begriff des autopoietischen Systems ein.[14]

Autopoietische Systeme sind *geschlossene Systeme* insofern, als sie das, was sie als Einheit zu ihrer eigenen Reproduktion verwenden (also: ihre Elemente, ihre Prozesse, sich selbst) nicht aus ihrer Umwelt beziehen können. Sie sind gleichwohl *offene Systeme* insofern, als sie diese Selbstreproduktion nur in einer Umwelt, nur in Differenz zu einer Umwelt vollziehen können. Mit Heinz von Foerster kann man auch formulieren, daß Schließung nur als Einschließung möglich ist, also als Ziehung einer Grenze, die anderes ausgrenzt.[15] Geschlossenheit und Offenheit können also nicht länger als Typenunterschied begriffen werden. Es han-

14 Vgl. in dt. Übers. Humberto R. Maturana, Erkennen: Die Organisation und Verkörperung von Wirklichkeit: Ausgewählte Arbeiten zur biologischen Epistemologie, Braunschweig 1982. Zur Übertragung auf den Fall sozialer Systeme vgl. Niklas Luhmann, Soziale Systeme: Grundriß einer allgemeinen Theorie, Frankfurt 1984, und zur anschließenden Diskussion Hans-Jürgen Unverferth (Hrsg.), System und Selbstproduktion: Zur Erschließung eines neuen Paradigmas in den Sozialwissenschaften, Frankfurt 1986; Hans Haferkamp/Michael Schmid (Hrsg.), Sinn, Kommunikation und soziale Differenzierung: Beiträge zu Luhmanns Theorie sozialer Systeme, Frankfurt 1987.

15 Vgl. Heinz von Foerster, Entdecken oder Erfinden. Wie läßt sich Verstehen verstehen? in: Heinz Gumin/Armin Mohler (Hrsg.), Einführung in den Konstruktivismus, München 1985, S. 27-68; ders., Erkenntnistheorien und Selbstorganisation, in: Siegfried J. Schmidt (Hrsg.), Der Diskurs des Radikalen Konstruktivismus, Frankfurt 1987, S. 133-158.

delt sich um ein Kombinationsverhältnis, um ein Steigerungsverhältnis, um ein kombinatorisches Resultat evolutionärer Morphogenese.

Es fällt nicht schwer, von diesen Theorievorstellungen ausgehend eine Gesellschaftstheorie zu entwerfen. Die Gesellschaft ist ein autopoietisches System auf der Basis von sinnhafter Kommunikation. Sie besteht aus Kommunikationen, sie besteht nur aus Kommunikationen, sie besteht aus allen Kommunikationen. Sie reproduziert Kommunikation durch Kommunikation. Was immer sich als Kommunikation ereignet, ist dadurch Vollzug und zugleich Reproduktion der Gesellschaft. Weder in der Umwelt noch mit der Umwelt der Gesellschaft kann es daher Kommunikation geben. Insofern ist das Kommunikationssystem Gesellschaft ein geschlossenes System. Sie ist aber nur in einer Umwelt, vor allem nur dank psychischen Bewußtseins, dank organischen Lebens, dank physischer Materialisierungen, dank der Evolution von Sonnen und Atomen möglich. Die Gesellschaft registriert diese Lage, indem sie sich als offenes System etabliert. Sie kommuniziert *über etwas* – über Themen, die ihre Umwelt oder sie selbst oder die gerade ablaufende Kommunikation betreffen. Gesellschaft ist also ein geschlossenes und ein offenes System zugleich, und Kommunikation ist die Form der elementaren Operation, die diese Kombination laufend leistet und reproduziert.

Wenn wir dies theoretische Konzept für das Gesellschaftssystem akzeptieren, liegt ein Folgeproblem auf der Hand. Es betrifft die Differenzierung des Gesellschaftssystems. Nur die Gesellschaft selbst kann als kommunikativ geschlossenes System begriffen werden. Nur sie integriert alle Kommunikationen. Nur sie hat ihre eigene Einheit als Autopoiesis von Kommunikation. Für alle Teilsysteme der Gesellschaft kann dies nicht gelten, weil sie in einer innergesellschaftlichen Umwelt operieren, in der es ebenfalls Kommunikationen gibt. Teilsysteme kommunizieren denn auch mit Systemen in ihrer Umwelt (und nicht nur: über ihre Umwelt). Die Wirtschaft zum Beispiel zahlt Steuern und ermöglicht damit Politik. Alle Teilsysteme verwenden zwar Kommunikation als eigenen Modus der eigenen Operationen. Auch sie bestehen nur aus Kommunikationen und sind eben deswegen Teilsysteme der Gesellschaft, sind Mitvollzug der gesellschaftlichen Reproduktion. Aber sie können sich nicht durch Kommunikation schließen, sich nicht als Kommunikationssystem von ihrer Umwelt unterscheiden. Sie benötigen, um sich als eigene autopoietische Systeme konstituieren zu können, ein eigenes, nur für sie geltendes Prinzip der Konstitution von Einheit, für das es in ihrer Umwelt keine Entsprechung gibt. Wenn Systeme der Wirtschaft mit Systemen in ihrer gesellschaftlichen Umwelt (niemals natürlich mit »der« gesellschaftlichen Umwelt) kommunizieren, müssen sie die normale Sprache verwenden oder schlicht davon ausgehen, daß andere Systeme (das politische System, das Wissenschaftssystem, das Religionssystem, Familien usw. oder deren Organisationen) verstehen, daß ihnen Verfügungsfreiheiten angeboten werden, die sie im Kontext des Wirtschaftssystems, aber nach Maßgabe eigener Kriterien spezifizieren können.

In der Machart der empirischen Soziologie formuliert, geht es uns um einen Zusammenhang von:

(1) Form und Ausmaß gesellschaftlicher Systemdifferenzierung;

(2) Ausdifferenzierung besonderer Codes für symbolisch generalisierte Kommunikationsmedien;

(3) Formen der Kombination von Geschlossenheit (Autopoiesis) und Offenheit auf der Ebene der gesellschaftlichen Teilsysteme und ihrer elementaren Operationen; und

(4) relativer gesamtgesellschaftlicher Prominenz der so gebildeten Teilsysteme (und zwar unabhängig von jeder logischen oder naturalen »Vorrangigkeit« bestimmter Funktionen).

Gemeint ist damit ein empirisch nachweisbarer Zusammenhang (der aber ohne beträchtliche theoretische Vorarbeiten unzugänglich bleibt) und vor allem ein Zusammenhang, der als ein Ergebnis soziokultureller Evolution (das heißt: ohne immanente Notwendigkeit) die Strukturtypik der modernen Gesellschaft prägt.

III.

Die Wirtschaft gewinnt ihre Einheit als autopoietisches, sich selbst produzierendes und reproduzierendes System dadurch, daß sie eine eigene Typik von Elementen verwendet, die nur in der Wirtschaft vorkommen und nur in ihr, das heißt nur in rekursivem Bezug auf andere Elemente desselben Systems ihre Einheit gewinnen. Der »unit act« der Wirtschaft ist die *Zahlung*. Zahlungen haben alle Eigenschaften eines autopoietischen Elements: Sie sind nur aufgrund von Zahlungen möglich und haben im rekursiven Zusammenhang der Autopoiesis der Wirtschaft keinen anderen Sinn, als Zahlungen zu ermöglichen. Die zunächst auf lebende Systeme (und zwar speziell auf Zellen) gemünzte Definition der Autopoiesis paßt auch auf diesen Fall: »Die autopoietische Organisation wird als eine Einheit definiert durch ein Netzwerk der Produktion von Bestandteilen[16], die erstens rekursiv an demselben Netzwerk der Produktion von Bestandteilen mitwirken, das auch diese Bestandteile produziert, und die zweitens das Netzwerk der Produktion als eine Einheit in dem Raum verwirklichen, in dem die Bestandteile sich befinden.«[17] Darüber hinaus ist Theorie in ihrer Anwendung auf die Gesellschaft und auf deren Teilsysteme ganz auf temporäre Elemente, also auf Ereignisse abgestellt, die mit ihrer Entstehung schon wieder verschwinden. Die Wirtschaft besteht aus unaufhörlich neuen Zahlungen. Würden keine Zahlungen mehr erfolgen, würde die Wirtschaft schlicht aufhören, als

16 Man beachte besonders: definiert nicht durch einen (wissenschaftlich ausgerüsteten) Beobachter, sondern definiert, d. h. begrenzt durch sich selbst!

17 Maturana, a. a. O. (1982), S. 158. Im englischen Text steht für Bestandteil »component«. Wir haben von »Element« gesprochen, um terminologisch deutlicher zwischen Element und Teilsystem unterscheiden zu können. Eine andere, leicht variierte Begriffsbestimmung bezieht das Erfordernis der Grenzbildung stärker mit ein: »We maintain that there are systems that are defined as unities as networks of productions of components that (1) recursively, through their interactions, generate and realize the network that produces them; and (2) constitute, in the space in which they exist, the boundaries of this network as components that participate in the realization of the network.« (Humberto R. Maturana, Autopoiesis, in: Milan Zeleny (Hrsg.), Autopoiesis: A Theory of Living Organization, New York 1981, S. 21-35 (21).

ausdifferenziertes System zu existieren. Ihre basalen Ereignisse stehen unter dem kontinuierlichen Zwang der Selbsterneuerung, und genau dies ist der Grund für die rekursive Geschlossenheit. Um selbst elementare Einheit sein zu können, muß die Zahlung sich auf andere Zahlungen beziehen. Sie ist Ereignis im genauen Sinne der Kosmologie von Alfred North Whitehead: Einheit aus self-identity und self-diversity.[18]

Die These, daß das Wirtschaftssystem aus Zahlungen bestehe, ist in einer wichtigen Hinsicht zu einfach formuliert. Wir werden es aus Gründen der sprachlichen Vereinfachung dabei belassen, müssen aber um so mehr auf eine Komplikation hinweisen: Es handelt sich nicht nur um Zahlungen, sondern auch um Nichtzahlungen. Auch der Entschluß, keinen neuen Wagen zu kaufen, weil die Wagen zu teuer geworden sind, ist ein Elementarereignis im Wirtschaftssystem; und dies auch dann, wenn er in der puren Unterlassung steckenbleibt und nicht mit einer anderweitigen Disposition über die entsprechende Geldsumme verbunden wird. Zu fordern ist allerdings – und die Abgrenzung bereitet Schwierigkeiten, wie man aus einer weitläufigen Diskussion über Unterlassungen weiß –, daß die Zahlung als Wunsch, als Erwartung, als Verpflichtung irgendwie nahegelegen hatte und trotzdem unterbleibt. Zahlung und Nichtzahlung sind durch einen Schematismus gekoppelte Ereignisse, das eine impliziert immer über die Negation das andere. Wer zahlt, kann eben sein Geld nicht behalten, und wer es behält, kann nicht zahlen, so daß *immer eine Mitorientierung am Gegenteil mitläuft.* Erhält man Geld, so erhält man die Freiheit, es auszugeben oder es zu behalten; die Möglichkeiten rekomplettieren sich sozusagen dadurch, daß ein anderer sich entscheidet. Der Verzicht auf die Wahlfreiheit durch Entscheidung ist Weitergabe ebendieser Freiheit an andere, und man kann diese Freiheit durch einen solchen Verzicht erhalten – so wie auch im allgemeinen Kommunikationsprozeß der Mitteilende sich festlegt, indem er für andere die Möglichkeit öffnet, seinen Sinnvorschlag anzunehmen oder abzulehnen. In diesem Sinne »zirkuliert« das Geld. In etwas

18 Ich zitiere wegen der größeren Präzision die englischen Termini. In der dt. Übers.: Identität und Verschiedenheit. Siehe Alfred N. Whitehead, Prozeß und Realität: Entwurf einer Kosmologie, Frankfurt 1979, S. 69f.

genauerer Sprechweise müßte man sagen, daß die Selbstreferenz des Systems auf der Ebene seiner basalen Operationen durch die jeweils erforderliche, jeweils zwingend mitentscheidende Negation des Gegenteils vermittelt wird. Und systemtheoretisch ist daran bemerkenswert, daß genau diese Doppelung der elementaren Operation (daß mit Zahlung die Nichtzahlung und mit Nichtzahlung die Zahlung negiert wird) das System ausdifferenziert. Denn dafür gibt es in der Umwelt der Wirtschaft keine Entsprechung. Die am Tausch oder am Kauf orientierte Vorstellung Waren gegen Geld, wonach die Bewegung der Ware in Gegenrichtung derjenigen des Geldes entspreche, führt mithin irre. Auf seiten des Geldes ist die Operation Zahlung/Nichtzahlung in ganz anderer Weise konditioniert (bzw. konditionierbar) als auf seiten der Ware.

Das System kann nie im Gleichgewicht sein.[19] Es vollzieht seine Autopoiesis allein durch Zahlungen, und zwar mit Hilfe jenes binären Schematismus, der Zahlen wie Nichtzahlen über Zwang zur Negation zur Selbstreferenz zwingt. Nichts kann in der Wirtschaft einfach getan werden. Jede Operation gewinnt ihre Einheit als Systemelement dadurch, daß sie sich durch Negation ihres Gegenteils auf andere Systemelemente bezieht, und diese Möglichkeit selbst ist Resultat der elementaren Operationen des Systems.

Ein Verständnis von Wirtschaft, das bei Zahlungen als den Grundoperationen des Systems ansetzt, kann alles, was sonst als Grundbegriff der Wirtschaftstheorie fungiert, – also etwa Pro-

19 Eher könnte eine Theorie der Stabilisierung durch Ungleichgewicht überzeugen, wonach entweder zuviel oder zuwenig Waren hergestellt werden müssen, damit entweder der Geldbesitzer oder der Warenbesitzer praktisch allein entscheiden kann, ob eine Zahlung stattfindet oder nicht. Nur unter dieser Bedingung ist vorstellbar, daß auf relativ stabiler Grundlage kalkuliert werden kann. Vgl. dazu János Kornai, Anti-Equilibrium: On Economic Systems Theory and the Tasks of Research, Amsterdam 1971. Eine frappierende Kritik des Gleichgewichtsprinzips findet sich im übrigen bereits gleich am Beginn der wirtschaftswissenschaftlichen Diskussion (bezogen allerdings auf Montesquieu): Das Gleichgewichtsprinzip verkünde Instabilität als Stabilität; zwei Körner genügten, um die Balance zu derangieren. So Simon-Henri-Nicolas Linguet, Lettres sur la Théorie des loix civiles, Amsterdam 1770, S. 96.

duktion, Tausch, Verteilung, Kapital, Arbeit – als derivativen Sachverhalt behandeln. Vor allem wird mit diesem Ansatz die Differenz von Wert und Preis als Moment der Ausdifferenzierung des Systems verständlich. Werte repräsentieren im System die gesellschaftliche Relevanz des wirtschaftlichen Geschehens, Preise dagegen die systeminterne Autopoiesis. Denn sobald Zahlungen erbracht werden müssen, sind Preise nötig, die es ermöglichen, Erwartungen in bezug auf die zu zahlende Summe zu bilden und darüber zu kommunizieren.[20] Die Autopoiesis des Systems wird damit unabhängig von einer Einigung über den »wirklichen Wert« der Güter und Leistungen; und sie wird vor allem unabhängig von Dankbarkeitspflichten (also auch von der Befürchtung des Entstehens von Dankbarkeitsverpflichtungen), die sich daraus ergeben könnten, daß die eine Seite mehr Wert (bzw. nach ihrer Meinung mehr Wert) gibt als die andere.

Jede effektiv geleistete Zahlung wirkt preisbildend und gewinnt damit einen Zweiteffekt auf der Ebene der Strukturbildung; sie ermöglicht es neben der Regenerierung von Zahlungsmöglichkeiten in der Hand des Empfängers auch, Erwartungen darüber zu bilden, welche Zahlungen für welche Güter und Leistungen in Betracht kommen.[21] Das Regenerieren von Zahlungen durch Zahlungen bildet wie von selbst Strukturen aus, die ihrerseits als kontingent und variabel bewußt werden, also durch Interaktion (Feilschen) und Organisation beeinflußbar sein können, weil die Autopoiesis der Wirtschaft auf Geldbasis gesichert ist.

Ferner läßt sich in diesem Theorierahmen das Kriterium des *Profits* verständlich machen (und von vermeintlichen Mehrwertabschöpfungsbedürfnissen des »Kapitalisten« trennen). Profit tritt dann ein, wenn die Zahlung dem Zahlenden selbst zugute

20 Ausführlicher dazu Kapitel 1.

21 Die Lehre vom »gerechten Preis« war denn auch nichts anderes als die Forderung, diese Orientierungsgrundlage festzuhalten. Sie enthielt weder eine besondere Kalkulationsregel für Preise (abgesehen von rein ökonomischen Gesichtspunkten wie Berücksichtigung von Importpreisen, Materialkosten, Produktionskosten) noch eine Garantie für Preisstabilität, sondern richtete sich nur gegen Preistreiberei aus Anlaß von Versorgungsschwierigkeiten. Vgl. Raymond de Roover, The Concept of Just Price: Theory and Economic Policy, Journal of Economic History 18 (1958), S. 418-434.

kommt. Zunächst und direkt ermöglichen Zahlungen immer die Zahlungen anderer. Nur der Geldempfänger kann das empfangene Geld wieder ausgeben. Das System kann aber so eingerichtet werden, daß indirekt auch der Zahlende selbst Zahlungsmöglichkeiten gewinnt. Dadurch wird die Autopoiesis des Systems ein *reflexiver Prozeß*. Sie richtet sich auf sich selbst. Man zahlt, um die eigenen Möglichkeiten des Zahlens wieder aufzufrischen und nach Möglichkeit zu vermehren (statt nur: um das Objekt oder die Leistung zu erhalten, für die man zahlt). Erst wenn das System dieses Kriterium des Profits als *Gesichtspunkt der Selbststeuerung* akzeptiert, wird es im Produktionsbereich von den »privaten« Motiven und Wertschätzungen unabhängig[22], nämlich unabhängig davon, ob jemand lieber eine Parfumfabrik als eine Gerberei betreibt; unabhängig davon auch, ob er Pflicht und Neigung fühlt, das Geschäft seines Vaters fortzusetzen. Nur der Konsum bleibt (soweit er *nicht* an *Profit* orientiert werden kann) für Privatmotive zugänglich. Gewiß hatte man Profitstreben zunächst als Natur diagnostiziert, um mit Argumenten, die von Boccaccio stammen könnten, die Unkontrollierbarkeit dieses Triebes plausibel zu machen.[23] Eine zweite Einführungserleichterung sah und legitimierte Profitmöglichkeiten hauptsächlich im Außenhandel und literarisch mit Modellwirkung: im Bereich der Reiseabenteuer.[24] Damit war die Zulassung des neuen Motivs von landesinternen Verteilungsproblemen und von poli-

22 Kein Druckfehler! Natürlich weiß ich, daß die Theorie, die Privatwirtschaft abschaffen will, das Gegenteil behaupten muß. Aber die Privatwirtschaft ist seit langem schon abgeschafft.

23 Die mir bekannten historischen Untersuchungen reichen zumeist nicht weit genug zurück. Die um 1600 diskutierten Rechtsfragen verweisen auf eine ältere Lehre. Vgl. etwa Alfred F. Chalk, Natural Law and the Rise of Economic Individualism in England, Journal of Political Economy 59 (1951), S. 332-337; Harold B. Ehrlich, British Mercantilist Theories of Profit, The American Journal of Economics and Sociology 14 (1955), S. 377-386.

24 Vgl. J. A. W. Gunn, Politics and the Public Interest in the Seventeenth Century, London 1969, S. 245 f. Auch: Ian Watt, The Rise of the Novel: Studies in Defoe, Richardson and Fielding, London 1957, S. 63 ff. Der Kontext »Abenteuer« ermöglichte im übrigen eine überzeugende Naturalisierung des Profitmotivs und zugleich eine Veralltäglichung der Helden (Robinson Crusoe, Moll Flanders).

tischen Rückwirkungen abgekoppelt (und man sieht daran zugleich, wo die moralische Schwelle lag, die bei der Einführung dieses rekursiven Prinzips der Selbstlegitimation wirtschaftlichen Handelns zu überwinden war). Für eine Übergangszeit[25] mochte eine solche Lancier-Semantik notwendig sein, und tatsächlich machte ja erfolgreiches Profitstreben reich. Aber damit werden nur Verteilungsprobleme akut, mit denen man sich seit dem 19. Jahrhundert beschäftigt. Das Profitmotiv selbst entprivatisiert den, der sich ihm widmet, und es hat seine Funktion nicht im Absaugen von »Reichtümern« aus der Wirtschaft, sondern gerade umgekehrt: in der selbstreferentiellen Schließung des Funktionssystems. Auch die Profite müssen in Zahlungen umgesetzt werden, und sie sind nur Profite, wenn dies geschieht.

Abgesehen davon, daß das System durch dieses Motiv geschlossen wird, sind auch wichtige Unabhängigkeiten in sozialer und in zeitlich-sachlicher Hinsicht damit verbunden. Sozial wird das System von *Reziprozität* unabhängig und damit unabhängig von *Bedingungen, die sehr stark durch den sozialen Rang der Beteiligten beeinflußbar sind.*[26] Erst diese Ausdifferenzierung aus der normal erwarteten Reziprozität[27] macht die Wirtschaft autonom, nämlich fähig, sich selbst zu regulieren.[28] Profit ist ein zu-

25 Vgl. hierzu auch Niklas Luhmann, Frühneuzeitliche Anthropologie: Theorietechnische Lösungen für ein Evolutionsproblem der Gesellschaft, in ders., Gesellschaftsstruktur und Semantik, Bd. 1, Frankfurt 1980, S. 162-234.

26 Vgl. Richard Thurnwald, Gegenseitigkeit in Aufbau und Funktionieren der Gesellungen und Institutionen, Festgabe für Ferdinand Tönnies, Leipzig 1936, S. 275-296.

27 Als juristische Parallele: die Entstehung »subjektiver Rechte«. Vgl. Niklas Luhmann, Zur Funktion der »subjektiven Rechte«, in ders., Ausdifferenzierung des Rechts: Beiträge zur Rechtssoziologie und Rechtstheorie, Frankfurt 1981, S. 360-373; ders., Subjektive Rechte: Zum Umbau des Rechtsbewußtseins für die moderne Gesellschaft, in ders., Gesellschaftsstruktur und Semantik, Bd. 2, Frankfurt 1981, S. 45-104.

28 Siehe besonders Karl Polanyi, The Great Transformation (1944), zit. nach der dt. Übers., Frankfurt 1978. Ein Mißverständnis freilich, an dem Polanyi nicht unschuldig ist, muß abgewehrt werden. Diese Frage der Ausdifferenzierung aus der Reziprozität hat nicht das geringste zu tun mit der Frage, ob und wie weit wirtschaftliches Handeln am Eigen-

stimmungsunabhängiges Motiv, und es selegiert das Handeln auch nicht durch die Erwartung, daß der andere sich komplementär verhalten wird (so wie der Autohändler zu dem Arzt geht, der bei ihm seine Wagen kauft). Profit ist mit alldem für soziale Konditionierungen weniger anfällig als Reziprozität.

In zeitlicher und sachlicher Hinsicht können bei Profitorientierung *neue*, bisher noch unausprobierte Gegenstände und Verfahren aufgegriffen werden. Man ist nicht auf Legitimation durch die schon vorhandene Welt angewiesen, und Neues wird nicht in erster Linie als Abweichung erfahren. Statt dessen kommt auch hier ein abstrakteres Selektionsprinzip zum Zuge, das ebensogut als Stoppregel für Altes wie als Einführungsregel für Neues wirken kann. Das Prinzip der rekursiven Schließung des Systems erhöht mithin die Freiheitsgrade des Systems bei zugleich verschärfter Selektivität.

IV.

Wir wissen jetzt, daß und wie die Wirtschaft als selbstreferentiell-geschlossenes System die Elemente, aus denen sie besteht, mit Hilfe der Elemente, aus denen sie besteht, reproduziert. Das, und nichts anderes, ist die Einheit der Wirtschaft. Nur so kann sie sich in der Gesellschaft als ausdifferenziertes System halten und Rekursivität einsetzen, um fortzufahren, sich zu reproduzieren. Damit ist kein Zweck verbunden, denn das würde ja heißen, daß ein Ende markiert wäre, bei dessen Erreichen die Wirtschaft ihre Operationen einstellen würde.[29] Zwecksetzungen bleiben natürlich möglich und sinnvoll, auch und gerade in der

interesse des Handelnden orientiert ist (wenngleich die Semantik von Eigeninteresse den Vorgang begleitet und mitermöglicht). Orientierung an Eigeninteressen ist sehr wohl auch unter der Bedingung von Reziprozität möglich (wie jeder weiß, der im Bazar feilscht), während umgekehrt das Profitkriterium rein rechnerisch und ohne jede Eigensucht gehandhabt werden kann.

29 Wir ignorieren hier bewußt den transzendentaltheoretischen Zweckbegriff, der so etwas wie Wechselwirkung der Teile und des Ganzen, innere Harmonie, innere Einheit des Systems besagen sollte. Dieser Begriff ist durch den der Autopoiesis abgelöst, jedenfalls partiell abgelöst,

Wirtschaft. Aber sie organisieren immer nur Episoden, an deren Ende, mit Erreichen des Zweckes, wieder die Zahlungsfähigkeit stehen muß. Die Autopoiesis der Wirtschaft transzendiert alle wirtschaftlichen Zwecke und macht sie gerade dadurch sinnvoll (so wie man im eigenen Bewußtsein Sätze denken, Rechnungen durchführen, Zwecküberlegungen nur anstellen kann, weil man sicher sein kann, daß mit dem Ende der Episode nicht auch die Autopoiesis des Bewußtseins aufhört). Man denkt sich nicht zu Tode, und man bewirkt mit allen zweckgebundenen Zahlungen zwangsläufig auch die Reproduktion der Wirtschaft selbst, denn anderenfalls wäre schon die letzte Zahlung (wer würde sie annehmen?) gar nicht mehr möglich. Die Autopoiesis ist ein selbstreferentielles und eben dadurch endloses Geschehen.

Dennoch ist unsere Darstellung in bestimmter Weise unvollständig. Sie hat die Geschlossenheit, aber nicht die Offenheit des Wirtschaftssystems behandelt. Gerade in das Zahlen um des Zahlens willen ist offensichtlich ein Motivmangel hineinorganisiert. Man zahlt nicht (und spart auch nicht) – es sei denn aus bestimmten Gründen. Das System zwingt sich, Gründe zu finden; es zwingt sich durch seine Geschlossenheit zur Offenheit.

Die Offenheit der Wirtschaft findet ihren Ausdruck mithin darin, daß Zahlungen an Gründe für Zahlungen gebunden sind, die letztlich in die Umwelt des Systems verweisen. Dies ist ein schwieriger Gedanke, der eine sehr genaue Analyse erfordert. Wir setzen dafür den Begriff des *Bedürfnisses* ein.

Der Begriff soll eine *wirtschaftssysteminterne* Form der Informationsverarbeitung bezeichnen, er wird also nicht als ein »Datum« der Umwelt genommen, obwohl er in der Wirtschaft so erscheint. Anders könnte im Wirtschaftssystem die Bindung von Offenheit an Geschlossenheit, die operative Einheit des Prozessierens von Informationen und Zahlungen nicht organisiert werden. Dies festzuhalten ist nicht zuletzt deshalb wichtig, weil die Ordnung der Bedürfnisse, die im folgenden erläutert werden soll, nicht als anthropologische oder als psychologische Motivhierarchie zu verstehen ist. Sie ergibt sich lediglich aus der unter-

und er würde im übrigen auch an komplexitäts- und kontingenztheoretischen Überlegungen scheitern.

schiedlichen Beziehung zur Wirtschaft und entsteht daher auch erst mit der – und durch die – Ausdifferenzierung des Wirtschaftssystems. Selbstverständlich haben auch Gesellschaften ohne ausdifferenziertes Wirtschaftssystem Bedürfnisse zu befriedigen, denn auch sie kommen nicht ohne zu wirtschaften aus.[30] Nur die Form, in der die Bedürfnisse im Hinblick auf Anlässe und auf Möglichkeiten der Befriedigung erfaßt werden, ändert sich und wird komplexer in dem Maße, als die Gesellschaft ein Wirtschaftssystem ausdifferenziert.

Auch die Semantik von »Bedürfnis« ist im übrigen relativ auf das ausdifferenzierte Wirtschaftssystem zu verstehen. Sie bezeichnet den Aspekt der *Inklusion* der Gesamtbevölkerung in die Wirtschaft. In stratifizierten Gesellschaften hatte man Bedürfnisse nur den Armen zugeschrieben und sie damit auf ein Spezialproblem einer unvollkommenen Welt beschränkt. »Avoir besoin, c'est estre pauvre; et estre pauvre c'est estre miserable«, heißt es noch im 17. Jahrhundert.[31] Erst wenn auch die Oberschicht sich legitim um Gelderwerb kümmern kann[32], erst also, wenn die funktionale Differenzierung sich gegen die stratifikatorische Differenzierung durchsetzt, kann der Bedürfnisbegriff jene Universalität gewinnen, die wir hier und im Folgenden zugrunde legen.[33] Der Begriff des Bedürfnisses bezeichnet im letzten Drittel des 18. Jahrhunderts schließlich das »natürliche« Verhältnis des Menschen zu seiner Zukunft: »La loi d'ordre naturel relative

30 Anders gesagt: Wirtschaft ist und bleibt, ob ausdifferenziert oder nicht, eine Funktion des Gesellschaftssystems.

31 Bei Jean Desmarests de Saint-Sorlin, Les Délices de l'esprit, Paris 1661, Bd. 1, S. 21.

32 Als Thema für Salonkonversation in Frankreich erst in der zweiten Hälfte des 18. Jahrhunderts. Siehe, noch erstaunt, Sénac de Meilhan, Considérations sur l'esprit et les mœurs, London 1787, S. 323 f.

33 Die Umstellung beginnt um etwa 1690 in England und faßt allmählich hinter die vordergründige Differenz von reich und arm – zunächst mit einer Positivwertung von Luxusbedürfnissen der Oberschicht und mit der anthropologischen These einer grenzenlosen (was nur heißen kann: auf Geld gerichteten) Begehrlichkeit des Menschen bis hin zur Einsicht in die Konsumorientierung der Marktwirtschaft. Vgl. Joyce Appleby, Ideology and Theory: The Tension between Political and Economic Liberalism in Seventeenth Century England, American Historical Review 81 (1976), S. 499-515.

à l'homme – c'est pourvoir à ses besoin.«[34] Damit kommt der Begriff mit der Funktion der Wirtschaft zur Deckung, und zugleich bedeutet diese Einschließung der Zukunft, daß sich im generalisierten Begriff die Unsicherheit darüber verbirgt, welche Bedürfnisse und in welcher Dringlichkeit und Rangfolge künftig zu befriedigen sein werden.[35]

Zunächst ist an elementare Bedürfnisse der Reproduktion des Menschen zu denken, also an Sachverhalte, die auch für die Gesellschaft selbst Umwelt sind. Ihre Wahrnehmung setzt keine ausdifferenzierte Wirtschaft voraus. Die Ansprüche an das, was hier in Betracht kommt, lassen sich über bloße Mindestanforderungen des Überlebens schon beträchtlich steigern. Dazu kommen Bedürfnisse, die erst entstehen, wenn Geld zur Verfügung steht, um ihre Befriedigung zu ermöglichen. Das ist nur möglich, wenn die Wirtschaft als System der Zahlungen schon hinreichend ausdifferenziert ist. Schließlich gibt es Bedürfnisse, die noch enger an die Wirtschaft selbst gebunden sind, vor allem die Sekundärbedürfnisse der wirtschaftlichen Produktion, also Bedarf an Energie, Material und Arbeitsleistung. Diese Bedürfnisse werden als Eigenbedürfnisse der Wirtschaft beschrieben; aber auch hier vermittelt die Kategorisierung als Bedürfnis einen Umweltbezug, der als Grund für Zahlungen in Betracht kommt.

Die Beschreibung als Bedürfnis registriert mithin immer einen Grund für Zahlungen, aber dieser Grund ist in unterschiedlichem Ausmaß zugleich Artefakt von Gesellschaft und von Wirtschaft. Die Wirtschaft garantiert sich damit selbst das Operieren als geschlossenes und als offenes System – und zwar je nach Art des Bedürfnisses in mehr oder weniger ausgeprägter Abhängigkeit von sich selbst. Für die von Zahlungsfähigkeit abhängigen Bedürfnisse ist dies ein altes Argument.[36] Die heute größere Be-

34 L. D. H. (= l'ami des hommes = Victor de Riqueti, Marquis de Mirabeau), Lettres sur la Législation, 3 Bde., Bern 1775, Bd. II, S. 395.

35 So für das 18. Jahrhundert und seinen ökonomische Gehalte aufnehmenden Begriff der »civil society« Nicholas Xenos, Classical Political Economy: The Apolitical Discourse of Civil Society, Humanities in Society 3 (1986), S. 229-242 (232). »In civil society, what matters is not the ability to satisfy this or that particular need but need in general, for there is no knowing what new need will exist tomorrow.«

36 Nicht zuerst, aber besonders eindrucksvoll vertreten bei Mandeville,

deutung haben die Sekundärbedürfnisse des Wirtschaftssystems selbst, nämlich die Nachfrage nach Energie, Material und Arbeit. Wenn wir (mit noch erträglicher Vereinfachung) von Elementarbedürfnissen, Luxusbedürfnissen und Produktionsbedürfnissen sprechen, so liegt in dieser Sequenz zugleich eine zunehmende Abhängigkeit der Wirtschaft von sich selbst. Oder genauer formuliert: Die Umweltabhängigkeit des Systems hängt in dem Maße vom System selbst ab, als dieses sich von der Befriedigung von Elementarbedürfnissen auf die Befriedigung von Luxusbedürfnissen und sodann auf die Befriedigung von Produktionsbedürfnissen umstellt. In all diesen Fällen ist das selbstreferentielle Reproduzieren von Zahlungen durch Zahlungen an Gründe dafür, also Geschlossenheit an Offenheit gebunden, soweit es überhaupt Geldwirtschaft gibt. Aber die Zwangskombination dieser beiden Aspekte verändert ihren Charakter in dem Maße, als die Offenheit ihrerseits von der Wirtschaft abhängig wird und damit auch die Reproduktion der Zahlungsfähigkeit abhängig wird von der Reproduktion der Zahlungsfähigkeit. Dies ist dann die Situation, in der die Wirtschaft, wenn sie mit sich selbst nicht mehr zurechtkommt, an die Politik appelliert. Denn ein Versuch, Selbstreferenz durch Selbstreferenz zu enttautologisieren, muß scheitern. Man hängt sich an eine externe Instanz, deren Eingreifen die Autopoiesis des Wirtschaftssystems nicht aufhebt, sondern garantiert. Oder man folgt der Zeit in ihrer unumkehrbaren Richtung – mit der Folge, daß man auf die unbekannte Zukunft zutreibt, die zu sichern gerade die Funktion der Wirtschaft wäre.

Der letzte Schritt zur Abhängigkeit der Umweltabhängigkeit des Systems vom System ist mit dem Übergang zur Industriegesellschaft getan und seitdem so gut wie irreversibel. Er bedeutet unter anderem, daß auch Boden (wie alle anderen Ressourcen) und Arbeit nur noch für Geld zu haben sind. Erst jetzt ist die Wirtschaft ein monetär integriertes System und als solches in allem, was seine eigene Reproduktion betrifft, ausdifferenziert. Die Gesellschaft gibt jede Verantwortung für ihre eigene Wirtschaft auf, und es gibt ja auch keine Instanzen, das heißt keine Ober-

The Fable of the Bees: Or Private Vices Publick Benefits, zit. nach der Ausg. von F. B. Kaye, Oxford 1924. Weitere Nachweise in der Einleitung von Kaye und bei Appleby, a. a. O. (1976).

schicht mehr, an die man sich wenden könnte, um eine solche Verantwortung anzumahnen. Das Negativstereotyp des »Kapitalisten« entspricht genau dieser Situation. Er wird abgelehnt, weil er keine Oberschichtfunktion mehr wahrnimmt, weil er Gesellschaft nicht mehr repräsentiert, sondern nur noch für Konzentration der Zahlungsfähigkeit sorgt. Die Politik aber würde nach allem, was man heute wissen kann, nicht einmal dies mehr tun.

V.

In einer so weit systemtheoretisch festgelegten Theorie kann die Frage nach der Funktion der Wirtschaft nicht mehr mit dem Hinweis auf die Befriedigung von Bedürfnissen (und sei es nur: »materiellen« Bedürfnissen) beantwortet werden. So unbestreitbar Bedürfnisse in der Wirtschaft eine Rolle spielen und so sehr sie die Offenheit des Systems und seine Leistungen für die Umwelt strukturieren: sie sind zu sehr durch die Wirtschaft selbst bedingt, als daß man in ihrer Befriedigung die Funktion des Wirtschaftssystems sehen könnte. Grundsätzlich muß man in einem funktional differenzierten Gesellschaftssystem unterscheiden zwischen den Beziehungen zwischen den einzelnen Teilsystemen und der Beziehung eines Teilsystems zur Gesellschaft. Im erstgenannten Falle handelt es sich um Leistungen, in denen die Teilsysteme sich lernend und adaptiv danach richten, was in der innergesellschaftlichen Umwelt von ihnen verlangt wird. In der Beziehung zur Gesellschaft dagegen sind sie autonom, weil sie hier sozusagen Richter in eigener Sache sind, nämlich eine Funktion für die Gesellschaft wahrnehmen.[37] Die Befriedigung von Bedürfnissen kann demnach allenfalls als Leistung der Wirt-

37 Zur Anwendung derselben Aufgliederung auf den Fall anderer Funktionssysteme vgl. Niklas Luhmann, Theoretische und praktische Probleme der anwendungsbezogenen Sozialwissenschaften, in: ders., Soziologische Aufklärung, Bd. 3, Opladen 1981, S. 321-334; ders., Funktion der Religion, Frankfurt 1977, S. 54 ff.; Niklas Luhmann/Karl Eberhard Schorr, Reflexionsprobleme im Erziehungssystem, Stuttgart 1979, S. 34 ff.; Niklas Luhmann, Politische Theorie im Wohlfahrtsstaat, München 1981, S. 81 ff.

schaft angesehen werden. Die Frage nach ihrer Funktion ist damit noch nicht beantwortet.

Wir greifen hierfür zunächst auf ein Argument zurück, das dem der politischen Theorie von Thomas Hobbes gleicht. Gesellschaft bedeutet, daß Menschen in der Bestimmung und der Befriedigung dessen, was sie als Bedürfnis erfahren, nicht allein und nicht unabhängig voneinander operieren. Jeder stimuliert und stört den anderen. Daraus, und nicht aus der Unzuverlässigkeit der Natur, ergibt sich ein Vorsorgebedürfnis. Jeder muß, weil auch andere interessiert sind und interferieren werden, langfristig vorsorgen, und dieses Vorsorgen macht alle Güter knapp; denn jeder möchte für seine Zukunft reservieren, was ein anderer schon gegenwärtig braucht.[38] Mit dem Vermehren zeitbeständiger, lagerfähiger Güter nimmt daher auch die Knappheit zu; und es muß ein sozialer Mechanismus erfunden werden, der *eine zukunftsstabile Vorsorge mit je gegenwärtigen Verteilungen verknüpft.* Das ist die *Funktion der Wirtschaft.*

Formal gesehen orientiert sich alles Wirtschaften also an *Knappheit.* Der Bezug auf Knappheit reicht jedoch als Funktionsangabe nicht aus. Dies ergibt sich schon daraus, daß eine voll monetarisierte Wirtschaft es nicht mit nur einer, sondern mit zwei Knappheiten zu tun hat: mit der weltbedingten Knappheit der Güter und Leistungen und mit der artifiziellen Knappheit des Geldes. Dies hatten wir oben »Codierung« genannt. Die Funktion der Wirtschaft muß deshalb durch die Konditionierung der Beziehungen zwischen diesen beiden Knappheiten, vor allem also durch Preise, erfüllt werden; sie kann nicht einfach als Minderung der Knappheit oder als Mehrung des Reichtums begriffen werden. Überhaupt ist Knappheit nur eine »Kontingenzformel«, die, interpretiert als Summenkonstanz und als Regel, daß jeder Verbrauch etwas kostet, das Umsetzen des Bezugsproblems in Operationen und Regulierungen erleichtert.[39] Das mag es rechtfertigen, den *Gegenstand* der Wirtschaftswissenschaften (und besonders: den Gegenstand der Selbstreflexion des Wirt-

38 Vgl. hierzu auch Cyril S. Belshaw, Traditional Exchange and Modern Markets, Englewood Cliffs, N. Y. 1965, S. 110f.

39 Vgl. Niklas Luhmann, Knappheit, Geld und die bürgerliche Gesellschaft, Jahrbuch für Sozialwissenschaften 23 (1972), S. 186-210. Ausführlicher Kapitel 6 in diesem Band.

schaftssystems) als Disposition über knappe Güter und Leistungen zu definieren.[40] Kontingenzformeln sind jedoch immer schon Reduktionen, die an die Stelle der Funktion treten, wenn es um Orientierung des Systems an sich selbst geht. Zumindest die gesellschaftstheoretische Analyse muß daher auch auf die eigentliche Funktion zurückgehen, und diese liegt gerade in der Erzeugung und Regulierung von Knappheiten zur Entproblematisierung künftiger Bedürfnisbefriedigung. Das Bezugsproblem der Wirtschaft ist, mit anderen Worten, die je gegenwärtige Zukunft; man könnte auch sagen: die Reizbarkeit der Gegenwart durch die Zukunft; oder: das soziale Problem des gegenwärtigen Leidens an der Knappheit, die andere verursachen.[41] Und die Problematik ergibt sich daraus, daß Zeitdimension und Sozialdimension quer zueinanderstehen und sich wechselseitig belasten.

Die so bestimmte Funktion der Wirtschaft macht verständlich, welche Vorteile die Ausdifferenzierung eines Wirtschaftssystems bietet. Die Sonderfunktion der Wirtschaft wird mit einem eigenen autopoietischen System versorgt. In diesem System ermöglichen Zahlungen Zahlungen. Dadurch ist eine im Prinzip unbegrenzte Zukunft eingebaut. Alle Dispositionen im System sichern zugleich die Zukunft des Systems. Jenseits aller Ziele, aller Gewinne, aller Befriedigung geht es immer weiter. Das System kann sich nicht beenden, da der Sinn des Geldes im Ausgeben des Geldes liegt. Die Gewährleistung des Ausgebenkönnens (zu Bedingungen, die die Annahme von Geld als lohnend erscheinen lassen) gibt eine abstrakte, in »Warenform« allein gar nicht mögliche Zukunftssicherheit, und die Schätzung von

40 Weitgehend üblich. Siehe nur Albert Rees, Economics, International Encyclopedia of the Social Sciences, Bd. 4, 1968, S. 472-485 und John M. Montias, The Structure of Economic Systems, New Haven 1976, S. 81 ff. (83), oder mit heute klassischen Formulierungen Léon Walras, Eléments d'économie politique pure ou Théorie de la richesse sociale, Paris-Lausanne 1926; Lionel Robbins, An Essay on the Nature and Significance of Economic Science, 2. Aufl., London 1932.

41 Dies, wohlgemerkt, hat zwei Seiten: (1) die anderen eignen sich etwas an, was man selbst haben möchte; und (2) die anderen arbeiten nicht genug. Das Problem ist schichtenneutral formuliert, tendiert aber zur Schichtendifferenzierung.

Eigentum, Kapital, Arbeitsplätzen und Versorgungsberechtigungen wird diesem Ziel untergeordnet. Es geht in all diesen Hinsichten darum, an der Selbstkontinuierung der Wirtschaft teilzunehmen, und das Kriterium des Profits dient, wie gezeigt, nur dazu, auch diese Rekursivität noch auf sich selbst zurückzubeziehen.

Damit ist aber nur die Hälfte des Problems gelöst. Es geht nicht allein um Dauerbefriedigungen, sondern auch um zeitliche Prioritäten unterschiedlicher Bedürfnisse verschiedener Personen bzw. sozialer Systeme; es geht also immer auch um gegenwärtig zu entscheidende (eigentlich: sich entscheidende!) Verteilungsprobleme, und die Zukunftssicherheit liegt nicht zuletzt in den Aussichten, jetzt und in Zukunft an der Verteilung günstig zu partizipieren. Zur Beschreibung der Verteilung von Personen auf die Verteilung von Zukunftssicherheit steht seit Quesnay der Klassenbegriff zur Verfügung. Saint Simon und Marx haben diese Tradition fortgeführt.[42] Der Klassenbegriff erfaßt aber nur die Reflexivität des Verteilens, das Verteilen auf Verteilungen, und nicht den basalen Prozeß selbst und hat deshalb Ökonomen nie ganz überzeugen können.

In der hier vorgestellten Theorie läßt sich das Bezugsproblem der Funktion der Wirtschaft mit der Einheit von Geschlossenheit und Offenheit des Wirtschaftssystems identifizieren. Die Funktion ist, mit anderen Worten, die historische und gesellschaftliche Spezifikation der Einheit von Geschlossenheit und Offenheit des Systems, und nur weil dies so ist, gliedert die Gesellschaft sich nach dem Prinzip funktionaler Differenzierung. Das gilt für andere Systeme mutatis mutandis.[43] Für den Fall der Wirtschaft spezifiziert sich die Einheit der geschlossen-offenen autopoietischen Reproduktion dadurch, daß die Geschlossenheit des Systems (unter der Bedingung des Geldwertes, das heißt unter der Bedingung der Eignung von Zahlungen, Zahlungen zu ermöglichen) Zukunftssicherheit in der Form der Zahlungsfähigkeit garantiert. Darin liegt zugleich die Garantie dafür, daß der-

42 Vgl. Niklas Luhmann, Zum Begriff der sozialen Klasse, in ders. (Hrsg.), Soziale Differenzierung: Zur Geschichte einer Idee, Opladen 1985, S. 119-162.

43 Vgl. Niklas Luhmann, Die Einheit des Rechtssystems, Rechtstheorie 14 (1983), S. 129-154.

jenige, der zahlen kann, seine Bedürfnisse befriedigen kann. Zugleich garantiert die Offenheit des Systems, daß alle Zahlungen an Bedürfnisbefriedigungen orientiert sind und daß derjenige, der seine Bedürfnisse in der durch Geld erweiterten Reichweite befriedigen will, zahlen muß, das heißt Zahlungen ermöglichen muß. Daß dies funktioniert, ist, empirisch gesehen, glaube ich, keine Frage. Das Problem liegt in den historischen und gesellschaftlichen Ausgangsbedingungen und in den Nebenfolgen. Das Leistungsniveau ausdifferenzierter Wirtschaft und monetär gesteuerter Autopoiesis ist eine hochgradig unwahrscheinliche und daher instabile Errungenschaft. Die dadurch bedingte Herauslösung aus der Politik ist zum Beispiel politisch kaum zu verkraften. Auch die wissenschaftliche Forschung sieht ihre Autonomie in Frage gestellt, wenn sie einerseits zunehmend mehr Geld kostet und andererseits nur zu einem sehr geringen Prozentsatz Ergebnisse produziert, die unter dem Selektionsprinzip der Wirtschaft profitabel genutzt werden können. Diese Spannungen verschärfen sich dadurch, daß die Wirtschaft zwar ihre Funktionen erfüllt, aber offenbar dazu tendiert, die Verteilung ungleich zu vollziehen, das heißt den »Reichen« mehr (vor allem mehr Kredit und mehr Chancen zur Ausnutzung der Mobilität von Geldanlagen) zu geben als den »Armen«.[44] Schließlich ist der Geldwert ein höchst empfindliches Problemlösungsmittel und offensichtlich durch Inflationen und Deflationen leicht zu gefährden. Wir müssen es hier bei diesen Andeutungen belassen. Sie dienen im Moment nur dazu, dem Eindruck zu begegnen, als ob die Verlagerung der Funktionserfüllung auf autopoietische Subsysteme der Gesellschaft uneingeschränkt als Fortschritt begrüßt werden müßte. Wir wissen heute nicht einmal, ob auf dieser Grundlage eine dauerhaft (oder mindestens für einige Jahrhunderte stabile) Gesellschaftsstruktur evoluieren wird. Die sozialistische Bewegung tendiert, auch und gerade wo sie sich politisch durchsetzt, dazu, diese Probleme aufzugreifen und auf eine gesamtgesellschaftliche Differenz von Gegenwart und Zukunft zu verkürzen. Das kann man kaum als angemessene Beschreibung der Gesellschaft ansehen. Wir stecken in den An-

44 Daß dies auch das Verhältnis von Nationalökonomien betrifft (mit Einschluß von Kolonialproblemen), wußte bereits Hegel. Vgl. die gerade in diesem Punkte eindrucksvolle Vorlesungsnachschrift, a. a. O. (1983).

fängen. Um so wichtiger ist es, das, was geschehen ist und geschieht, in zutreffenden Begriffen zu beschreiben.

VI.

Ein Schritt zu weiterer Klärung läßt sich vollziehen, wenn man die Anregung von Talcott Parsons aufgreift und Geld als ein symbolisch generalisiertes Medium auffaßt, das, darin der Sprache ähnlich, Operationen durch einen bestimmten Code steuert. Wir halten uns nicht genau an die Architektonik der Parsonsschen Theorie, sondern sprechen in Übereinstimmung mit der These, daß soziale Systeme, also auch Gesellschaften, aus Kommunikationen bestehen, statt von »media of interchange«, von symbolisch generalisierten »Kommunikationsmedien«.[45] Darin liegt eine Umkehrung der theoretischen Perspektive: Kommunikationsmedien sind nicht die Folge funktionaler Systemdifferenzierung, sondern eher Katalysatoren für die Ausdifferenzierung von Funktionssystemen.[46]

Der Funktionsgesichtspunkt für dieses Theoriesegment ergibt sich daraus, daß jede Kommunikation zunächst eine offene Situation herstellt, in der Annahme und Ablehnung des Sinnvorschlages möglich sind. Medien verstärken die Wahrscheinlichkeit der Annahme auch für Situationen, in denen eher eine Ablehnung zu erwarten wäre. Sie steigern damit die Chance, daß überhaupt kommuniziert wird. Sie verhindern, daß die Ablehnungswahrscheinlichkeit den Kommunikationsprozeß entmutigt, und motivieren durch die Art, wie die Selektion präsentiert wird, zur Kommunikation.

45 Siehe allgemein: Niklas Luhmann, Einführende Bemerkungen zu einer Theorie symbolisch generalisierter Kommunikationsmedien, in ders., Soziologische Aufklärung, Bd. 2, Opladen 1976, S. 170-192, und ders., Die Unwahrscheinlichkeit der Kommunikation, in ders., Soziologische Aufklärung, Bd. 3, Opladen 1981, S. 25-34. Ferner speziell zu Geld unten Kapitel 7.

46 Dies hat auch evolutionstheoretische Konsequenzen, die wir im Moment aber zurückstellen. Siehe für Andeutungen Niklas Luhmann, Systemtheorie, Evolutionstheorie und Kommunikationstheorie, in ders., Soziologische Aufklärung, Bd. 2, a. a. O., S. 193-203.

Dies kann, wie sich gerade am Falle des Geldes zeigen läßt, mit hoher Freiheit des Annehmens und Ablehnens kompatibel sein. Der Geldcode schreibt nicht vor, daß jemand verkauft oder eine Dienstleistung erbringt; aber er ermöglicht es, die Nachfrage mit einem Zahlungsangebot zu verbinden; und dies wiederum macht es möglich, Sach- und Leistungsangebote und schließlich sogar ganze Organisationen darauf einzustellen, daß eine solche Nachfrage vorkommt. Der Produzent profitiert, mit anderen Worten, davon, daß die natürliche Unwahrscheinlichkeit der Nachfrage nach seinem Gut beseitigt ist.

Der wichtigste Effekt des Mediums Geld ergibt sich auf gesamtgesellschaftlicher Ebene dadurch, daß die Zahlung *Dritte beruhigt*. Sie können, obwohl sie auch selbst an den Gütern und Leistungen interessiert sind (oder: in Zukunft interessiert sein könnten) zusehen, wie jemand auf knappe Güter zugreift, *weil er dafür zahlt*. Und sie können auch akzeptieren, daß dies zu Bedingungen geschieht, die von Vertragspartnern ohne ihre Beteiligung ausgehandelt werden, weil die Gegenleistung in Geld erfolgt, also einer Form, die das Medium regeneriert, weil sie nur in Form der Weitergabe nutzbar ist. Die Selektion einer *Handlung*, nämlich des Zugriffs auf knappe Güter, wird durch den Code des Mediums Geld in ein bloßes *Erleben* Dritter transformiert. Sie nehmen es hin wie eine Information über ein Faktum, an dem sie nicht beteiligt sind.

Das Medium stellt mithin sicher, daß im Bereich der Wirtschaft trotz latenter Interessendivergenz das Handeln für die Beobachter ungefähr den gleichen Sinn hat wie für die Handelnden selbst. Die Divergenzen werden nicht ausgereizt, und das Aufbrechen älterer kommunaler Bedingungen führt nicht sogleich zum Konflikt. Das Eigeninteresse der Dritten wird neutralisiert bzw. auf eine eigene Beteiligung an der Autopoiesis von Wirtschaft umgelenkt. Sie werden motiviert, selbst zu wirtschaften, um selbst Zahlungen zu erhalten und zahlen zu können; und damit wird in hochgeneralisierter Form abgefunden, daß jeder an Brot und Wein, an Hilfe im Garten und an Reparatur seiner Schuhe interessiert ist und nicht einsieht, weshalb er in solchen Fragen anderen den Vorrang einräumen sollte.

Die Ausdifferenzierung dieser Leistung der Selektivitätsübertragung von Handlung auf Erleben gelingt, wenn die Bedingung der Knappheit (die die Übertragung unwahrscheinlich macht) im Mediencode simuliert wird. Das Geld selbst muß knapp gehalten werden, und dies auch dann, wenn man weiß, daß es als bloßes Kommunikationssymbol an sich nicht knapp ist. Zugleich hat man den Zusatzgewinn, daß die Knappheit quantifiziert und das Prinzip der Summenkonstanz operationalisiert werden kann. Alle Widerlegungen dieses Prinzips, von Zinsen bis zu Geldmengenmanipulationen, haben sich ihm unterzuordnen: Wenn man eine Mark ausgibt, hat man eine Mark weniger – nicht mehr und nicht weniger. Und wenn man eine Mark einnimmt, hat man eine Mark mehr, nicht weniger und nicht mehr. Dies Prinzip steuert den Zahlungsvorgang, und zwar bei Nichtidentität der Kalkulation (und erst recht der Bedürfnisse und Motive) auf beiden Seiten.

Knappheit ist somit einerseits eine in den Mediencode eingebaute Kontingenzformel, die der Einsicht, daß alles auch anders möglich ist, eine leicht technisierbare Form gibt, die für jede Operation einleuchtet. Knappheit ist zugleich eine Zweitfassung der Funktion des Wirtschaftssystems, Zukunftssicherheit zu verteilen. In genau entsprechender Weise vollzieht die Geldzahlung zwei Sinnbezüge in einem: sie orientiert sich am symbolisch generalisierten Medium des Geldes und reproduziert auf diese Weise das autopoietische System der Wirtschaft. Der Befund deutet also auf ein Konvergieren von Medientheorie und Systemtheorie hin. Medien helfen über eine Schwelle der Unwahrscheinlichkeit hinweg, die unter angebbaren Bedingungen bei der kommunikativen Verknüpfung von Selektionen auftritt.[47]

Diese Funktion kann kombiniert werden mit der Bildung eines autopoietischen Systems, das das Medium als Code für seine Selbstreproduktion verwendet. Das ist eine weder logisch noch evolutionär zwangsläufige Errungenschaft. (Zumindest liegt

47 Dabei ist die durch Eigentum und Geld geregelte Konstellation, daß *Handeln* des einen als *Erleben* der anderen akzeptiert werden soll, selbstverständlich nur eine von mehreren möglichen Problemlagen. Für andere Fälle, nämlich Wahrheit, Liebe und Macht, siehe Niklas Luhmann, in: Jürgen Habermas/Niklas Luhmann, Theorie der Gesellschaft oder Sozialtechnologie, Frankfurt 1971, S. 352ff.; Niklas Luhmann, Macht, Stuttgart 1975; Niklas Luhmann, Liebe als Passion: Zur Codierung von Intimität, Frankfurt 1982.

eine solche These außerhalb dessen, was wir begründen können.) Wenn sie aber gelingt, gibt sie dem so dotierten System eine besondere Reichweite in der Gesellschaft. Alle Kommunikationen, die das Medium verwenden, können ausdifferenziert und in einem geschlossenen System reproduziert werden, wobei die Bedingungen der Reproduktion in den Code des Mediums selbst übernommen werden. Die Kommunikation verwendet dann, um sich eine Erfolgschance zu geben, das als Struktur, was zugleich Bildung und rekursive Reproduktion der Elemente ermöglicht, die das System ausdifferenzieren. Am Falle des Geldes kann man zeigen, daß und wie das möglich ist.

VII.

Daß die Wirtschaft ihre Ausdifferenzierung in der Gesellschaft mit Hilfe des Geldes und in Richtung auf eine autopoietische Selbstreproduktion von Zahlungen durch Zahlungen vollzieht, macht schließlich auch die Typik der Innendifferenzierung des Wirtschaftssystems verständlich. Wir berühren hier ein Thema, das klassisch unter dem Gesichtspunkt der Vorzüge der Arbeitsteilung behandelt wird[48], ersetzen daher die Effizienzsteigerungsperspektive, ohne sie direkt zu bestreiten, durch eine andere Fragestellung.

Autopoiesis heißt: für das System selbst unbeendbares Weiterlaufen der Produktion von Elementen des Systems durch Elemente des Systems. Alle beendbaren Operationskomplexe sind nur Episoden und münden wieder in die offene, anderen Zwekken dienende Selbstkontinuierung des Systems. Die Einheit des Systems kann nicht bezweckt werden, weil sie sich als Selbstreproduktion von selbst versteht und Bedingung dafür ist, daß überhaupt etwas geschieht. Wenn Autopoiesis aber gesichert ist

48 Einer der Hauptdiskussionspunkte ist und bleibt bei diesem Ausgangspunkt: ob man die Vorzüge der Arbeitsteilung als ihre Funktion oder gar als Ursache ihrer historischen Entwicklung ansehen kann oder ob dies nur nachträglich entdeckte Nebenfolgen sind, die ein bereits eingerichtetes Muster stabilisieren. In jedem Falle macht dieser Theorieansatz eine Art Fortschrittskonzeption der historischen Entwicklung, Marx und Durkheim eingeschlossen, fast unvermeidbar.

(oder als gesichert unterstellt werden kann), ist eine größere Willkür in der Zwecksetzung und in den Zweck/Mittel-Arrangements möglich – eben weil »der Zweck« nicht die »innere Einheit« des Systems darstellt, sondern nur eine ins Offene auslaufende Episode abschließt. Die wechselseitige Relationierung der Zwecke und Mittel kann dann, weil die Einheit des Systems gesichert ist und nicht davon abhängt, interne Kontingenzen ausweiten und strukturieren.[49] Oder pointierter: Weil das System rekursiv geschlossen ist, kann es sich intern nach Episoden strukturieren und in bezug darauf hohe, wiederabbaubare Kontingenzen zulassen.[50] Auch Zwecke können dann von der Vorstellung eines natürlichen Endes natürlicher Prozesse abgekoppelt und als wählbar vorgestellt werden.[51]

Im System der Geldwirtschaft kann die Binnendifferenzierung demnach über eine Repetition, Aggregation und Diversifikation von Zwecken eingeleitet werden – vorausgesetzt nur, daß die Verfolgung der Zwecke etwas einbringt. Dies ist nur im Bereich der Produktion, nicht auch im Konsum der Fall. Entsprechend findet sich der Komplexitätszuwachs im Bereich der Produktionsbetriebe und der ihnen assoziierten Unternehmungen, vor allem des Handels und sonstiger Dienstleistungen. Nur hier können sich im strengen Sinne Subsysteme bilden, während der Konsum, obwohl wirtschaftliche Aktivität, soweit er Geld ko-

49 In der allgemeinen Theorie autopoietischer Systeme wird dies terminologisch durch die Unterscheidung von »organisation« (closure) und »structure« zum Ausdruck gebracht. Vgl. Maturana, a.a.O. (1982), S. 277f., S. 282f. (dort bezogen auf Nervensysteme).

50 Das Argument entspricht genau dem oben in Abschnitt II benutzten: weil geschlossen, deshalb offen. In einem Fall geht es um Ausdifferenzierung, im anderen um Binnendifferenzierung.

51 Auch hierfür war im übrigen eine Überleitungssemantik erforderlich, die die Besorgnis, jede Ordnung würde sich mit dem Kontingentwerden der Zwecke auflösen, zu beschwichtigen hatte. »Invisible hand« und »List der Vernunft« sind besonders bekannt geworden. Aber auch die Bemühungen um das Allgemeine im Besonderen und vor allem Kants Kritik der Urteilskraft sind in diesem Zusammenhang zu lesen. Nicht zufällig haben Begriff und Theorie der Organisation im 18./19. Jahrhundert hier einen ihrer Ausgangspunkte und sehen, ganz konsequent, zunächst davon ab, Ordnung und Organisation terminologisch zu unterscheiden.

stet, über die gesamte Gesellschaft streut. Die Funktionseinteilung Produktion/Verteilung/Konsum beherrscht zwar die Orientierung des Wirtschaftssystems. Die entsprechenden Differenzen (und nicht etwa die von reich und arm) sind Leitdifferenzen des Systems. An ihnen findet die Notwendigkeit des Geldes ihren Rückhalt. Aber sie können nicht in Richtung auf eine Subsystemdifferenzierung ausgebaut werden.[52] Insofern gibt es in der Realität der sozialen Systeme auch kein Äquivalent für die Gleichgewichtsvorstellungen der ökonomischen Theorie (was natürlich noch kein Einwand ist gegen deren analytische Verwendung).

Dies hat Konsequenzen für den Begriff des Marktes.[53] Man mag zunächst meinen, der Markt sei ein eigenes System – etwa das, was auf dem Marktplatz vor dem Rathaus vor sich geht und mit gebührendem Fortschritt an Rationalität schließlich im Supermarkt stattfindet. Der Markt – das wäre danach die Gesamtheit der Verteilungsorganisationen oder Einzelrollen, die zwischen Produktion und Konsum vermitteln. Sieht man aber genauer zu, dann findet man, daß diese Organisationen sich »nach dem Markt richten«; und sie meinen damit zweifellos nicht: daß sie sich nach sich selbst richten. »Der Markt« ist mithin nichts anderes als eine Grenze, er ist die Wahrnehmung des Konsums aus der Sicht der Produktion und Verteilungsorganisation.[54] Dabei erscheinen als Markt auch die Anstrengungen der Konkurrenten, sofern sie die Absatzchancen beeinflussen. So gesehen, erscheint die Produktion sich selbst als Markt. Die Grenze wirkt wie ein Spiegel, der insofern zur Integration der Produktion beiträgt, als jedes Unternehmen im Spiegel des Marktes sich selbst und die Konkurrenten (und sich selbst als Konkurrent der Kon-

52 Entsprechende Annahmen in Niklas Luhmann, Wirtschaft als soziales System, in ders., Soziologische Aufklärung, Bd. 1, Köln-Opladen 1970, S. 204-231 (219ff.), muß ich korrigieren. Vor allem ist es sehr irreführend, wirtschaftlichen Konsum primär als Sache der Haushalte anzusehen und den produktionseigenen Konsum damit auszublenden. Auch die Konsequenzen für den Marktbegriff müssen überdacht werden.

53 Vgl. ausführlicher Kapitel 3.

54 Hierzu und zum Folgenden anregend: Harrison C. White, Where Do Markets Come From, American Journal of Sociology 87 (1981), S. 517 bis 547.

kurrenten) zu Gesicht bekommt. Dieser Spiegel läßt die *Konsumenten als knapp* erscheinen. Es gibt, ihm zufolge, *zu wenig Bedürfnisse*; und gerade deshalb empfiehlt sich *Überproduktion* (als Ungleichgewicht!), damit man auf alle Fälle gerüstet ist, jede sich bietende Absatzchance zu nutzen.

Abstrakter formuliert ist der Markt als Grenze die *Differenz von bestimmter und unbestimmter* (eigener und umweltmäßiger) *Komplexität*. Die eigene Komplexität ist – so zögernd man dies als Soziologe sagt – durch Organisation kontrollierbar. Sie hat eine historische Bestimmtheit als Investition und eine dadurch beschränkte Änderbarkeit. Die umweltmäßige Komplexität ist dagegen unbestimmt – einerseits wegen der Vielzahl ihrer interdependenten Möglichkeiten, andererseits und vor allem aber auch, weil sie nicht unabhängig von den Aktivitäten der Konkurrenten und von den eigenen Aktivitäten als Konkurrent der Konkurrenten bestimmt werden kann. Als Umwelt erscheint der Markt mithin in der Form eines selbstreferentiellen Zirkels bzw. in der Form doppelter Kontingenz. Was man tut, hängt unter anderem davon ab, was man tut.[55] Das scheint den innovativen Unternehmer Schumpeters zu prämiieren, wenn genügend innovative Unternehmer scheitern.

Wie jeder Spiegeleffekt beruht auch dieser auf Undurchsichtigkeit, nämlich auf der Undurchsichtigkeit unbestimmter Komplexität. Man sieht und berechnet vor allem Anschlüsse für eigenes Handeln und verkraftet die Umwelt durch Transformation von Unsicherheit in Risiko. Das könnte prinzipiell nur dadurch geändert werden, daß der Staat einen anderen Spiegel aufstellt, in dem die Konsumenten sich selbst in Konkurrenz um Waren und Waren als knapp erblicken. Statt Überversorgung wird dann Unterversorgung vorgespiegelt mit einer anderen Kombination von Dysfunktionen. Letztlich scheint das Problem auf die Form der Binnendifferenzierung der Wirtschaft zurückzugehen. Sie kommt nicht in der Form der Dekomposition einer vorgegebenen Einheit in verschiedene Teilsysteme zustande (so wie man sagen könnte, daß die Wissenschaft sich in Disziplinen differenziert). Sie entsteht vielmehr durch Ausdifferenzierung eines sehr

55 Also: »turbulente Umwelt« im Sinne von F. E. Emery/E. L. Trist, The Causal Texture of Organizational Environments, Human Relations 18 (1965), S. 21-32.

komplexitätsfähigen Teilsystems für Produktion, dessen eigene Komplexität sich dann in eine entsprechend unbestimmte Umwelt projiziert. Wenn dies nicht geändert wird, behält auch der Markt seine Funktion als Artikulation der Differenz von unbestimmter und bestimmter Komplexität.

VIII.

Die Einheit eines autopoietischen Systems ist nichts anderes als die Produktion seiner Elemente durch seine Elemente. Die Einheit des Wirtschaftssystems ist das Ermöglichen von Zahlungen durch Zahlungen. Davon ist auszugehen. Davon hat auch alle Erkenntnis auszugehen; sie verlöre sonst ihren Gegenstand aus den Augen. Damit ist die (als solche kritisierbare) Frage nach der Konstitution der Einheit des Gegenstandes beantwortet; aber mit der Antwort haben wir uns zugleich eine Fülle von Folgeproblemen und Unterscheidungsnotwendigkeiten eingehandelt, die die Bedingungen der Möglichkeit und die gesellschaftliche Einlagerung von »Wirtschaftswissenschaften« betreffen.

Zunächst: Soweit Wirtschaftswissenschaften Wissenschaft zu sein beanspruchen, sind sie selbst Teil eines gesellschaftlich ausdifferenzierten autopoietischen Systems. Ihre basale Operation ist der Erkenntnisgewinn.[56] Sie produzieren Erkenntnisse aus Erkenntnissen und qualifizieren das als Erkenntnis, was im rekursiven Verhältnis zu anderen Erkenntnissen diese Qualität übernehmen kann. Die Produktion erfolgt ihrerseits im geschlossenen System, wenn der Entwicklungsstand der Gesellschaft es ermöglicht, daß nur Erkenntnisse an der Qualifizierung von Elementen als Erkenntnis mitwirken können. Dabei erscheint die Umwelt (in unserem Falle also die Wirtschaft) als *Gegenstand* der Erkenntnis. Auch dies System ist also geschlossen und offen zugleich, und zwar auf der Basis von Geschlossenheit offen. Funktional analog zu dem, was wir oben zu »Bedürfnis-

56 Wir sagen bewußt nicht nur Erkenntnis, sondern Erkenntnisgewinn. Vgl. dazu Niklas Luhmann, Die Ausdifferenzierung von Erkenntnisgewinn: Zur Genese von Wissenschaft, in: Nico Stehr/Volker Meja (Hrsg.), Wissenssoziologie, Sonderheft 22 (1980) der Kölner Zeitschrift für Soziologie und Sozialpsychologie, Opladen 1982, S. 101-139.

sen« gesagt haben, dient hier die Kategorie des »Gegenstandes« dazu, in einem rekursiv geschlossenen System Offenheit für die Umwelt zu präsentieren. Ebenso wie Bedürfnisse können auch Gegenstände nicht beliebig gewählt und nicht beliebig unterschieden werden, wenn diese Orientierungsform ihre Funktion erfüllen soll, ein geschlossenes System für seine Umwelt zu öffnen. Falls es sich beim Gegenstand um ein autopoietisches System handelt (was natürlich für die Wissenschaft nur eine von vielen Möglichkeiten ist, Gegenstände zu konzipieren), erfordert die *Begrifflichkeit* (also nicht etwa: die Realität selbst!), zu berücksichtigen, daß diese Art von Gegenständen ihre eigene Einheit selbst erzeugt (also kein bloß analytisches oder klassifikatorisches Artefakt ist). Damit wird es wirtschafts*wissenschaftlich* relevant, darauf zu achten, wie der Gegenstand *Wirtschaft* seine eigene Einheit erzeugt.

Hiervon ist zu unterscheiden, was sich im Wirtschaftssystem selbst als Form für Selbstbeobachtung und Selbstbeschreibung entwickelt. Hier geht es darum, wie in der Wirtschaft über die Wirtschaft kommuniziert wird.[57] Von den elementaren Operationen des Zahlens unterscheiden sich Selbstbeobachtung und Selbstbeschreibung dadurch, daß sie sich auf die Strukturen beziehen, an denen Zahlungen orientiert werden, also auf Preise. Sie werden, wie alle Selbstbeobachtungen und Selbstbeschreibungen, an Differenzen orientiert, hier also an Preisdifferenzen. Typisch geht es um Preisvergleiche, einschließlich diachroner Preisvergleiche, also auch um ein Steigen oder Fallen der Preise. Darauf kann sich, nochmals aggregierend, eine Sprache beziehen, die Preisunterschiede bzw. ein Steigen und Fallen der Preise nicht als bloße Fakten berichtet, sondern zu berechnen, zu erklären, zu verändern sucht. Die älteren Versuche einer Artikulation dieser Ebene dienten mehr oder weniger einer Kontrolle der Kaufleute. Musterbeispiele sind der elaborierte Diskussionskontext des »gerechten Preises« in der Scholastik und Spätscholastik

57 »Beobachtung« und »Beschreibung« sind, bezogen auf soziale Systeme, mithin immer Kommunikation und nicht etwa psychische Aktivitäten per se. Soziale Systeme verfügen über keine anderen Sorten elementarer Operationen, und sie müssen auch Operationen der Selbstbeobachtung und Selbstbeschreibung im System mit den Mitteln des Systems produzieren.

sowie, parallel dazu, die Überlegungen über all das, was bei einer politischen Preisregulierung zu beachten sei. Es wäre historisch sehr irreführend, hierin eine Art »Vorgeschichte« der Wirtschaftswissenschaften zu sehen[58]; bezeichnend ist im Gegenteil: daß es sich um eine moralisch-juristische Diskussion handelt, die durch die Differenz von Recht und Unrecht beherrscht wird und ökonomische Bezüge allenfalls unter dem Gesichtspunkt des Erfolgs oder Mißerfolgs von Maßnahmen einführt.[59]

Diese Reflexionslage ändert sich erst – und bis dahin reichen scholastische Argumentationsweisen – im 18. Jahrhundert. Es liegt auf der Hand, daß dieser Wandel zusammenhängt mit der zu Ende geführten Ausdifferenzierung eines über Geld reproduzierten Wirtschaftssystems. Erst jetzt beginnt eine Wirtschaftswissenschaft, die ihren Gegenstand, wenn auch nicht mit diesem Begriff, als ein autopoietisches System vor sich sieht. Erst jetzt entsteht auch in der Wirtschaft selbst ein Reflexionsbedarf mit dem Bemühen, die Operationsweise, die Strukturen und den Strukturwandel des eigenen Systems als Einheit des eigenen Systems zu begreifen. Sehr rasch muß man darauf verzichten, sich diese Einheit wenn nicht als Haushalt, so doch als Zivilgesellschaft in Staatsform vorgeben zu lassen, und der Gegenstand wird statt dessen über Operationstypen wie Tausch, Produktion oder Verteilung erfaßt, für die es in der Umwelt des Systems keine Entsprechung gibt. Entsprechend wird die Semantik von Natur auf Freiheit umgestellt (wobei der Schluß von Natur auf Freiheit den Absprung ermöglichte).

Wenn in der Wirtschaft über Wirtschaft gesprochen wird, ist natürlich auch heute noch eine ganz untheoretische Sprache in Gebrauch. Zu der auf »Preise« bezogenen Sprache kommt die auf »Kapital« bezogene Sprache hinzu. Die Praktiker und, ihnen folgend, dann auch die Theoretiker reden vom »Markt« so, als ob das, was Umwelt ist, ein System wäre.[60] Man kann über Um-

58 Dazu treffend: Wolf-Hagen Krauth, Wirtschaftsstruktur und Semantik: Wissenssoziologische Studien zum wirtschaftlichen Denken in Deutschland zwischen dem 13. und dem 17. Jahrhundert, Berlin 1984.

59 Vgl. etwa Marjorie Grice-Hutchinson, Early Economic Thought in Spain 1170-1740, London 1978.

60 Wie stark mit dieser Selbstbeschreibung Realitäten verkürzt wiedergegeben werden, wird uns in Kapitel 3 beschäftigen.

satz und Umsatzsteigerungen sprechen, über das Verhältnis von Eigenkapital und Verschuldung, kann darin Erfolge und Mißerfolge oder Risiken bzw. ausreichende Sicherheiten erkennen. Die Differenzen, an denen man sich orientiert, mögen im Zeitvergleich liegen, oder auch in der Beziehung zu Zahlen, die »branchenüblich« sind. Diese Art Orientierung muß in Zusammenhang gesehen werden mit dem hohen Grad an Dezentralisierung wirtschaftlichen Entscheidens, und dafür scheint sie auszureichen; denn für eine theorieorientierte Kommunikation würde es ohnehin sehr rasch an den notwendigen Informationen fehlen.

Dennoch kommt, aufs Ganze gesehen, mit der Anfertigung theoretischer Selbstbeschreibungen ein neues Moment hinzu. Deshalb müssen wir zwischen Selbstbeobachtung (laufendes Erleben) und Selbstbeschreibung (Anfertigung semantischer Artefakte) unterscheiden. Die Theorien wirken auf das System, das sie beschreiben, ein. Sie beeinflussen Wirtschaftspolitik, Investitionsverhalten etc. und dies *sehr rasch*.[61]

Das deutlichste, an Klarheit nie wieder übertroffene Beispiel hierfür findet man gleich am Anfang: in der Wirtschaftstheorie der Physiokraten.[62] Die Autonomie der Wirtschaft wird erkannt. Sie wird auf den monetär vermittelten Tausch zurückgeführt, der alles, was wirtschaftlich relevant ist, erfaßt und vollständige Interdependenz aller wirtschaftlichen Vorgänge herstellt. Dies ist für die damalige Zeit ein neuer Gedanke (der auch außerhalb der Physiokratie vertreten wird).[63] Er wird durch die (deskriptiv völlig unrealistische) Metapher des Zirkels und der

61 Auch die Beobachtung und Kritik dieses Phänomens beginnt praktisch gleichzeitig mit seinem ersten Auftreten. Vgl. die Behandlung der physiokratischen »Sekte« bei Linguet, a. a. O., S. 14ff. Ferner etwa Abbé de Mably, Doutes proposés aux philosophes économistes sur l'ordre naturel et essentiel des sociétés politiques, Den Haag 1768.

62 Als Darstellung, die der hier gewählten Sicht sehr nahe kommt, siehe Ronald L. Meek, The Interpretation of Physiocracy, in ders., The Economics of Physiocracy: Essays and Translations, Cambridge, Mass. 1963, S. 364ff.

63 Siehe programmatisch: Abbé Morellet, Prospectus d'un nouveau Dictionnaire du Commerce, Paris 1769, Neudruck München 1980.

Zirkulation[64] dargestellt. Das System der Zirkulation setzt sich selbst voraus, erhält sich selbst und steigert bzw. reduziert sich selbst durch Ausweitung bzw. Verkürzung des Durchmessers des Zirkels.[65] Der Ausgangspunkt ist mithin eine Metapher: ein Bild selbstreferentieller Symmetrie. In dieses Modell der Wirtschaft müssen Asymmetrien eingebaut werden, der Zirkel muß durch Interdependenzunterbrechungen aufgebrochen und mit der Umwelt des Systems verknüpft werden.[66] Dies geschieht so, als ob es gälte, den Notwendigkeiten mit einem Minimum an theoretischen Konzessionen Rechnung zu tragen, nur an einer einzigen Stelle, nämlich dort, wo die Natur an der Produktion mitwirkt und durch ihre Mitwirkung Überschüsse ermöglicht: beim Produktionsfaktor Land. Alle anderen Faktoren (einschließlich Kapital und Arbeit) werden als wirtschaftsimmanent behandelt. Sie können, weil sie im Kreislauf der Wirtschaft liegen, nur sich selbst reproduzieren. Überschüsse können nur durch ein Zusammenwirken von System und Umwelt zustande kommen.

Diese Theorie gibt sich als Erkenntnis ihres Gegenstandes Wirtschaft. Sie behauptet, wie unter einer Zwangsvorstellung, ihre eigene »Evidenz«. Sie zieht aber zugleich durchaus praktische Konsequenzen. Sie fordert dazu auf, politische und legislative Behinderungen der Wirtschaft zu beseitigen, die im Steuersy-

64 Ebenso unrealistisch wie im Falle des Blutkreislaufes, der als Modell gedient hatte. Quesnay war Arzt. In Wirklichkeit haben natürlich weder Blutströme noch Geldströme die räumliche Form eines Kreises.

65 Besonders die Ausgangsformulierungen bei Quesnay stellen diesen »autopoietischen« Charakter der Wirtschaft klar: »A man can acquire wealth only through the wealth which he already possesses, and through the gains which the wealth of others procures for him« – zit. nach Meek, a. a. O., S. 391. Andere zeitgenössische Autoren erkennen noch schärfer, daß Reichtum träge macht und daß nur der Reichtum *anderer* (also nur das *System* der Wirtschaft) zu Erfindung, Eifer, Tätigkeit anreizt. Das System aktiviert sich selbst, und es muß, soll dies ermöglicht werden, dafür freigesetzt werden. Siehe Johann Albert Heinrich Reimarus, der Handlungsgrundsätze zur wahren Aufnahme der Länder und zur Beförderung der Glückseligkeit ihrer Einwohner aus der Natur und Geschichte untersucht, Cosmopolis (Hamburg) 1768, S. 41.

66 »Breaking the circle«, formuliert auch Meek, a. a. O., S. 292, 375.

stem, in den Beschränkungen des Handels und im Zunftwesen[67] liegen. Man darf annehmen, daß das, was als Konsequenz der Theorie angeboten wird, ihre heimliche Problemstellung war – ähnlich wie im Falle Keynes das Problem der Arbeitslosigkeit. Die Theorie hat wirtschaftspolitische Ziele. Sie erstrebt Vermehrung des Reichtums, an dem alle als Eigentümer und der Monarch als Eigentümer der Souveränität partizipieren werden. Sie sieht die vorhandene Rechtsordnung mit neuen Augen jetzt als vermeidbare und verderbliche Restriktion. Einerseits ermöglicht also die durch den Geldmechanismus ausdifferenzierte Wirtschaft neue Wahrnehmungen, neue Reflexionen ihrer Einheit, neue Semantiken; und andererseits werden die entsprechenden Theorien als Erkenntnis in das System wiedereingeführt und suchen das mitzubewirken, was ohnehin schon abläuft: die funktionale Ausdifferenzierung der Wirtschaft. Das ist denn auch der zweite, der tiefere Sinn, in dem Quesnay fordern kann, daß die Moral auf die Physik gegründet werden müsse.

Man kann die weitere Entwicklung solcher Theorien des Systems im System von Quesnay über Smith und Ricardo (hier vor allem: Ersetzung der Differenz reich/arm durch die Differenz Kapital/Arbeit) bis zu Keynes und vielleicht Friedman hin verfolgen. Die Anschlußtheorien sind dann aber zusätzlich einer relativ eigenständigen Ideenevolution ausgesetzt, die schneller läuft als die Strukturevolution des Systems, das sie beschreiben. Daraus ergeben sich sehr komplexe Interdependenzen, die sorgfältig erforscht werden müßten. Man kann sich hierbei nicht nur an die Theorien über Evolutionen oder Revolutionen in der Wissenschaft halten.[68] Wenn man davon ausgehen muß, daß die Theorien ihren Gegenstand verändern, indem sie in ihm angewandt werden, muß man damit rechnen, daß sie sich selbst durch Publikationen außer Kraft setzen. Zu der alten, mindestens seit dem 18. Jahrhundert geläufigen *politischen* Kritik des Einflusses

67 Zum Problem der Zünfte vor allem die anschließende deutsche Diskussion. Siehe z.B. Johann August Schlettwein, Die wichtigste Angelegenheit für das ganze Publicum: oder die natürliche Ordnung in der Politik überhaupt, Carlsruhe, 2 Bde., 1772-1773, Bd. 2, S. 183ff.

68 Vgl. hierzu Spiro J. Latsis (Hrsg.), Method and Appraisal in Economics, Cambridge, Engl. 1976.

der Wirtschaftstheorie[69] kommt also ein *erkenntnistheoretisches* Problem hinzu: Die Wirtschaft selbst ändert sich infolge ihrer Beschreibung. Die dann anfallenden Erfahrungen mögen die Evolution der Selbstbeschreibungssemantik ebenso wie die Evolution des theoretischen Instrumentariums wissenschaftlicher Analyse mitbestimmen; aber es gibt daneben natürlich immer auch spezifisch wissenschaftliche Prozesse der Überprüfung, und es gibt Variationen, die im Kontext von Evolution schlicht als »Zufall« behandelt werden. Wie all dies zusammenwirkt und welche Effekte dieses Zusammenwirken hat, bedürfte einer sorgfältigen Erforschung, die bei solchen Themen gar nicht umhin kann, eine Theorie selbstreferentieller Systeme zugrunde zulegen.

Dadurch, daß das System auf seine Selbstbeschreibung reagiert, ändern sich auch die Problemformeln, die »Theorie« und »Praxis« verknüpfen. Lange Zeit, von Quesnay bis über Ricardo hinaus, ging es dabei schlicht um eine einfache Übersetzung der Funktion des Systems: um Vermehrung des Wohlstandes. Die darauf eingestellte Marktwirtschaft erzeugte das Problem der Arbeitslosigkeit und das Problem der gewerkschaftlich und politisch bedingten Herausnahme der Arbeitskosten aus dem Marktmechanismus. Die Theorie, die darauf zu reagieren suchte, hat Keynes formuliert. Das daraufhin entstehende Problem scheint nun zu sein, wie Investionen kalkuliert werden können, wenn es keine politisch unabhängigen Preise, vor allem keine politisch unabhängigen Geldpreise (Zinsen) mehr gibt. Die Reflexionstheorie wird in diesem Sinne durch ihre eigene Einwirkung auf das System dynamisiert. Sie muß nicht nur »Erkenntnisfortschritt« erbringen, sondern vor allem auf die durch sie selbst mitbewirkten Zustandsänderungen reagieren, indem sie ihre Problemformeln und wohl auch ihre Leitdifferenzen (wie z. B. reich/arm, Kapital/Arbeit, Investition/Konsum) auswechselt.

Für eine soziologische Analyse dieser Theoriegeschichte ist unter anderem wichtig festzuhalten, daß sich die Theoriebildung *damit auf die Teilsysteme verlagert*. Dies gilt sowohl, wenn man

69 Vgl. z. B. Mably, a. a. O. (1768) oder Linguet, a. a. O. (1770), S. 14ff. in bezug auf die Physiokraten oder Hodgskin, a. a. O. (1827), S. 263f. in bezug auf die politische Ökonomie seiner Zeit.

die Entwicklung als Selbstreflexion des Wirtschaftssystems auffaßt, als auch, wenn man sie als Gegenstandstheorie des Wissenschaftssystems in dessen Disziplingeschichte einordnet. Beides geht in der Tat Hand in Hand und läßt sich empirisch nicht trennen. Die Reflexion des Wirtschaftssystems wechselt sozusagen ihre Anlehnung aus; statt auf Religion, Moral, Recht und Politik stützt sie sich jetzt auf Wissenschaft und gewinnt damit größere Freiheiten in der Selbstbeschreibung.[70] Die soziologisch interessante Frage ist deshalb: wie eine Semantik der Wirtschaft, die sich auf der Teilsystemebene der Funktionssysteme zu bewähren hat, sich gegen ihre Geschichte und vor allem gegen die gesamtgesellschaftliche Reflexion abgrenzt.

Generell wird man sagen können, daß Reflexionstheorien auf gesellschaftliche Differenzierung reagieren und dadurch gesellschaftliche Differenzierung verstärken. Die schon eingeübte gesellschaftliche Differenzierung dient den Reflexionstheorien als Anknüpfungspunkt, als Grenze, an der sich die Reflexion bricht und als Beschreibung eines Unterschiedes ins System zurückkehrt.[71] Reflexionstheorien formulieren Sonderprobleme ihres Systems und verfeinern dessen Sensibilität in einer Weise, die Indifferenz gegen alles andere voraussetzt.

70 Zum Parallelvorgang im Erziehungssystem, der sich im wesentlichen auf einen inflationären Gebrauch der kantischen Philosophie stützt, vgl. Niklas Luhmann, Theoriesubstitution in der Erziehungswissenschaft: Von der Philanthropie zum Neuhumanismus, in ders., Gesellschaftsstruktur und Semantik, Bd. 2, Frankfurt 1981, S. 105-194. Siehe in weiterem Rahmen auch Niklas Luhmann/Karl Eberhard Schorr, Reflexionsprobleme im Erziehungssystem, Stuttgart 1979.

71 Im übrigen, wie in reflexionstheoretisch ausgerichteten Untersuchungen immer wieder festgestellt wird: ein Weltsachverhalt. Auch die Welt kommt nur zur Reflexion, indem in der Welt Grenzen gezogen und Umwelten geschaffen werden. Nur über »anderes« kann Selbstreferenz sich enttautologisieren. Eine Totalität ist nur, was sie ist, wenn sie sich nicht auf etwas beziehen kann, was sie nicht ist; wenn sie sich nicht enttotalisieren kann. Vgl. für viele: Gotthard Günther, Cybernetic Ontology and Transjunctional Operations, in ders., Beiträge zur Grundlegung einer operationsfähigen Dialektik, Bd. 1, Hamburg 1976, S. 318f. Umstritten ist nur, ob diese Sachlage nochmals durch eine Reflexion-in-sich der Reflexion-in-sich-und-anderes überboten werden kann; mit anderen Worten: ob Einheit oder Differenz das letzte Wort bleibt.

So hatten, im Anschluß an ältere Formen der Differenzierung, ältere Darstellungen der Wirtschaft es mit der Differenz von häuslicher und politischer Gesellschaft zu tun, ohne daß ein übergreifender Begriff gebildet werden mußte, weil alles noch an der Gattung Mensch expliziert werden konnte. Mit der Umstellung auf funktionale Differenzierung des Gesellschaftssystems ändern sich jedoch diese Voraussetzungen, Grenzen müssen anders gezogen werden, und die Reflexion des Wirschaftssystems ist weniger als je zuvor in der Lage, die Beschreibung der Gesamtgesellschaft zu tragen. So werden in der zweiten Hälfte des 17. Jahrhunderts Angelegenheiten des »commerce« nicht nur gegen staatliche Angelegenheiten, sondern – ein Problem noch für Adam Smith – auch gegen solche der Moral abgesetzt, und je mehr sich daraufhin die Eigenlogik des Wirtschaftssystems verselbständigt und mit wissenschaftlichen Beschreibungen ausgestattet wird, desto schärfer tritt dieser Unterschied von Selbstbeschreibung des Wirtschaftssystems und Selbstbeschreibung des Gesamtsystems der Gesellschaft zutage. Der Hauptpunkt scheint zu sein, daß die neuen wirtschaftswissenschaftlichen Reflexionstheorien gegenüber der *Differenz von reich und arm* kühles Blut bewahren müssen, während die gesamtgesellschaftliche Reflexion genau dies nicht kann. Also Indifferenz als Differenz! Dieser Unterschied hat eine historische Dimension. Reich und arm waren in der alten Gesellschaft nur ein Aspekt von Stratifikation gewesen, fast identisch mit der Notwendigkeit von Ordnung schlechthin. Mit der Auflösung der ständischen Ordnung war diese Differenz gewissermaßen übriggeblieben, den Physiokraten galt sie als eine Notwendigkeit der Natur und lag damit als Gesellschaft außerhalb der Selbstregulierung ökonomischer Verhältnisse. Bald darauf führt die Annäherung der gesellschaftlichen und der ökonomischen Begrifflichkeit zu der These (die Hegel bereits voraussetzt), daß die Gesellschaft als System der Bedürfnisse diese Differenz erzeugt. In der Gesellschaftstheorie bleibt damit eine Differenz zentral, von der die Wirtschaftstheorie sich distanzieren muß. (Auch sie muß natürlich Verteilungsprobleme, Kaufkraftprobleme, Konsumorientierung, Marktgröße etc. behandeln. Aber sie kann auf keinen Fall die *Einheit* der Wirtschaft – ihr Thema! – *als Differenz von reich und arm ansehen*.) Hegel und Marx behalten genau diese Sorge im Blick, und das führt speziell Marx zur »Kritik der politischen Ökonomie« als einer Theorie des Kapitalismus für Kapitalisten.

Das ist nun natürlich auch keine Lösung, denn es sind nicht die Kapitalisten, die diese Theorie schreiben, sondern sie entspricht genau den Bedingungen und Konsequenzen funktionaler Differenzierung im Bereich der Wirtschaft (und ihre Kritik müßte daher ergänzt werden durch entsprechende Kritiken aller anderen Funktionssysteme). Die Theorie autopoietischer Systeme, die wir im Vorstehenden anzuwenden versucht haben, hat demgegenüber einige Vorzüge. Sie kann aus sehr allgemeinen (und zugleich empirienahen) Forschungen Anregungen ziehen. Sie ist (mit unterschiedlichen Operationalisierungen) auf das Gesellschaftssystem selbst und auf die in der Gesellschaft ausdifferenzierten Funktionssysteme anwendbar. Sie macht gerade diese Differenz, nämlich die Möglichkeit, die evolutionäre Unwahrscheinlichkeit und die Risiken der Ausdifferenzierung von autopoietischen Subsystemen, zu ihrem Problem. Allerdings ist sie wahrscheinlich zu komplex und zu esoterisch für Alltagsgebrauch in der gesellschaftlichen Kommunikation. Sie setzt sich selbst nicht in die Nähe des Weltgeistes (was Hegel in die Schwierigkeit brachte, nicht sagen zu können, wer seine Theorie eigentlich schreibt). Sie setzt sich auch nicht in die Nähe des rohen Impulses, situierte Leute um ihren Besitz zu bringen. Aber muß man davon ausgehen, daß es solcher Manöver bedarf, um Selbstreflexion in den Kommunikationsprozeß der Gesellschaft einzubringen? Muß es denn Vernunft und Gewalt sein?

IX.

Will man mit etwas mehr begrifflicher Sorgfalt klären, wie denn ein autopoietisches, binär codiertes Funktionssystem zugleich Subsystem der Gesellschaft sein könne, stößt man auf schwierige *logische* Probleme. Bevor man vorschnell (und vermutlich ohne Erfolg) auf »Ethik« umschaltet und in den Ruf nach »gesellschaftlicher Verantwortung« der Wirtschaft einstimmt, müssen diese strukturellen und logischen Probleme, wenn nicht geklärt, so doch zumindest aufgedeckt werden; denn sonst dienen ethische Formulierungen lediglich als eine Art Blitzableiter, die den Zorn am Hause vorbei in den Boden leiten, ohne viel Schaden anzurichten.

Das Regime funktionaler Differenzierung, wonach die moderne Gesellschaft aus einer Mehrzahl von zweiwertig codierten und dadurch autonomen Subsystemen besteht, erfordert für die Beschreibung der Gesellschaft selbst eine mehrwertige Logik. Das gilt ganz unabhängig davon, ob die Beschreibung der Gesellschaft neue, qualitativ andersartige Werte zur Geltung bringen will, die von den Funktionssystemen nicht, oder nicht zureichend, berücksichtigt werden – etwa die klassischen Gesichtspunkte des Gemeinwohls, bestimmte Vorstellungen über adäquates menschliches Leben (gutes Leben) oder in herrschaftsfreiem Diskurs bestätigte Gründe für Geltungsansprüche. Ganz unabhängig von so gewagten und explikationsbedürftigen Zusatzannahmen ist auf jeden Fall die Pluralität binärer Codierungen ein Tatbestand, den keine Theorie der modernen Gesellschaft übergehen kann. In dieses Problem ist der logisierte binäre Wahrheitscode des Wissenschaftssystems eingeschlossen als ein Fall unter anderen. Das heißt: eine Beschreibung der Gesellschaft kann nicht ohne weiteres vom Standpunkt der Wissenschaft, etwa der Soziologie, ausgehen, wenn diese sich als ein zweiwertig codiertes, Wahrheit bzw. Unwahrheit und nichts weiter feststellendes Funktionssystem begreift. Für die Wissenschaft ebenso wie für die Wirtschaft, für das Recht ebenso wie für die Politik gilt gleichermaßen, daß die Restriktion auf zwei Werte, einen positiven und einen negativen, nicht aufgegeben werden kann und daß gleichwohl eine vollständige Beschreibung der Funktionssysteme mit der Andersartigkeit der Codierung anderer Systeme rechnen muß. Man kann davon natürlich abstrahieren, aber dann beschränkt man die Beschreibung auf das Funktionssystem selbst und verzichtet darauf, es als Subsystem der Gesellschaft, als gesellschaftliches Funktionssystem zu begreifen.

Will man genauer festhalten, was es bedeutet, daß ein Funktionssystem sich *nicht* nach dem Code eines anderen richtet, so muß vorausgeschickt werden, daß damit nicht die Irrelevanz der Werte der anderen Systeme behauptet wird. Selbstverständlich kann die Politik nicht einfach ignorieren, wer in bezug auf bestimmte Güter Eigentümer ist und wer nicht; so wenig wie sie ignorieren kann, was nach dem Stande der Wissenschaft wahre Erkenntnis ist oder nicht; so wenig wie auch die Wirtschaft selbst ignorieren kann, welche Verhaltensweisen vom Rechtssystem als rechtmäßig und welche als rechtswidrig eingestuft werden oder natürlich auch hier: für welche Technologien und Technologiefolgen die Wissenschaft die Wahrheit ihrer Feststellungen bescheinigt. Ob und mit welcher Tragweite Werte anderer Systeme für ein System relevant sind, entscheidet das akzeptierende System nach dem eigenen Code und den eigenen Programmen; es kann sich aber in dieser Hinsicht nie auf eine Position radikaler Indifferenz zurückziehen.

Funktionale Differenzierung heißt aber auf der Ebene der Codes, daß andere Codes *als Unterscheidungen* ignoriert werden können. Die Distanzierung bezieht sich nicht auf die Werte selbst, sondern auf ihre Unterscheidung, auf die Form ihres Auftretens in einem Code, mit nur einer (unären) Umschaltoperation (Negation) und mit Ausschluß dritter Werte. Oder anders und einfacher gesagt: Ein Funktionssystem kann (und muß) unberücksichtigt lassen, daß *andere* Codes für *andere* Systeme *eine Wahlsituation strukturieren*. Gotthard Günther nennt diese Position der Indifferenz in bezug auf eine Unterscheidung einen *Rejektionswert* und den Gebrauch dieses Wertes zur Verknüpfung der Werte des rejizierten Codes Transjunktion (im Unterschied zu Konjunktion/Disjunktion).[72] Aus rein logischen Gründen ist jeder dritte Wert, der in bezug auf einen binären Code benutzt bzw. in diesen eingeführt wird, ein Rejektionswert.[73] Sollte man je eine Gesellschaftstheorie formulieren kön-

72 Vgl. Cybernetic Ontology and Transjunctional Operations, in: Gotthard Günther, Beiträge zur Grundlegung einer operationsfähigen Dialektik, Hamburg 1976, Bd. 1, S. 249-328.

73 In der Formulierung von Günther: Where there is a choice of values offered by »p« and »q« (= Variablen für Verknüpfungsfunktionen: Konjunktion oder Disjunktion) *the very choice is rejected*. This is the only formal logical meaning any additional value beyond »P« (positiv) and »N« (negativ) can have. Any value that does not accept the proffered choice is a rejection value: it transcends the objective (two-valued) system in which it occurs. In analogy to disjunction and conjunction we shall therefore call a morphogramm which requires more than two

nen, die die Einführung von für diese Systemebene eigenständigen (gesamtgesellschaftlichen, nicht ausdifferenzierbaren) Werten zu begründen vermöchte, *müßten diese Werte als Rejektionswerte formuliert werden, und zwar auch im Hinblick auf die Unterscheidung von wahr und unwahr.*[74]

Allerdings: Man kann nicht im voraus schon sicher sein, daß dieser Überlegungsgang, der bei Funktionen der logischen Verknüpfung (Konjunktion, Disjunktion und dann: Transjunktion) ansetzt, unserem Problem voll gerecht wird. Geht man so vor, dann stellt sich nämlich das Problem des Akzeptierens der Werte (im Unterschied zum Akzeptieren der Werte-Unterscheidung) in einer spezifisch verengten Form. Weder Konjunktion noch Disjunktion erzwingen eine logische Entscheidung, wenn die zu verknüpfenden Werte entweder beide positiv oder beide negativ sind. Lediglich bei unterschiedlichen Werten kommt es zu unterschiedlichen Resultaten, je nachdem, ob die Verknüpfung konjunktiv oder disjunktiv vorgenommen wird, und lediglich diese Option sollte durch die Operation der Transjunktion vermieden werden.[75] Im Kontext einer Logik funktional differenzierter Gesellschaften muß der Rejektionswert dagegen direkt auf die binären Codes bezogen werden, das heißt auf die Frage, ob der Positivwert allein durch die Negation des Negativwertes und dieser allein durch die Negation des Positivwertes gewonnen werden kann oder ob weitere Prüfoperatoren zugelassen werden müssen. Man müßte, mit anderen Worten, eine Logik aufbauen können, in der jeder Code zugleich einen positiven

values for its filling, a »transjunctional« pattern; an operation performed with it a »transjunction« (a. a. O., S. 287).

74 Die Relevanz dieser Überlegungen für derzeit überall anlaufende Diskussionen über »Umweltethik«, »Wissenschaftsethik« etc. wird ohne weitere Erläuterungen einsichtig sein.

75 Siehe die folgende Tabelle aus: Das metaphysische Problem einer Formalisierung der transzendental-dialektischen Logik, in Günther, a. a. O., S. 189-247 (228):

P	q	∧	∨	T
W	W	W	W	W
W	F	F	W	3
F	W	F	W	3
F	F	F	F	F

bzw. negativen Rejektionswert für jeden anderen Code anbietet – eine Logik, in der zum Beispiel die Wünsche der politisch Herrschenden für die architektonische Gestaltung ihres Regierungssitzes unabhängig von ihrem Machtwert oder ihrer Imposanz als schön oder als häßlich beurteilt werden können.[76] Dies wäre nicht weiter schwierig, ginge es nur darum, Distanz und Indifferenz auszudrücken. Wir hatten aber bereits gesehen, daß ein gesellschaftliches Subsystem, das ja nie nur sich selbst, sondern immer auch Gesellschaft vollzieht, sich selbst nur durch Einschluß eines Rejektionswertes bzw. einer Position für Rejektionswerte vollständig beschreiben kann. Ein solches System würde den Rejektionswert *zugleich als internen und als externen Wert* behandeln müssen, je nachdem, ob es sich selbst als Subsystem der Gesellschaft oder als System mit anders codierten Systemen in seiner Umwelt behandelt.[77] Internalisierung würde dabei eine dreiwertige Struktur erzeugen, in der jeder Wert als Rejektionswert für den Unterschied der anderen fungieren kann[78], so wie umgekehrt Zweiwertigkeit dann nur dadurch gerettet werden kann, daß einer der Werte externalisiert wird. Eine solche Struktur kann mithin nur adäquat erfaßt werden, wenn man die Differenz von System und Umwelt zugrunde legt. Außerdem wäre »der« Rejektionswert *ein* Wert nur, wenn er die Gesellschaft repräsentiert, die fordert, daß das System in einer anders codierten gesellschaftsinternen Umwelt zurechtkommt; und zugleich würde er *viele* Werte repräsentieren, je nachdem, welche anderen Funktionssysteme konkret gemeint sind, welche anderen Codes Werte definieren, die für das in Frage stehende System

76 Im übrigen: ein in der Ästhetik erst seit der zweiten Hälfte des 17. Jahrhunderts vor allem mit Hilfe des Begriffs des Sublimen (Longinus, Boileau) und mit einer Neufassung des Problem des »Erstaunens« formuliertes, also auch hier ein spezifisch neuzeitliches Problem.

77 Man könnte von hier aus Verbindungslinien ziehen zur Kybernetik der »Third Position«, die Bråten entworfen hat. Siehe: The Third Position – Beyond Artificial and Autopoietic Reduction, Kybernetes 13 (1984), S. 157-163.

78 So jedenfalls Günther a. a. O., S. 231 f. Günther spricht hier von einer »tieferen Zweiwertigkeit«, nämlich der transklassischen Zweiwertigkeit zwischen Akzeptions- und Rejektionswert, wobei in mehrwertigen Systemen die Positionen wechseln können.

als Rejektionswerte fungieren. Dieses Verhältnis von Einheit und Vielfalt kann nur adäquat erfaßt werden, wenn man ein Verhältnis der Systemdifferenzierung (Vielheit als Einheit) zugrunde legt.

Günthers Überlegungen zeigen zumindest dies: daß komplexe Reflexionslagen dieser Art keineswegs auf Beliebigkeit oder auf Destruktion durch Unbestimmbarkeit hinauslaufen. Ihre logische und semantische Interpretation ist jedoch alles andere als geklärt. In einem hierarchischen Arrangement konnte dafür auf »übergeordnete Werte«, höheren Nutzen usw. zurückgegriffen werden.[79] Auch die Lehre von der Gerechtigkeit als einer Extreme vermeidenden Meta-Tugend hatte diese Position eines Rejektionswertes gegenüber an sich zu suchenden bzw. zu vermeidenden Werten eingenommen. Aus dieser Tradition beziehen wir noch heute politisch-ethische Konnotationen, wenn es um solche Rejektionswerte geht. In ihrer sozialstrukturellen Evolution hat die Gesellschaft jedoch diese Formeln ihres strukturellen und semantischen Rückhalts (etwa: an einem Moralcodex der Oberschicht) beraubt. In hierarchisch geordneten Gesellschaften konnten sie die Anforderungen der Spitze an sich selbst und an andere repräsentieren. Heute repräsentieren sie nur noch Unentschiedenheit.[80]

Die Position so komplexer, theoretisch ungeklärter Wertverhältnisse wird heute faktisch durch eine Trivialmoral und durch Forderungen und Appelle an die Adresse »der Wirtschaft« ausgefüllt. Diese kommt durch »social auditing«, Pflege der »corpo-

79 Vgl. zur Tradition, mit Rücksicht auf das Rechtssystem, Alessandro Bonucci, La derogabilità del diritto naturale nella scolastica, Perugia 1906.

80 Oder, wie man vielleicht mit Karl-Heinz Ladeur folgern könnte: Polykontexturalität. Siehe: »Abwägung« ein neues Paradigma des Verwaltungsrechts: Von der Einheit der Rechtsordnung zum Rechtspluralismus, Frankfurt 1984; ders., Die rechtliche Kontrolle planerischer Prognosen: Plädoyer für eine neue Dogmatik des Verwaltungshandelns unter Ungewißheit, Natur und Recht 7/3 (1985), S. 81-90. Siehe im übrigen mit einer merkwürdigen Rückkehr zur pluralité des mondes auch Jacques Attali, Les trois mondes: pour une théorie de l'après-crise, Paris 1981.

rate identity«, Festansprachen und auf höchster Ebene vereinbarte Kompromisse entgegen.[81] In diesem Spiel wird das, was als die Wirtschaft zählt, auf Großorganisationen der Produktion, des Handels und des Bankwesens beschränkt. Eine Moral muß eben greifbare Adressaten haben. So entsteht eine möglicherweise explosive Mischung von Selbstdarstellungen und Forderungen, Entgegenkommen und Unzufriedenheit mit Tendenzen zum Stellungskampf. Es ist jedoch nicht zu sehen, wie von diesen Positionen aus eine Theorie des gesellschaftlichen Kontextes der Wirtschaft geschrieben werden könnte. Und das hat unter anderem zur Folge, daß die klassischen oder neoklassischen Reflexionstheorien des Wirtschaftssystems angefochten, aber ungerührt fortgeschrieben werden können.

81 Siehe dazu, solche Erscheinungen überschätzend und als »Strukturwandel der Wirtschaft« begrüßend, Eugen Buß, Markt und Gesellschaft: Eine soziologische Untersuchung zum Strukturwandel der Wirtschaft, Berlin 1983.

Kapitel 3
Der Markt als innere Umwelt des Wirtschaftssystems

I.

Für Soziologen ist es schwierig, zu erkennen, was Ökonomen meinen, wenn sie von »Markt« sprechen.[1] Sicher ist es nicht mehr das ganze bunte Leben, das von des Vetters Eckfenster aus zu sehen war.[2] Gemeint ist ein Sachverhalt, der durch Ausdifferenzierung spezifisch wirtschaftlicher Prozesse entsteht. Deshalb liegt es nahe, anzunehmen, der Markt sei, wenn nicht mehr der besondere Ort, an dem getauscht wird, so doch ein besonderes soziales System, das sich durch seine spezifischen Funktionen von anderen Systemen unterscheide. In der Tat findet man diese Auffassung in der wirtschaftswissenschaftlichen Literatur, teils implizit, teils explizit.[3] Soziologisch ist eine solche Annahme jedoch nicht leicht zu interpretieren. Man könnte sich vorstellen, daß die Begriffe Wirtschaft und Markt hiermit gleichgesetzt werden, beide dasselbe System bezeichnend. Dazu paßt es aber schlecht, daß man von einem Unterschied von Marktwirtschaft und Planwirtschaft spricht. Dieser Unterschied wird

1 Wenn sie überhaupt in einer Weise davon sprechen, die mehr besagen soll als die bloße Markierung einer ideologischen Position. Siehe dazu den Erkundungsversuch von Bernard Barber, Absolutization of the Market: Some Notes on How We Got from There to Here, in: G. Dworkin et al. (Hrsg.), Markets and Morals, Washington, D. C. 1977, S. 15-31.

2 Vgl. E. T. A. Hoffmann, Des Vetters Eckfenster, in: Werke, Bd. 12, Berlin-Leipzig, o. J., S. 142-164; auch hier natürlich schon mit romantischer Wehmut als etwas Vergehendes gesehen.

3 Explizit z. B. bei Erich Hoppmann, Über Funktionsprinzipien und Funktionsbedingungen des Marktsystems, in: Lothar Wegehenkel, Marktwirtschaft und Umwelt, Tübingen 1981, S. 219-235, oder bei Herbert Biermann, Der Markt als ergodisch-kybernetisches System, in: Franz-Xaver Bea/Armin Bohnet/ Herbert Klimesch (Hrsg.), Systemmodelle: Anwendungsmöglichkeiten des systemtheoretischen Ansatzes, München 1979, S. 211-270. Allerdings wird der Tatsache, daß dies eine Theorie*entscheidung* ist, keine Aufmerksamkeit gewidmet.

als Unterschied von Ordnungs- und Steuerungsprinzipien formuliert, also gerade nicht als Differenz von Systemen begriffen (was die Konsequenz hätte, daß man die Planwirtschaft als Umwelt der Marktwirtschaft und umgekehrt die Marktwirtschaft als Umwelt der Planwirtschaft ansehen und die Systembildung durch diese Differenz definieren müßte). Eine andere Möglichkeit ist, den Markt als ein Subsystem des Wirtschaftssystems aufzufassen – etwa nach der alten Vorstellung von Handel. Auch das führt jedoch in unlösbare Schwierigkeiten, wenn man den Markt im Unterschied zu Produktion und Konsum, zu Betrieben und Haushalten konkret definieren will. Was wäre zum Beispiel danach der Arbeitsmarkt? Oder der Kapitalmarkt? Die Karteien der Arbeitsämter, die Bücher der Banken?

Solange man mit Modelltheorien, etwa mit Gleichgewichtstheorien arbeitet, taucht diese Schwierigkeit nicht auf. Markt ist dann jedes empirische Korrelat dieser Theorien, was immer das sei. Auf diese Weise immunisiert sich die Wirtschaftstheorie gegen empirisch-soziologische Fragestellungen. Das allein ist noch kein Grund zur Kritik. Man mag sich, parallel dazu, aber gleichwohl überlegen, wie denn eine soziologische Theorie den Markt definieren würde; und es läßt sich vorab nicht ausschließen, daß die wirtschaftswissenschaftliche Theorie, und sei es nur »zufällig«, davon etwas lernen kann.

II.

Anhand neuerer Theorieentwicklungen in der allgemeinen Systemtheorie und in der Theorie sozialer Systeme, die zu einer radikalen Relativierung der System/Umwelt-Differenzen und zum Ausbau einer Theorie selbstreferentieller Systeme geführt haben, muß man die Fragestellung zunächst reformulieren. Es geht nicht darum, ob etwas (und ob so etwas wie der Markt) ein System »ist« oder nicht. Die Frage ist vielmehr, welche System/Umwelt-Referenz einer Analyse derjenigen Phänomene zugrunde gelegt wird, die man als Markt bezeichnet. Die wirtschaftswissenschaftliche Theorie kann sich dann retten, indem sie sagt: meine eigene Systemreferenz; ich als Beobachter der Wirtschaft bezeichne alles, was bestimmten Theoriemodellen entspricht, als Markt. Die Soziologie wird aber vermutlich eine Beobachtung zweiter Ordnung, das heißt eine Beobachtung von Beobachtern bevorzugen. Sie kann dann (wenn sie es kann!) eine Soziologie der wirtschaftstheoretischen Reflexion schreiben. Das lassen wir hier beiseite. Sie muß aber vor allem entscheiden, was sie in ihrem Beobachtungsbereich als System ansehen will, und das heißt als ein System, das seine Umwelt beobachtet und in diesem Beobachten durch die Soziologie beobachtet wird.

Zusätzlich zu dieser Komplikation, die man mit Heinz von Foerster »second order cybernetics« nennen kann[4], ergeben sich Theorieveränderungen daraus, daß die System/Umwelt-Differenz in aller Konsequenz auch auf Probleme der Systemdifferenzierung angewandt wird.[5] Systemdifferenzierung heißt dann: Wiederholung der Differenzierung von System und Umwelt innerhalb von Systemen. Dadurch entsteht eine »interne Umwelt« – eine gesamtsysteminterne Umwelt der Teilsysteme des Systems. Die Außengrenzen des Gesamtsystems ermöglichen bereits eine Spezifikation und Domestikation dieser internen Umwelt. In ihr gelten bereits Sonderbedingungen, die man nicht überall findet. Diese Filterleistung, diese Reduktion von Komplexität, diese Ausdifferenzierung relativ unwahrscheinlicher Ordnungsleistungen kann dann im System nochmals wiederholt und dadurch gesteigert werden. Man handelt nicht nur wirtschaftlich (im Unterschied zu politisch, wissenschaftlich-forschend, religiös, erziehend usw.), sondern man produziert Kugellager, züchtet Champignons, handelt mit Antiquitäten.

Je nach der Systemreferenz (die ein Beobachter wählt) ergeben sich daraus zwei Möglichkeiten, die Wirtschaft zu betrachten: als Gesamtsystem und als Umwelt ihrer Teilsysteme. Diese beiden Möglichkeiten sind nicht identisch (obwohl jede Ontologie sagen müßte, es handele sich um denselben Gegenstand). Das Gesamtsystem läßt sich, wie immer vereinfacht, von außen und von innen als Einheit beobachten. Man kann es, wie in Kapitel 2 gezeigt, als autopoietisches System beschreiben, das aus Zahlun-

4 Siehe: Observing Systems, Seaside, Cal. 1981. Dt. Übersetzungen in ders., Sicht und Einsicht: Versuche zu einer operativen Erkenntnistheorie, Braunschweig 1985.

5 Vgl. Niklas Luhmann, Soziale Systeme: Grundriß einer allgemeinen Theorie, Frankfurt 1984, S. 37f.

gen besteht, die es selbst produziert. Aus der Sicht eines partizipierenden Systems[6], also in dessen Beobachtungspraxis, ist »die Wirtschaft« dagegen eine besondere Umwelt, aus der das partizipierende System selbst sich ausdifferenziert. Für das partizipierende System ist die Wirtschaft also diejenige Einheit, die die Differenz von partizipierendem System und wirtschaftsspezifischer Umwelt übergreift; sie ist die Einheit, die aus dem partizipierenden System und seiner wirtschaftssysteminternen Umwelt besteht. Für jedes partizipierende System ergibt sich so eine andere Konstellation, denn jedes partizipierende System differenziert sich selbst – also ein anderes als die anderen – aus der Umwelt aus. Dennoch ist dies jeweils nur aufgrund einer ausdifferenzierten Wirtschaft und nur in ihr möglich; denn ohne diese Voraussetzung gäbe es jene Sonderumwelt gar nicht, die besondere Bedingungen für weitere Differenzierungen bereithält.

Von diesen Ausgangspunkten her läßt sich ein Begriff des Marktes gewinnen. Als Markt kann man dann die wirtschaftsinterne *Umwelt* der partizipierenden Systeme des Wirtschaftssystems ansehen, die *für jedes eine andere*, zugleich aber auch *für alle dieselbe ist*. Der Begriff des Marktes bezeichnet also kein System, sondern eine Umwelt – aber eine Umwelt, die nur als System, in diesem Fall also als Wirtschaftssystem, ausdifferenziert werden kann. Als Markt wird mithin das *Wirtschaftssystem selbst* zur *Umwelt seiner eigenen Aktivitäten* – und zwar ohne daß irgendwo eine Art »wesentlicher Kern« davon ausgenommen würde. Die »äußere Umwelt« – etwa die staatliche Politik,

6 Wir wählen hier und im folgenden den schwerfälligen Ausdruck »partizipierendes System«, um zum Ausdruck zu bringen, daß es weder um eine begriffliche Zerlegung (divisio) noch um eine Realteilung (partitio) eines vorgegebenen Ganzen geht. Vielmehr differenzieren partizipierende Systeme, vor allem Haushalte und Wirtschaftsunternehmen, sich nach eigenen Systemgesetzlichkeiten aus, etwa auf der Basis von Familienbildung oder von Produktionsorganisation, und sind an dem Wirtschaftssystem der Gesellschaft dann nur in der Form von »Interpenetration« beteiligt. Zu Interpenetration ausführlicher: Niklas Luhmann, Soziale Systeme, a. a. O., S. 286ff. Der Begriff schließt den Fall ein, und es ist dies sogar der typische Fall, daß interpenetrierende Systeme ohne Interpenetration gar nicht existieren könnten (so wie Gehirnzellen nicht ohne Gehirn und umgekehrt).

die Technologieentwicklungen der Wissenschaft, die materiellen und menschlichen Ressourcen, die ökologischen Veränderungen – bleibt davon unberührt. Aber sie kann am Markt anders beobachtet werden, als wenn ein externer Beobachter, etwa ein Soziologe oder ein Ökologe, das Wirtschaftssystem in dessen Umwelt beobachtet. Am Markt beobachtet man nur mit Hilfe der Preise, also mit einem reduzierten, zirkulär geschlossenen Netzwerk von Beeinflussungen.[7] Damit kann man unter Umständen *weit* sehen, aber im Einzelfalle *nicht sehr komplex*.

Das Wirtschaftssystem macht, um diesen zentralen Punkt nochmals zu betonen, sich selbst *zur* Umwelt, um auf diese Weise Reduktionen zu erreichen, mit denen es sich selbst und anderes *in* einer Umwelt beobachten kann. Wer nun dies wiederum beobachten will, kann die Wirtschaft nicht einfach als einen Gegenstand betrachten, der in dem Zustand ist, in dem er ist (und über den dann richtige oder falsche Aussagen möglich sind). Vielmehr ist das Wirtschaftssystem ein sich selbst beobachtendes System. Es organisiert diese Selbstbeobachtung, indem es in sich selbst System/Umwelt-Grenzen einführt, über die hinweg es sich beobachten kann.[8] Es kann sich selbst beobachten, weil es sich selbst behandeln kann. Ein Beobachter kann, wenn er es kann, natürlich davon abstrahieren und die Wirtschaft wie ein Objekt beobachten, das ist und nicht nicht ist. Zu einer adäquaten Beobachtung kommt man jedoch nur, wenn man mitberücksichtigt, daß es sich um ein sich selbst beobachtendes Objekt handelt.

Eine soziologische Beobachtung und Beschreibung des Marktes ist also immer eine Beobachtung und Beschreibung von Beobachtungen, eine Beobachtung mindestens zweiter, wenn nicht dritter Ordnung. Man kann den Gegenstand zwar mit wissenschaftlichen Methoden »objektivieren«; aber man muß sich dann

7 Vgl. oben Kapitel 1.

8 In der kybernetischen Logik spricht man deshalb von Grenzen als Reflexionsbedingungen und kommt so zu der »surprising conclusion that parts of the whole have a higher reflective power than the whole of it« (Gotthard Günther, Cybernetic Ontology and Transjunctional Operations, in ders., Beiträge zur Grundlegung einer operationsfähigen Dialektik, Bd. 1, Hamburg 1976, S. 249-328, 319). Was in diesem Sinne für die Welt gilt (die sich nur über interne Differenzierungen selbst beobachten kann), gilt entsprechend für jedes einzelne System.

im klaren darüber sein, daß dies Einbußen an Realitätsnähe mit sich bringt, wenn zutrifft, was wir hier behaupten: daß der Markt durch Beobachtung einer durch ein Gesamtsystem präparierten Umwelt konstituiert wird. Da es sich um einen Gegenstand handelt, der sich selbst beobachtet, kommt eine Theorie, wenn sie Realitätsnähe anstrebt, irgendwann an den Punkt, wo sie sich auf ein Beobachten dieses Beobachtens einstellen muß. Man kann zwar bezweifeln, daß eine Beobachtung von Selbstbeobachtung möglich sei.[9] An dieser Stelle hilft aber das Differenzierungstheorem weiter. Wir beobachten nicht, wie »die« Wirtschaft als Einheit »sich selbst« als Einheit beobachtet, sondern wie sie durch Differenzierung zur Umwelt für partizipierende Systeme wird, die dann jeweils ihre Umwelt beobachten können.

Es ist üblich, den Markt als poly-*zentrisches* System zu charakterisieren im Hinblick auf die Vielzahl der Unternehmen, die an ihm tätig werden.[10] Unser Theorievorschlag sieht den Markt dagegen als ein poly-*kontexturales* System[11], das für jedes Zentrum eine andere und doch dieselbe Umwelt bereithält.

III.

Die Tragweite des damit angedeuteten Theorierevirements läßt sich am besten verdeutlichen, wenn man klarstellt, daß der Begriff des Marktes damit seine klassischen Gegenbegriffe verliert – sei es Plan, sei es Staat. Es versteht sich für eine Theorie komplexer selbstreferentieller Systeme von selbst, daß solche Systeme nicht geplant werden können. Wenn im System geplant wird,

9 Vgl. hierzu Ranulph Glanville, The Same is Different, in: Milan Zeleny (Hrsg.), Autopoiesis: A Theory of Living Organization, New York 1981, S. 252-262.

10 Siehe Michael Polanyi, The Logic of Liberty: Reflections and Rejoinders, London 1951, S. 170ff.

11 Polykontextural im Sinne von Gotthard Günther, Life as Poly-Contexturality, in: Wirklichkeit und Reflexion: Walter Schulz zum 60. Geburtstag, Pfullingen 1973, S. 187-210; neu gedruckt in ders., Beiträge zur Grundlegung einer operationsfähigen Dialektik, Bd. 2, Hamburg 1979, S. 283-306.

wird das im System beobachtet. Dann wird entweder plangemäß weitergehandelt oder planwidrig konterkariert. Es ist nicht lohnend, ja irreführend, wenn man dies durch einen Gegensatz von Marktwirtschaft und Planwirtschaft zum Ausdruck bringen will. Ebenso überflüssig wird es, die Marktwirtschaft mit dem Begriff des Staates zu konfrontieren. Das gibt nur einen Aspekt des allgemeinen Schemas funktionaler Gesellschaftsdifferenzierung wieder, der in dieser Ausschnitthaftigkeit nicht angemessen begriffen werden kann. Man könnte dann ebensogut von einem Gegensatz von Marktwirtschaft und Wissenschaft oder von Marktwirtschaft und Familie oder von Marktwirtschaft und schulförmiger Erziehung ausgehen. Teils macht der Ausbau der Systemtheorie also traditionelle Gegenbegrifflichkeiten und Unterscheidungen überflüssig oder reduziert ihre Bedeutung (etwa zu der Frage, wer und wie zentral und wie folgenreich er in einer Marktwirtschaft plant); teils werden die Probleme, die man im Auge hatte, auf eine andere Ebene der Gesellschaftstheorie verschoben.

Der Gegenbegriff zu Marktwirtschaft, den man jetzt ins Auge fassen muß, ist nicht Planwirtschaft und nicht Staatstätigkeit, sondern *Subsistenzwirtschaft*. Eine solche Wirtschaft läuft ohne nennenswerte monetäre Vermittlung ab. Ihr fehlt daher die über den Geldmechanismus laufende Zentralisierung, und ihr fehlt vor allem das durch Preise ermöglichte Beobachten des Beobachtens. Die Bedürfnisse lassen sich mehr oder weniger durch eigene Aktivitäten des Bedürftigen bzw. »im Hause« befriedigen. Der Zeithorizont, in dem das möglich ist, wird durch Vorratshaltung bestimmt. Bedürfnisse, die so nicht befriedigt werden können, können nicht entwickelt werden. Es mag dann für Überschüsse oder für wenige Luxusgüter Tauschmöglichkeiten geben; aber deren Ausfall würde die Funktion der Wirtschaft nicht wesentlich beeinträchtigen.

Im 18. Jahrhundert war denn auch dies die Leitdifferenz. »Without a market there can be no economy, only subsistence«, so resümiert Elisabeth Fox-Genovese die Auffassung der Physiokraten.[12] Die Marktwirtschaft wurde einer Gesellschaft ohne Arbeitsteilung gegenübergestellt und konnte so trotz bedenkli-

12 The Origins of Physiocracy, Ithaca, N. Y. 1976, S. 272.

cher Nebenerscheinungen als zivilisatorischer Fortschritt gefeiert werden. Auf eine solche Bewertung braucht man sich heute nicht festzulegen. Die Unterscheidung Marktwirtschaft/Subsistenzwirtschaft hat einfach den Vorteil, daß sie deutlich macht, wie viel in ein und demselben Funktionsbereich abhängt von der Ausdifferenzierung und der Eigenlogik eines darauf spezialisierten Systems; und der Begriff »Markt« weist dann darauf hin, daß ein solches System nicht nur schlicht existiert oder nach bestimmten Gesetzmäßigkeiten abläuft, sondern daß es die eigene Einheit nur in einem kontinuierlichen, autopoietischen Prozeß reproduzieren kann, der mit jeder Operation zugleich die Möglichkeit der Beobachtung eben dieser Operation und durch entsprechende Einrichtungen, vor allem Preise, darüber hinaus auch die Möglichkeit des Beobachtens von Beobachtungen erzeugt. Da der Beobachtungskontext von Beobachtung zu Beobachtung variiert, kann man ein solches System nur als polykontexturales System begreifen; und unsere These ist, daß das System dafür die Form einer Umwelt für Teilnehmer annehmen muß, einer Umwelt, die nicht beliebig variiert, aber auch nicht eine einfache Funktion zweckorientierten Handelns ist.

IV.

Die Komplikationen einer solchen polykontexturalen Analyse, die bis in ein Aufsprengen der zweiwertigen Logik und damit bis in die Wissenschaftstheorie hineinreichen, lohnen sich natürlich nur, wenn man auf diese Weise mehr Komplexität beobachten kann. Wir wollen deshalb überlegen, was dabei herauskommt, wenn man den Markt, vereinfacht gesagt, nicht als System, sondern als Umwelt begreift.

Eine erste Überlegung zielt auf die Behandlung des Knappheitsparadoxes.[13] Darunter soll verstanden werden, daß jeder Zugriff auf knappe Güter, der der Minderung von Knappheit dient, die Knappheit vermehrt. Reichlichere Versorgung des einen ist größere Not des anderen, und nur weil dies so ist, gibt es überhaupt das soziale Problem der Knappheit. Die einfachste Art, dieses

13 Ausführlicher dazu Kapitel 6.

Paradox aufzulösen, besteht darin, es durch eine Differenz zu ersetzen. Statt sich durch die Paradoxie blockieren zu lassen, unterscheidet man Mengenentscheidungen und Allokationsentscheidungen und hat es dann nur noch mit der Frage zu tun, um welche Art von Entscheidung es sich jeweils handelt. Ähnlich wie in der Logik wird eine Ebenendifferenz oder eine Hierarchie oktroyiert, die die Paradoxie zum Verschwinden bringt.[14] Das funktioniert, soweit es funktioniert.[15] Es funktioniert vor allem, wenn die Gesellschaft die notwendige Indifferenz gegen das Unglück der anderen, das heißt die Ausdifferenzierung der Wirtschaft garantieren kann. Man weiß aber auch, daß diese Ebenentrennung nicht ausnahmslos durchgeführt werden kann, weil Verteilungen Rückwirkungen auf das Zurverfügungstehen von Mengen haben und Mengenbestimmungen in die Bewertung von Verteilungen eingreifen. Die Ebenendifferenzierung bringt also nur das zustande, was Douglas Hofstadter »tangled hierarchy« nennt[16], und sie kann nicht ausschließen, daß man, wenn man auf der einen Ebene operiert, sich unversehens auf der anderen wiederfindet und die Differenz damit kollabiert.[17]

Hierauf hat die Wirtschaftstheorie zunächst mit der Metapher der »invisible hand« reagiert. Das heißt: An die Stelle der Ebenendifferenzierung wurde die Invisibilisierung des Paradoxes gesetzt. Die »invisible hand« hatte, schon im 17. Jahrhundert,

14 Ähnlich auch wie im Rechtssystem, wo die gleiche Funktion durch die Unterscheidung von Rechtssetzung und Rechtsanwendung erfüllt wird. Auch hierdurch wird die Frage, mit welchem Recht überhaupt die Unterscheidung von Recht und Unrecht gehandhabt wird, durch Ebenendifferenzierung – nicht beantwortet, sondern verstellt und unzugänglich gemacht.

15 Vgl. dazu auch Paul Dumouchel, L'ambivalence de la rareté, in: Paul Dumouchel/Jean-Pierre Dupuy, L'enfer des choses: René Girard et la logique de l'économie, Paris 1979, S. 135-254, mit einer nicht unproblematischen (weil allzu metaphorischen) Rückführung des Problems auf Gewalt.

16 Siehe Douglas R. Hofstadter, Gödel, Escher, Bach: An Eternal Golden Braid, Hassocks, Sussex, UK 1979.

17 Siehe hierzu im Anschluß an Hofstadter auch Jean-Pierre Dupuy, Auto-organisation du social dans la pensée libérale et économique, in: Paul Dumouchel/Jean-Pierre Dupuy (Hrsg.), L'auto-organisation: De la physique au politique, Paris 1983, S. 377-384.

eine Fortschrittsgarantie symbolisiert. Nachdem sie zunehmend unter Arthrose zu leiden begann, übernahm das Desiderat des wirtschaftlichen Wachstums selbst diese Funktion. Man gab die Annahme einer Mengenkonstanz auf, um durch die Art der Allokation ein Mengenwachstum produzieren und zugleich diejenigen, die dabei zu kurz kommen, abfinden zu können. Den Politikern und der öffentlichen Meinung wird folglich suggeriert, Wirtschaftswachstum sei notwendig, sei eine Bedingung gesellschaftlicher Stabilität.

Dies ist sicher eine sehr eindrucksvolle und nicht unrealistische Entparadoxierung des Systems, die mit zeitlicher Asymmetrie spekuliert. Dennoch könnte man sich, und sei es nur vorsorglich, um andere Möglichkeiten kümmern für den Fall, daß diese ausfällt wegen ihrer »externen Kosten« oder ihrer ökologischen Folgen. Eine andere, theoretisch (theoretisch!) funktional äquivalente Möglichkeit bietet der hier vorgestellte Begriff des Marktes. Er transformiert das Knappheitsparadox in ein Differenzierungsparadox. Dies besteht darin, daß ein System zugleich als System und als Umwelt fungiert: als System, wenn es seine Einheit reproduziert (hier durch Zahlungen) und sich dadurch von seiner Umwelt unterscheidet, und als Umwelt, wenn man darauf abstellt, daß und wie es interne Ausdifferenzierungen und damit Beobachtungen anhand von Unterscheidungen ermöglicht.

Als System gesehen, verschleiert die Wirtschaft die Differenz von Mengenentscheidungen und Allokationsentscheidungen. Sie kann deshalb das nicht vermeiden, was Calabresi und Bobbitt »tragic choices« genannt haben: Die Verteilung hat Folgen, die man anhand der geltenden Wertordnung nicht rechtfertigen kann.[18] Als Umwelt der Teilsysteme macht sie es diesen jedoch möglich, Mengenentscheidungen und Allokationsentscheidungen zu trennen. Dies geschieht über Geldsummenkonstanzen, also über Budgets[19], und ihre Variation durch Kredit. Jeder Haushalt und jeder Betrieb kann entscheiden, wie er seine begrenzten Mittel einsetzt. Die Wirtschaft, und es sei daran erinnert, daß wir darunter ein zirkulär geschlossenes, autopoietisches

18 Siehe Guido Calabresi/Philip Bobbitt, Tragic Choices, New York 1978. »Tragisch« heißt dabei nichts anderes als Unvermeidbarkeit der Paradoxie (S. 19).

19 In dieser Form der Programmierung siehe unten Kapitel 7, IV.

System verstehen, kann dies nicht. Sie kann auch nicht an sich selbst teilnehmen, in sich selbst einsteigen und von sich selbst als Umwelt profitieren. Es gibt keine Repräsentation der Wirtschaft in der Wirtschaft, keine Möglichkeit des Ganzen, ein Teil des Ganzen zu sein. Diese Unmöglichkeit ist nichts anderes als die Form, in die das Paradox der Selbstreferenz durch Differenzierung gebracht wird. Die beiden Ebenen sind jetzt: das System als Einheit und das System als Differenz, nämlich als Differenz jeweils eines partizipierenden Systems und seiner systeminternen Umwelt. Beides ist dasselbe und verschieden. The Same is Different.[20] Der Markt macht es möglich.

V.

Oft findet man Aussagen wie: Das Prinzip der Marktwirtschaft ist der Wettbewerb. Angeschlossen werden Bekenntnisse und politische Empfehlungen. Die Wirtschaftswissenschaften verstehen sich als praktische Wissenschaften. Weniger deutlich ist, wie man feststellen kann, ob eine Situation noch dieser Anforderung entspricht; und vollends unklar ist, welchen empirischen Status das hat, was hier Prinzip genannt wird.

Inzwischen ist wohl unbestritten, daß Konkurrenz *keine »perfekte Konkurrenz« mit allwissenden Teilnehmern sein kann*, weil dies die Orientierung am Konkurrenten, der sich seinerseits am Konkurrenten orientiert, der doppelten Kontingenz aussetzen, sie also unmöglich machen würde; und weil dies andererseits die Orientierung am Konkurrenten auch erübrigen würde, da man sie durch Orientierung an Preisen und an Grenznutzenberechnungen ersetzen könnte. Über diesen Forschungsstand hinausgehend, läßt sich aber weiter feststellen, daß Konkurrenz *kein System sein kann*, weil sie ihrem Wesen nach nicht in Direktiven für Kommunikation umgesetzt, nicht durch Interaktion implementiert werden kann. Konkurrenz ist Struktur einer Umwelt, nicht Struktur eines Systems.

Wenn man sich vorstellt, der Markt sei das System als Umwelt der am System partizipierenden Systeme, kann man zu einer Re-

20 Um nochmals den Titel von Glanville, a. a. O., zu zitieren.

formulierung des Prinzips der Konkurrenz gelangen. Soziologisch wird am Prinzip der Konkurrenz vor allem auffallen, daß es von Interaktion unter den Konkurrenten absehen kann und gerade in der Wirtschaft weitestgehend interaktionsfrei, also friedlich funktioniert. Konkurrenz ist also kein Konflikt, auch kein limitierter und regulierter Konflikt[21], denn die Beteiligten haben überhaupt nichts miteinander zu tun. Konkurrenz erspart (nicht: regelt!) Konflikte, die anderenfalls auftreten würden. Sie gibt die Möglichkeit, das Einwirken anderer auf das Erreichen eigener Ziele angesichts knapper Ressourcen einzuschätzen, ohne daß dazu Kontakt aufgenommen werden müßte. Es handelt sich um eine Struktur der Sozialdimension des Erlebens und Handelns, nicht um eine besondere Art von sozialem System.[22] Man rechnet zwar mit dem Konkurrenten, hat aber wenig Anlaß, sich ihm zuzuwenden und mit ihm zu kommunizieren. Konkurrenz neutralisiert insofern das Problem der »doppelten Kontingenz« und damit die Notwendigkeit, Kommunikationen zu suchen und zu finden, auf die mit »ja« und nicht mit »nein« reagiert wird. Die durch Konkurrenz strukturierte Sozialdimension preßt geradezu eine Ziel- und Sachorientierung heraus. Simmel hat dies als »unabgelenkte Richtung auf die Sache« bezeichnet.[23]

Daß Konkurrenz eine soziale Orientierung ohne soziale Interaktion, das heißt ohne Herstellung konkreter sozialer Systeme ermöglicht, hat weittragende Folgen. Es entfallen die Beschwerlichkeiten, Umständlichkeiten und der hohe Zeitbedarf der

21 Anders die vorherrschende Auffassung – aber aufgrund welchen Konfliktsbegriffs? Siehe nur Amitai Etzioni, Encapsulating Competition, Journal of the Post-Keynesian Economics 7 (1985), S. 287-302.

22 Die kleingruppentheoretische Literatur, die am meisten zur empirischen Erforschung von Konkurrenz beigetragen hat, hat diesem Aspekt nicht genügend Aufmerksamkeit geschenkt; denn für sie war Konkurrenz, im Unterschied zu Kooperation, eine Struktur in einem interaktionsdichten sozialen System. Auch hier würde man aber vermutlich feststellen können, daß Konkurrenz sehr viel weniger Anlaß zu Kommunikation gibt als Kooperation (was nicht unbedingt negativ gewertet werden muß).

23 Georg Simmel, Soziologie: Untersuchungen über die Formen der Vergesellschaftung, 2. Aufl., München 1922, S. 214.

Interaktion, aber auch ihre Kontrollmöglichkeiten und die Sicherheiten, die sie zu gewähren vermag. Die Sensibilität des Wirtschaftssystems und sein Reaktionstempo beruhen sehr wesentlich darauf, daß Interaktion eingespart wird. Die Reaktion auf Ereignisse wird nicht über lange Ketten und Verzweigungen von Interaktion zu Interaktion erzeugt, sondern durch eine fast gleichzeitige Reaktion vieler auf das, was viele als Reaktion anderer unterstellen. Mit Aglietta und Orléan kann man in dieser mimetischen »contagion sociale« eine, wenn nicht sogar die wesentliche Eigenschaft von markt- und geldorientierten Ökonomien sehen.[24]

An dieser Errungenschaft kann man ablesen, daß auch die moderne Wirtschaft sich auf ein hohes Maß an Differenzierung von Gesellschaftssystem und Interaktionssystemen eingerichtet hat, das für die heutige Gesellschaft charakteristisch ist.[25] Damit ist eine hohe, praktisch unkontrollierbare Eigendynamik freigesetzt. Das System reagiert so schnell, daß es fast nur noch Ereignisse wahrnehmen kann. Es reagiert nicht auf Strukturvorgaben, sondern auf Veränderungen, und jede Intervention, zum Beispiel durch Zentralbanken oder durch Regierungen, ist vor allem als Ereignis wirksam: Der Diskontsatz wird geändert, die öffentlichen Haushalte werden auf Sparsamkeit umgestellt, der Dollarkurs steigt oder fällt, breitenwirksame Preise (zum Beispiel der Ölpreis) werden drastisch geändert – und schon reagiert das System auf das Ereignis mit einer Modifikation derjenigen Erwartungen, die sich unter diesen Umständen am Markt im Hinblick auf Konkurrenz vermutlich bewähren werden. Die Teilnehmer müssen abschätzen können, wie das System auf stimulierende Ereignisse reagieren wird, und sie müssen auf diese Reaktion zu reagieren versuchen. Demgegenüber hat die strukturelle Determination geringe Bedeutung; sie zieht sozusagen laufend nach,

24 Vgl. Michel Aglietta/André Orléan, La violence de la monnaie, 2. Aufl., Paris 1984. Der Begriff »contagion sociale« oder »contagion mimétique« bezieht sich auf die Theorie eines Zusammenhanges von Copierverhalten, Knappheit und Gewalt, die René Girard entworfen hat.

25 Vgl. Niklas Luhmann, The Evolutionary Differentation Between Society and Interaction, in: Jeffrey C. Alexander et al. (Hrsg.), The Micro-Macro Link, Berkeley 1987, S. 112-131.

wenn man feststellen kann, wie das System auf vorherige Determinationsversuche reagiert hat.[26]

Ob Konkurrenz unter diesen Umständen die vielen günstigen Eigenschaften hat, die ihr zugeschrieben werden, und ob nicht andere Eigenschaften sehr viel wichtiger und folgenreicher sind, ist eine empirische Frage.[27] Wir müssen sie hier offenlassen. Was man zweifelsfrei beobachten kann, ist jedoch, daß die Sozialumwelt Markt ein hohes Maß an Differenzierung zwischen (1) Konkurrenten, (2) Tauschpartnern und (3) Mitarbeitern bzw. Haushaltsangehörigen ermöglicht. Das ist in Systemen kleineren Formats nicht erreichbar. Mit dieser Differenzierung wird Spezi-

26 Auffällig ist besonders der Unterschied zu den üblichen rechtstheoretischen Annahmen über Moglichkeiten der Intervention in organisierte Komplexität, die wie selbstverständlich davon ausgehen, daß eine normative Struktur als Struktur wirkt, solange sie gilt. Vgl. z.B. Günther Teubner/Helmut Willke, Kontext und Autonomie: Gesellschaftliche Selbststeuerung durch reflexives Recht, Zeitschrift für Rechtssoziologie 5 (1984), S. 4-35. Auch Ökonomen, die nach »Rahmenordnungen« verlangen, denken so. Das würde, auf unseren Fall angewandt, bedeuten, daß eine Struktur eine Vielzahl von mehr oder weniger konformen Ereignissen erzeugt und, wenn dies nicht befriedigt oder wenn neue Erwartungen durchgesetzt werden sollen, entsprechend geändert werden muß. Diese Vorstellung wird jedoch mehr oder weniger obsolet, wenn die Strukturänderung selbst hauptsächlich als Ereignis wirkt, als Impuls, als Provokation des Systems, und die Frage der Änderung oder Nichtänderung der Struktur sich zwangsläufig neu stellt, sobald man sieht, wie das System reagiert.

27 Besonders umstritten ist, ob politische Konkurrenz innovativ oder nicht gerade umgekehrt fortschritts- und anpassungshemmend wirkt. Vgl. Theodore Lowi, Towards Functionalism in Political Science: The Case of Innovation in Party Systems, American Political Science Review 57 (1963), S. 570-583; James David Barber, The Lawmakers: Recruitment and Adaption to Legislative Life, New Haven 1965, S. 1 ff.; Peter Graf Kielmansegg, Politik in der Sackgasse? Umweltschutz in der Wettbewerbsdemokratie, in: Heiner Geißler (Hrsg.), Optionen auf eine lebenswerte Zukunft: Analysen und Beiträge zu Umwelt und Wachstum, München 1979, S. 37-56. Auch im Wissenschaftssystem beklagt man sich darüber, daß verschärfte Konkurrenz negative Resultate habe, nämlich Zunahme von gefälschten oder geschönten Daten und entsprechende Vertrauensverluste. Vgl. Bernard Barber, Trust in Science: A Paper in Honor of Professor Ben-David, Ms. 1985.

fikationsfähigkeit gewonnen. Man kann die bei Mischstrukturen notwendigen Rücksichten einsparen. Diese differenzierende Spezifikation strukturiert aber nur die Marktbeobachtung der Marktteilnehmer. Sie besagt nicht, daß keine (oder nur reduzierte) kausale Interdependenzen bestünden.

Diese Leistung ist nicht der »Askese« oder der Rationalitätsimagination der ökonomischen Subjekte zu verdanken; sie ist zugleich Bedingung und Folge der Ausdifferenzierung eines besonderen, funktionsspezifisch an Wirtschaft orientierten Teilsystems der Gesellschaft. Zugleich Bedingung und Folge – das heißt, daß die Wirtschaft ein zirkulär konstituiertes, durch Evolution zustande kommendes System ist, bei dem es keinen Sinn hat, nach Anfängen oder nach externen Ursachen zu fragen, wenn man die Funktionsweise des Systems erklären will. Die Folge ist, daß man weit über den Bereich persönlicher Kontakte hinaus und in nahezu beliebigen Feinstrukturen spezifizieren kann, wessen Mitinteresse an knappen Gütern den Preis bestimmt (bzw. welche Faktoren der Preisbestimmung an dessen Stelle treten). Man liest die Konkurrenzlage entweder an bekannten Mitbewerbern oder an der Durchsetzbarkeit von Preisen ab. Als Korrelat dazu können für den Bereich der Kooperation Organisationen und Haushalte ausdifferenziert werden, die von Konkurrenzdruck entlastet sind, sofern sie nicht aufgrund eigener Differenzierungen eigene »Märkte« entwikkeln (zum Beispiel im Hinblick auf Karrieren, Gunsterweise, Zuteilung von Haushaltsmitteln, Präferenzen für persönliche Kontakte). Dies wiederum macht es möglich, Organisationen und Haushalte für Operieren auf verschiedenen Märkten identisch zu halten und die Marktbeziehungen intern zu koordinieren.

Eine Wirtschaft, die die Differenzierung von Konkurrenz, Tausch und Kooperation auf diese Weise ins Extrem treiben kann, wird auch in bezug auf Teilnahmemotivation in weitem Umfange autonom. Die Differenz ordnet die Inklusion der Teilnehmer ins System. Die Frage, ob überhaupt, stellt sich nicht (oder wie man mit Seitenblick auf neue Tendenzen zum »Aussteigen« sagen muß: nur marginal). Statt dessen stellen sich die Teilfragen: mit wem tauschen, gegen wen konkurrieren, mit wem kooperieren, die natürlich nur in hoher Abhängigkeit voneinander beantwortet werden können. Dies scheint aber vorauszusetzen, daß das Wirtschaftssystem als eine Sonderumwelt der Teilsysteme ausdifferenziert ist *und nicht als einheitliche Organisation*. Sobald Wirtschaft – aber praktisch heißt das nur: ihr Produktions- und Dienstleistungsbereich – organisatorisch vereinheitlicht wird, stellt sich für die Teilnehmer das Inklusionsproblem in anderer Form. Es geht dann darum, wie weit man kooperieren muß, um die erwünschten Vorteile zu erhalten, und die Rationalität verlagert sich an die Grenzen des Systems und hier in den direkten Zugriff auf knappe Güter.

Auch in einer solchen Wirtschaftsordnung gilt, was wir allgemein postulieren: daß durch Ausdifferenzierung und Innendifferenzierung eine interne Umwelt entsteht. Auch eine zentral geplante Wirtschaft ist eine Marktwirtschaft. Sie kann nur die Spezifikation der Differenzierung von Konkurrenz, Tausch und Kooperation nicht sehr weit treiben, weil das gesamte System als Kooperation organisiert ist (bzw. sich selbst unter diesem Mythos mit Irrationalitäten versorgt). Man tauscht hier Zuweisung von Mitteln in Konkurrenz mit anderen Bewerbern gegen eigene Leistungen nach Maßgabe der Einschätzung (oder der vermuteten Einschätzung) durch die Zentralstellen. Die Preise versagen als Mittel der Information über den Zusammenhang von Konkurrenz, Tausch und Kooperation. Sie müssen in dieser Funktion durch direkte Einschätzung von Entscheidungstendenzen ersetzt werden. Die Paradoxie der Knappheit wird als Differenz von Mengen*entscheidungen* und Allokations*entscheidungen* organisiert und damit politisiert.

Unsere These, der Markt sei ausdifferenzierte systeminterne Umwelt des Wirtschaftssystems, gilt mithin für »kapitalistische« ebenso wie für »sozialistische« Wirtschaften. Sie ermöglicht deren Vergleich und zeigt zugleich, daß Bezeichnungen wie kapitalistisch/sozialistisch oder Marktwirtschaft/Zentralverwaltungswirtschaft wenig besagen. Die Frage ist, *wie* eine Sonderumwelt für Wirtschaft ausdifferenziert wird, ob durch den monetären Mechanismus allein oder auch durch Organisation. In beiden Fällen ist ein hohes Maß an Zentralisation erforderlich[28], und das Problem liegt überhaupt nicht in der Differenz von Zentralisa-

28 Siehe für Geldwirtschaften Aglietta/Orléan, a. a. O.

tion und Dezentralisation. Der Unterschied ergibt sich vielmehr aus der Frage, in welcher Form das Wirtschaftssystem über seine Einheit und seine Außengrenzen disponiert; denn davon hängt ab, mit welchen strukturellen Vorgaben eine systeminterne Umwelt entsteht. Und nur an dieser Umwelt können einzelne Entscheidungen wirtschaftlich orientiert werden.

Vor dem Hintergrund dieser Analyse profilieren sich konträre Tendenzen, die sich aber, gleichsam als Gegenstrategien, an der durchgesetzten Ausdifferenzierung von Wettbewerbswirtschaft orientieren.[29] So lassen sich Bemühungen von Firmen beobachten, ihren Kundenstamm durch quasi-Interaktion an sich zu binden, Weihnachtsgrüße zu übersenden, zu Veranstaltungen einzuladen, Vorzugsbehandlung zu suggerieren, kurz: Gemeinschaft, wenn nicht Familie zu mimen. Auch das geschieht aber natürlich im Blick auf die Konkurrenz, der die Kunden durch Verdichtung von Kommunikation à la Interaktion entzogen werden sollen. Ferner nimmt die Selbstdarstellung von Firmen in zunehmendem Maße auf »Öffentlichkeit« Rücksicht.[30] Sie profiliert sich nicht nur am Markt, sondern in der Öffentlichkeit in einem weiteren Sinne, und das heißt: nicht nur im Blick auf die wirtschaftssysteminterne Umwelt, sondern auch im Blick auf die darüber hinaus reichende gesellschaftssysteminterne Umwelt.[31] Entsprechend suchen Firmen neuerdings so etwas wie »corporate identity«. Dies hebt jedoch die Ausdifferenzierung der Wirtschaft nicht auf und führt auch nicht dazu, daß Wirtschaftsunternehmen ihr Hauptziel darin finden, anderen zu gefallen.

29 Anders Eugen Buß, der die im folgenden skizzierten Sachverhalte als Symptome für Entdifferenzierung auffaßt und sie empirisch wohl überschätzt. Vgl. Markt und Gesellschaft: Eine soziologische Untersuchung zum Strukturwandel der Wirtschaft, Berlin 1983.

30 Von »Öffentlichkeit« ist hier mithin in genauer Parallele zu »Markt« die Rede, nämlich als Bezeichnung für ein umfassendes System, das für teilnehmende Systeme als Umwelt fungiert. Im einen Falle handelt es sich um die Wirtschaft, im anderen um die umfassende Gesellschaft. Es ist denn auch kein Zufall, daß im 18. Jahrhundert diese beiden Zwillingsideen auftauchen. Sie deuten an, daß die komplexer werdende Gesellschaft sich nur noch von innen sehen kann.

31 Vgl. programmatisch Meinolf Dierkes, Die Sozialbilanz: Ein gesellschaftbezogenes Informations- und Rechnungssystem, Frankfurt 1974.

Gleichwohl ist ein Orientierungswandel, der auch mit einem Generationswechsel im Führungspersonal zusammenhängen dürfte, zu beobachten, und man wird abwarten müssen, ob und wie es gelingt, die Differenz von Wirtschaft und Gesellschaft als eine Differenz von Umwelten der Wirtschaftsunternehmen firmenintern in die Sprache von Programmen für eigene Operationen zu übersetzen.

VI.

Was beobachten Produzenten, wenn sie den Markt beobachten? Eine zunächst verblüffende Antwort darauf gibt Harrison White: Sie beobachten sich selbst, sie beobachten ihre Konkurrenten.[32] Die Undurchsichtigkeit der Konsummotive wirkt wie ein Spiegel[33], der den Blick auf die Produktion zurückwirft und keinen Durchblick zuläßt. Dies gilt vor allem deshalb, weil Motive etwaiger Käufer nicht als solche, sondern erst im Zusammenhang mit einem bestimmten Produktions- und Absatzvolumen planungsrelevant werden. Es genügt also nicht, in Erfahrung zu bringen, daß trockene Weine wieder geschätzt werden, sondern die Frage ist: wieviel.
Man braucht diesen Gedanken nicht ins Extrem zu treiben und jede Möglichkeit der Information über Kundenwünsche für alle Märkte auszuschließen; man denke zum Beispiel an auf Bestellung angefertigte Großanlagen, Schiffsbau, individuell geplanten

32 Vgl. Harrison C. White, Where Do Markets Come From? American Journal of Sociology 87 (1981), S. 517-547.

33 Diese Verwendung der Spiegel-Metapher muß freilich im Blick behalten, daß man im Spiegel *mehr sieht als nur sich selbst*. Man sieht im Spiegel sich selbst *im Kontext*, sich selbst *mit Konkurrenten*. Gerade dies »mehr sehen können« war im übrigen die eigentliche Aussage der älteren Literatur über Fürstenspiegel etc. »Comme dans un miroir«, heißt es bei La Perriere, »celuy qui se mire et regarde n'y voit pas tant seulement sa face, ains il y voit par ligne reflexe la plus grande partie de la sall ou chambre en laquelle il sera.« (Guillaume de La Perriere, Le miroir politique, contenant diverses manieres de governer & policier les Republiques, qui sont, & ont este par cy devant, Paris 1567, Preface, fol. A III).

Hausbau. Wenn solche Information möglich ist, um so besser.[34] Das allein würde jedoch noch keinen Markt konstituieren. Markttypisch ist vielmehr, daß es ausreicht, wenn man sich an eigenen Erfahrungsreihen und an dem, was die Konkurrenz bietet, orientiert und sich in den eigenen Produktionsplänen lernfähig darauf einstellt. »Markets are tangible cliques of producers observing each other. Pressure from the buyer side creates a mirror in which producers see themselves.«[35]

In dieses Bild passen Strategien der Selbstbestätigung des Produzenten, die für ihn als ein Substitut für Kenntnisse über Konsumbereitschaften dienen. Das gilt für Werbung, das gilt für artifizielle Produktunterscheidungen, das gilt für Namen und Formen von Markenartikeln. Vor allem der inzwischen voll entwickelte Stil der Werbung bestätigt diese Analyse: man gibt sich formal friedlich, man argumentiert nicht, man formuliert sein Produkt.

Diese Überlegungen gewinnen an Profil, wenn man sie mit Hilfe der Unterscheidung von System und Umwelt unterfängt. Die Umwelt ist für jedes System überkomplex, also undurchsichtig. Die Trennung von (potentiellen) Kunden und (potentiellen) Konkurrenten ist in dieser Lage ein erster Behelf. Sie dient der selektiven Lenkung von Aufmerksamkeit. Mit Hilfe dieser Unterscheidung spielt sich dann auch die praktisch allein relevante Orientierung an sehr kleinen Märkten ein, an denen man mit Hilfe der Eigenart von Waren die Konkurrenzlage überblicken kann: Märkte für Fruchtsäfte oder für Zement, für Papiertaschentücher oder für Möbeltransporte.[36] Auch die interaktionsfreie Beschaffung von Information, sei es aus dem eigenen Rechenwerk, sei es durch Einschätzung der Konkurrenzlage, hat hier

34 Immerhin wäre dann noch eine Frage, wie die Vorauskalkulation des Angebots und der Preise hergestellt wird und ob sich hier dann nicht wieder die übliche, standardisierte, mit Konkurrenten und an vorgängigen Eigenerfahrungen ausgerichtete Marktorientierung Geltung verschafft.

35 White, a. a. O., S. 543.

36 Eine bezeichnende Ausnahme mit weittragenden Folgen bildet der Geldmarkt, der zwangsläufig ein einheitlicher Markt ist und sich nicht mit gleicher Elastizität wie die Warenmärkte den begrenzten Informationsverarbeitungsmöglichkeiten der Beteiligten anpassen kann.

ihren Grund: Sie ist einfacher und nicht abhängig davon, daß man durch Kommunikation unter der Bedingung doppelter Kontingenz andere und sich selbst zu binden versucht. Sie führt deshalb auch zu leicht änderbaren Beurteilungen.
Es lohnt sich im übrigen, einen Seitenblick auf eine Paralleldiskussion über Nachfrage nach öffentlichen Gütern zu werfen. Auch hier ist es schwer, sich vorzustellen, daß die Intensität der Nachfrage, etwa in der Form der Bereitschaft, dafür zu zahlen, wirklich getestet werden könnte.[37] Faktisch wird die Nachfrage, wie immer fiktiv, durch die Konkurrenz der Politiker bestimmt, also von der Angebotsseite her.[38] Diese sieht sich einem unterstellten Wunsch und Begehren gegenüber, von dem sie nicht feststellen kann, wieweit sie es voraussetzen muß oder wieweit sie es selbst erzeugt. Auch hier muß also ein Spiegel genügen, in dem der Anbieter sich selbst sehen und seine Möglichkeiten und Kosten kontrollieren kann.

VII.

Sehen wir uns daraufhin noch einmal etwas genauer die Preise an.[39] Sie ermöglichen unter dem hier aktuellen Gesichtspunkt eine Umweltorientierung der Teilsysteme des Wirtschaftssystems. Die dafür wichtigste Eigenschaft eines Preises ist: daß er *identifiziert* werden kann und gleichwohl für *verschiedene Teilnehmer am Wirtschaftssystem Verschiedenes bedeutet*.
Der Preis ist also eine Reformulierung, eine Operationalisierung des allgemeinen Differenzierungsparadoxes: The Same is Different. Seine Selbigkeit ist Bedingung der Möglichkeit des hochse-

37 Vgl. aber Peter Holm, Estimating Willingness to Pay: Why and How? Scandinavian Journal of Economics 81 (1979), S. 143-153.

38 Vgl. Leif Johansen, The Theory of Public Goods: Misplaced Emphasis? Journal of Public Economy 7 (1977), S. 147-152. Für eine dies bestätigende Fallstudie Vilhelm Aubert, Einige soziale Funktionen der Gesetzgebung, in: Ernst E. Hirsch/Manfred Rehbinder (Hrsg.), Studien und Materialien zur Rechtssoziologie, Sonderheft 11 (1967) der Kölner Zeitschrift für Soziologie und Sozialpsychologie, Köln 1967, S. 284 bis 309.

39 Im Anschluß an Kapitel 1.

lektiven Zugriffs auf Verschiedenheit. Man muß einen Preis identifizieren, dann kann man daran ablesen, ob man selbst diesen Preis bezahlen will oder nicht; ob man selbst zu diesem Preis produzieren kann oder nicht; ob andere diesen Preis zahlen werden oder nicht; ob andere zu diesem Preis produzieren können oder nicht. Natürlich bleibt es eine Frage, wie sicher bzw. unsicher man all dieses wissen oder doch abschätzen kann und welche kognitiven Verfahren zu welchen Kosten einem dabei helfen. Diese Frage der Sicherheit/Unsicherheit des Wissens hat aber sekundäre Bedeutung. Sie könnte schon als Frage ohne Preise gar nicht auftreten.

Identität der Preise heißt nicht notwendigerweise zeitliche Stabilität; und sie setzt auch nicht voraus, daß der Preis unabhängig von dem eigenen Angebot oder der eigenen Nachfrage durch »den Markt« festgesetzt werde. Man kann sich Preise durchaus als Sondierungsgrößen vorstellen, mit denen der Markt provoziert und getestet wird. Nur muß dies immer unter Voraussetzung eines bestimmten Preises (oder meinetwegen: einer bestimmten Preisspanne) geschehen. Nur über Identität ist Durchgriff auf Verschiedenheit möglich, und durch lebensweltliche Ausdifferenzierung der Form dieser Identität wird zugleich organisiert, was sich damit an Verschiedenheit erfassen läßt. Insofern ermöglichen Preise eine Ausdifferenzierung von Wirtschaft, so wie eine Ausdifferenzierung von Wirtschaft Preise ermöglicht. Das, was sich über Preise an sozialen Relevanzen abstrahieren läßt, ist nur noch wirtschaftlich relevant. Wenn unter Preisgesichtspunkten kalkuliert wird, kommt es, ohne daß dies beabsichtigt wäre, zur gesellschaftlichen Ausdifferenzierung von Wirtschaft; und andere Funktionssysteme, die von einer solchen Evolution betroffen sind, beginnen sich zu wehren, indem sie ihre eigenen Funktionen der Preiskalkulation entziehen, etwa Seelenheil oder Eheglück oder politische Ämter.[40] Auf diese

40 Man kann unter diesem Gesichtspunkt den Übergang zu einer funktionalen Differenzierung des Gesellschaftssystems auch als De-Kommerzialisierung nichtwirtschaftlicher Funktionssysteme begreifen, also als Entdeckung von Eigenrationalitäten in Reaktion auf die vorpreschende Entwicklung spezifisch wirtschaftlicher Rationalität. Zur Parallelproblematik in Entwicklungsländern heute, die sich einer zu weit gehenden Monetarisierung sozialer Beziehungen ausgesetzt sehen und mit Gegen-

Weise kann dann zugleich der Markt wachsen, indem er mehr und mehr Sachverhalte in die strikt ökonomische Kalkulation einbezieht; und das, und nicht etwa die Ausdehnung des internationalen Handels für sich genommen, hat den Übergang zur Industrialisierung ermöglicht.[41]

Hiermit ist zunächst die Abstraktion von lebensweltlichen Sachverhalten und die Reduktion von Komplexität als Bedingung des Aufbaus der Eigenkomplexität eines Funktionssystems betont. Man muß aber weiter fragen, von welchen Voraussetzungen abhängt, daß eine Wirtschaft auf diese Weise sich in die Gesellschaft einlassen und aus ihr sich ausdifferenzieren kann. Worin besteht, mit anderen Worten, die über Preise sichtbar zu machende Verschiedenheit und was garantiert, daß sie besteht?

Wir können zwei Bedingungen nennen, und es ist kein Zufall, daß es sich, bezogen auf das Wirtschaftssystem als System, um eine externe und eine interne Bedingung handelt. Einerseits müssen Bedürfnisse ungleich verteilt sein, so daß Güter bei gleichem Preise als mehr oder als weniger attraktiv erscheinen können. Anders formuliert: Die Umwelt des Wirtschaftssystems muß dafür ausreichend komplex sein. Andererseits muß Geld im System ungleich verteilt sein, so daß Preise für den einen zu hoch, für den anderen dagegen erschwinglich oder sogar ohne spürbaren Aufwand erschwinglich sind. In beiden Hinsichten ist Ungleichheit Ausgangsbedingung und Produkt der Wirtschaft, und Gleichheit wäre tödliche Entropie.

Diese Differenz von externen und internen Verschiedenheiten ist im übrigen ihrerseits eine wirtschaftssysteminterne Differenz. Wir greifen nicht auf sozialanthropologische Fakten zurück,

bewegungen experimentieren wie einst Luther, vgl. Georg Elwert, Die Verflechtung von Produktionen: Nachgedanken zur Wirtschaftsanthropologie, in: Ernst Wilhelm Müller et al. (Hrsg.), Ethnologie als Sozialwissenschaft, Sonderheft 26/1984 der Kölner Zeitschrift für Soziologie und Sozialpsychologie, Opladen 1984, S. 379-402.

41 Zu dieser »home market«-Diskussion, England betreffend, vgl. D. E. C. Eversley, The Home Market and Economic Growth, in: E. L. Jones/ G. E. Mingay (Hrsg.), Land, Labour and Population in the Industrial Revolution: Essays Presented to J. D. Chambers, London 1967, S. 206 bis 259; Paul Bairock, Commerce international et genèse de la révolution industrielle anglaise, Annales ESC 28 (1973), S. 541-571.

sondern nur auf das, was sich mit Hilfe von Preisen eruieren läßt. In der Annahme von Bedürfnissen oder in ihrer Kreation testet das System in seiner Funktionsweise als Markt gleichsam blind seine externe Umwelt, und der Markterfolg entscheidet über das, was das System als Umwelt sehen und behandeln kann.

In diesem Zusammenhang wird man ein weiteres Vorurteil revidieren müssen, das aus der liberalen Ideologie stammt und besagt, daß die sich selbst regulierende Marktwirtschaft ein Höchstmaß an Freiheit in der Realisierung individueller Bedürfnisse, und sei es: unter ungleichen Bedingungen, gewährleiste. Dabei geht man davon aus, daß ein durch den Markt festgelegter Preis mit Freiheit kompatibel sei, daß dagegen politisch beeinflußte oder gar fixierte Preise diese Freiheit beeinträchtigen. In beiden Fällen findet sich der Konsument jedoch normalerweise mit Preisen konfrontiert, die er nicht beeinflussen kann. Er kann nur, gleichgültig, wie der Preis zustande gekommen ist, kaufen oder nicht kaufen. Die Freiheit ist im einen Falle nicht größer als im anderen, denn das Problem liegt in der Frage, wie hart den Interessenten die Alternative, nicht zu kaufen, trifft. In jedem Falle ist geregelter oder liberaler Markt für ihn Umwelt, und die Unterschiede sind, was Freiheit betrifft, trivial[42] – es sei denn, daß man Freiheit verstehen will als Unerkennbarkeit der Ursache von Freiheitseinschränkungen. Zu beachten ist nur, daß politische Preisregulierung in krasserer Weise als marktautonome Regulierung benutzt werden kann, um bestimmte Sorten von Verhaltensweisen zu erleichtern oder zu erschweren.

Als Komponente von Programmen für Entscheidungen, zu zahlen oder nicht zu zahlen, sind Preise Strategien, Bedürfnisse zu entdecken und Geld zu entdecken. Mit ihnen testet das Wirtschaftssystem in seiner internen Umwelt sich selbst und seine externe Umwelt. Sie sind zugleich Strukturen der Autopoiesis des Systems. Ohne Preise kann keine Zahlung stattfinden. Das heißt nicht zuletzt, daß das System mit Hilfe des Marktes immer auch eigene Vorstellungen über seine externe

42 So auch ein nicht gerade »ideologiekritischer« Autor wie Samuel Brittan, Participation without Politics, London 1975, S. 77.

Umwelt entwickelt und korrigiert. Dies erfolgt, um den Prozeß des Zahlens in Gang zu halten. Wie realistisch solche Entwürfe sind, entscheidet der Erfolg und, langfristig gesehen, die Evolution.

Sobald man diese Funktion der Preise erkennt, sieht man allerdings auch, daß es Möglichkeiten gibt, sie anders als über Preise zu erfüllen. Die Klärung der Funktion führt zur Entdeckung funktionaler Äquivalente. Der Preis ist nicht der einzige Gesichtspunkt, Konkurrenz beobachtbar zu machen. Nicht alle Marktentscheidungen orientieren sich primär am Preise. Vor allem in Bereichen mit absehbar rascher technologischer Entwicklung ist auch die Teilnahme an und der Einkauf von solchen Entwicklungen ein wichtiges Motiv. Man wählt Zuliefererfirmen nicht nur im Hinblick auf ihre Preise, sondern auch in der Annahme, damit an fortgeschrittenen technologischen Entwicklungen partizipieren zu können. Auch dieser Gesichtspunkt funktioniert nur bei drastischer Reduktion von Komplexität, es geht um die Bremssysteme von Automobilen, um Mikroelektronik, um Programme für elektronische Datenverarbeitung usw. – jeweils um nur einen dieser Bereiche. Von ihm aus kann man jedoch abschätzen, wo und wie man im Vergleich zur Konkurrenz profitieren kann, ohne daß dies in einer Preiskalkulation Ausdruck finden könnte. Auch diese Überlegung stellt man freilich nur in der Annahme an, daß letztlich eine günstigere Marktposition zu erreichen ist, die in Preisen und Profiten relativ zur Konkurrenz Ausdruck finden wird. Aber diese Erwartung bleibt ungewiß wie eine Frage, die man an ein Orakel richtet, das mit unverständlichem Gemurmel antworten wird.

Auch sind Preisänderungen keineswegs die einzigen Möglichkeiten, auf Änderungen der Nachfrage zu reagieren. Oft ist es zweckmäßiger, die Produktion zu drosseln, wenn die Nachfrage zurückgeht, oder im umgekehrten Fall: Lieferfristen in Kauf zu nehmen. Die Änderung der Zahlungsprogramme im Hinblick auf den Preis ist also nur eine unter mehreren Möglichkeiten der Marktanpassung. Aber selbst dann, wenn man den Preis nicht flexibel der Nachfrage anpaßt, wird deren Änderung nur in Relation zu Preisen spürbar; denn selbst wenn es nicht als zweckmäßig erscheint, die Preise zu ändern, muß man davon ausgehen, daß bei anderen Preisen ein anderer Absatz möglich wäre. Informationen über den Markt sind nur anhand von Preisen zu gewinnen, sie erscheinen nur auf einem Empfangsgerät, das die eigene Sensibilität durch Einstellen auf Preise steuert, so wie man im Radio nur bei Festlegung einer Frequenz etwas hören kann. Und dies selbst dann, wenn die Preise nicht benutzt werden (oder: nicht benutzt werden können), um die Produktion besser auf die Umwelt abzustimmen.

VIII.

Ersetzt man die Vorstellung, der Markt sei ein System, durch die Vorstellung, der Markt sei eine systeminterne Umwelt, ändert sich auch der Zugang zu einer Analyse der Differenzierungen des Marktes. Es ist dann nicht mehr möglich, Teilmärkte wie Subsysteme (mit relativ festen Grenzen) zu behandeln. Vielmehr ergibt sich die Differenzierung des Marktes aus den mehr oder weniger typischen Differenzierungen der Umwelt partizipierender Systeme, also von Unternehmen und Haushalten. Dies wiederum hängt mit der Differenzierung von Konkurrenz, Tausch und Kooperation zusammen. Für die Binnenordnung kooperierender Systeme (und wiederum: sowohl von Unternehmen als auch von Haushalten) ist ein Auseinanderziehen von Input und Output notwendig. Daraus ergeben sich aus der Sicht dieser Systeme verschiedene Umwelten, also verschiedene Märkte, je nachdem, ob sie benötigte Inputs liefern oder erzielte Outputs abnehmen. Da dies allgemein so ist, lassen sich entsprechende Marktvorstellungen in der Perspektive eines Beobachters aggregieren. So gibt es Rohstoffmärkte, Märkte für weiterzuverarbeitende Produkte, Märkte für Produktionsmittel, Märkte für Konsumwaren, Arbeitsmärkte, die jeweils in sich differenziert sein können in dem Maße, wie entsprechende Mengen von Inputs bzw. Outputs zu erwarten sind. Das bedeutet aber nicht, daß diese Teilmärkte selbst ihre Grenzen bestimmen, selbst als Systeme wirken, selbst ihre Strukturen festlegen und ändern. Sie haben im Verhältnis zueinander keine intern abgesicherte Stabilität, sondern existieren nur als eine Integration (im Sinne von: wechselseitiger Limitierung) der Umweltperspektiven einer Vielzahl von Teilnehmern.

Im Prinzip gilt dies auch für den Geldmarkt, aber unter besonderen Bedingungen, die ihrerseits für diesen Markt eine besondere Organisation provoziert haben. Der Geldmarkt existiert, wenn man so sagen darf, als Eigenmarkt des Wirtschaftssystems. Hier geht es um Finanzierungen, um Kauf und Verkauf des Mediums Geld, um Beschaffung von Geld für Geld. Die Operationen dieses Marktes sind im Höchstmaße selbstreferentiell bestimmt, das heißt: an der Selbstreferenz des Wirtschaftssystems und an der Reflexivität seines Mediums Geld orientiert. Entsprechend fehlen Anhaltspunkte in der Umwelt des Systems, vor allem Äquivalente für Kenntnisse von Bedürfnissen oder Waren. Während man am Getränkemarkt doch wenigstens wissen kann, was Durst ist und wie er gelöscht werden kann, wie schnell man wieder durstig wird, wie sehr dies vom Wetter abhängt und wie sich das Bedürfnis nach Abwechslung ausbauen läßt, muß der Geldmarkt ohne solche direkten Fremdreferenzen auskommen. Er operiert weitgehend ohne einen deutlichen Variationszusammenhang mit der äußeren Umwelt, und daraus ergeben sich die spezifischen Risiken der Geldanlage und der Aufnahme von Krediten.[43] Entsprechend ist die Konkurrenz hier auf sich selbst verwiesen, und der Mechanismus der Reduktion doppelter Kontingenz ohne Interaktion muß sich selbst limitieren.

Die daraus entstehenden Unsicherheiten und die Möglichkeiten ihrer spekulativen Ausbeutung sind seit langem ein Thema der Literatur – nicht zuletzt auch des Romans. Der Geldbedarf hat keine natürlichen Schranken. Seine Überschätzung bzw. Unterschätzung kann sich kaum an Ereignissen auf anderen Teilmärkten kontrollieren, sie kontrolliert sich an sich selbst – was nicht ausschließt, daß Schlüsselereignisse aufgenommen und eigendynamisch verarbeitet werden. Hier gilt deshalb verstärkt die Freisetzung der Konkurrenz und damit der interaktionslosen Sozialität: »c'est l'atmosphère de la rivalité mimétique, d'un milieu qui n'a pas de point fixe, où la fortune de chacun ne dépend que de l'interpretation de ce que pense autrui, de ce qu'autrui pense de son propre comportement, de ce qu'autrui va penser de la réaction que l'on va manifester à ce qu'autrui pense du comporte-

43 Hier wäre denn auch ein Ort, wo über Inflation und Deflation zu reden wäre.

ment que l'on pourrait exprimer, etc. dans un jeu infini de miroirs«.[44]

Dieses ungewöhnliche Maß an freigegebener doppelter Kontingenz kann nicht in Richtung auf bessere Voraussicht und auf eine auf Voraussicht gegründete Rationalität domestiziert werden. Statt dessen hat dieser Markt als einziger Markt in sich eine hierarchische Struktur entwickelt, die Reaktionen filtert und limitiert. Das ist mit Hilfe einer Bankenorganisation geschehen, die die Operationen des Geldmarktes fraktioniert und begrenzt. Das heißt nicht, daß der Markt selbst eine Organisation oder gar eine Hierarchie geworden ist. Die innere Umwelt des Wirtschaftssystems der Gesellschaft kann weder als Ganzes noch in Teilen System oder gar Organisation sein. Wohl aber liefert die Bankenorganisation dem Geldmarkt (ähnlich wie die Staatsorganisation dem politischen System) jene vorläufigen, wie immer instabilen Haltepunkte, an denen Beobachtungen und Operationen sich orientieren können.

Hierarchie ist dieses organisatorische Gerüst nur deshalb, weil es nicht aus der einfachen Differenz von Banken und Kunden (Unternehmen und Haushalten) besteht, sondern die Bankenorganisation selbst nochmals zweistufig, nämlich aufgeteilt nach Zentralbanken und anderen Banken, einrichtet. Eine nur zweistellige Lösung wäre instabil, weil umkippbar. Sie wäre direkt den Marktschwankungen ausgesetzt. Erst die Dreistelligkeit ergibt eine Hierarchie, in der die Zentralbank ausreichende Distanz zum Marktgeschehen wahren kann.[45] Das bedeutet nicht, daß von hier aus Fluktuationen des Geldmarktes, die heute mehrere hundert Milliarden Dollar täglich erreichen können[46], wirklich zu kontrollieren sind. Zumindest ist es aber möglich, den Markt durch Interventionsereignisse zu stimulieren oder zu destimulie-

44 Aglietta/Orléan, a. a. O., S. 231.

45 Daß sich für den internationalen Geldmarkt die Hierarchie mit einer Bank der Notenbanken, mit der Bank für Internationalen Zahlungsausgleich, eine weitere Stufe zulegen muß, entspricht genau dieser Logik der Hierarchisierung.

46 Schwer kontrollierbare Schätzungen. Siehe z. B. Handelsblatt vom 28.2.1985; Börsenzeitung vom 1.3.1985; Herald Tribune vom 4.3.1985; Frankfurter Allgemeine Zeitung vom 7.3.1985, sämtlich zum Thema der Dollar-Interventionen der Notenbanken.

ren, ohne dabei durch Rücksichten auf die eigenen Geschäftsergebnisse übermäßig beschränkt zu sein.
Daß dieser Geldmarkt in alle anderen Märkte interveniert, weil überall zur Überbrückung des Zeitabstandes von Ausgaben und Einnahmen Kapital benötigt wird, also Geldkosten anfallen, macht einen wesentlichen Grund seiner Undurchsichtigkeit aus. Zugleich liegt darin aber auch eine Kompensation für diese Unsicherheit, nämlich eine gewisse Pufferung gegen Ereignisse auf Einzelmärkten. Im Ergebnis läßt sich mithin festhalten, daß es zwar unmöglich ist, das Wirtschaftssystem als Hierarchie zu organisieren; daß aber, wenn man es als Umwelt der intern partizipierenden Systeme sieht, Hierarchisierungen doch eine gewisse Rolle spielen. Der Ansatzpunkt ist nicht zufällig der Geldmarkt, weil er allein mit allen anderen Märkten verschachtelt und so am ehesten die Einheit des Systems im System repräsentiert. Und die Form ist nicht zufällig die einer Organisation, weil sie allein eine dreistellig-transitive und damit unumkehrbare Ordnung gewährleisten kann.

IX.

Der Markt ordnet die Beobachtung der systeminternen Umwelt durch die partizipierenden Teilsysteme. Die Preise sind ein Diskriminierungsmittel, das diese Beobachtung erst ermöglicht. Anhand eines Preises kann man beobachten, ob bei diesem Preise gezahlt wird oder nicht, und damit zusätzliche Information gewinnen.[47] Die Beobachtung reduziert sich auf jeweils zwei Möglichkeiten. Anhand von Preisen kann man außerdem beobachten, daß und wie andere Teilnehmer den Markt beobachten. Preise sind immer auch Preise für andere, also soziale Fakten. Dies erweitert den Beobachtungsbereich, ändert aber nichts daran, daß jede Beobachtung eine einfache Unterscheidung oder eventuell eine Unterscheidung von Unterscheidungen voraussetzt. Die Frage bleibt: wird bei einem bestimmten Preis gezahlt oder nicht gezahlt; und eventuell noch: ändert sich dies

47 Wie oben (Kapitel 1, III) ausgeführt, beruht dieser Informationsgewinn auf den Informationsverlusten, die mit dem Zahlungsvorgang zwangsläufig verbunden sind.

von Monat zu Monat, oder ändert sich dies, wenn man den Preis ändert. Alle weitere Komplexität muß über Variation der Preise zustande gebracht werden. Preise sind daher prinzipiell instabil.

Wie ist es aber nun möglich, diese Beobachtung zu beobachten? Zunächst könnte man meinen, daß dies sehr einfach ist, weil ja das Beobachtungsschema selbst – Zahlen oder Nichtzahlen bei bestimmtem Preise – sehr einfach ist. Diese Vereinfachung ergibt sich jedoch nur im nachhinein. Sie schlägt sich in riesigen Rechenwerken mit mehr oder weniger aggregierten Daten nieder. Damit kann man jedoch die Zukunft nicht beobachten. Am Markt wird jedoch Zukunft beobachtet, wenngleich nur in der Form, die Biologen »directive correlation«[48] nennen. Man reagiert antezipativ auf Daten der Gegenwart. Da auch andere dies tun und da beobachtet werden kann, daß andere dies tun, entstehen Paradoxien, wenn man von einer normalen zweiwertigen Logik ausgeht. Wenn alle Anbieter annehmen, daß für ein Gut ein für sie profitabler Preis bezahlt werden wird, ist diese Annahme falsch, weil es dann zur Überproduktion kommt. Wenn alle Anbieter annehmen, daß für ein Gut ein für sie profitabler Preis nicht bezahlt werden wird, ist diese Annahme wahr, weil es dann nicht zur Produktion kommt. Das System funktioniert also nur, wenn in bezug auf die Bereitschaft zur Zahlung zu bestimmtem Preis sowohl wahre als auch falsche Annahmen gemacht werden; ja es erfordert außerdem, daß im Zuge der Beobachtung von Beobachtungen wahre Annahmen in bezug auf falsche Annahmen und falsche Annahmen in bezug auf wahre Annahmen gemacht werden. Wenn andere zweifeln und ein Produzent dies beobachtet, ist genau dies seine Chance, wenn er zutreffend beobachtet. Das Beobachten dieses Beobachtens muß dann aber zur Korrektur der Ausgangsannahmen führen, weil jeder dann sieht, daß die Richtigkeit des Entschlusses zur Produktion auf den Entschlüssen der anderen zur Nichtproduktion beruht. Waren diese Entschlüsse dann richtig oder falsch? Die Frage ist un-

48 Vgl. Gerd Sommerhoff, Analytical Biology, London 1950, S. 54ff.; ders., Logic of the Living Brain, London 1974, S. 73ff. Siehe auch die umfangreiche Ausarbeitung von Robert Rosen, Anticipatory Systems: Philosophical, Mathematical and Methodological Foundations, Oxford 1985.

entscheidbar: Sie waren richtig und werden falsch, wenn sie von anderen übernommen werden; sie waren falsch und bleiben richtig, wenn sie nicht geändert werden, weil die Korrektur selbst zur Überproduktion und damit zur Falsifikation der Prognose führt.

Wenn diese Überlegungen zutreffen, kann man die Rationalität des eigenen Verhaltens nicht daraus gewinnen, daß man ein rationales Verhalten des anderen Marktteilnehmers unterstellt. Man selbst ist aber der andere der anderen. Also kann auch das eigene Verhalten im Hinblick auf Zukunft nicht rational sein, *wenn es beobachtet wird*. De futuris contingentibus gibt es keine wahren und keine falschen Annahmen, sondern nur Unentscheidbarkeiten. Bei logischen Unentscheidbarkeiten muß man eben entscheiden. Gerade diese Sachlage produziert also Entscheidungszwänge. Die einzig sinnvolle Strategie ist dann ein Probieren, das sich selbst mißtraut und sich mit Änderungsvorbehalten ausstattet. Jeder Teilnehmer muß dafür noch über Reserven verfügen, also notfalls auch bei geringeren Preisen noch produzieren können. Der Grenznutzen ist eine unhaltbare Position, weil sie in diesem System zu wahrheitsabhängig wäre.

Will man eine solche Konstellation schematisieren, kommt man deshalb mit zwei Werten nicht aus. Eine auf Gewinn abzielende Strategie kann nur dann richtig sein, wenn die des Konkurrenten falsch ist. Es mögen beide falsch sein, das ist trivial. Es mögen beide ihre Strategie für richtig halten; dann stellt sich erst später bei Überproduktion heraus, wer den kürzeren zieht, also eine falsche Strategie gewählt hatte. Wenn man vorher wissen kann, wer den kürzeren zieht, wählt dieser eine falsche Strategie. Insofern ist eine Differenz an Durchhaltevermögen der Faktor, der zwischen richtig und falsch diskriminiert. Wenn die beobachteten Marktteilnehmer dies aber nicht wissen, braucht der Beobachter zur Beschreibung der Situation einen dritten Wert: riskant. »Riskant« ist ein dritter Wert, der die Differenz der beiden anderen reflektiert. Eine Strategie ist riskant, wenn sie richtig ist, wenn die Strategie des anderen falsch ist, und falsch ist, wenn die Strategie des anderen richtig ist. Gotthard Günther hätte einen solchen Wert als »Rejektionswert« bezeichnet, denn er lehnt die Wahl zwischen den Primärwerten (aber nicht diese selbst) und damit deren Differenz ab.[49] Das Problem steckt dann natürlich in der empirischen Interpretation dieses Wertes. Ungeachtet dessen kann man für diesen Wert der Riskanz eine eigentümliche Codierung erkennen: er spaltet die Möglichkeiten mit Hilfe der Unterscheidung von akzeptabler und nichtakzeptabler Riskanz. Wie die empirische Forschung zeigt, ist die Trennlinie in hohem Maße subjektiv, besonders bei Konstellationen mit hoher Unwahrscheinlichkeit großer Schäden bzw. großer Gewinne bei mittelmäßigen Vorteilen bzw. Kosten. Um so unsicherer ist dann die Voraussage des Verhaltens anderer; was wiederum nur bestätigt, daß das eigene Verhalten mangels Möglichkeit, Erfolgsbedingungen voraussehen zu können, riskant bleibt. Man kann nur die eigene Robustheit und mit ihr die Möglichkeit, sich auf Risiken einzulassen, steigern und auf diese Weise die Codewerte akzeptabel/nichtakzeptabel verschieben. Diese Möglichkeit begünstigt offensichtlich große, finanzstarke Marktteilnehmer.

Diese Überlegungen bestätigen in stark schematisierter Form Zusammenhänge zwischen Polykontexturalität, Kybernetik zweiter Ordnung und mehrwertiger Logik, die seit den grundlegenden Arbeiten von Heinz von Foerster und Gotthard Günther die Systemtheorie zunehmend zu beeinflussen beginnen. Das Problem liegt jetzt in der Theorien- und Methodenentwicklung, die derartige Einsichten aufnimmt und konkretisiert.[50] Der wohl bekannteste Ausweg ist: das Verhalten am Markt daraufhin als ein Verhalten mit unbekannten Risiken zu definieren.[51] Man könnte auch sagen: nicht Sicherheit, sondern nur Unsicherheit

49 Vgl. z.B. Das metaphysische Problem einer Formalisierung der transzendental-dialektischen Logik, in: Hegel-Studien, Beiheft 1, Bonn 1964, S. 65-123 (105 ff.); nachgedruckt in ders., Beiträge zur Grundlegung einer operationsfähigen Dialektik, Bd. 1, Hamburg 1976, S. 189 bis 247 (229 ff.).

50 Ein in der Soziologie noch seltenes Beispiel: Lars Clausen/Wolf R. Dombrowsky, Warnpraxis und Warnlogik, Zeitschrift für Soziologie 13 (1984), S. 293-307.

51 Wir meinen hier »Risiko« im breiten Sinne der psychologisch-soziologischen Risikoforschung und nicht als Gegenbegriff zu Ungewißheit; wir setzen also nicht voraus, daß die Wahrscheinlichkeiten bekannt sind.

läßt sich auf Dauer stellen. Die Konsequenz wäre dann aber: daß die Rationalität nicht in irgendwelchen Effizienzkriterien oder Optimierungen zu suchen ist, sondern in der Robustheit: in der Fähigkeit, fremde und eigene Irrtümer zu überstehen.[52] Oder provozierender gefragt: welche Strategien bewähren sich, auch wenn sie oder sogar weil sie falsch sind? Robustheit – auch das ist keineswegs ein neues Rezept.[53] Auch die Dekomposition dieses Konzepts durch die Frage nach den Bedingungen eines »sustainable competitive advantage« scheint nicht viel Neues zu bringen.[54] In der Risikoforschung ist es zwar ein relativ seltenes Argument, denn überwiegend befaßt man sich mit Strategien der Rationalität von Risikominderung und ihren Grenzen; aber es taucht auf.[55] Entsprechendes findet man in der wirtschaftswissenschaftlichen Literatur – mit leicht irrationalen, intuitionistischen und daher elitären Konnotationen.[56] Was durch Irrationa-

52 Robustheit in bezug auf das Überstehen falscher (oder nachträglich sich als falsch herausstellender) Entscheidungen ist zu unterscheiden von einem Problem, das die neuere psychologische Entscheidungstheorie entdeckt hat – nämlich der Robustheit in der Sensitivität, d.h. im Festhalten von Entscheidungen trotz Variation der Annahmen, auf die sie gegründet waren. Mit der einen, der organisatorischen Robustheit kann man sich dann aber auch die andere, die entscheidungspsychologische, eher leisten.

53 Fichte beispielsweise begründete mit der Unternehmerfunktion und mit dem Vermögen, »das mögliche Mißlingen zu ertragen«, die Standesüberlegenheit des Grundbesitzers über die Bauern, in: Johann Gottlieb Fichte, Grundzüge des gegenwärtigen Zeitalters, in: Ausgewählte Werke, Darmstadt 1962, Bd. IV, S. 617. Heute könnte das ein Argument für Unternehmensgröße sein.

54 Siehe z.B. Robert H. Hayes/Steven C. Wheelwright, Restoring Our Competitive Edge: Competing Through Manufacturing, New York 1984.

55 Siehe z.B. William C. Clark, Witches, Floods, and Wonder Drugs: Historical Perspectives in Risk Management, in: Richard C. Schwing/Walter A. Albers (Hrsg.), Societal Risk Assessment: How Safe is Safe Enough? New York 1980.

56 Intuition war immer schon eine Fähigkeit höherer Wesen gewesen – früher von Engeln, heute von Eliten. Für wirtschaftswissenschaftliche Optionen, die in diese Richtung gehen, vgl. etwa Peter F. Drucker, Management, New York 1973; Charles Lindblom, Politics and Markets, New York 1977.

lismen sprachlich geschickt überspielt wird, ist die Ratlosigkeit, die den Beobachter überkommt, wenn er auf eine zweiwertige Objektlogik verzichten muß. Mit diesen Überlegungen soll nicht nur die Binsenwahrheit wiederholt werden, daß gut fundierte, kapitalstarke Unternehmen Krisen leichter überstehen und sich daher eher auf Risiken einlassen können als andere, die ohnehin am Rande des Ruins operieren. Davon ausgehend, ist unsere Vermutung, daß davon auch abhängt, wie Risiken wahrgenommen werden und daß sogar die konventionellen Annahmen der Entscheidungstheorie mit diesem Faktor variieren.[57] Man begreift von hier besser als unter üblichen wirtschaftswissenschaftlichen Voraussetzungen die Tragik der notwendigen Verlierer, die sich einstellt, wenn ein subsistenzwirtschaftlich orientiertes System marktwirtschaftlichen Bedingungen ausgesetzt wird. Darüber hinaus wäre zu überlegen – aber das erfordert einen Übersprung in die Theorie der Organisation –, ob Robustheit nicht besser zu erfassen ist, wenn man Wirtschaftsorganisationen nicht als adaptive, inputempfindliche, sondern als autopoietisch-geschlossene Systeme versteht, die sich an internen Vorstellungen über die Möglichkeiten der Fortsetzung ihrer Selbstreproduktion orientieren, eine bestimmte Unternehmensgeschichte fortschreiben, bestimmte »kritische« Größen beachten (und andere außer acht lassen) und von daher bestimmen, was für sie ein sinnvolles Risiko ist.[58] Es mag dann zum Beispiel sein, daß sie Veränderungen des Marktanteils (die Beziehungen zu Konkurrenten betreffen) leichter wahrnehmen als Veränderungen in der Beziehung zwischen Eigenkapital und Umsatz (die eventuell Beziehungen zu Banken betreffen). Die Robustheit eines Systems wird dann die Durchhaltbarkeit seiner Autopoiesis betreffen und nicht so sehr in der Geschicklichkeit der Ausnutzung von Marktchancen oder in der Rationalität der Kalkulation von Risiken bestehen.

57 Vgl. allerdings James A. Roumasset, Rice and Risk: Decision Making Among Low-Income Farmers, Amsterdam 1976, dessen Untersuchungen diese Annahmen an einem Spezialfall *nicht* bestätigen.

58 Vgl. zu dieser Theorieperspektive Peter Gomez/Gilbert J. B. Probst, Organisationelle Geschlossenheit im Management sozialer Institutionen – ein komplementäres Konzept zu den Kontingenz-Ansätzen, Delfin 5 (1985), S. 22-29.

Schließlich führen diese Überlegungen nochmals zurück auf das Prinzip der Konkurrenz. Wohl überwiegend wird angenommen, daß die Konkurrenz den einzelnen Marktteilnehmer Risiken aussetzt. Aber vielleicht trifft gerade das Umgekehrte zu. Wenn ein komplexes System der Wirtschaft Intransparenz und Risiken erzeugt (und wenn, können wir hinzufügen, weder genug Information noch eine mehrwertige Logik es erlauben, damit auf rationale Weise zurechtzukommen), dann empfiehlt sich Konkurrenz als Strukturierung des Risikos. Man kann dann wenigstens im Nahraum der faktisch ins Gewicht fallenden Konkurrenz erkennen, von wessen Verhalten abhängt, wieviel man zu bestimmten Preisen absetzen kann und was man sich von einer Preisänderung versprechen kann. Im Vergleich dazu haben es amtliche Stellen, die in den Markt einzugreifen versuchen, schwerer. Sie können sich nicht mit Reduktion von Komplexität auf eine noch vorstellbare Konkurrenzlage helfen. Sie ziehen es daher vor, daran zu glauben, daß es Daten und Formeln gäbe, mit deren Hilfe man risikofrei feststellen könne, wie der Zustand des Systems sei, in das man einzugreifen beabsichtigt. Daß das eine nicht unbedingt erfolgreiche Strategie ist, kann man sich denken; aber es ist nicht leicht, sich eine Alternative vorzustellen. So wird man sich abfinden müssen mit der Einsicht, daß gerade amtliche Stellen mehr als private Teilnehmer das Ignorieren von Risiken und häufige Fehlschläge aufgrund intern geschaffener Sicherheiten überleben.

X.

Betrachtet man das Wirtschaftssystem in konventioneller Weise nur als System, wird es wie ein objektiver Gegenstand dargestellt, der diesen oder jenen Zustand annehmen kann und von einem Beobachter richtig oder falsch beschrieben werden kann. Die Abstraktionen solcher Beschreibungen heißen Modelle. Diese ermöglichen zutreffende oder unzutreffende Prognosen. Der Beobachter befindet sich außerhalb des Systems.

Man weiß seit langem, daß bei dieser Darstellung die Möglichkeit unberücksichtigt bleibt, daß das Wirtschaftssystem von einer solchen Beobachtung und Beschreibung erfahren und darauf reagieren könnte. Seitdem das politische Einwirken auf die Wirtschaft sich solcher Theorien bedient, ist ein solcher Übertragungseffekt geläufig geworden und zu erwarten. Darauf hat man mit einer Theorie rationaler Antezipationen reagiert. Dabei dient der Zusatz »rational« dazu, die Objektivität in einem derart gestörten Modell wiederherzustellen. Die Rationalität der Antezipationen bringt diese auf den Standpunkt des externen Beobachters. Die rational antezipierenden Akteure beobachten das System im System so, als ob es von außen wäre. Sie sind gleichsam Korrelate der Selbstreflexion der Theorie, die bemerkt, daß sie von ihrem Gegenstand beobachtet und gegebenenfalls außer Kraft gesetzt wird. Was damit geboten wird, ist letztlich also nur eine Theorie der Beobachtung der Theorie, die in ihren Gegenstand hineinprojiziert wird – nicht eine Theorie über einen sich selbst beobachtenden Gegenstand. Es wird weder gefragt noch erklärt, wie es möglich ist, daß das Wirtschaftssystem sich selbst beobachtet und im Zuge der Selbstbeobachtung laufend auf Selbstbeobachtungen reagiert.

An diesem Punkte setzen die vorstehenden Überlegungen an.[59] Die Wirtschaft ist für alle teilnehmenden Systeme, die in der Form von Zahlungen oder Nichtzahlungen zur Autopoiesis der Wirtschaft beisteuern, nicht nur System, sondern zugleich auch die systeminterne Umwelt aller Operationen eben dieses Systems. Das heißt, in der Wirtschaft gibt es wiederum interne Grenzen, über die hinweg diese interne Umwelt, das heißt: der Markt, beobachtet werden und das heißt, die Wirtschaft sich selbst beobachten kann. Das System organisiert nämlich Selbstbeoachtung dadurch, daß es sich selbst den eigenen Operationen als Umwelt gegenüberstellt. Jede einzelne Operation *ist* dann nicht nur Zahlung bzw. Nichtzahlung. Sie ist zugleich Resultat einer über Preise orientierten *Beobachtung* des Verhaltens anderer, so wie sie sich selbst im Zahlen oder Nichtzahlen der Beobachtung durch andere aussetzt. Dabei ist, wohlgemerkt, nicht gemeint, daß man seine Mitmenschen kennt, die Branche beurteilen kann oder zu wissen glaubt, was die Kunden sich wünschen. Das alles mag wichtiges Stützwissen sein. Die Selbstbeob-

59 Auch im Kapitel 10 über Probleme der Steuerung kommen wir auf die damit angeschnittenen Fragen nochmals zurück.

achtung der Wirtschaft im strengen Sinne bezieht sich nur auf die ausdifferenzierten Operationen und hat darin ihre eigentümliche Sensibilität, Reichweite, Selektivität, aber auch ihr eigentümliches Risiko.

Will man eine Theorie dieses Sachverhaltes schreiben, muß es mithin die Theorie eines selbstreferentiellen, sich selbst beobachtenden Systems sein. Eine solche Theorie muß dann, will sie adäquat sein, mehrere Beschreibungsebenen integrieren. Sie kann sich nicht darauf beschränken, Aggregatdaten über die Operationen des Systems, den Geldumlauf etc. auszuwerten. Sie muß außerdem beachten, daß, und beobachten, wie das System selbst auf Beobachtungen und Beschreibungen seiner selbst reagiert. Die Theorie kann sich nicht damit begnügen, selbst möglichst viel Eigenkomplexität zu erzeugen und zugleich die Komplexität ihres Gegenstandes durch Modellbildung zu reduzieren. Sie muß außerdem beachten, daß der Gegenstand selbst, auf wie geschickte oder ungeschickte Weise auch immer, seine eigene Komplexität reduziert und seine eigenen Operationen aus einer unvollständigen Information über sich selbst – aber immerhin: aus einer Information über sich selbst gewinnt.

Der Gegenstand Wirtschaft ist in diesem Sinne ein hyperkomplexes System insofern, als seine eigene Komplexität für ihn zum Problem wird. Er ist zugleich ein polykontexturales System insofern, als für die Reduktion dieser Eigenkomplexität ganz verschiedene Kontexte geschaffen werden, zum Beispiel trotz identischer Preise in der Produktion ganz andere als im Konsum, und natürlich jeweils andere, je nachdem, was intern jeweils als System und was als Umwelt (Markt) fungiert. Er ist außerdem keine Hierarchie (obwohl er auf hierarchisierte Organisationsverhältnisse angewiesen ist), sondern eine Heterarchie[60], das heißt ein komplexes System, in dem alle Operationen mit naheliegenden anderen vernetzt und durch sie konditioniert sind, ohne daß irgendwo, sei es an der Spitze, sei es in der Mitte, sei es

60 Der Begriff stammt aus der Gehirnforschung. Siehe Warren S. McCulloch, Embodiments of Mind, Cambridge, Mass. 1965, S. 40ff. Bemerkenswert dazu die Überlegung von Joseph A. Goguen/Francisco J. Varela, Systems and Distinctions: Duality and Complementarity, International Journal of General Systems 5 (1979), S. 31-43 (41), heterarchische Systeme seien »ganzheitlicher« als hierarchische.

als in das System eingeführtes Modell des Systems, die Einheit des Systems zu beobachten wäre. Ein solches System kann also nur durch Unterscheidung von etwas anderem (zum Beispiel: von Politik) »identifiziert« werden.
Eine solche Theorie ist ein Desiderat, dessen Einlösung jedenfalls nicht auf der Linie liegt, die man mit einer Verbesserung, Verfeinerung, Komplexierung der Gleichgewichtsanalysen erreichen könnte. Man müßte, statt dessen, zu einem Komplexitätsbegriff übergehen, der definiert ist durch eine Mehrheit von Beschreibungen und Ansätzen für Reduktionen eben dieser Komplexität.[61] Dabei dürfte nicht außer acht bleiben, daß schon die Selbstbeobachtung des Systems nur als ein rekursives Beobachten von Beobachtungen zustandekommt mit Preisen als momentanen Fixpunkten, die zugleich Resultat dieses rekursiven Prozesses sind und seiner Fortsetzung dienen. Die Umstellung des Marktbegriffs von »System« auf »System als Umwelt von Systemen« ist nur ein erster Schritt in diese Richtung der Analyse. Wer diesen Schritt aber nicht tut, bleibt schlichter Beobachter einer für ihn eindeutigen Realität, über die es nur wahre oder falsche Aussagen gibt; und er wird nicht begreifen können, warum das in vielerlei Hinsichten nicht klappt.

XI.

Daß das System der Wirtschaft den Teilnehmern als Markt erscheint, ist Bedingung der Reduktion und des Aufbaus systeminterner Komplexität. Am Markt werden Beobachtungen der Operationen und Beobachtungen der Beobachtungen anderer Teilnehmer eingerichtet. Sie richten sich nach Preisen. Man kann dies als Selbstbeobachtung bezeichnen, weil der Gegenstand der Beobachtung stets eine systemeigene Operation ist. Er ist im selben System zu beobachten. Von da ist es jedoch ein weiter Schritt zur Thematisierung der Einheit des Systems, die

61 Vgl. Robert Rosen, Complexity as a System Property, International Journal of General Systems 3 (1977), S. 227-232, und auch Lars Löfgren, Complexity Descriptions of Systems: A Foundational Study, International Journal of General Systems 3 (1977), S. 197-214.

wir Selbstthematisierung oder Reflexion nennen können. Eine solche Bezeichnung und Beschreibung der *Einheit des Systems* ist nur *in Unterscheidung von etwas anderem* möglich. Kein Wunder deshalb, daß Markttheoretiker so großen Wert auf »Rahmenordnungen« oder auf sonstige Parameter legen, die, vom Marktgeschehen unbeeinflußt, dieses in Ordnung halten (was für manche sogar heißt: in eine prognostizierbare Form bringen); und kein Wunder auch, daß man immer wieder von »Marktwirtschaft« im Unterschied zu »Planwirtschaft« spricht. Für die Systemtheorie kommt es an dieser Stelle auf die Unterscheidung von System und Umwelt an. Sie beobachtet die Einheit des Systems, indem sie es von der Umwelt unterscheidet und sich dem System, und nicht der Umwelt, zuwendet.

Eine Beobachtung und Beschreibung eines Systems ist, und dies ist eine weitere Unterscheidung, sowohl in dem System selbst als auch, wenn es dafür einen externen Beobachter gibt, von außen möglich. Nur im erstgenannten Fall kann man von Selbstbeobachtung, Selbstbeschreibung, Selbstthematisierung, Reflexion sprechen. Aber wie ist das möglich in einem System, dessen basale Operationen aus Zahlungen bestehen? Ist auch die Reflexion eine Zahlung? Oder ist sie eine Transaktion in den Grenzen dessen, was für sie bezahlt wird?

Offensichtlich gibt es im Anschluß an Zahlungen auch Operationen des Beobachtens und Beschreibens (und immer sind hier Kommunikationen gemeint), die nicht in Zahlungen bestehen, sich aber auf Zahlungen beziehen und es dem System ermöglichen, mit Zahlungen umzugehen. Dafür werden zum Beispiel Aggregatausdrücke, Trendaussagen, Indikatoren etc. produziert. So kommt das System zu Zustandsbeschreibungen, die dadurch, daß sie im System kommuniziert werden, auf das System zurückwirken. Schon dies kann man Selbstbeschreibung des Systems nennen. Bezogen auf diese Ebene der Zustandsbeschreibungen kann es in dem Maße, als man dort Probleme entdeckt, etwa Probleme der Prognose, weitere Beschreibungen geben, die dann allerdings zumeist im Wissenschaftssystem angefertigt und nur in Ausschnitten so kommuniziert werden, daß sie rekursiv vernetzt in das wirtschaftliche Geschehen selbst eingreifen. Schließlich kommt es zu Theorien über Prognosen, schließlich zu Prognosen von Prognosen, wobei falsche Prognosen besser prognostizierbar sind als zutreffende Prognosen[62] – was die Wissenschaft aber nicht zum Verstummen bringt.

Dies alles schließt, wie indirekt und mit welchen Verkürzungen immer, an die durch den Markt geschaffenen Beobachtungsmöglichkeiten an. Wissenschaftliche Bemühungen, die sich explizit solchen Selbstbeschreibungen des Wirtschaftssystems zuordnen und darauf Einfluß nehmen wollen, rühmen oft ihren Praxisbezug. Das kann man als Chiffre für eine beabsichtigte Konvergenz von Fremdbeschreibung (für rein wissenschaftliche, also für Theorieentwicklungszwecke) und Selbstbeschreibung der Wirtschaft nehmen.[63] Ein ausreichendes Verständnis der Situation des Beobachtens und Beschreibens ist damit aber noch nicht formuliert.

Neben diesem sehr engen Zusammenhang von rekursiv vernetzter Zustandsbeschreibung im System und wissenschaftlicher Forschung gibt es jedoch Reflexion noch unter anderen, eher parasitären Semantiken. Hier wird die Einheit des Systems im Unterschied zu etwas anderem formuliert. Während die zuvor genannten marktdatenabhängigen Beschreibungen vom Markt nicht so viel reden, als ihn vielmehr als Grundlage für das Destillieren von Beobachtungen benutzen, ist für die eher parasitäre Reflexion der Begriff des Marktes gleichsam ein Selbstwert. Und während es im erstgenannten Falle hauptsächlich um temporale

62 Das wäre im übrigen trivial, wenn es nur um die Prognose der *Falschheit* von Prognosen geht. Aber auch die falsche Prognose selbst kann einigermaßen zuverlässig prognostiziert werden, wenn man von denselben Daten ausgeht und die Instrumente kennt, mit denen Prognosen angefertigt werden. Der Vorteil beim Prognostizieren von Prognosen besteht darin, daß man von der Frage, ob die zu prognostizierenden Prognosen zutreffen oder nicht, absehen und davon ausgehen kann, daß sie sowieso falsch sein werden. Auf zunächst überraschende Weise zeigt sich auch hier, daß Stabilität nur auf der Ebene des Beobachtens zweiter Ordnung, also nur im Beobachten von Beobachtern zu gewinnen ist – wenn überhaupt.

63 Als Chiffre deshalb, weil von Praxis strenggenommen nicht die Rede sein kann. Praxis kommt ja in der modernen Gesellschaft kaum noch vor. Rauchen wäre eines der wenigen Beispiele, die einem spontan einfallen; aber das betrifft dann nur die Zigarettenindustrie. Achtet man auf die normale Handlungstypik, so ist praktisches Handeln fast vollständig durch zweckbezogenes poietisches Handeln verdrängt.

Unterscheidungen innerhalb des Wirtschaftssystems, etwa um vorher/nachher-Vergleiche, Interventionseffektbeobachtungen, Trendaussagen und dergleichen geht, bezieht sich die Reflexion der Einheit des Systems auf das System als Teilsystem des Gesellschaftssystems – auf seine Funktion, seine gesellschaftlichen Leistungen, auf die davon ausgehenden Gefährdungen und Instabilitäten, auf funktionsnotwendige Autonomie und auf die sich trotzdem, aber dann eben funktionsnotwendig, ergebenden Interdependenzen. Auch dies kann dann mit der Semantik des Marktes abgedeckt werden. Im erstgenannten Falle reagiert das System auf sich selbst als innere Umwelt der eigenen Operationen. In der Reflexion dagegen beschreibt es die eigene Identität als Moment der modernen Gesellschaft.

Mit einer soziologischen Beschreibung, die auch die Selbstbeschreibungen des Systems einschließt, gewinnt man hierzu nochmals Distanz. Der Gewinn liegt in differenzierterem Unterscheidungsvermögen. Er ist nur in der Nähe von Paradoxien zu erreichen – so in der Nähe der Paradoxie, daß ein System für die eigenen Operationen die Einheit von System und Umwelt ist, obwohl genau diese Einheit auf der Differenz von System und Umwelt beruht: Gewiß, diese Paradoxie ist nur ein Artefakt des Beobachters, und er hat sie dann auch wieder aufzulösen. Wie hier geschehen. Das, was daraus sich ergibt, läßt sich dann aber nicht mehr umstandslos als Selbstbeschreibung des Systems oder als Theorie des Systems im System verwenden. Die Frage, ob und wie die Reflexionsbemühungen des Systems davon profitieren können, wird man ihnen überlassen müssen. Ein »Praxisbezug« ist nicht beabsichtigt.

Kapitel 4
Doppelkreislauf im Wirtschaftssystem

I.

Die funktionale Ausdifferenzierung des Wirtschaftssystems kommt durch Etablierung einer eigenen Form autopoietischer Reproduktion zustande. Sie bedient sich des Kommunikationsmediums Geld und codiert die Operationen des Systems daher anhand der Unterscheidung, ob eine bestimmte (jeweils nur als bestimmte mögliche) Geldzahlung geleistet wird oder nicht. Geld gibt es nur, wenn dies in einem Umfang geschieht, der ausreicht, um Zahlungserwartungen zu ermöglichen und anhand solcher Erwartungen Geldverwendung zu institutionalisieren. Nur so wird die Bereitschaft, Geld zu zahlen, durch die Bereitschaft, Geld anzunehmen, honoriert; denn nur so kann der Annehmer damit rechnen, das Geld für Ziele, die er selbst bestimmt, wieder ausgeben zu können.

In einer Zeit, der es darauf ankam, himmlische Formen der Stabilität auf die Erde herunterzuholen, hat man dafür die Metapher des Kreislaufs eingeführt. Natürlich sind nirgendwo Kreise zu entdecken. Daß das Geld »zirkuliert«, heißt einfach, daß es möglich ist, durch Zahlungen Zahlungsfähigkeit zu reproduzieren. Zirkulation ist Autopoiesis: Reproduktion der Elemente des Systems durch die Elemente des Systems.

Betrachtet man die Geldwirtschaft in diesem Sinne als autopoietisches System, hat das gewichtige Konsequenzen für das Begreifen des Verhältnisses von System und Umwelt, also der Wirtschaft und der Gesellschaft im übrigen.[1] Auf der Ebene der eigenen Autopoiesis operiert das System als geschlossenes System, das heißt: es kann Geld weder an die Umwelt abgeben noch aus der Umwelt beziehen. Jede Zahlung, auch die von Steuern oder Beamtengehältern, auch die von Parteispenden oder Kunstpreisen, ist ein wirtschaftsinternes Ereignis. Auf der Ebene der autopoietischen Operationen gibt es weder Input noch Output. Die

1 Hierzu ausführlicher Kapitel 2.

Autopoiesis der Wirtschaft bedeutet auch nicht, daß die Wirtschaft für ihre gesellschaftliche Umwelt bestimmte Leistungen erbringt, etwa Güter zu nichtökonomischer Nutzung zur Verfügung stellt. Das mag sein oder auch nicht sein. Entscheidend ist, daß sie die Funktion der Wirtschaft erfüllt und daß dies in der Wirtschaft und nur in der Wirtschaft geschieht. Diese Funktion ist, pauschal gesagt, Vorsorge für die Befriedigung zukünftiger Bedürfnisse, und dies geschieht eben dadurch, daß jede Zahlung die Zahlungsfähigkeit weitergibt.

Mit anderen Worten: Die Autopoiesis der Wirtschaft ist durch das Medium Geld an der Funktion der Wirtschaft orientiert. Das wird einsichtig, wenn man überlegt, daß die Ausdifferenzierung der Wirtschaft ja nicht allein ihrer Funktion verdankt sein kann – so als ob es in einer kosmischen Weltökonomie abstrakte Vorteile funktionaler Spezifikation gäbe, die sich im Laufe einer längeren Evolution wegen ihrer Vorteilhaftigkeit durchsetzen.[2] Es müssen außerdem Möglichkeiten der Systembildung realisiert werden können, und das erfordert unter anderem: Einschließung in die Welt oder in die Gesellschaft durch Schließung autopoietischer Operationszyklen. Es müssen also Möglichkeiten der Systemdifferenzierung, der operativen Trennung und Unterscheidung von System und Umwelt, der Grenzerhaltung, der dynamischen Stabilisierung, des Verkraftens abweichender Reproduktion (Evolution) usw. zusammenfallen mit Funktionen, die auf der Ebene übergeordneter Systeme erfüllt und ihrerseits erst durch Subsystembildung spezifiziert werden. Nichts anderes als diese weitgetriebene Exklusivität der Funktionserfüllung durch dafür ausdifferenzierte Spezialsysteme besagt das Formprinzip funktionaler Differenzierung des Gesellschaftssystems. Ins Extrem getrieben, liegt darin die Auflösung aller Redundanzen multifunktionaler Einrichtungen. Gerade daraus ergeben sich wechselseitige Abhängigkeiten zwischen den einzelnen gesellschaftlichen Teilsystemen. Selbstverständlich bleiben andere Teilsysteme der Gesellschaft darauf angewiesen, daß die Wirtschaft funktioniert. Das gilt bekanntlich in besonderem Maße

2 Es fällt denn im Seitenblick auf die Evolutionstheorie auch auf, wie wenig diese mit einer Motorik funktionaler Spezifikation arbeitet, obwohl sie das Resultat der Evolution nicht selten als stärkere (funktionale) Differenzierung beschreibt.

für das politische System; aber auch für wissenschaftliche Forschung, für Familienglück und für unparteiliche Rechtspraxis, um nur einiges zu nennen; denn anderenfalls müßten diese Systeme selbst wirtschaftliche Funktionen miterfüllen, müßten sich selbst versorgen, würden zu multifunktionalen Einrichtungen regredieren und dadurch im heutigen Sinne des Begriffs »korrumpiert« werden. Diese Angewiesenheit ist aber keine Frage des Leistungsempfangs und der Leistungsabgabe. Ebendas läßt funktionale Differenzierung als ein außerordentlich anspruchsvolles, nicht über Aufgaben oder Systemziele zu regulierendes Ordnungsprinzip erscheinen. Die Abhängigkeiten zwischen den Teilsystemen ergeben sich aus dem Redundanzverzicht, der seinerseits die Grundlage für eine hohe Spezifikation und Leistungsfähigkeit der Teilsysteme ist. Ein Leistungsaustausch mag, vor allem auf Organisationsebene, trotzdem eine mehr oder weniger wichtige Rolle spielen und das System vor einer Übersteigerung seines Prinzips bewahren. Im Prinzip aber operiert jedes System aufgrund seiner eigenen autopoietischen Autonomie, und die Kopplung an die Umwelt wird durch diese Geschlossenheit, und nicht durch Input und Output, vermittelt.[3]

Dies hat nun freilich Konsequenzen, und eine dieser Konsequenzen wollen wir im folgenden behandeln. Die Fragestellung lautet: welche internen Strukturen dienen dazu, die selbstreferentielle Geschlossenheit und den damit verbundenen Verzicht auf Punkt-für-Punkt-Abhängigkeiten zu kompensieren? Oder anders gesagt: Wie ermöglicht ein System, daß es trotzdem hinreichende, sozusagen blinde Sensibilität aufbringt?

3 Siehe die Unterscheidung von »couplage par clôture« und »couplage par input« bei Francisco Varela, L'auto-organisation: de l'apparence au mécanisme, in: Paul Dumouchel/Jean-Pierre Dupuy (Hrsg.), L'auto-organisation: De la physique au politique, Paris 1983, S. 147-164. Varela sieht in dieser Alternative zwar nur die Wahl eines Beschreibungsmodells durch einen Beobachter; aber eine solche Wahl kann nicht völlig ins Belieben gestellt, sondern muß (freilich nach systemimmanenten Kriterien des Beobachters) sachangemessen sein. In diesem Sinne reformuliert, lautet unsere These, daß die Beobachtung der Geldwirtschaft zu angemesseneren Resultaten kommt, wenn sie von »couplage par clôture« ausgeht.

Die Antwort muß natürlich lauten: dadurch, daß es Zahlungen an die Befriedigung von Bedürfnissen bindet, ohne durch die eigenen Strukturen vorab festzulegen, welche Bedürfnisse es sein werden. Aber diese Antwort verschiebt unser Problem nur in die Vorfrage: wie dies geschieht und wie es mit hinreichender Universalität der Anwendungsmöglichkeiten geschieht.

II.

Den Ausgangspunkt für die Suche nach einer Antwort finden wir im Zahlungsverkehr selbst, oder genauer gesagt: in seiner Nichtigkeit. Er produziert im Maße der Summe, die gezahlt wird, immer zweierlei: Zahlungsfähigkeit und Zahlungsunfähigkeit, also nichts. Reflektiert man von hier aus die Einheit des Systems, so kann sie nur besagen: Alles ist nichts, zuviel ist zuwenig, Überfluß ist Knappheit.[4] Und die Frage ist dann, wie das System sich gegen diese Paradoxie absichert, sich die Paradoxie verdeckt, sich durch sie nicht blockieren läßt, sondern trotzdem zu Operationen kommt.

Der Ausgangspunkt dafür liegt in der Ambivalenz des basalen Elementes der Zahlung selbst, also in einer Grundtatsache, die das System weder vermeiden noch umgehen kann, weil es sich selbst gerade durch diesen Elementarvorgang konstituiert. Derjenige, der die Zahlungen erhält, wird entsprechend zahlungsfähig. Derjenige, der die Zahlung leistet, wird entsprechend zahlungsunfähig. Das ist eine triviale Feststellung, also ein guter, weil sicherer Ausgangspunkt für Theoriebildung.

Aufgrund der binären Codierung des Systems ergeben sich ganze Kaskaden von Anschlußdifferenzen. Wer zahlungsfähig gemacht wird, kann wiederum nur Zahlungsfähigkeit und Zahlungsunfähigkeit produzieren dadurch, daß er zahlt. Jedes Zahlungsereignis, und nichts anderes wird autopoietisch reproduziert, reproduziert diese Bi-Stabilität des Systems. Wer sich aber zahlungsunfähig macht, muß Zahlungsfähigkeit wiedergewinnen, will er nicht aus dem System ausscheiden bzw. seine Partizipation um die Höhe der Summe, um die es geht, verringern. Wie

4 Dies Problem werden wir in Kapitel 6 wiederaufgreifen.

macht er das? Vor diese Frage gestellt, hilft sich das System mit einer weiteren Differenz, die im Effekt zu dem ausgearbeitet wird, was wir, die himmlische Metapher beibehaltend, »Doppelkreislauf« nennen wollen.

Daß durch Zahlungen Zahlungsfähigkeit weitergeleitet wird, leuchtet auf den ersten Blick ein. In der Annahme von Geld zur weiteren Verwendung liegt das Betriebsmotiv der Wirtschaft. In dieser Richtung »fließt das Geld«. Die Gegenbewegung wird zumeist als ein Fluß der Güter und Dienstleistungen dargestellt. Das vereinfacht jedoch die Darstellung in unzulässiger Weise und mißbraucht im übrigen die Metapher des Kreislaufs, denn für diese Gegenbewegung ist gerade die Diskontinuität ihrer Sinnmomente entscheidend; es sind jeweils andere Güter oder Dienstleistungen, und daß von jedem Zusammenhang abstrahiert werden kann, macht gerade die Leistungsfähigkeit, das kombinatorische Potential einer Geldwirtschaft aus. Dieses Modell ist zu sehr am Falle des Tausches orientiert und achtet nicht hinreichend auf die Systembedingungen einer ausdifferenzierten Geldwirtschaft.

Wir wollen statt dessen anknüpfen an die unmittelbare Analyse des Zahlungsvorgangs selbst, an die in einem Akt erfolgende Erzeugung von Zahlungsfähigkeit und Zahlungsunfähigkeit. Die Frage ist dann, was geschieht mit der Zahlungsunfähigkeit? Wie wird für den laufenden Abgang von Geld kompensiert? Wie werden die entstehenden Löcher wieder gefüllt? Offensichtlich muß Geld laufend wiederbeschafft werden. Die Frage ist, wie dies geschieht.

Eine erste Beobachtung ist: daß dafür keine einheitliche Antwort gegeben werden kann. Während die Geldannahme durch die sichere, wenn auch inhaltlich unbestimmte Chance der Wiederausgabe hinreichend motiviert ist, ist die Wiederbeschaffung von Geld ein Problem, das auf verschiedene, funktional äquivalente Weise gelöst werden kann. Dieser Unterschied hat erhebliche strukturelle Bedeutung. Er differenziert das Wirtschaftssystem nach grundsätzlich verschiedenen Bedingungen, die zusammenwirken müssen, wenn das Problem auf der Ebene des Gesamtsystems gelöst werden soll.

Die klassische (und deshalb möglicherweise überschätzte) Lösung dieses Problems liegt in den *Bedingungen der Rentabilität* derjenigen Projekte, für die Geld ausgegeben wird; vor allem also in der wirtschaftlichen Investitionsrechnung. Man gibt Geld nur aus, wenn und soweit eine hinreichende Aussicht besteht, daß *genau dadurch* Geld wieder eingeht. In dieser Sicht handelt es sich nur um ein Zeitproblem, also ein Kapitalproblem. Wer warten kann, bis das Geld wieder eingeht, kann sich dieser Möglichkeit bedienen und überdies einen »Mehrwert« herauswirtschaften, etwa als Kompensation für das Risiko einer Fehlkalkulation. Oft wird der Begriff der Wirtschaft auf diesen Fall einer rentabilitäts- und profitorientierten Zahlungskonditionierung eingeschränkt – mit gravierenden Verzerrungen, denn damit läßt sich nur ein Teil der Phänomene erfassen.

Sicherlich können die Geldausgaben aus dem öffentlichen Haushalt (Fiskus) nicht in dieser Weise konditioniert werden (womit natürlich nicht ausgeschlossen sein soll, daß Staat oder Kommunen Eigentümer wirtschaftlich betriebener Unternehmen sein können). Im Falle des Fiskus muß der laufend entstehenden Zahlungsunfähigkeit auf andere Weise abgeholfen werden, nämlich durch *Steuern* oder ähnliche Zwangsabgaben. Diese Belastungen müssen dann von dem rentabilitätsorientierten Sektor der Wirtschaft (es wäre ganz falsch zu sagen: von »der« Wirtschaft) als Kosten einkalkuliert und mitaufgebracht werden. Bei dem Umfang der fiskalischen Belastungen ist leicht zu erkennen, daß dies die Rentabilitätsschwelle in die Höhe treibt und generell entmutigend wirkt. Aber es ist möglich, und die Frage kann nur sein, auf welche Bereiche die Investitionen dadurch hingelenkt und von welchen sie ferngehalten werden.

Schließlich gilt das gleiche, mutatis mutandis, auch für den normalen Privathaushalt (soweit er nicht von Kapitaleinkünften leben kann). Auch hier entsteht durch laufende Ausgaben ein Wiederbeschaffungsproblem, und es wird typisch durch *Arbeit* gelöst. Oft wird dieser Sektor, wiederum sehr zu Unrecht, als Konsum charakterisiert – zu Unrecht nicht deshalb, weil es kein Konsum wäre, sondern weil auch in der rentabel organisierten Produktion viel konsumiert wird.

Skizzenhaft (vgl. Fig. 1) läßt sich diese Bedingung deshalb als Doppelkreislauf charakterisieren (wobei »Kreis« in *beiden* Fällen eine Metapher ist, der keine Realität entspricht). Der »innere« Kreislauf repräsentiert die Weitergabe der Zahlungsfähigkeit in Richtung der Zahlung. Der »äußere« Kreislauf repräsentiert die Weitergabe der Zahlungsunfähigkeit in Gegenrichtung. Beide Bewegungen können nur uno actu in Betrieb gesetzt werden. Man kann aber auch sagen, daß der äußere Ring den inneren erhält, denn ohne Ausgleich für das laufend entstehende Problem der Zahlungsunfähigkeit kommt jede Möglichkeit des Zahlens sehr rasch zum Erliegen.

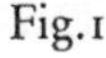
Fig. 1

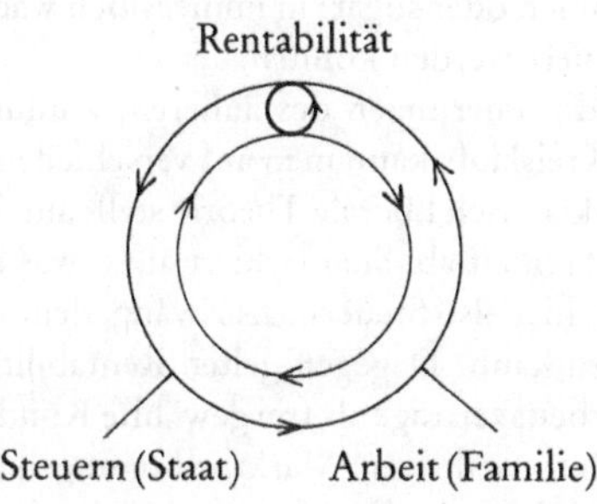

Die Einheit und die Differenz dieser beiden Kreisläufe ergibt sich mithin aus der paradoxen Logik des Zahlens. Ihre »Entfaltung« entparadoxiert das System und läßt es als Differenzen erzeugende Differenz, als Information fungieren. Dadurch wird wie nach der Art eines Düsenprinzips die Wirtschaft vorangetrieben, indem man Zahlungen in Erwartung eines Ausgleichs für Zahlungsunfähigkeit leistet. Erst als Folge dieser Zahlungsbewegung entsteht eine Bewegung der Güter und Dienstleistungen.

Unsere These ist, daß diese Struktur der Geschlossenheit des Systems und der Universalität seiner Funktionszuständigkeit entspricht. Man sieht, daß selbst dann, wenn *jede* Festlegung fiskalischer Ausgaben *zugleich* ein politisch relevantes Ereignis ist, und selbst dann, wenn *sehr viele* Privatausgaben zugleich im *Familienleben* von Bedeutung sind, mitsamt den dann notwendigen Maßnahmen zur Wiederbeschaffung von Geld, die Wirtschaft *trotzdem als geschlossenes System fungiert*. Denn die im Doppelkreislauf dargestellte Einheit des Systems der Zahlungen mit ihrer Entfaltung in Richtung auf Zahlungsfähigkeit und Zahlungsunfähigkeit kann niemals ihrerseits eine politische oder eine familiale sein. Nur durch die Art der Schließung des Systems entsteht die Möglichkeit seiner Öffnung im Hinblick auf Interessen, die für das System selbst Umwelt sind. Auf diese Weise wird das Problem der Kombination von Geschlossenheit und Offenheit für alle jeweils auftretenden wirtschaftlichen Fragen gelöst – gelöst freilich nur in dem Sinne, daß es auf Folgeprobleme dieser Struktur umdirigiert wird und in ihnen wiedererscheint. Denn es versteht sich natürlich nicht von selbst, daß Rentabilität, Steuern und Arbeit immer, oder sogar: in immer noch wachsendem Umfange, kombiniert werden können.

Die drei Konditionierungen des äußeren, Zahlungsunfähigkeit bewegenden Kreislaufs kann man auf verschiedene Weise unterscheiden. Die klassisch liberale Theorie stellt auf die Unterscheidung Zwang/Freiheit ab. Sie markiert alles, was mit Politik zusammenhängt, hier also Steuern, als Zwang, dem sich das System nicht entziehen kann. Dagegen gelten Rentabilitätsrechnungen ebenso wie Arbeitsverträge als frei gewählte Konditionierungen. Sie gelten als frei, weil sie an Marktbedingungen orientiert sind. Entsprechend gehört der Zwang auf die Seite des »Staates«, die frei gewählte Einschränkung dagegen in den Bereich, den das 19. Jahrhundert Gesellschaft nennt. Diese Schematisierung ist jedoch bereits im 19. Jahrhundert als »Ideologie« charakterisiert worden; sei es als eine Ideologie, die der Klassenherrschaft nicht Rechnung trägt, sondern sie verschleiert; sei es als ein Formalismus, der vor allem im Begriff der »formal freien Arbeit« den Wertbeziehungen und den Lebenslagen nicht hinreichend Rechnung trägt. Auch läßt sich die Unterscheidung »Staat und Gesellschaft« kaum halten, wenn man die Wirklichkeit eines funktional differenzierten Gesellschaftssystems in Betracht zieht. Die Unterscheidung Zwang/Freiheit scheint eine jener »Gegendifferenzierungen« zu sein, mit denen das 18. Jahrhundert sich aus den alten ständisch-familialen Ordnungen befreit hatte.[5] Sie wird der inzwischen erkennbaren Komplexität der modernen Gesellschaft ebensowenig gerecht wie den selbstreferentiellen Verhältnissen, die heute mitgedacht werden müssen, wenn man von (äußerem) Zwang und (innerer) Freiheit spricht. Das oben

5 Siehe hierzu Stephen Holmes, Differenzierung und Arbeitsteilung im Denken des Liberalismus, in: Niklas Luhmann (Hrsg.), Soziale Differenzierung: Zur Geschichte einer Idee, Opladen 1985, S. 9-41.

skizzierte Schema leitet zu einem Ersatzvorschlag über, der die Konditionierungen des äußeren Kreislaufs anders unterscheidet.

Sowohl Steuern als auch Arbeit beziehen den Kreislauf auf die Umwelt des Wirtschaftssystems – sei es auf das, was wir, in Klammerzusätzen, als Staat bzw. als Familie charakterisiert haben, sei es auf die weitgehend in der Familie befriedigten Lebensbedürfnisse der Einzelmenschen. Die Rentabilitätsbedingung bezieht den äußeren Kreislauf dagegen auf den inneren Kreislauf, nämlich auf das Weiterleiten von Zahlungsfähigkeit. An dieser Stelle konditioniert der äußere Kreislauf den inneren so wie umgekehrt dieser den äußeren. An dieser Stelle konditionieren also Konditionierungen Konditionierungen. An dieser Stelle wird das, was das System zusammenhält, nämlich die Tatsache, daß Zusammenhänge nur unter Bedingungen gelten, reflexiv, und zwar ohne Bezug auf die Umwelt des Systems. Mit Recht kann man deshalb die Rentabilitätsrechnung als die Selbstkonditionierung des Systems ansehen und sie darin von Steuern und von Arbeit als quasi zwangsläufigen Erfordernissen unterscheiden. Aber diese Unterscheidung bleibt sekundär. Sie ändert nichts daran, daß stets alle drei Formen der Konditionierung zusammenwirken, um den Doppelkreislauf in Gang zu halten.

Schließlich ermöglicht die Unterscheidung dieser beiden Arten, mit Geld umzugehen, auch eine Unterscheidung der Formen, in denen programmiert (also Richtigkeit konditioniert) und kontrolliert wird. Im äußeren Kreislauf der Haushalte braucht man dazu *Budgets*, die es ermöglichen, Geldmengen zu spezifizieren, die man für spezifische Zwecke in bestimmten Zeiträumen ausgeben kann, ohne die dabei ausgeblendeten Rahmenbedingungen zu gefährden (und die Rahmenbedingungen betreffen die Abwälzung der dadurch eintretenden Zahlungsunfähigkeit). Im inneren Kreislauf der Unternehmen benötigt man *Bilanzen*, um kontrollieren zu können, in welchen Bereichen der Tätigkeit (und wiederum: unter Ausblendung der Rahmenbedingungen) lukrativ gearbeitet wird.[6] Budgets und Bilanzen repräsentieren

6 Daß auch unternehmerisch tätige Organisationen für interne Zwecke Budgets aufstellen, also sich wie Haushalte verwalten, soll damit nicht bestritten sein. Dagegen macht es für Haushalte nicht viel Sinn, Bilanzen aufzustellen, da sie das Abwälzen ihrer zwangsläufig eintretenden

auf der Ebene der Programmatik und ihrer Variation (Lernen) die Einheit der jeweiligen Teilnehmersysteme – mit sehr verschiedenen Konsequenzen für die Rationalitätsbedingungen der Einzelhandlung und für die Möglichkeit der Steuerung des Systems.

Dank dieser Überlegung sieht man denn auch, welche Bedeutung, historisch gesehen, der Differenzierung von Bilanzen und Budgets im späten Mittelalter zukam. Sie spiegelt auf der Ebene der Programmatik die sich anbahnende Ausdifferenzierung des Wirtschaftssystems.

III.

Daß es systematische Gründe für das Entstehen eines solchen Doppelkreislaufs gibt, läßt sich auch durch einen Vergleich erhärten. Das Phänomen entsteht nicht nur bei monetärer Zweitcodierung des wirtschaftlichen Mediums Eigentum; es entsteht auch bei rechtlicher Zweitcodierung des politischen Mediums Macht.[7]

Hier bildet sich der Doppelkreislauf allerdings auf ganz andere Weise, und es geht ja auch um ein anderes Medium und ein anderes Funktionssystem. Sobald ein Machthaber die rechtliche Kompetenz erhält, Macht auszuüben, entsteht ein Überschuß an Möglichkeiten, die nicht insgesamt durch reale Macht, durch Drohung mit negativen Sanktionen, gedeckt sein können. Der Machthaber ist dann auf Hilfe angewiesen, und dies bei »absoluter« Macht absolut.[8] Das ermöglicht es, ihn unter Machtdruck

Zahlungsunfähigkeit nicht auf diese Weise kontrollieren können. Das zeigt nur erneut, daß Teilnehmer am inneren Kreislauf mehr von sich selbst abhängen als Teilnehmer am äußeren Kreislauf.

7 Vgl. Niklas Luhmann, Machtkreislauf und Recht in Demokratien, Zeitschrift für Rechtssoziologie 2 (1981), S. 158-167; ders., Politische Theorie im Wohlfahrtsstaat, München 1981, insb. S. 42ff.

8 Eine gute Analyse dieser Paradoxie des Machtkollapses in der höchsten Macht bei Jeremy Taylor, Ductor Dubitantium or: The Rule of Conscience in all her General Measures, 1660, zit. nach: The Whole Works, Bd. IX und X, London 1851/52, Nachdruck Hildesheim 1970, hier Bd. X, S. 174f.

zu setzen mit der expliziten oder impliziten Drohung, Rat, Hilfe und Kooperation zu verweigern. So erzeugt Macht Gegenmacht, wenn sie zur rechtlich fixierten Adresse wird. Auch hier kommt es dann darauf an, beide Machtkreisläufe, die sich wechselseitig induzieren, auseinanderzuziehen, so daß sie sich nicht blockieren. Im politischen Apparat geschieht dies dadurch, daß man formale und informale Macht unterscheidet. Die eine kann sich im Konfliktfalle durchsetzen, die andere im Normalfalle. Die eine – die Macht der Wähler bei der Besetzung politischer Positionen, die Macht des Parlaments über die Regierung, die Macht der Regierung über die Bürokratie, die Macht der Bürokratie über die Entscheidungsempfänger im Publikum – tritt selbstgewiß, legitim und sichtbar auf. Die andere, die Gegenmacht in all diesen Beziehungen, setzt sich oft faktisch durch, überläßt es aber der offiziellen Macht, die heißen Kastanien aus dem Feuer zu holen. Demokratisierung und organisatorische Hierarchisierungen dienen dazu, die Machtverhältnisse zu differenzieren. Die absolute Konzentration aller Macht in einer Position würde jenen Kollaps herbeiführen, der dann nur noch über informale Macht im geheimen, also durch Aufhebung der Souveränitätsprämisse, kuriert werden kann.

Trotz der Verschiedenartigkeit dieser beiden Fälle eines Doppelkreislaufs im Funktionsbereich von Wirtschaft und von Politik fallen gewisse Ähnlichkeiten auf. In beiden Fällen wird eine Einseitigkeit durch ihr Gegenteil kuriert mit der Folge, daß Kombinationsprobleme entstehen, die nur über weitläufige Strukturen, nur über strukturierte Komplexität gelöst werden können mit der Folge, daß nun die wohlbekannten Probleme strukturierter Komplexität entstehen. In beiden Fällen wird die Vollständigkeit (daß alles, was im Funktionsbereich vorkommen kann, erfaßbar ist) durch eine Opposition garantiert, was Unschärfeprobleme und Entstehen von Paradoxien im Bereich des sowohl/als auch und besonders bei Übergängen erwarten läßt.[9] Die vielleicht auffälligste Übereinstimmung besteht aber wohl darin, daß die theoretischen Selbstbeschreibungen beider Systeme weder das Problem noch die entsprechenden Strukturen identifizie-

9 Vgl. etwa C. K. Ogden, Opposites, 1932, Neudruck Bloomington, Ind. 1967, oder John W. Thompson, The Importance of Opposites in Human Relationships, Human Relations 16 (1963), S. 161-169.

ren, sondern dies, vielleicht wegen der dann zutage tretenden Paradoxien, sorgfältig vermeiden.

Die politische Theorie schließt an die Lokalisierung der »Souveränität« in der Volksvertretung an. Dieser Punkt des Kreislaufs wird ausgezeichnet in der Annahme, daß hier die Einheit des Systems im System repräsentiert werden könne. Von da ausgehend folgt die Theorie dem offiziellen Machtkreislauf und beklagt nur das Vorkommen von Gegenmacht oder die Verführungskraft der Wahlpropaganda, etwa die Macht der Bürokratie über die Parlamente oder die Macht der Lobbyisten und drohfähigen Interessenten über die Bürokratie. Sie sieht aus dieser Voreingenommenheit heraus nur Implementationsprobleme.

Die Theorie des Wirtschaftssystems behandelt dieses als kapitalistisches System[10], stellt also auf die Rationalität in der Selektion der Bedingungen für die Weitergabe von Zahlungsfähigkeit ab. Rationalität vor Augen, fragt sie nach einschränkenden Bedingungen (die überhaupt erst dazu führen, daß Rationalität etwas nicht Selbstverständliches ist) und stößt mit dieser Frage auf die Faktoren Steuern und Arbeit. Rentabilität bzw. Profitabilität wird damit als derjenige Faktor ausgezeichnet, der ein Kalkül als wirtschaftlich markiert; und die Ausgabendisposition des Staates und der Kommunen ebenso wie der Konsum in Privathaushalten wird als nicht wirtschaftlich motiviert angesehen. Sie kommen deshalb nur in der Form von Kosten wirtschaftlich in Betracht.[11] Auch hier betont die offizielle Theorie den Zahlungskreislauf, gesehen unter dem Zentralgesichtspunkt des Rentabilitätskalküls; und auch hier gibt es noch eine zweite, legitimatorische Quasi-Souveränität: Der Rolle des Volkes in der Politik entspricht die Rolle der Konsumenten in der Wirtschaft. Aber in beiden Fällen muß zugestanden werden, daß die Realisation nicht ganz dem Ideal entspricht.

10 Auf die Variante des Sozialismus kommen wir weiter unten zu sprechen.

11 Daß es auch »Souveränitätsproklamationen« für die anderen Konditionierungen gegeben hat, etwa die staatliche Theorie des Geldes oder die Arbeitswertlehre, sei am Rande erwähnt. Das führt dann aber nur auf die Frage, ob es weiterhin sinnvoll ist, jeweils einen dieser Gesichtspunkte als Eintrittskarte zum Verständnis des Gesamtsystems auszuzeichnen.

Dem offiziellen Kreislauf wird, in der Theorie der Wirtschaft ebenso wie in der Theorie der Politik, der Primat zugesprochen. Man blickt in die Richtung, in der die rechtmäßige Macht bzw. das Geld fließt. Die Gegenphänomene werden nicht geleugnet, aber, wie in der alten Ethik, wie Laster behandelt, die nur isoliert auftreten und nach Möglichkeit klein zu halten sind. Daß durch Zahlungen zugleich immer auch Zahlungsunfähigkeit erzeugt wird und abgewälzt werden muß, würde zwar keineswegs geleugnet werden, wenn man nachfragt; aber auch hier würde man dieses Komplementärproblem marginalisieren, indem man es einem anderen System (zum Beispiel dem »Staat«) zuweist oder mit einer gewissen Ratlosigkeit von der kapitalistischen Wirtschaft fordert, daß sie innerhalb ihres Rationalitätskalküls (!) Arbeitsplätze schafft, damit die Konsumenten ihre Ausgaben refinanzieren können.

In der Position eines externen Beobachters kann die soziologische Theorie sich von diesen Reflexionstheorien der Funktionssysteme unabhängig machen. Die soziologische Theorie übernimmt also nicht einfach die Reflexions- und Selbstbeschreibungsprodukte ihres Gegenstandes. Ob sie mit einer solchen Distanz zu *besserem* Wissen kommt, wird man (und wer denn?) schwer entscheiden können. Jedenfalls hat sie aber die Möglichkeit eines umfassenderen und allgemeineren theoretischen Bezugsrahmens, also die Möglichkeit einer *andersartigen* Theorie, deren »Witz«[12] darin besteht, Vergleiche zu ermöglichen. So gibt es anscheinend einen Zusammenhang zwischen den technisch hochwirksamen Zweitcodierungen eines Kommunikationsmediums und der Auslösung von Doppelkreisläufen, und man muß dann für jedes Funktionssystem, das in diese Richtung evoluiert, nachsehen, wie diese Kreisläufe ermöglicht und auseinandergehalten werden.

12 Dieser Begriff ist hier im Sinne des 18. Jahrhunderts gemeint.

IV.

Im Falle des Wirtschaftssystems wird der Doppelkreislauf auf sehr eigentümliche Weise durch das Bankensystem ermöglicht und durchgehalten. Banken verdanken ihre Entstehung dem Zinsproblem. Sie normalisieren das Ausleihen von Geld durch Zwischenschaltung einer Organisation, die dies professionell betreibt. Die Zwischenschaltung ermöglicht die Absorption größerer Risiken, sie nimmt auch dem leichten Verdienen von Geld mit Geld den üblen Geruch, indem genau dies nun den Bedingungen des Geschäfts unterworfen wird. Wer immer mit Geld Geld verdienen kann, hat es zu leicht, meinte man noch in der beginnenden Neuzeit.[13] Die Banken, wird sich dann aber herausstellen, haben es nicht so leicht, wenn sie genau dafür ausdifferenziert sind, nur geliehenes Geld ausleihen zu können. Das Leihgeschäft wird auf sich selbst verwiesen. Es führt nicht dazu, daß jedermann hier leichtes Geld machen kann. Dafür gibt es nun Spekulation – mit den entsprechenden Risiken.

Die Ausdifferenzierung eines Bankensystems setzt im 18. Jahrhundert den Schlußstein in die Ausdifferenzierung der Wirtschaft. Zentralbanken erscheinen jetzt als nützlich, wenn nicht unentbehrlich.[14] Gerade die viel diskutierten Probleme der Spekulation und der Seriosität des öffentlichen Kredits lenken die

13 Für ältere Betrachter hatte genau darin das Problem des Zinses gelegen, daß die Geldausleiher »vendendo parte il tempo, parte l'uso della moneta, fanno fruttare il denaro; e cosí s'ingrassano oziosamente dell'altrui«. Die Folge würde dann sein, daß die Handwerker ihre Werkstätten, die Landleute ihren Pflug verlassen, die Händler die Mühsal und das Risiko des Warentransports scheuen und die Adeligen den ererbten Besitz verkaufen, um durch Ausleihen von Geld mühelos Geld zu verdienen. So Giovanni Botero, Della Ragion di Stato, Venezia 1589, zit. nach der Ausgabe Bologna 1930, S. 32f. Das Problem wird zunächst nur anthropologisch und moralisch und nicht in bezug auf ein sich selbst limitierendes System gesehen. Später entsteht aus der Übertreibung des Versuchs, mit Geld Geld zu machen, das Problem der Spekulation.

14 Vgl. vor allem Richard Cantillon, Essai sur la nature du commerce en général (1755), zit. nach der Ausgabe, o.O. 1952, S. 161ff. Oder noch früher in einer der ersten Abhandlungen zu Themen der politischen Ökonomie: Emeric Crucé, Le nouveau Cynée ou discours d'Estat, Paris 1623, zit. nach der Ausgabe Philadelphia 1909, S. 271: Der Staat solle

Aufmerksamkeit in diese Richtung.[15] Jedenfalls schert das Bankensystem nun aus der Beurteilung nach Maßgabe einer stratifizierten Ordnung aus; und wenn Mirabeau nach der Lektüre von Cantillon schreibt: »La finance, bon valet et mauvais maître«[16], zeigt das nur, daß er die Veränderungen seiner Zeit nicht zutreffend zu beurteilen versteht.

Wenn es Banken gibt, wird es möglich, die verfügbare Geldmenge von dem Ertrag des Sparens abzukoppeln und zu verselbständigen. Üblicherweise formuliert man, daß die Banken das Geld wenn nicht schaffen, so doch vermehren, weil sie im Ausleihen von Geld über die Spareinlagen hinausgehen können. Die Gründe für diese Sonderstellung des Bankensystems liegen jedoch tiefer. Im Bankensystem (nicht natürlich: für die einzelne Geschäftsbank) fallen nämlich Zahlungsfähigkeit und Zahlungsunfähigkeit zusammen und werden erst auf dieser Grundlage operativ getrennt. Das Bankensystem beruht, mit anderen Worten, auf der Paradoxie der Selbstreferenz, auf der Einheit von Zahlungsfähigkeit und Zahlungsunfähigkeit, von Überfluß und Knappheit, und es hat die Funktion, trotzdem Operationen zu ermöglichen dadurch, daß es die Paradoxie entparadoxiert.

Diese Leistung kann auf zwei verschiedene Weisen dargestellt werden. Man kann sagen, die Banken gewähren Kredit, schaffen also Zahlungsfähigkeit in einem Umfang, der weit über ihr Eigenkapital und ihre Einlagen hinausgeht, und können dann auf der Grundlage ihrer Außenstände ihrerseits bei der Zentralbank Kredit aufnehmen. Sie sind *kreativ* tätig. Dies ist die offizielle Darstellung, die zwar ein Risiko, aber keine Paradoxie mehr erkennen läßt. Sie ist mit dem Rechtssystem abgestimmt, das heißt juristisch korrekt. Ebensogut kann man aber auch sagen: Die Banken haben das Zentralprivileg, ihre eigenen Schulden mit Gewinn verkaufen zu können, also Zahlungsunfähigkeit »kapitalistisch« verwerten und in Zahlungsfähigkeit verwandeln zu

zu vernünftigen Zinsen Geld ausleihen, sich dadurch Einnahmen verschaffen, den Armen helfen und den Wucherern das Handwerk legen.

15 Wenngleich mit vielfach kritischer Beurteilung der Bank of England. Vgl. hierzu Peter G. M. Dickson, The Financial Revolution in England: A Study in the Development of Public Credit 1688-1756, London 1970.

16 Siehe Victor de Riqueti, Marquis de Mirabeau, L'ami des hommes, ou Traité de la population (1756), zit. nach der Ausgabe Paris 1883, S. 190.

können. Sie sind *parasitär* tätig. Aglietta und Orléan sprechen von einer »monétarisation des déficits«.[17] Bei dieser Gegendarstellung bleibt die Paradoxie noch sichtbar, und einige Strukturen treten deutlicher hervor. Es liegt auf der Hand, daß diese Funktion der Entparadoxierung nicht beliebig gehandhabt werden kann, sondern konditioniert werden muß. Da es sich um ein hochdynamisches System handelt, kann es dabei nicht nur um sogenannte »Rahmenordnungen« gehen, sondern um laufend zu revidierende Steuerungsimpulse, etwa um Geldmengenpolitik oder um andere Formen der ständigen Beobachtung von und Reaktion auf Marktdaten. Dabei ist es durchaus möglich, daß falsche Theorien zu einer richtigen Politik führen können, sofern nur ein ausreichendes Tempo der Selbstkorrektur gewährleistet ist. Die Frage ist letztlich, in welchem Umfange das Zentralprivileg der gewinnbringenden Umwandlung von Zahlungsunfähigkeit in Zahlungsfähigkeit genutzt werden kann (soll, darf). Für Entscheidungen darüber ist eine Zentralbank erforderlich, die sich nicht primär nach eigener Rentabilität richten muß, da sie nicht zahlungsunfähig werden kann, sondern allenfalls den Verlust der freien Konvertibilität der durch sie kontrollierten Währung riskiert.

Strukturell wird die Entparadoxierung des Systems mithin durch eine Hierarchie gewährleistet, die (wie jede Hierarchie) mindestens drei Ebenen aufweisen muß: Zentralbank, Geschäftsbanken und Bankkunden (Unternehmen, Haushalte). Diese Hierarchie asymmetrisiert die Grundlagen der Operationen des Systems, sie streckt und diversifiziert die negative Tautologie (Paradoxie), auf der das gesamte System beruht. Innerhalb von Kleinabschnitten kann dann ausreichende Sicherheit geschaffen werden – etwa bei der Vergabe von Krediten an bestimmte Kunden oder bei der Änderung des Diskontsatzes oder der Zinssätze. Die logische und die empirische Möglichkeit eines Kollapses des gesamten Systems, einer Rückkehr der Paradoxie und einer Totalblockierung aller Operationen durch die Urgleichung zahlungsfähig = zahlungsunfähig kann dadurch nicht ausgeschlossen werden; aber sie wird hinreichend unwahrscheinlich gemacht.

Die Hierarchisierung des Bankensystems ermöglicht eine Kom-

17 Allerdings in skeptischem und nicht konsequent auf Systemnotwendigkeiten bezogenem Sinn. Siehe Michel Aglietta/André Orléan, La violence de la monnaie, 2. Aufl., Paris 1984, S. 249.

bination von Zentralisierung und Dezentralisierung: von Zentralisierung des Mediums Geld und von Dezentralisierung der Entscheidung über Operationen. Die Zentralbank ist gewissermaßen das Ich des Systems, das alle seine Zahlungen muß begleiten können. Sie kontrolliert in begrenztem Umfange die Bedingungen, unter denen das Medium für Weiterleitung von Zahlungsfähigkeit bzw. Zahlungsunfähigkeit zur Verfügung steht. Sie kontrolliert aber nicht in dem Sinne, daß sie qua Herrschaft die Zustände des Systems bestimmen und über Leistungen des Systems entscheiden könnte; sie verfügt nur über gewisse, an keiner Stelle des Systems überbietbare Möglichkeiten, auf Ereignisse, die das System betreffen, zu reagieren.

Ganz ähnlich wie und doch sehr anders als der Staat des politischen Systems leistet dieses Bankensystem eine Art Garantie für Trennbarkeit und Vermittlungsfähigkeit der beiden Kreisläufe. In beiden Fällen ist dazu Organisation erforderlich, das heißt eine Systembildung eigenen Typs, die sich nicht ohne weiteres aus der gesellschaftlichen Differenzierung ergibt.[18] Das heißt, die Erfüllung der Funktion ist hier auch von der Eigenlogik und der Eigendynamik des Entscheidungsverhaltens in Organisationen abhängig, die nur über sehr begrenzte Einsicht und vor allem über nur begrenzte Risikotoleranzen verfügen.[19]

Die Vermittlung beider Kreisläufe liegt darin, daß im System *Zeit* zur Verfügung gestellt wird. Dies geschieht einerseits in der Form von Kredit. Das Geld kann eine Zeitlang benutzt werden, auch wenn man es nachher zurückzahlen muß. In der Gegenperspektive entspricht dem die (theologisch seit alters anstößige) Möglichkeit, Zeit zu verkaufen. Man kann auf diese Weise die laufend entstehende Zahlungsunfähigkeit überbrükken, bis Geld wieder eingeht. Die Banken übernehmen die Pa-

18 Hierzu eine knappe Begründung in: Niklas Luhmann, Interaktion, Organisation, Gesellschaft, in ders., Soziologische Aufklärung, Bd. 2, Opladen 1975, S. 9-20.

19 Zur Zentralbank als Bürokratie einige Bemerkungen bei Bruno S. Frei, Inflation und Verteilung: Die Sicht der ökonomischen Theorie der Politik, in: Bruno S. Frey/Werner Meißner (Hrsg.), Zwei Ansätze der Politischen Ökonomie: Marxismus und ökonomische Theorie der Politik, Frankfurt 1974, S. 154-166.

radoxie und erlauben es, Geld zugleich zu haben und nicht zu haben, unter der Bedingung, daß sie selbst die Bedingungen fixieren und variieren können, unter denen dies erlaubt wird.

V.

Unsere These lautet: Sobald es Geld gibt, gibt es Zahlungsfähigkeit und Zahlungsunfähigkeit im selben System, daher im dynamisch stabilisierten System der Wirtschaft die Frage der Weiterleitung von Zahlungsfähigkeit und Zahlungsunfähigkeit. Die Einheit des Systems, die Einheit von Zahlungsfähigkeit und Zahlungsunfähigkeit (von Überfluß und von Knappheit) kann nur dadurch entfaltet werden, daß die Weiterleitung von Zahlungsfähigkeit und die Weiterleitung von Zahlungsunfähigkeit getrennt und unterschiedlich konditioniert werden. Dies ist als allgemeine Struktur und als ein allgemeines Ordnungsproblem unabhängig von den viel diskutierten Problemen der Wirtschaftsordnung oder der »Verfassung« des Wirtschaftssystems. Es ist ein weltwirtschaftlicher Tatbestand, dem keine regionale Wirtschaftsordnung sich entziehen kann.

Gerade deshalb eröffnen aber die Desidentifikation von Zahlungsfähigkeit und Zahlungsunfähigkeit und die entsprechende Bifurkation von Reproduktionen unterschiedliche, ja geradezu gegenläufige Möglichkeiten der Ausgestaltung.[20] Man kann dem einen oder dem anderen Kreislauf einen Primat verleihen. Man kann davon ausgehen, daß zunächst einmal das ausgegebene Geld wieder hereinkommen müsse, bevor man an unrentable Ausgaben denken dürfe; denn anderenfalls sei man in kurzer Zeit bankrott. Man kann aber auch davon ausgehen, daß dringende Bedürfnisse zu befriedigen seien und man das dafür notwendige Geld dann irgendwie beschaffen müsse. Je nach Emphase kommt man zu eher kapitalistischen oder zu eher sozialistischen Wirtschaftsvorstellungen. Deren Differenz ergibt sich aus der Entfaltung (Entparadoxierung) der Einheit des Wirtschaftssystems (was natürlich nicht ausschließt, daß auch die gesamte

20 Mit ganz anderen begrifflichen Mitteln kommt zu einem formal ähnlichen Ergebnis János Kornai, Anti-Equilibrium: On Economic Systems Theory and the Tasks of Research, Amsterdam 1971.

Weltwirtschaft einem Modell folgen, das heißt entweder nur kapitalistisch oder nur sozialistisch geordnet sein könnte).

Beide Möglichkeiten setzen Eigentum voraus und sind anders nicht organisierbar. Gegen alle umlaufenden Vorstellungen muß man ferner sehen, daß Eigentum immer Privateigentum ist, das heißt eine ausdifferenzierte Knappheitsmenge, die andere als den Eigentümer vom Zugriff ausschließt und so die Differenz von Mengenbestimmung und Allokation etabliert. Es ist eine untergeordnete Frage, ob es sich um Privateigentum zur individuellen Verfügung oder um Privateigentum des Staates handelt – eine untergeordnete Frage, die natürlich erhebliche organisatorische Konsequenzen und erhebliche Folgen für die politische Rhetorik hat. In jedem Falle kann aber die Gegenmöglichkeit, der Gegenkreislauf, nicht ignoriert und bis auf Null abgeschrieben werden. Auch sozialistisch geführte, im Privateigentum des Staates stehende Betriebe müssen rentabel arbeiten, und auch kapitalistischen Betrieben muß zugemutet werden, Steuern zu zahlen.

Analysiert man genauer, löst sich die pointierte Gegenüberstellung ohnehin auf und erweist sich als eine für primär politische Zwecke gefertigte Schaustellung. Auch in kapitalistischen Wirtschaftsordnungen gibt es nur ganz wenige Fälle von politisch unabhängigen Zentralbanken[21]; diese Fälle beruhen auf politischen Sondererfahrungen (zum Beispiel: mit Inflation in Deutschland) und sind überdies durch die akzeptierte Erwartung der Vermeidung prinzipieller politischer Konfrontationen bedingt. Von da aus kann man fast ein Kontinuum des Übergangs zu sozialistischen Wirtschaften feststellen – über Verstaatlichung eines Teiles der Banken oder aller Banken, über dadurch gesicherten Einfluß

21 Vgl. zum Problemkreis Paul-Günther Schmidt, Die Zentralbank in der Demokratie, Jahrbuch für Neue Politische Ökonomie 2 (1983), S. 271 bis 305 mit weiteren Hinweisen; ferner das engagierte Plädoyer für eine stärkere politische Unabhängigkeit der Geldschöpfung im allgemeinen Friedrich A. von Hayek, Entnationalisierung des Geldes: Eine Analyse der Theorie und Praxis konkurrierender Umlaufmittel, Tübingen 1977. Zu den Konsequenzen relativer rechtlicher bzw. faktisch auf der Ebene der Personalentscheidungen bestehender Unabhängigkeit für die wirtschaftspolitische Einstellung der Zentralbank siehe auch Paavo Uusitalo, Monetarism, Keynesianism and the Institutional Status of Central Banks, Acta Sociologia 27 (1984), S. 31-50.

auf Industrie im Bankenbesitz, über Verstaatlichung eines mehr oder weniger großen Teiles der Produktions- und Dienstleistungsbetriebe bis hin zur Vollverstaatlichung allen Kapitaleinsatzes mit mehr oder weniger starker Dezentralisation der Betriebsführung und der Allokation.

Die semantische Konfrontation von »Kapitalismus« und »Sozialismus« stammt also mehr aus der politischen Sphäre als aus der Wirtschaft selbst, und nur deshalb läßt sie sich in politisch kontrollierten regionalen Unterschieden zum Ausdruck bringen. Das kann unter Umständen zum Krieg führen, kann aber nicht verhindern, daß es gleichwohl ein Weltwirtschaftssystem gibt, dessen Eigendynamik aller regionalen Willkür Grenzen zieht. Die aus der Logik der Geldwirtschaft sich ergebende Bifurkation führt jedenfalls nicht auf diesen politischen Dualismus. Die politische Semantik kann zwar an den Doppelkreislauf anschließen, mit dem die Wirtschaft sich selbst entparadoxiert; sie kann aber die politische Entparadoxierung, die über unantastbare Prinzipien, Werte und dergleichen läuft, nicht einfach an die Stelle derjenigen des Wirtschaftssystems setzen und dann hoffen, daß das auch wirtschaftlich funktioniert. Die moderne Gesellschaft ist auf eine Differenzierung von Politik und Wirtschaft, von Macht und Geld angewiesen; sie kann wirtschaftliche Probleme nicht einfach durch Zuteilung von Macht zum Zugriff auf knappe Güter lösen, ganz unabhängig davon, wie zentral oder dezentral solche Machtquanten verfügbar gemacht werden.

Deshalb empfiehlt es sich, auch die Reflexionstheorien dieser beiden Systeme explizit zu trennen und eine politische Reflexion nicht schon deshalb für wirtschaftlich adäquat zu halten, weil sie sich auf die Wirtschaft bezieht.

Kapitel 5
Kapital und Arbeit: Probleme einer Unterscheidung

I.

Wer die Welt beschreiben oder die Gesellschaft charakterisieren will, in der wir leben, greift gern und häufig zum Ausdruck einer Unterscheidung. Der Sachverhalt ist dann mit einem Blick faßbar, und zugleich wird suggeriert, daß nichts vergessen ist. Man mag sich an links und rechts, an östlich und westlich, an progressiv und konservativ, an sakral und profan, an Obrigkeit und Untertan oder an Kapital und Arbeit halten: immer wird ein Doppelausdruck für das Ganze gesetzt, und immer werden dritte Positionen ausgeschlossen. Die Unterscheidung kann als Gegensatz von Extrempositionen gedacht werden oder auch als eine Skala, auf der die Möglichkeiten der Zuordnung kontinuierlich ineinander übergehen. Immer bestimmt jedoch das Schema die Wahrnehmung und damit das, was als Information anfällt und weiterverarbeitet wird.

Man versteht aus dieser einfachen Komplexität die Suggestivkraft solcher Duale. Man sieht leicht, wie sie sich an dem Informationsgewinn, den sie ermöglichen, selbst bestätigen und festschreiben. Ein ganzes Reich des Wissens kann mit Hilfe solcher Leitdifferenzen aufgebaut werden und hängt dann von ihnen ab. Zugleich liegt in dieser Verführung aber auch eine Gefahr. Jenen Leitdifferenzen fehlt die Möglichkeit der Selbstkorrektur. Sie ermöglichen keine Erfahrungen, durch die sie aus den Angeln gehoben werden könnten. Allen Informationen geben sie von vornherein die Option für die eine oder die andere Seite mit auf den Weg. Drittes ist ausgeschlossen, und ausgeschlossen ist damit in der Regel auch, daß man das, was die Unterscheidung unterscheidet, nur als zwei Exemplare einer Gattung sieht, von der es noch weitere Exemplare geben kann. Gibt man das Schema auf, hat man zunächst nichts als ein Chaos vor Augen.

Die Unterscheidung, von der man ausgeht, ist im übrigen zumeist historisch angemessen. Wenn es um eine Beschreibung der modernen Gesellschaft geht, würden wir die Opposition Kapital und Arbeit wohl der Opposition sakral und profan vorziehen. Aber diese historische Angemessenheit ist schwer zu kontrollieren, und sie kann unversehens verlorengehen. Dann läuft eine ganze Welt der Meinungsbildung und der Informationsverarbeitung unter falschem Code. Und selbst wenn man spürt, daß irgend etwas in der intellektuellen Aufbereitung von Gegenwartserfahrungen nicht mehr stimmt, ist es dennoch schwierig, den Absprung zu finden. Die gedankliche Anpassung an die wirkliche Welt verzögert sich. Man verliert Zeit, und man verliert vielleicht auch die Gelegenheit zu einer rechtzeitigen Umstellung des Denkens und des Handelns. Die Auswirkungen einer solchen Anpassungsverzögerung sind kaum abzuschätzen.

Die Unterscheidung von Kapital und Arbeit suggeriert eine Bedingung, die man im Anschluß an Yves Barel als »soziale Blokkierung« bezeichnen könnte:[1] was für die eine Seite ein Problem ist, ist für die andere eine Problemlösung und umgekehrt. Die Semantik formuliert also eine Paradoxie: je mehr das Problem gelöst wird, desto mehr wird es zum Problem. Nur der Umstand, daß es um Geld geht, transformiert die Paradoxie in ein Mehr oder Weniger und damit in die Möglichkeit, Kompromisse zu finden. Um diese Dauerkompromißbereitschaft zu gewährleisten, muß sozialer Druck ausgeübt werden. Dieser Druck kommt – woher? Offenbar doch aus Quellen, die mit der Unterscheidung von Kapital und Arbeit nicht erfaßt sind. Das könnte ein erster Hinweis darauf sein, daß diese Semantik selbst voraussetzt, unsere Gesellschaft nicht ausreichend beschreiben zu können. Sie scheint, wie typisch für Dualsemantiken, heimlich auf das ausgeschlossene Dritte zu reflektieren.

Es ist meine These, daß wir mit der Beschreibung unserer Gesellschaft durch den Gegensatz von Kapital und Arbeit diesen Punkt erreicht, ja überschritten haben. In ernsthaften Bemühungen um ein Verständnis der modernen Gesellschaft wird er kaum noch benutzt.[2] Andererseits sind riesige Organisationen darauf einge-

1 De la fermeture à l'ouverture, en passant par l'autonomie? in: Paul Dumouchel/Jean-Pierre Dupuy (Hrsg.), L'auto-organisation: De la physique au politique, Paris 1983, S. 466-475.

2 Man darf anfügen, daß diese Unterscheidung in weitem Umfange durch temporale Unterscheidung abgelöst worden ist, in denen dann schon mitvorgesehen ist, daß sie morgen von gestern sein werden. Davon legt

spielt, sich diesem Gegensatz zuzuordnen. Die politische Teilung der Welt in einen östlichen und einen westlichen Block geht von diesem Gegensatz aus. Der Ostblock meint, ihn in den von ihm beherrschten Territorien überwunden zu haben. Aber kommt es darauf überhaupt an? Die schwerfällige Semantik des Marxismus mit einer Vielzahl von »appellations controlées« wird aufgeboten, um uns dessen zu versichern. Da aber all diese Bemühungen von diesem Gegensatz ausgehen, können sie gerade nicht beweisen, daß er heute noch relevant ist. Der Westen hat dem wenig mehr entgegenzusetzen als die Faktizität seines wirtschaftlichen und (man darf wohl auch sagen:) politischen Erfolgs. Das mag als Bewährung des »Kapitalismus« interpretiert werden. Aber könnte es nicht sein, daß all dies auf einer längst obsoleten Opposition beruht und damit auf einer grotesken Fehleinschätzung der Risiken und Gefahren, die mit der modernen Gesellschaft in Wirklichkeit verbunden sind und die unsere Zukunft bestimmen werden?

II.

Die Unterscheidung von Kapital und Arbeit hat eine eigentümliche semantische Karriere durchlaufen: Sie beginnt zu früh, und sie endet zu spät – gemessen an der Verhältnissen, die sie zu beschreiben versucht. Eingeführt wurde dies Denkschema in der britischen Ökonomie am Anfang des 19. Jahrhunderts. Vorher wurde das Problem der Ungleichheit mit den Begriffen reich und arm formuliert. Dabei ging es zunächst um standesgemäßen Unterhalt, also um Unterschiede, die der sozialen Stratifikation entsprachen. Darüber hinaus kam man nicht umhin, sich mit auffälligen Reichtumsüberschüssen und auf der anderen Seite mit der Not der Armen zu befassen. Die vorherrschende Theorie war, daß der Reiche seinen überschüssigen Reichtum verteilen müsse, und dies nicht nur im Sinne einer normativen Erwartung, sondern auch rein faktisch, weil er so viel Reichtum nicht genießen

zum Beispiel der Band Zeugnis ab, in dem dieser Beitrag zuerst veröffentlicht worden ist, nämlich Johannes Berger (Hrsg.), Die Moderne – Kontinuitäten und Zäsuren, Soziale Welt, Sonderband 4, Göttingen 1986.

könne. »Of great riches there is no real use, except it be in the distribution; the rest is but conceit«, heißt es bei Francis Bacon.[3] Diese Notwendigkeit der Verteilung konnte sowohl kirchlich als auch politisch interpretiert werden: kirchlich als Wohltätigkeit und politisch als Verteilung des Grundbesitzes zur Aufrechterhaltung gesellschaftlicher Ordnung, also als feudale Organisation politischer Herrschaft. Das Unterscheidungsschema reich/arm erlaubte mithin keine klare Differenzierung von Wirtschaft und Politik und war durch die Entwicklung einer durchgreifenden Geldwirtschaft in seinen beiden Komponenten: Feststellbarkeit standesgemäßen Unterhalts und Verteilungsnotwendigkeit des Überschusses, im 18. Jahrhundert seit langem überholt. Man findet es aber noch bei den Physiokraten, und nicht zufällig in einer ambitionierten Gesellschaftstheorie, die nur partiell Wirtschaftstheorie ist und die für Geld kein zureichendes Verständnis aufbringt, sondern auf Landwirtschaft setzt.[4]

Schon die Physiokraten hatten jedoch dem Problem eine bemerkenswerte Wende gegeben. Sie hielten zwar Land für den wesentlichen Faktor der Reichtumsbildung, aber zugleich Arbeit

3 Of Riches, zit. nach Essays, ed. F. G. Selby, London 1895, S. 90-93 (91).

4 Um den weltfremd-sozialharmonischen Eindruck dieser Spätliteratur zu vermitteln, ein etwas längeres Zitat aus L. D. H. (= Victor de Riqueti, Marquis de Mirabeau), La Science ou les droits et devoirs de l'homme, Lausanne 1774, S. XXVIII f.: »Le pauvre voit que le riche n'a comme lui que sa propriété qui ne saurait jamais être exclusive; (man denke an: kein Privatleben im Schloß, Verpachtung des Grundbesitzes etc.); que ce riche ne peut jouir de sa fortune que par une distribution qui la subdivise en autant de propriétaires que son revenu renferme de parts; que tout ce qui attaque cette fortune, s'attaque à la propriété de tous.« Und »tous appercoivent clairement que c'est le riche qui fait vivre le pauvre, et le pauvre qui empêche le riche de mourir«. In der weiteren Ausarbeitung (S. 31 ff.) kommen dann die Vorteile heraus, die der Reiche hat, wenn er für sich arbeiten läßt und dafür etwas abgibt (»distribution«). Keine religiösen und keine politischen Motive mehr. Aber die sozialen Alternativen, die das Geld dem einen, aber nicht dem anderen eröffnen, werden nicht berücksichtigt. Der einzige Theorienfortschritt ist der, der dieses Schema reich/arm ans Ende bringt: daß der soziale Unterschied überhaupt nur noch als Unterschied von reich und arm eine Rolle spielt.

(und nicht etwa Geld!) für das Mittel des Abhebens von bloßer Subsistenzwirtschaft.[5] Daraufhin hatte Turgot, geleitet durch die Beobachtung, daß auch in der Landwirtschaft der Kapitaleinsatz und die bezahlte Arbeit zunehmen, das Klassenschema der Physiokraten auf den Gegensatz von Eigentümern und Nichteigentümern (laboureurs *und* ouvriers) gebracht.[6] Parallel dazu beobachtete die britische Wirtschaftstheorie, daß bei wachsendem Wohlstand die wertbildende Bedeutung des Faktors Arbeit im Verhältnis zum Faktor Land *zunehme*.[7] Zugleich versteht sich die Analyse von Arbeit und Produktion, Handel und Verwaltung, Geldwesen und Steuern zunehmend als Gesellschaftstheorie; die alte Sozialabhängigkeit wird als Arbeitsteilung und Handelsabhängigkeit interpretiert, friedlich und fruchtbar qua divine Providence (Harris) oder invisible hand (Smith). Die Gesellschaft wird als zivilisierte, das heißt als arbeitsteilige, das heißt als commercial society gesehen. Erst die Beobachtung der Folgen der Industrialisierung in England verdrängt jedoch den Handel aus dem Zentrum dieses Theoriearrangements, ersetzt ihn durch den Produktionsbegriff (denn es geht ja darum, Steigerung zu erklären), und erst damit kann das Denkschema Kapital/Arbeit die Funktion einer Gesellschaftsbeschreibung übernehmen.

Der Übergang ist schwer zu fassen. Schon die Physiokraten betonen, daß einzelne Eigentümer mehr Eigentum haben müssen, als sie benötigen, damit sie Arbeit schaffen können.[8] Charles Hall[9] betont bereits die arbeitslenkende Funktion des Reichtums; er sieht auch, daß der Reiche nicht nur Arbeit gibt, sondern diese auch im Detail regelt (ohne selbst zu arbeiten?!). Fer-

5 »Comme le travail est le seul moyen d'étendre la subsistance ...«, heißt es z. B. bei Marquis de Mirabeau, L'ami des hommes, ou Traité de la population (zuerst 1756), zit. nach der Ausgabe Paris 1883, S. 26.

6 Siehe Anne-Robert-Jaques Turgot, Réflexions sur la formation et la distributions de richesses (1766), zit. nach æuvres de Turgot (ed. Gustave Schelle), Bd. 2, Paris 1914, S. 533-601.

7 Vgl. Joseph Harris, An Essay upon Money and Coins, Bd. 1, London 1757, S. 1 ff.

8 Mirabeau, a. a. O. (1774), S. 60f.

9 The Effects of Civilization on the People in European States, London 1805, Nachdruck New York 1965.

ner wird klargestellt, daß der Reiche nicht am Reichtum allein, sondern an der *Differenz* von reich und arm interessiert ist[10]; denn nur diese gibt ihm die Möglichkeit, Arme für sich arbeiten zu lassen. Der Reiche übt danach Herrschaft aus; aber er tut dies nach Hall im Interesse seiner Luxusbedürfnisse und nicht nach der Logik des Kapitaleinsatzes. Industrie ist dann nichts weiter als die Möglichkeit des Pauschalzugriffs der Reichen auf die Arbeit der Armen.[11] Die neue Zeit ist noch nicht begriffen. Deshalb lautet die Empfehlung: jeden auf seinen eigenen Acker zu setzen. Ins Schema von Kapital und Arbeit umgedacht wird die gleiche Naivität wenig *später lauten*: Arbeitsteilung sei unabhängig von Kapitalisten möglich. Jeder solle seine Arbeit tun im Vertrauen darauf, daß auch die anderen arbeiten.[12]

Will man die Tragweite der Umstellung von reich/arm auf Kapital/Arbeit erfassen, muß man sich die frühliberale Theorie ansehen. Mit der beginnenden Auflösung der Ständeordnung war das Problem unentscheidbar geworden, wer denn in der Gesellschaft die Gesellschaft repräsentiere und warum. In der politischen Theorie motiviert dieses Problem den Angriff auf die Monarchie im Namen einer mysteriösen, in der Gesellschaft nicht mehr lokalisierbaren volonté générale.[13] In der ökonomischen Theorie wird dasselbe Problem, das Paradox des Wiedererscheinens der Einheit des Ganzen im Ganzen, anders verschlüsselt. In der ein-

10 A. a. O., S. 66.

11 A. a. O., S. 77ff.

12 Siehe Thomas Hodgskin, Labour Defended Against the Claims of Capital, 1825, Nachdruck New York 1969, insb. S. 51f.

13 Die Nichtlokalisierbarkeit der Identität der Gesellschaft in der Gesellschaft und die Erzeugung von Differenz durch jeden Versuch, es trotzdem zu tun, ist die zentrale These von Marcel Gauchet, L'expérience totalitaire et la pensée de la politique, Esprit Juli/August 1976. Oder siehe zeitgenössisch (fast wie ein Kommentar zur volonté générale) Simon-Nicolas-Henri Linguet, Tableau de l'Etat politique actuel du globe, in ders., Mélanges de politique et de littérature, extrait des Annales, o.O. 1778, S. 13: »En France, par example, le monarque se dit la nation; les parlements se disent la nation; la noblesse se dit la nation; il n'y a qu'elle qui ne puisse dire ce qu'elle est, ni même si elle est. En attendant que ce point s'eclaircisse, tout rest confus; tout sert de matière à des prétentions et à des disputes.«

flußreichen Bienenfabel[14] sind es die Reichen, die durch ihre Laster die Wirtschaft antreiben und damit allgemeinen Wohlstand erzeugen. Die Laster der Armen dagegen sind schädlich, weil sie arbeitsunwillig oder arbeitsuntauglich machen. Nur die Reichen können eine Gesellschaft, in der private Ziele und allgemeiner Nutzen auseinanderfallen, repräsentieren, und zwar in der Form eines moralischen Paradoxes. Für die Armen gilt Moral »at face value«. Das Privileg des nützlichen Lasters bleibt ein Privileg der Reichen und bleibt zugleich die Form, in der diese die Gesellschaft repräsentieren. Das Paradox des Wiedererscheinens des Ganzen im Ganzen wird auf diese Weise entschärft, es ist als moralisches Paradox nur noch schockierend, in der Sache selbst aber harmlos und ordnungsfähig. Ohne den Begriff der sozialen Klasse ist eine Art Zwei-Klassen-Theorie vorweggenommen, aber mit der Maßgabe, daß nur die Reichen das System im System erhalten können. Die Ambivalenz bleibt spürbar: es geht schon nicht mehr um die schlichte repraesentatio identitatis, sondern um die Repräsentation eines Paradoxes durch ein anderes Paradox. Erst das Umschreiben von reich/arm auf Kapital/Arbeit und erst die Marxsche Version dieser Theorie machen es möglich, die Repräsentation des Systems durch einen Gegensatz im System zu beschreiben.

Mit der weiteren Ausarbeitung der politischen Ökonomie löst der Gegensatz von Kapital und Arbeit den Gegensatz von reich und arm ab, der bis dahin die bürgerliche Ökonomie beherrscht hatte. Er löst ihn nicht nur ab, er nimmt ihn in sich auf. Die Kapitaltheorie war bereits am Anfang des 18. Jahrhunderts unter dem Unglücksgestirn von »public credit« und Spekulation auf Abwege geraten.[15] Es war nicht gelungen, ihr Eigenrecht gegen den moralischen Sentimentalismus der Zeitgenossen eines Shaftesbury durchzusetzen. Kredit hatte sich, wenn man so sa-

14 Bernard Mandeville, The Fable of the Bees: Or Private Vices, Publick Benefits, 2. Aufl. 1728, zit. nach der Ausgabe von F. B. Kaye, Oxford 1924.

15 Zu den Folgen für die »politische Ökonomie« und die Eigentumstheorie des 18. Jahrhunderts vgl. auch John G. A. Pocock, The Mobility of Property and the Rise of Eighteenth-Century Sociology, in: Anthony Parel/Thomas Flanagan (Hrsg.), Theories of Property: Aristotle to the Present, Waterloo, Ont. Canada, 1979, S. 141-166.

gen darf, selbst moralisch diskrediert.[16] Kapital wird daher zunächst als ein Teilbereich von Reichtum angesehen, nämlich als auf Arbeit beruhender und für Produktionszwecke eingesetzter Reichtum. Nur für diesen Sonderfall interessiert sich seitdem die politische Ökonomie.[17] Es macht trotzdem keine Schwierigkeiten, sich den Kapitalisten als reich und den Arbeiter als arm vorzustellen. Das vieldiskutierte Argument, man müßte dem Arbeiter nur so viel zahlen, wie nötig sei, um ihn zur Arbeit zu motivieren, setzt voraus, daß der Arbeiter arm ist und daß der Reiche nicht zahlen muß. Gebunden an reich und arm kann der Gegensatz von Kapital und Arbeit Sympathien organisieren. Zugleich wird die Wirtschaftstheorie selbst aber von diesen Sympathien unabhängig. Sie kann statt dessen das Verhältnis von Kapital und Arbeit analysieren und gegenüber dem Unterschied von reich und arm kühles Blut bewahren.

Solange man das Hauptproblem im Unterschied von reich und arm gesehen hatte, war Arbeit ein Ausgleichsmechanismus gewesen, der einen Teil der Mittel von oben nach unten transportiert und zugleich das Verhältnis zur Natur verbessert.[18] Entsprechend wurde das Problem der Armut umdefiniert: Es ging nicht mehr um Fürsorge, sondern um Arbeitsbeschaffung. Diese Problemstellung ging jedoch wieder verloren, als man die Differenz reich/arm durch die Differenz Kapital/Arbeit ersetzte und diese als Gegensatz definierte. Denn wer beschafft jetzt Arbeit? Der Gegner, der Kapitalist?

16 Dies muß gesehen werden vor dem Hintergrund der komplizierten, nicht zureichend geklärten Begriffsgeschichte von »Kredit«, verstanden im 18. Jahrhundert im Einklang mit einer noch hierarchischen Gesellschaftsvorstellung als Gebrauch (oder Mißbrauch) der Macht oder der Mittel *eines anderen*. Siehe z. B. Charles Duclos, Considérations sur les Mœurs de ce Siècle (1751), zit. nach der Ausgabe Lausanne 1970, S. 269ff.

17 Siehe die Klarstellungen auf den ersten Seiten von Robert Torrens, An Essay on the Production of Wealth, London 1821, Nachdruck New York 1965.

18 Vgl. Simon-Nicolas-Henri Linguet, Théorie des loix civiles, ou Principes fondamentaux de la société, London 1767, Bd. 1, S. 197; François Véron de Forbonnais, Principes et observations oeconomiques, Amsterdam 1767, S. 12f.; Boesnier de l'Orme, L'esprit du gouvernement économique, Paris 1775, Nachdruck München 1980, S. 28ff., 210, aber auch 303ff.

Die semantische Karriere des Arbeitsbegriffs ist nicht ein Resultat wissenschaftlicher Argumentation gewesen und hat sich auch nicht als die bessere Einsicht durchgesetzt. Am Beginn der neuen politisch-ökonomischen Diskussion um 1760 gab es zwei konkurrierende Möglichkeiten. Man konnte einmal sagen, daß der ökonomische Wert letztlich auf den Wert der Arbeit zurückzuführen sei, der Wert der Arbeit aber in den Kosten ihrer Reproduktion liege, also letztlich im dafür notwendigen Aufwand an Land.[19] Ebenso überzeugend und nicht besser war das andere Argument: daß alle Landausnutzung letztlich Arbeit erfordere.[20] Beide Argumente suchten die Reduktion auf einen Faktor zu begründen, um diesen dann universell zu setzen. Beide konnten sich wechselseitig nicht ausschließen. Dennoch hat die Arbeitswertlehre sich durchgesetzt[21] und offenbar deshalb, weil man über Arbeit, nicht über Land, zwischen reich und arm vermitteln konnte. Dabei wird die ursprüngliche Streitfrage nicht entschieden, sondern nur unterlaufen mit dem Argument, daß der Wert eines Gutes, das man eintausche oder kaufe, letztlich in der dafür aufgewandten Arbeit bestehe, so daß man letztlich immer diejenige Arbeit kaufe, die man sich selbst ersparen möchte.[22]

19 So als Vorläufer der Physiokraten Richard Cantillon, Essai sur la Nature du Commerce en Général (1755), zit. nach der Ausgabe Paris 1952; ferner Forbonnais, a. a. O., S. 10f.

20 Vgl. Boesnier de l'Orme, a. a. O., S. 28f., 34.

21 Schon bei Locke, wenn auch nur zu 99% (und damit ohne Zwang zu einer theoretischen Begründung): »I think that it will be but a very modest computation to say, that of the products of the earth useful to the life of man, nine-tenths are the effetcs of labour«, und dann, nochmals überlegt: »Nay, if we will rightly estimate things as they come to our use, and cast up the several expenses about them – what in them is purely owing to Nature and what to labour – we shall find that in most of them ninety-nine hundreths are wholly to be put on the account of labour« (Two Treatises of Civil Government, Buch II, Kap. V, § 40, zit. nach der Ausgabe der Everyman's Library, London 1953, S. 136).

22 Vgl. Adam Smith, An Inquiry into the Nature and Causes of the Wealth of Nations, 1776, Buch 1, Kap. 5. In jedem Falle liegt dabei die Perspektive eines *Erwerbers* zugrunde – ob nun eigene Arbeit oder gekaufte fremde Arbeit in Frage steht: »The real price of everything ... is the toil and trouble of acquiring it. What everything is really worth to the man

Die Arbeit selbst gerät damit aber – und zwar gerade aufgrund der Lehre, daß sie der einzige (oder doch wichtigste) Faktor sei, der Wohlstand erzeuge – in eine ambivalente Position. Man kann entweder sagen: die Differenz von reich und arm erzeuge Arbeit – und damit Reichtum. Oder man kann sagen: sie erzeuge Macht – und damit Ausbeutung. Für Agrargesellschaften hätte all das nicht (oder nur im Rückblick) gegolten. Aber die Industriegesellschaft bringt, weil sie Arbeit organisieren, das heißt spezifischen Bedingungen unterwerfen muß, den Faktor Arbeit in diese doppeldeutige Lage. Und es ist kein Zufall, daß gerade hier die ideologischen Kontroversen des 19. Jahrhunderts ansetzen.

Zu einer Zuspitzung der Unterscheidung auf einen *Gegensatz* von Kapital und Arbeit kommt es dadurch, daß die politische Ökonomie, grob gesagt, *Moral durch Dynamik* ersetzt.[23] Nur noch Autoren, die später als frühsozialistisch eingestuft werden, argumentieren unentwegt moralisch und fordern eine gerechte Verteilung der Arbeitsprodukte. Gerecht heißt dann, daß jeder den vollen Wert seiner eigenen Arbeit vergütet erhält und so viel Gleichheit hergestellt werden soll, als mit größtmöglicher Produktion und mit Sicherheit kompatibel ist.[24] Das bleibt ein moralischer Appell, offenbar ohne Kontakt mit der eigentümlichen strukturellen Dynamik der modernen Geldwirtschaft. Auf Dy-

who has acquired it, and who wants to dispose of it or exchange it for something else, is the toil and trouble which it can save to himself, and which it can impose on other people. What is bought with money or with goods is purchased by labour, as much as what we require by the toil of our own body.« Der oft erhobene Einwand, man müsse eigene Arbeit und Erwerb aufgrund fremder Arbeit unterscheiden, ist nur ein Einwand gegen den Abstraktionsgrad dieses Ansatzes. Siehe dazu die Umstellung von Tausch auf Produktion und dazu direkt oder indirekt erforderliche Arbeit bei David Ricardo, On the Principles of Political Economy and Taxation, 1817, zit. nach dem Abdruck der 3. Aufl. in: The Works and Correspondence of David Ricardo (Hrsg. Piero Sraffa), Cambridge, Engl., Bd. 1, 1951, S. 11 f.

23 Zu den Anfängen dieses Perspektivenwechsels, der am Ende des 17. Jahrhunderts dann zunächst unterbrochen wurde, vgl. Joyce O. Appleby, Economic Thought and Ideology in Seventeenth-Century England, Princeton 1978.

24 Vgl. z. B. William Thompson, An Inquiry into the Principles of the Distribution of Wealth, London 1824, Nachdruck New York 1968.

namik sind dagegen Theorien eingestellt, die, auf Variablenmodelle reduziert, Konsequenzen der Veränderung einzelner Variabler auszumachen versuchen. Dieses Denken kommt mit Ricardo zu einer ersten Reife. Hier kommt es zur Umstellung der Arbeitswertlehre auf Produktion und, als Konsequenz, zu der Behauptung: »There can be no rise in the value of labour without a fall of profits.«[25] Marx brauchte dann nur noch diesen Satz auf soziale Klassen zu beziehen und als Gegensatz zu interpretieren, der kein Ausweichen mehr erlaubt.

Der Gegensatz von Kapital und Arbeit eignet sich dazu, soziale Klassen zu identifizieren[26], denn er dichotomisiert stärker als die Unterscheidung von reich und arm mit ihren vielen Zwischenstufen. »Arbeiterklasse« ist schon längst vor Marx ein geläufiger Ausdruck. Die Ständelehre der Tradition hatte mindestens drei Stände postuliert. Damit war die Hierarchie unempfindlich gegen Änderungen auf nur einer Ebene. Jede Rangbeziehung konnte und mußte so interpretiert werden, daß der Ordnungssinn des Rangunterschiedes auch in der Verlängerung nach oben und nach unten noch erkennbar war. Die gesellschaftliche Ordnung war als Rangordnung gegeben. Die Reduktion auf nur zwei Klassen bricht mit diesen Ordnungsgarantien. Das Zweierschema kann den Zusammenbruch einer seiner Ebenen, das Scheitern einer der beiden Klassen nicht überleben. Wenn man überdies den Unterschied der beiden Klassen als Gegensatz der beiden Klassen auffaßt, wird die alte Ordnungssemantik von oben und unten in eine Kampfsemantik überführt. Die Instabilität einer Zweierbeziehung wird benutzt, um Änderungserwartungen zu stimulieren. Die sozialen Perspektiven werden von Herkunft auf Zukunft umgestellt. Im »Kapital« von Karl Marx wird diese dynamische Einstellung nochmals verdichtet. Mit Mitteln der ökonomischen Analyse wird gezeigt, daß die Kapitalisten sich selbst ruinieren und die Arbeiter ausgebeutet werden. Ausbeutung kann man aber länger aushalten als Selbstruinierung. Die Arbeiterklasse wird überleben. Sie wird durch Wegfall der Kapitalistenklasse in die klassenlose Gesellschaft übergehen;

25 Ricardo, a. a. O., S. 35.

26 Hierzu näher Niklas Luhmann, Zum Begriff der sozialen Klasse, in: ders.: (Hrsg.), Soziale Differenzierung: Zur Geschichte einer Idee, Opladen 1985, S. 119-162.

und die Frage kann nur sein, ob und was man noch tun muß, um diesen Vorgang zu beschleunigen.

Unbestreitbar eine geniale theoretische Konstruktion. Aber sie ist zugleich Moment einer bestimmten historischen Situation, der sie ihren sozialen und politischen Erfolg verdankt.

Am Anfang des 19. Jahrhunderts war das Angebot, die Gesellschaft vom Gegensatz von Kapital und Arbeit her zu denken, voreilig formuliert worden. Die Gesellschaft war noch nicht soweit. Europa lebte weitgehend noch in agrarischen Verhältnissen. Landwirtschaftliche Produktion wurde zum Teil schon im Hinblick auf Gewinnerwartungen organisiert, aber Grundbesitz wurde nicht als Kapital, das heißt im Vergleich mit anderen Investitionsmöglichkeiten kalkuliert. Was mit der wissenschaftlich-technischen Entwicklung der Landwirtschaft seit dem 18. Jahrhundert beobachtbar wurde, war zunächst nur der zunehmende Kapitalbedarf bei der Vorbereitung und Gewinnung der Ernten auf einem gegebenen Landbesitz. Immerhin war die beginnende Industrialisierung mitsamt ihren Folgen in England schon sichtbar, und die Neuartigkeit dieser Erscheinung faszinierte Europa. Auch die Französische Revolution hatte darauf präpariert, im Neuen das Wesentliche zu sehen. Dem entsprach das Deutungsangebot Kapital und Arbeit mit dem Versuch, die Dynamik der modernen Welt auf präzise Begriffe zu bringen. Die Idee konnte im Vorgriff auf Tatsachen schon überzeugen.

Man kann darüber streiten, wann und in welchem Umfange die gesellschaftliche Entwicklung diese vorgreifende Beschreibung eingeholt hat.[27] Sicher gehört zu den sozialstrukturellen Bedingungen, daß ein nennenswerter Teil der Bevölkerungen über Erfahrungen im organisierten Produktionsbetrieb verfügt und daß diese Erfahrungen Gegenstand einer kontroversen Publizistik werden. Auch wird eine Rolle gespielt haben, in welchem Umfange das ausdifferenzierte, von öffentlicher Meinung abhängige, ansatzweise demokratisierte politische System bereits auf der Suche nach Themen war, die sich für Kontroversen zwischen

27 Vielleicht kann man sagen: in England schon vor Marx, in Deutschland erst nach der Publikation der Hauptwerke von Marx. Vgl. hierzu auch Asa Briggs. The Language of »Class«, in Early Nineteenth-Century England, in: Asa Briggs/John Saville (Hrsg.), Essays in Labour History: On Memory of G. D. H. Cole, London 1967, S. 43-73.

Regierung und Opposition eignen. Gewiß hat dies nie dazu geführt, daß die Unterscheidung von Kapital und Arbeit die Politik beherrscht hat. Schon auf der Ebene der sozialen Differenzierung mußte selbst Marx bei empirischen und historischen Analysen die Existenz anderer Klassen zugestehen. Dennoch hatten Industrialisierung und »soziale Frage« in der zweiten Hälfte des 19. Jahrhunderts so viel Gewicht gewonnen, daß die Theorie auf die faktische gesellschaftliche Lage verweisen und Übereinstimmung mit den Tatsachen behaupten konnte. Der Gegensatz dieser Klassen war durch entsprechende ideologische und organisatorische Bemühungen evident geworden. Man konnte mit einer beliebten, von Disraeli aufgegriffenen Formulierung geradezu von »the two nations« sprechen. Der Widerstand kam nicht so sehr durch Falsifikation zustande. Er wurde dadurch provoziert, daß das Schema Kapital und Arbeit und die daran angeschlossene Klassentheorie von vornherein mit politischen Kampfbegriffen inszeniert waren und so natürlich nicht akzeptiert werden konnten. Immerhin: der unbestreitbare Erfolg verdankt sich einer Konjunktur, einer relativen historischen Übereinstimmung von Idee und Realität. Aber die Konjunktur ist vergangen, und selbst Marxisten leben heute fast nur noch von der Unzufriedenheit mit ihrer eigenen Theorie.

Eine weitere Erfolgsbedingung des Schemas ist ebenfalls historisch lokalisierbar. Die neuartigen Erfahrungen mit der kapitalistischen Geldwirtschaft waren an Aufwärts- und Abwärtsbewegungen orientiert und hatten damit die Kontingenz aller jeweiligen Zustände unübersehbar zu Bewußtsein gebracht. Die krisendurchsetzte Verlaufsform der wirtschaftlichen Entwicklung unter der Regie der »invisible hand« bot einen guten Nährboden für die Entstehung von Ansprüchen und Kampfbereitschaft. Es ging nicht kontinuierlich schlecht, es war nicht hoffnungslos, und besonders Abwärtsbewegungen konnten benutzt werden, um Energie für die Erhaltung des bereits Erreichten freizusetzen. Es ist psychologisch viel leichter, für Besitzstände zu kämpfen als für das Erringen von Vorteilen, die man noch nie besessen hat, und die Besitzstände waren in der Krise immer wieder bedroht. Diese Situation hat sich entscheidend gewandelt. Nicht, daß es keine Krisen mehr gäbe, aber infolge zunehmender Staatsintervention hat sich die Verantwortungslage geändert. Wie immer erfolglos im einzelnen, ist der Staat zum Adressaten für Ansprüche an Krisenmanagement und Krisenvermeidung geworden. Unter der Regie durch die »visible hand« gewinnt der Ruf nach staatlichen Maßnahmen den Vorrang. Dafür braucht man sich nicht als Klasse zu organisieren, darauf hat man als Staatsbürger einen Anspruch. Das Ethos der auf sich selbst gestellten Solidargemeinschaft schwindet, und an dessen Stelle treten partizipative Organisationen. Für diese ist der Gegensatz von Kapital und Arbeit dann noch Legitimationsschema der Organisationen und Verhandlungsgrundlage, ist aber gerade auf diese Weise nun unentbehrliches Darstellungsritual.

III.

Daß man heute Gegenwartserfahrungen mit der Unterscheidung von Kapital und Arbeit – ganz zu schweigen von einer daran angeschlossenen Klassentheorie – nicht mehr angemessen aufarbeiten kann, läßt sich schon innerhalb des Wirtschaftssystems selbst zeigen. Wenn von »der Wirtschaft« gesprochen wird, denkt man allzu oft lediglich an die Produktion. Wenn die Politik sich mit »Vertretern der Wirtschaft« ins Benehmen setzt, so sind Sprecher der Produktionsunternehmen gemeint, wenn man es weit faßt, Arbeitsorganisationen, jedenfalls nicht Hausfrauen, Pensionäre, Jugendliche und auch nicht die staatliche Bürokratie selbst. Der Konsumaspekt des wirtschaftsbezogenen Verhaltens bleibt ausgeblendet. Auch diese (theoretisch unhaltbare) Reduktion stützt die auf den Produktionsprozeß bezogene Dichotomie von Kapital und Arbeit.

Schon die Rolle des Arbeiters als Konsument fügt sich diesem Schema nicht. Einerseits hängt die Wirtschaft davon ab, daß alle Teilnehmer zahlungsfähig sind und bleiben und daß auch der Arbeiter, er vor allem, konsumfähig bleibt. Der Kapitalist (wer immer das sei) hat ein Interesse an der Erhaltung seiner Märkte. Andererseits sind die Wirtschaftssorgen eines Arbeiters hauptsächlich Sorgen eines Konsumenten: Kann er sein Haus halten, wenn die Hypothekenzinsen steigen? Muß die Ferienreise in diesem Jahr ausfallen, weil der neue Wagen monatlich abgezahlt werden muß?

Man kann sich natürlich vorstellen, daß diese Fragen bei höheren Löhnen weniger dringlich werden. Aber wäre es nicht realistischer anzunehmen, daß sie sich bei schöneren Häusern, größeren Wagen, anspruchsvolleren Urlaubsreisen wiederholen? Die Orientierung an Konsummöglichkeiten und an Folgen eines kreditgestützten Überkonsums macht den Wirtschaftsalltag aus, weil hier eigene Entscheidungen zu treffen und Eheprobleme zu verkraften sind. Hier entstehen auch neuartige Sicherheitsinteressen, die in die politische Wahl durchschlagen mögen.

Auch die Ungleichheiten in der Lebenslage von Arbeitern sind weit mehr von der Konsumseite her bestimmt als von den Löhnen; oder jedenfalls betrifft das, was den Einzelfall individualisiert und was sich gegebenenfalls mit tiefgreifenden Folgen ändern kann, den Konsumsektor und nicht das Einkommen. Ob man verheiratet ist oder nicht und ob mit oder ohne Kinder, ob die Frau arbeitet oder nicht und ob man gegebenenfalls noch geschiedene Frauen zu unterhalten hat, ob man in einem ererbten Haus wohnt oder mieten muß – all das wird viel stärker zum ökonomischen Lebensschicksal als die tariflich garantierten Löhne oder gegebenenfalls Versicherungs- und Rentenleistungen. Die wirtschaftlichen Umstände des Arbeiterlebens sind also gar nicht in der Hand des Kapitalisten. Selbst wenn dieser aus seinen Gewinnen etwas höhere Löhne abzweigen könnte und wollte: der Effekt wäre im Verhältnis zu den Konsumdaten minimal. Die Kampfsemantik von Kapital und Arbeit verliert infolgedessen ihren Realitätsbezug. Sie versucht ein Gegensteuern, versucht ein Umlenken der Probleme auf das Erkämpfen eines höheren Anteils am Produktionsertrag. Unter diesem Gesichtspunkt kann an Solidarität der Arbeiterschaft appelliert und Aktion organisiert werden. Aber in diese Aktion könnten die Probleme des Wirtschaftsalltags kaum mehr eingehen. Die Gewerkschaften können mit einem Kampf um Pauschalverbesserungen die wirtschaftliche Situation des Arbeiters nicht wirklich ändern. Die erreichbaren Lohnerhöhungen haben zwar symbolische (und als solche durchaus reale) Bedeutung, gehen aber im Alltag, man frage die Hausfrauen, unter. Man kann kaum erwarten, daß die Probleme derjenigen, die in wirtschaftlichen Schwierigkeiten stecken, dadurch gelöst werden könnten; und letztlich weiß man auch, daß auf diese Weise Konsumchancen nur geringfügig umverteilt werden. Die Solidarität der Arbeiterklasse wird »ausgebeutet«, wenn die Gewerkschaften ihnen eine Verbesserung ihrer Lage in Aussicht stellen. Vielleicht ist es nützlich, sich vorzustellen, daß binären Unterscheidungen immer ein »eingeschlossenes ausgeschlossenes Drittes« zugeordnet ist, das den Gegensatz sprengt – ein »Parasit« im Sinne von Michel Serres.[28] Im Falle von reich/arm war Arbeit das eingeschlossene ausgeschlossene Dritte, jenes Moment, in dem der Gegensatz seine Grenzen, seine Überwindung fand. Im Falle Kapital/Arbeit scheint der Konsum diese Rolle zu spielen. Bleibt man der Semantik von Kapital und Arbeit treu, kann man die Konsumgesellschaft immer noch als List des Kapitalisten interpretieren, der den Fabrikterror durch den Konsumterror ersetzt, um seine Profite zu retten. Aber was bleibt von dem Gegensatz übrig, wenn der »Parasit Konsum« die Positionen des Kapitalisten und des Arbeiters auf ein Gemeinsames zurückführt?

IV.

Einer der Gesichtspunkte, unter denen der Gegensatz von Kapital und Arbeit seit Marx erörtert wird, ist die unterschiedliche Konfliktfähigkeit der entsprechenden Klassen. Sie wird selbst heute noch[29] damit begründet, daß der Arbeiter durch Hunger zur Arbeit getrieben wird, während der Kapitalist kein existentielles Risiko eingeht und deshalb nicht unter Zeitdruck steht. Schon seit mehr als dreihundert Jahren gibt es in Europa aber keine Hungersnöte mehr[30], und die großen sozialen Erfindungen des späten 19. Jahrhunderts wie Sozialversicherung und Margarine tun ein übriges, um diese Auffassung als reichlich anachronistisch erscheinen zu lassen. Dennoch gibt es jene Ungleichheit der Konfliktfähigkeit; aber sie hat ganz andere Gründe, und zwar Gründe, in denen sie sich selbst aufhebt.

28 Michel Serres, Le parasite, Paris 1980.

29 Vgl. Georg Vobruba, Politik mit dem Wohlfahrtsstaat, Frankfurt 1983, S. 178ff.

30 Das hat im übrigen nichts mit Industrialisierung zu tun, sondern ist durch Verbesserung der Agrikulturtechnik im 17. und 18. Jahrhundert längst vor der Industrialisierung erreicht worden.

Im Verhältnis zur Größe (wie immer gemessen am Umsatz oder an Beschäftigungszahlen) ist die Gewinnspanne der Unternehmen und damit ihre Schicksalstoleranz sehr gering. Das Verhältnis von Umsatz und Eigenkapital wird immer riskanter. Schon die Keynessche Theorie hatte diesem Umstand Rechnung getragen und deshalb nicht die Gewinne der Kapitalisten, sondern eine defizitäre Haushaltspolitik des Staates zur Schaffung von Arbeit vorgesehen. Wesentliche Kostenerhöhungen, die nicht über Preissteigerungen weitergeleitet werden können, haben daher den Zusammenbruch zur Folge. Damit gehen Arbeitsplätze verloren. Dies kann dem Kapitalisten gleichgültig sein, nicht jedoch den Gewerkschaften, die die Interessen der Arbeiter vertreten. Wie in der Dialektik von Herrschaft und Knechtschaft[31] führt dies zur Reflexionsüberlegenheit der Knechte. (»Die *Wahrheit* des selbständigen Bewußtseins ist demnach das *knechtische Bewußtsein*«). Das Mitberücksichtigen solcher Auswirkungen hemmt die Konfliktfähigkeit viel wirksamer als existentielle Notlagen. Der Kapitalist kann andere Geldanlagen suchen, in denen sein Einkommen von Arbeitsbereitschaft und von Bedingungen des Arbeitsmarktes unabhängiger ist. Er braucht dabei nicht die Interessen der Arbeiter ins Kalkül zu ziehen. Die Vertretungs- und Kampforganisationen der Arbeiterschaft können dagegen nur unter Einbeziehung von Interessen des Kapitals kalkulieren. In ihrer Lage ist das »taking the role of the other« unvermeidlich. Sie müssen den Konflikt zunächst in sich selbst austragen, und das heißt heute weitgehend: ihn vermeiden oder ihn mit einem bloßen Anschein von Ernsthaftigkeit führen. Ihre Alternative ist ein Funktionärsradikalismus, der sich über erkennbare Folgen hinwegsetzt, und die Frage ist dann, ob und wieweit die Masse der Arbeiter mitmacht.
Auch in dieser Hinsicht sind historische Veränderungen zu notieren. Sie sind dem Kapitalisten zugute gekommen. Er kann sein Geld in Staatspapieren anlegen. Er kann auf weniger arbeitsaufwendige Technologien ausweichen. Mehr als zuvor ist die Beschäftigung von Arbeitern für ihn kontingent geworden, also eine Option mit Alternativen. Besonders was Geldanlagemög-

31 Nach Georg W. F. Hegel, Phänomenologie des Geistes IV A, zit. nach der Ausgabe von Johannes Hoffmeister, Leipzig 1937, S. 141 ff.

lichkeit angeht, ist dies eine der vielen unbeabsichtigten Folgen des Wohlfahrtsstaates und seiner Verschuldung. Wenn aber die eine Partei Ausweichmöglichkeiten hat, muß die andere dies in Betracht ziehen. Die Freiheit der einen Seite wird zur Reflexion der anderen, und die vielen negativen Anreize, die unter der Gesetzgebung des Wohlfahrtsstaates auf die Beschäftigung von Arbeitern gesetzt sind, verstärken diesen Effekt noch. Für die Gewerkschaften entsteht daraus bei langfristiger Kalkulation das paradoxe Problem, das Kapital bekämpfen und an der Flucht hindern zu müssen.

V.

Wäre die Unterscheidung von Kapital und Arbeit nur ein mittlerweile inadäquates Theoriegerüst des Wirtschaftssystems, könnte man die Auflösung diesem System und seinen Theorien überlassen. Das Wirtschaftssystem war aber im letzten Drittel des 18. Jahrhunderts zur Inspirationsquelle von Gesellschaftstheorien avanciert und ist dies bis zur Entstehung der Soziologie geblieben. Begriffe wie populus/peuple/people, die in der ersten Hälfte des 18. Jahrhunderts noch wie zuvor nur Eigentümer (und als solche unabhängige Mitglieder der Gesellschaft) bezeichnen und Haushaltsangehörige, Gesinde, Arbeiter, Vaganten ausschließen, werden erweitert. Arbeiter werden in dem Maße, als die Wirtschaftstheorie den Faktor Arbeit herausstellt, in die Gesellschaft einbezogen.[32] Nur so ist, so paradox es klingen mag, der neue Begriff der bürgerlichen Gesellschaft möglich geworden. Die wirtschaftsspezifische Unterscheidung von Kapital und Arbeit hatte aus diesen rein historischen Gründen den Anspruch mitbekommen, die Struktur des Gesellschaftssystems zu formulieren. Das hatte sehr tiefgreifende Folgen.
Noch heute fällt uns die Vorstellung schwer, die Sowjetunion und die Vereinigten Staaten von Amerika seien Regionen ein und

32 Freilich ist diese semantische Transformation keineswegs nur in der technisch-ökonomischen Literatur zu beobachten, ist aber auch nicht unabhängig von ihr zu denken. Zur Rolle von Defoe in diesem Zusammenhang Maximilian E. Novak, Economics and the Fiction of Daniel Defoe, 2. Aufl. New York 1976, S. 67ff. (74f.).

desselben Gesellschaftssystems, weil wir immer noch meinen, daß eine unterschiedliche Regelung des Verhältnisses von Kapital und Arbeit Gesellschaftssysteme differenziere oder daß sie jedenfalls nicht in einem einheitlichen Gesellschaftssystem toleriert werden könne. Das ist vielleicht die aktuellste Folge einer semantischen Fehlsteuerung und jedenfalls die, die am ehesten zu einer politisch-militärischen Katastrophe führen kann.

Sieht man mehr ins Detail, dann vermehren sich die Ungereimtheiten. Man findet kaum gesellschaftliche Probleme, die mit dieser Unterscheidung erfaßt und durch Verschiebungen innerhalb dieser Differenz oder durch ihre Aufhebung gelöst werden könnten. Ein Kampf an dieser Front hilft nirgends recht weiter.

Die derzeit wohl zentralen Probleme der modernen Gesellschaft liegen in den Rückwirkungen von Umweltveränderungen, die die Gesellschaft ausgelöst hat, auf die Gesellschaft selbst. Das gilt nicht nur für die physisch-chemisch-organische Umwelt; das gilt ebensosehr für die psychische Umwelt des Gesellschaftssystems. In einem Maße wie nie zuvor ändert unser Gesellschaftssystem die Lebensbedingungen auf dem Erdball. Wir können nicht voraussetzen, daß die Gesellschaft weiterhin mit der Umwelt, die sie schafft, existieren kann. Ebenso fraglich ist, ob die Gesellschaft die psychischen Mentalitäten, vor allem diejenigen Motive erzeugt, mit denen sie als Gesellschaft fortexistieren kann, oder ob es auch hier zu Diskrepanzen kommen kann, die historisch ohne jede Parallele sind. Was könnte es für diesen gesamten Fragenkomplex besagen, wenn das Verhältnis von Kapital und Arbeit anders geregelt würde? Daß allein dadurch die Motive (Arbeitsmotive? Konsummotive? – um nur die wirtschaftlichen zu nennen) erzeugt werden könnten, die eine Kontinuität des gesellschaftlichen Zusammenhanges sichern könnten, wird heute wohl niemand ernstlich behaupten.

Eine weitere Problemquelle liegt in der eigentümlichen Wachstumsdynamik der modernen Gesellschaft und in der Kanalisierung dieses Wachstums durch die einzelnen Funktionssysteme, insbesondere Wirtschaft, Wissenschaft, Erziehung und Politik. Alle diese Systeme sind strukturell auf Abweichung von gegebenen Zuständen eingestellt. Sie verfolgen Steigerungs- und Verbesserungsziele. Die gesellschaftsinternen Folgen dieser Dynamik sind kaum abzusehen. Die Zunahme regionaler Differenzen bei gleichzeitiger Zunahme weltweiter Interdependenzen ist der vielleicht auffälligste Tatbestand. Die Weltgesellschaft wird mehr und mehr ein einheitliches System – und zugleich ein System, das immense Diskrepanzen erzeugt und zu ertragen hat. Das schließt eine politische Vereinheitlichung aus, ohne dafür eine Alternative, ein funktionales Äquivalent zu bieten. Und wieder: Was hilft uns die Unterscheidung von Kapital und Arbeit und ein Austragen von Konflikten an dieser Front bei solchen Problemen?

Diese Art von Überlegungen ließe sich fortsetzen. Das würde jedoch nicht weiterführen. Es kommt auch nicht darauf an, eine These zu widerlegen, die niemand vertritt: daß alle Probleme an einer Front gelöst werden könnten. Die Frage ist eher, welches empirisches Gewicht solche Leitdifferenzen haben und welche Folgen sich aus einer semantischen Fehlsteuerung ergeben können.

Gerade wenn man die Semantik von Kapital und Arbeit verabschieden muß, empfiehlt es sich, auch ihre Zuspitzung auf Konflikt, Parteinahme, Bewußtseinsbildung kritisch zu beurteilen. Innerhalb dieser Semantik wird die Kausalität von Ideen zugleich unterschätzt und überschätzt. Sie wird unterschätzt im Kontext einer materialistischen Geschichtsauffassung. Sie wird überschätzt als Resultat der Anreizwirkung des Gegensatzes von Kapital und Arbeit selbst. Auch zu dieser Unausgeglichenheit müssen wir Distanz gewinnen.

Man kann die Bedeutung von (angemessenen oder unangemessenen) Ideen für die Entwicklung gesellschaftlicher Verhältnisse verschieden einschätzen. In jedem Falle geht es nicht um einen Unterschied von Materie und Geist. Vielmehr werden Ideen selbst zur gesellschaftlichen Realität, sobald sie im Kommunikationsprozeß Ausdruck finden. Das Problem ist also: ob und wie in der Gesellschaft über die Gesellschaft kommuniziert wird, und weiter: wie im Kommunikationsprozeß auf die Ideen, Begriffe, Theorien, Unterscheidungen usw. reagiert wird, die im Kommunikationsprozeß selbst verwendet werden. Denn davon hängt ab, was hervorgehoben und was verdunkelt oder einfach nicht gesehen wird; was als Information erscheint und gegen welche anderen Möglichkeiten Entscheidungen sich profilieren;

ferner, was erwartet wird und vor welchem Erwartungshintergrund Kritik geübt werden kann. Kein Kommunikationsprozeß kann das, worüber er spricht, ohne Verkürzungen und Vereinfachungen erfassen. Gerade deshalb verdienen die Folgen bestimmter Vereinfachungen für die weitere Kommunikation unser Interesse.

In diesem Kontext führt die Fehlsteuerung der gesellschaftlichen Kommunikation durch die Unterscheidung von Kapital und Arbeit dazu, daß irrelevante oder irreführende Folgerungen gezogen und daß Konflikte angereizt und betrieben werden, die keine Beziehung zu den Großproblemen unserer Gesellschaft haben. Niemand wird bestreiten, daß es Kapital und Arbeit »gibt«. Niemand wird bestreiten, daß die Haupterrungenschaft des »Kapitalismus«, daß auch Kapitalinvestitionen (und nicht nur Produktion, Tausch und Konsum) *wirtschaftlich* kalkuliert werden können, ebenso erfolgreich wie in ihren Auswirkungen problematisch ist. Niemand wird fortbestehende Verteilungsprobleme bestreiten. Niemand wird bestreiten, daß Arbeiter eine organisierte Vertretung ihrer Interessen benötigen. Nur die relative Prominenz dieses Problembereichs in der Beschreibung unseres Gesellschaftssystems steht zur Diskussion.

Diese Leitsemantik führt zu einer heute nicht mehr vertretbaren Engführung der Aufmerksamkeit. Die Unzufriedenheit mit den Bedingungen des Lebens in der modernen Gesellschaft wird auf einen Konfliktpunkt gelenkt, und dieser wird, wenn man so sagen darf, bevorzugt mit Energie beliefert. Schon die Probleme der modernen geldorientierten Wirtschaft werden so nicht adäquat erfaßt. Schon die wichtige Frage, ob Preise und preisbezogene Daten uns überhaupt zutreffende (oder: mit welchen Einschränkungen zutreffende) Informationen über Wirtschaft und Gesellschaft liefern, wird verdrängt, wenn es nur um die Verteilung des Geldes geht. Erst recht ist es illusorisch anzunehmen, daß die moderne Gesellschaft bei Wegfall der Differenz von Kapital und Arbeit – also bei Verzicht auf eine rein wirtschaftliche Kalkulation des Kapitaleinsatzes – ein glücklicheres Leben ermögliche.

VI.

So utopisch denkt heute wohl niemand mehr. Aber die Impulse solcher Annahmen und der Schwung, die sie dem Denken im Schema von Kapital und Arbeit verliehen hatten, tragen immer noch. Vorgreifend formuliert und in ihrer Hochkonjunktur in der zweiten Hälfte des 19. Jahrhunderts sehr überzeugend, hat diese Semantik heute den Kontakt zu den Verhältnissen verloren. Wie kann aber eine so nutzlose Unterscheidung so fest sitzen?

Es gibt mehrere Möglichkeiten, diesen Sachverhalt zu erklären. Man kann darauf abstellen, daß die Dichotomie von Kapital und Arbeit *Organisationen*, vor allem Gewerkschaften, produziert hat, die ihrerseits nun, weil damit erfolgreich, an diese Semantik gebunden sind und sie reproduzieren. Man müßte dann darauf warten, daß der Anachronismus so evident wird, daß die Organisationen ihre Anhängerschaft verlieren oder sich ideologisch anpassen müssen. Eine andere Deutung wäre: daß adäquate Gesellschaftsbeschreibungen zu schwierig, daß also *Selbstsimplifikationen* nötig sind und daß diese ohnehin unvermeidliche Imperfektion die Evidenz der Fehleinstellung verschleiert. Es wäre das, in gewissem Sinne, ein soziologisch erklärbares Versagen der Soziologie.[33] Diesen Erklärungsansätzen, die sich wechselseitig nicht ausschließen, sondern ergänzen, läßt sich eine weitere Überlegung anfügen. Sie muß auf einem Umweg eingeleitet werden, nämlich über eine Theorie der Ideenevolution.

Seit der Erfindung von Schrift gibt es im Rahmen der allgemeinen gesellschaftlichen Evolution eine Art Sonderevolution von textförmigen Semantiken.[34] Sie benutzt die allgemeinen Variationsmöglichkeiten der gesellschaftlichen Evolution, nämlich Negation, Antezipation von Negationsmöglichkeiten und insti-

33 Was nicht ausschließt, gerade angesichts der soziologischen Reflexion dieses Tatbestandes, noch und wieder Hoffnungen auf Soziologie zu setzen. So z. B. Peter Heintz, Die Weltgesellschaft im Spiegel von Ereignissen, Diessenhofen, Schweiz, 1982. Vgl. auch Niklas Luhmann, The Self-Description of Society: Crisis Fashion and Sociological Theory, International Journal of Comparative Sociology 25 (1984), S. 59-72.

34 Für eine knappe Darstellung vgl. Niklas Luhmann, Gesellschaftsstruktur und Semantik, Bd. 1, Frankfurt 1980, S. 45 ff.

tutionell abgesicherte Konfliktfähigkeit. Diese allgemeinen Variationsmöglichkeiten produzieren laufend Abweichungen als Vorlagen für einen Selektionsprozeß, der gelegentlich darauf zurückgreifen und damit gesellschaftliche Strukturen ändern kann. Ideenevolution ist möglich, wenn das evolutionäre Verfahren innerhalb der Gesellschaft mit speziellerem Focus nochmals zum Zuge kommt, und zwar mit Bezug auf vertextete Semantiken, die für die Steuerung der Kommunikation selbst ausdifferenziert sind.

Die dafür ausgebildeten Mechanismen der Variation haben die typische Doppelstruktur evolutionärer Variation. Sie bestehen aus ermöglichenden und anregenden Sachlagen einerseits und aus Einrichtungen der Beschleunigung andererseits (so im Falle der Evolution des Lebens: Mutation und genetische Rekombination durch bisexuelle Reproduktion). Als basaler Variationsmechanismus dienen im Falle der Ideenevolution *Inkonsistenzen* und *unlösbare* Probleme in der akzeptierten und für Kommunikation unentbehrlichen Semantik. So entstehen, wenn man die am Menschen plausible Unterscheidung von Denken (Intellekt) und Handeln (Willen) auf Gott projiziert und damit absolut setzt, Inkonsistenzen in der Theologie, die das Mittelalter von Thomas über Duns Scotus bis William Ockham beschäftigt und zur Weiterentwicklung der Dogmatik angeregt haben. Der Beschleunigungsmechanismus liegt in *verbesserten Kontrollmöglichkeiten* – Kontrolle im Sinne des mittelalterlichen »contrarotulare« gemeint, also als Vergleich von Texten mit Texten oder eventuell von Informationen mit Texten, aber nicht im Sinne von »control« als Beherrschung und Steuerung eines Vorganges, der Ziele realisiert. Die Steigerung der Kontrollmöglichkeiten (aber nicht der Zielerreichungsmöglichkeiten!) liegt einerseits in der Schrift, dann vor allem im Buchdruck und heute in der elektronischen Datenverarbeitung. Sie schafft eine geradezu explosive Ausgangslage für Ideenevolution.[35]

35 Für Buchdruck vgl. (die Fortschritte in der großwerkstattmäßigen Textreproduktion im Spätmittelalter etwas unterschätzend) Elisabeth L. Eisenstein, The Printing Press as an Agent of Social Change: Communications and Cultural Transformations in Early-Modern Europe, 2 Bde., Cambridge, England 1979. Speziell zu Auswirkungen auf die Reformation auch dies., L'avènement de l'imprimerie et la Réforme: une nou-

Bei technisch so verbesserten Kontrollmöglichkeiten werden plötzlich Inkonsistenzen der überlieferten Semantik in einem Umfange sichtbar wie nie zuvor. Die innersemantische Reaktion auf diesen Tatbestand in Europa hat unübersehbare Folgen. Man denke nur an neue Notwendigkeiten der Methodisierung, der Systematisierung und der didaktischen Aufbereitung der Materialien[36] und an ihre Auswirkungen auf das Gedankengut selbst. Es verbleibt ein kaum zu verkraftendes Maß an Inkonsistenzen. Das Problem wird seit dem 16. Jahrhundert in anscheinend neuartiger Weise gelöst bzw. abgeschwächt, nämlich durch *Externalisierung von Inkonsistenzen*[37] vor allem durch Konfessionsbildung. Man zieht sich in eine engere, systematisierbare Semantik zurück und schließt nichtverkraftbare Inkonsistenzen aus. An die Stelle von semantischer Variation im Rahmen eines einheitlichen Weltbildes tritt dann zum Teil wieder sozialer Konflikt, also der allgemeine Variationsmechanismus gesellschaftlicher Evolution. Man erkauft sich eine intern beruhigte, tradierbare Semantik durch Abgrenzung nach außen, und speziell innerhalb des Protestantismus wiederholt sich dieses Verfahren in einem Ausmaße, daß schließlich Individualisierung der Glaubensentscheidungen und Toleranz sich unausweichlich aufdrängen.

Meine These ist, daß die Ideologiebildungen, die an die Französische Revolution und an die Wahrnehmung von Folgen der Industrialisierung anschließen, nichts anderes sind als die Wiederholung dieses Auswegs in einem säkularisierten und reflektierten

velle approche au problème du démembrement de la chrétienté occidentale, Annales E. S. C. 26 (1971), S. 1355-1382; ferner Christopher Small, The Printed Word: An Instrument of Popularity, Aberdeen 1982.

36 Für eine Interpretation der Dialektik von Pierre de la Ramée und ihres Erfolges unter diesem Gesichtspunkt vgl. Walter J. Ong, Ramus: Method, and the Decay of Dialogue: From the Art of Discourse to the Art of Reason, Cambridge, Mass. 1958. Vgl. auch ders., The Presence of the Word: Some Prolegomena for Cultural and Religious History, New Haven 1967; ders., Interfaces of the Word: Studies in the Evolution of Consciousness and Culture, Ithaca, N. Y. 1977.

37 Einen guten Überblick, speziell auf England im 17. Jahrhundert zugeschnitten, bietet Herschel Baker, The Wars of Truth: Studies in the Decay of Christian Humanism in the Earlier Seventeenth Century, 1952, Nachdruck Gloucester, Mass. 1969.

Kontext. Es geht nicht mehr um Religion, sondern um die Gesellschaft und ihre Beschreibung. Außerdem macht die bereits eingeübte Praxis des Externalisierens von Inkonsistenzen ihre Reflexion erforderlich. Eine gute Ideologie muß sich selbst reflektieren, das heißt darstellen können, weshalb sie nur von einigen und nicht von anderen angenommen wird und weshalb dies zu sozialen Konflikten führt. Der Ausweg und die Reflexionserleichterung, die das 19. Jahrhundert sich erlaubte, lagen im Bezug auf vorgegebene soziale Konflikte – eben die von Kapital und Arbeit. So konnte man die Externalisierung von Inkonsistenzen, und das unterschied Ideologie von Konfession, ohne Verantwortung und ohne Schuld vollziehen. Die Ideologie der Ideologien, die Superideologie, wenn man so sagen darf, erlaubte es, Weltbilder von sozialen Standorten aus zu formulieren.
Folgt man diesen grob skizzierten Linien einer evolutionstheoretischen Erklärung, dann sieht man, wie sich durch eine Art Evolution der Bedingungen für Evolution Kontingenzen zu schwer reversiblen Notwendigkeiten verfestigen. Beobachtung und besonders funktionale Analyse können darüber »aufklären«, aber eben damit sieht man nicht nur die Kontingenz des eingefahrenen Musters, sondern zugleich auch die Schwierigkeiten, die auftauchen, wenn man die Probleme anders lösen, zum Beispiel die Inkonsistenzen anders als durch Externalisierung beruhigen will. Zumindest dafür scheint sich das Schema von Kapital und Arbeit nach wie vor glänzend zu eignen. In brillanten Analysen war es Karl Marx gelungen, genau dies Problem des Externalisierens von Inkonsistenzen in die eigene Analyse einzubauen und mit der Darstellung der Widersprüche und Externalisierungsnotwendigkeiten des Kapitals die eigene Parteibildung, sei es zu verdecken, sei es als Parteibildung in ihrer historischen Notwendigkeit zu begründen. Nirgendwo sonst, sicherlich nicht im Liberalismus und in der Restaurationsphilosophie, war es gelungen, so genau am Problem zu operieren. Genau diese Leistung hat denn auch verhindert, daß »das Kapital« dem eine eigene Theorie entgegensetzen konnte. Es konnte nur die Verhältnisse in der Hand behalten und genau damit die Selbstauflösung der marxistischen Theorie, die das nicht ignorieren kann, in Gang bringen.
Statt dieser Lösung haben wir jetzt also gar keine.

Dies zu wissen führt nicht unmittelbar weiter. Die bei Marx theorie*intern* geleistete *Externalisierung der Externalisierung von Inkonsistenzen* ist so nicht zu überbieten. Sie sichert sich selbst gegen das Argument tu quoque ab. Natürlich ist das ganze Reflexionsmanöver durchschaubar.[38] Damit allein produziert man jedoch noch keine neue Gesellschaftstheorie. Allenfalls die Ausgangspunkte für eine solche liegen damit durch Ideenevolution fest. Man kommt nur weiter, wenn man die Gesellschaft als selbstreferentielles und deshalb mit Paradoxie belastetes System auffaßt. Das geht als Anspruch an eine Theorie weit über die übliche Behandlung »struktureller Widersprüche« mit Hilfe von Latenzannahmen oder von dialektischen Gesetzlichkeiten hinaus. Und selbst wenn eine solche Theorie gelänge, wäre es zweifelhaft, ob sie sich bei einer soziologischen Selbstprüfung bescheinigen könnte, eine sozial brauchbare Selbstbeschreibung der modernen Gesellschaft zu sein.

38 Ich denke etwa an die Rekonstruktion der Hegelschen Reflexion durch Gotthard Günther, die zeigen kann, daß eine mehrwertige Logik, interpretiert als mehrstellige Logik, sich selbst als Subsystem enthält und sich so, anders als die klassische Logik, als einen von mehreren Anwendungsfällen ihrer selbst mit anderen Anwendungsfällen vergleichen kann. Siehe besonders: Cybernetics Ontology and Transjunctional Operations, in: Gotthard Günther, Beiträge zur Grundlegung einer operationsfähigen Dialektik, Bd. 1, Hamburg 1976, S. 249-328. Das Problem wiederholt sich im übrigen bei jeder universalistisch ansetzenden Theorie. Vgl. auch C. A. Hooker, On Global Theories, Philosophy of Science 42 (1975), S. 152-179.

Kapitel 6
Knappheit

I.

Es gehört nicht viel Phantasie dazu, sich vorzustellen, daß zahlreiche Bedingungen menschlichen Lebens, von Nahrung über geschützten Wohnraum bis zu Verkehrsmitteln, von Materie über Energie bis zu Information, ganz zu schweigen von Raum und Zeit, nur in begrenzten Mengen vorhanden sind, und zwar selbst dann, wenn die Begrenzung für Lebenszwecke praktisch uninteressant ist. Das allein genügt jedoch nicht, um von Knappheit zu sprechen.[1] Mit Knappheit ist, wie immer dieser Begriff bestimmt wird, eine soziale Wahrnehmung von Beschränkungen gemeint, an die soziale Regulierungen anschließen können. Nicht zuletzt die Diskussionen über ökologische Bedingungen der Fortführung gesellschaftlichen Lebens machen es notwendig, diesen Unterschied im Auge zu behalten; denn es versteht sich nicht von selbst, daß Endlichkeiten, welcher Art auch immer, als Knappheiten wahrgenommen werden.[2]
Im Unterschied zum allgemeinen Problem der Endlichkeit soll von Knappheit deshalb nur gesprochen werden, wenn die Pro-

1 Anders ein anthropologischer Ansatz, wie er von Balint Balla, Soziologie der Knappheit: Zum Verständnis individueller und gesellschaftlicher Mängelzustände, Stuttgart 1978, vertreten wird, der von einem existentiellen Mißverhältnis zwischen Bedürfnissen und Verfügbarkeiten (Mensch als »Mängelwesen«) ausgeht, sich aber dann ebenfalls genötigt sieht, diese existentielle Knappheit, die durch keine Güterzunahme behoben werden kann, von konkreten Knappheitsproblemen zu unterscheiden (z.B. S. 12).

2 Gerade die ökologische Literatur übergeht oft diese wichtige Unterscheidung in dem Bemühen, aus »ökologischer Knappheit« direkte Folgerungen zu ziehen. Siehe z.B. William Ophuls, Ecology and the Politics of Scarcity: Prologue to a Political Theory of the Steady State, San Francisco 1977, mit der Formulierung »ecological scarcity«. In der wirtschaftswissenschaftlichen Behandlung ökologischer Probleme ist es dagegen üblich, Knappheit sogleich als Allokationsproblem zu sehen. Vgl. z.B. Horst Siebert, Ökonomische Theorie der Umwelt, Tübingen 1978.

blemlage durch Entscheidungen mitbestimmt ist, die innerhalb der Gesellschaft beobachtet und zur Diskussion gestellt werden können – seien es Zugriffsentscheidungen oder Verteilungsentscheidungen.[3] Vor dem Hintergrund dieser Unterscheidung (die letztlich in einer Unterscheidung von Welt und System verankert werden könnte) ist es möglich, die eigentümlich zirkuläre Struktur des Problems der Knappheit herauszuarbeiten. Dabei müssen wir eine Reihe von Thesen voranstellen, die sich nur im Kontext weitläufiger systemtheoretischer Annahmen begründen lassen. Im folgenden geht es nur um die Fruchtbarkeit dieser Thesen.

Die Grundannahme lautet: Knappheit ist eine Form entfalteter Selbstreferenz. Sie kann sich als selbstreferentielles Arrangement nur mit Hilfe einer Unterscheidung konstituieren. Selbstverständlich kann man, wenn man Knappheit bezeichnen will, knappe und nicht knappe Mengen unterscheiden. Diese Unterscheidung wird jedoch fruchtbar nur, wenn man ihr unterlegt, daß auch endliche Mengen nicht ohne weiteres knapp sind. Öl beispielsweise ist nicht schon deshalb knapp, weil es nur in begrenzten Mengen vorhanden ist. Knappheit entsteht also durch Aussonderung eines engeren Komplexes aus dem Bereich endlicher Mengen. Erst die Entstehung von Knappheit spaltet die Gesamtheit der im Prinzip endlichen Mengen in knappe und nichtknappe Güter. Die Entstehung von Knappheit setzt diese Differenz aber auch voraus, denn sie kann sich nicht auf alle endlichen Mengen beziehen. Logisch kann man dies Problem durch Anweisung zu einem Willkürakt der Einführung einer Unterscheidung lösen, aus dem dann alles weitere folgt[4]; empirisch wird

3 Diese Sicht verleiht dem Problem der Knappheit ein Flair des Tragischen, da Entscheidungen, die in dieser Situation getroffen werden, sich typisch mit ihren Folgen in Widerspruch setzen zu den Werten, die sie vertreten. Unter diesem Gesichtspunkt behandeln Guido Calabresi/Philip Bobitt, Tragic Choices, New York 1978, eine Anzahl von Lösungsansätzen – nur um letztlich zu dem Ergebnis zu kommen, daß es keine Lösung gibt, sondern man den Ausweg darin finden müsse, verschiedene Strategien zu mischen und gegebenenfalls die Mischung zu wechseln.

4 Etwa im Sinne von Spencer Browns Anweisung »draw a distinction!«, wenn man Knappheit bezeichnen will (indication), um daran weitere

man davon ausgehen müssen, daß es Systeme gibt, die durch autopoietische Operationen Knappheit konstituieren, indem sie sich dadurch von der Umwelt unterscheiden.

Damit wird es zur entscheidenden Frage, welche selbstreferentielle Operation Knappheit konstituiert (oder für eine logische Ebene der Beobachtung: was der Begriff der Knappheit im Rahmen der ihn konstituierenden Unterscheidung bezeichnet). Wir verstehen diese Operation als *Zugriff* auf eine Menge unter der Bedingung, daß der Zugriff die Möglichkeit weiterer Zugriffe beschränkt.[5] Der Zugriff erzeugt mithin Knappheit, während zugleich Knappheit als Motiv für den Zugriff fungiert. Der Zugriff aktualisiert also ein selbstreferentielles Verhältnis. Er schafft seine eigenen Bedingungen. Er stellt sich seine Effekte als seine Motive vor. Aber im historischen Kontext findet er sich natürlich immer schon in Situationen vor, die durch andere Zugriffe bereits strukturiert sind, so daß die einzelne Operation sich immer an der durch andere bestimmten Situation orientieren, sich also immer auch fremdreferentiell begründen und exculpieren kann. Die Vertreibung aus dem Paradies ist zugleich Schuld und Schicksal.[6]

Knappheit ist demnach, wenn man nicht von der einzelnen Operation, sondern vom System ausgeht, in dem sie stattfindet, ein *paradoxes* Problem. Der Zugriff schafft das, was er beseitigen will. Er will sich eine zureichende Menge sichern und schafft dadurch die Knappheit, die es erst sinnvoll macht, sich eine zureichende Menge zu sichern.

Diese Paradoxie erscheint, wenn man die Selbstreferenz eines Systems unbeschränkt zuläßt. Das ist zunächst geboten für eine Theorie selbstreferentieller Systeme, die gerade in der Selbstreferenz das konstituierende Moment ihres Gegenstandes sieht. Zugleich findet sich damit aber diese Theorie selbst blockiert, indem sie einen Gegenstand voraussetzt, der sich selbst blockiert

Theorieentscheidungen anzuschließen. Siehe George Spencer Brown, Laws of Form, 2. Aufl., London 1971, S. 3.

5 Siehe auch, mit stärkeren Konnotationen, »capture« bei Michel Aglietta/André Orléan, La violence de la monnaie, Paris 1984, S. 37 u. ö.

6 Und schon der Sündenfall hat ja diese Struktur, daß man sündig wird, weil man sündig ist; denn wie anders hätte Eva auf die Worte der Schlange hören können.

und dadurch operationsunfähig, also auch unbeobachtbar macht. Aber wie kommt man zu Einschränkungen der Selbstreferenz, die das System und den Beobachter entblockieren?
Ein altes Rezept (Russell und Whitehead, Tarski) empfiehlt hier als unerläßlich die Unterscheidung mehrerer »Ebenen« (oder »Typen«), etwa Objektsprache und Metasprache. Das führt aber nur auf die Frage, ob Paradoxievermeidung ein hinreichender Grund ist für die willkürliche Einführung solcher Beschränkungen. Außerdem weiß man, daß die Ebenenhierarchie nicht funktioniert, weil schon der Begriff der Ebene eine Verweisung auf andere Ebenen impliziert.[7] Muß man sich also entschließen, nicht sehen zu wollen, was man nicht sehen kann?
Aus diesem Engpaß könnte eine neue Unterscheidung hinausführen: die Unterscheidung von natürlichen und künstlichen, von als notwendig erscheinenden und als kontingent erscheinenden Beschränkungen der Selbstreferenz.[8] Diese Unterscheidung ist stets systemrelativ zu handhaben. Sie ist außerdem durch Lernprozesse beeinflußbar, wenngleich nicht in Richtung auf allmählich vollständige Selbstdurchsichtigkeit eliminierbar. Vor allem hat sie, dank ihrer Systemrelativität, für die selbstreferentiellen Systeme und für ihre Beobachter, die ihrerseits selbstreferentielle Systeme sein müssen, eine je verschiedene Bedeutung. Der Beobachter muß, und kann, voraussetzen, daß das beobachtete System Beschränkungen der Selbstreferenz oder Formen der Enttautologisierung und Entparadoxierung als »natürlich« und »notwendig« empfindet und nicht weiter hinterfragt. Der Beobachter selbst muß sich auf diese Prämisse einlassen, denn damit entparadoxiert er sich selbst. Immerhin kann er auf diese Weise sehen, daß Systeme (andere und er selbst) nicht sehen, was sie nicht sehen. Und er kann die Differenz zwischen natürlicher und artifizieller, notwendiger und kontingenter Beschränkung auf Verschiebbarkeit hin analysieren, wenngleich, wie gesagt, nicht aufheben.

7 Vgl. für detaillierte Analysen Douglas R. Hofstadter, Gödel, Escher, Bach: An Eternal Golden Braid, Hassocks, Sussex, UK 1979.

8 Vgl. hierzu Lars Löfgren, Some Foundational Views on General Systems and the Hempel Paradox, International Journal of General Systems 4 (1978), S. 243-253.

Diese Zwischenüberlegung, dieser kurze Ausflug in Begründungsprobleme einer allgemeinen Theorie selbstreferentieller Systeme, führt uns auf die Frage, mit welchen Annahmen und Verfahren denn Systeme, die sich durch das Paradox der Knappheit konstituieren, ihre Selbstreferenz beschränken und dadurch (im Sinne des logischen Gebrauchs dieses Begriffs) »entfalten«. Oder anders gefragt: Durch welche Reduktionen gänzlich unbestimmter und unbestimmbarer Komplexität baut das System bestimmte (und deshalb: beobachtbare) Komplexität auf? Oder mit nochmals anderen Worten: Welche Abdunkelungen und Invisibilisierungen seiner Paradoxie entblockieren das System und bilden damit die Bedingungen der Möglichkeit seiner Operationen?

Ein sehr allgemeines Verfahren, das diese Probleme löst (das heißt: in andere Probleme transformiert) kann mit dem Begriff der *Bifurkation* und, im Anschluß daran, mit dem Begriff der *Codierung* bezeichnet werden. Eine Bifurkation verhindert, daß die konstitutive Paradoxie *als Einheit wirksam wird*. Sie wird durch eine *Differenz* ersetzt mit der Folge, daß Operationen sich innerhalb dieser Differenz orientieren können und die Frage nach der Einheit der Differenz nicht mehr auftaucht. Sie wird durch bewährte Anschlußfähigkeit abgelöst.

Wenn das Ausgangsproblem in der Paradoxie liegt, daß Knappheit durch Zugriff erzeugt und behoben, vermehrt und verringert wird (und daß ein Beobachter das sehen kann!), kann die daraus folgende Blockierung durch eine Verzweigung mit Anschlußoperationen gelöst werden. *Für den*, der zugreift, verringert sich die im Zugriff vorausgesetzte Knappheit. *Für alle anderen* vergrößert sie sich. *Beides* geschieht *im selben System*. Wie immer zufällig derjenige Zugriff sein mag (und oft wird er deshalb mit dem Namen »Gewalt« bedacht), der eine Bifurkation erzeugt: an die dadurch etablierte Differenz können weitere Operationen anschließen, wenn sich die Ausgangsdifferenzen kondensieren, das heißt, wiederverwenden lassen. Durch Bifurkation entsteht ein geschichtetes System, in dem Sequenzen zu (möglicherweise änderbaren) Strukturen gerinnen. Kondensierte Knappheit[9] erscheint dann als Differenz von »Haben« und

9 Auch »condensation« hier im Sinne von Spencer Brown, a. a. O., S. 5.

»Nichthaben« mit der Folge, daß sich diejenigen Operationen unterscheiden, die man im Anschluß an Haben bzw. an Nichthaben ausführen kann.[10]

Auf diese Weise wird die Blockierung *aller* Operationen eines an Knappheit orientierten Systems durch die Paradoxie ihres Prinzips vermieden. Die Paradoxie wird invisibilisiert, da man sich stets in einer durch Zugriffe schon vorstrukturierten Bifurkation, also in einer geschichteten Situation befindet. Das konstituierende Problem erscheint daher nur in einer abgeschwächten, nicht mehr ursprünglichen Form. Es ist transformiert in Allokations- und Verteilungsprobleme oder auch in Probleme der Legitimation von Ungleichheit. Nur für einen Beobachter ist es noch möglich, das zu sehen, was das System selbst nicht sehen kann: die konstituierende Paradoxie. Das System selbst vertraut der unsichtbaren Hand.

Ähnliche Überlegungen finden sich in einer Literatur, die an die Anthropologie René Girards anschließt und auf dieser Grundlage mit verstärkten Prämissen arbeitet.[11] Die Paradoxie der Knappheit liegt hiernach in ihrer anthropologischen Konstitution, nämlich darin, daß jeder das Begehren (désir) anderer imi-

10 Siehe zu solchen Prozessen der Verstärkung von zufallsgenerierten Bifurkationen Ilya Prigogine/ Isabelle Stengers, Dialog mit der Natur: Neue Wege naturwissenschaftlichen Denkens, München 1981, S. 165 ff. Entsprechende Überlegungen im Kontext der Kybernetik des »positiven feedback« bei Magoroh Maruyama, The Second Cybernetics: Deviation-Amplifying Mutual Causal Processes, General Systems 8 (1963), S. 235-241. Für beide Theorierichtungen ist im übrigen die Tendenz typisch, nur den einen Pfad einer Bifurkation zu verfolgen und nur dessen Aufbauleistung als sich entwickelndes System zu sehen. Diese Tendenz müßte kontrolliert werden. Wir werden deshalb davon ausgehen, daß ein System sich durch Bifurkation erzeugt in dem Sinne, daß beide Pfade systemintern relevant bleiben und sich wechselseitig bedingen. Denn sonst kommt man zu einer Theorie, die nur das Eigentum sieht und nicht das Nichteigentum und die dann weder Tauschverhältnisse noch die sozialen Kosten von Ungleichheit begreifen kann.

11 Siehe neben Aglietta/Orléan, a. a. O., vor allem Paul Dumouchel/Jean-Pierre Dupuy, L'enfer des choses: René Girard et la logique de l'économie, Paris 1979; Jacques Attali, Les trois mondes: Pour une théorie de l'après-crise, Paris 1981, S. 191 ff.

tiert und dadurch mit dem, den er imitiert, in Konflikt gerät.[12] Bei Universalisierung dieser Prämisse, das heißt, wenn auch der imitiert, der imitiert wird, also der Imitierte den Imitierer imitiert, gründet sich das daraus entstehende System der reziproken, wechselseitigen Imitation auf eine Paradoxie; denn Imitation wird dann zugleich Selbstimitation und Konflikt. Das Problem wird in dem Maße akut, als strukturelle und semantische Imitationsverbote (»interdits«) fallen, die durch gesellschaftliche Differenzierung (Mann/Frau, Schichtung, Ethnien usw.) gestützt und religiös begründet waren. Damit wird die Paradoxieproblematik aus der Religion, wo sie mit bewährten Mitteln sterilisiert werden kann[13], in die Wirtschaft verschoben. Die Büchse der Pandora wird geöffnet, und die Aufklärung beginnt ihren Weg – nur um ihrer eigenen Paradoxie zu verfallen.[14]

Das Problem dieser Theorie liegt sicher in der Einseitigkeit, mit der der Mensch auf désir und rivalité mimétique hin interpretiert wird.[15] Wir korrigieren diesen Ansatz deshalb durch eine systemtheoretische, de-anthropologisierende Abstraktion.[16] Die doppelte virtuelle Imitation ist nur ein Anwendungsfall des ganz allgemeinen Problems doppelter Kontingenz.[17] Die Theorie

12 Nicht unbedingt ein neuer Gedanke. Siehe z.B. Spinoza, Ethica III, Prop. 31 und 32, zit. nach Opera, Bd. II, Darmstadt 1967, S. 304ff.

13 Hierzu Niklas Luhmann, Society, Meaning, Religion – Based on Self-Reference, Sociological Analysis 46 (1985), S. 5-20.

14 Siehe Jürgen Habermas, Der philosophische Diskurs der Moderne: Zwölf Vorlesungen, Frankfurt 1985.

15 Ganz offensichtlich liegt auch eine Alternative zur Anthropologie Max Webers vor, der annahm, der Mensch könne sich in beträchtlichem Ausmaße durch Askese zu wertspezifischer, religiöser oder ökonomischer Rationalität motivieren. Die neuzeitliche Geschichte wird als Auswechseln der Wertbeziehung eingeübter Askese interpretiert, während im girardesken Kontext das Fallen der »interdits« den Ausschlag gibt. In beiden Deutungen fehlt eine zureichende sozialstrukturelle Beschreibung (um nicht Erklärung zu sagen) des Wandels.

16 Man könnte auch sagen: die von Girard und seinen Anhängern herausgestellte Motivstruktur ist, evolutionär gesehen, nicht die Ursache, sondern eine Folge der Knappheitsparadoxie, eine Folge der Logik sozialer Systemevolution.

17 Hierzu Niklas Luhmann, Soziale Systeme: Grundriß einer allgemeinen Theorie, Frankfurt 1984, S. 148ff.

wird damit von Eigenschaften des Menschen auf Eigenschaften von Problemen umgegründet. Zugleich bleiben aber ihre wesentlichen Einsichten erhalten: vor allem die Einsicht in die paradoxe Ambivalenz der Knappheit und in die Notwendigkeit, genau diese Ambivalenz unsichtbar zu machen und sie durch andere, ergiebigere Problemformeln zu ersetzen.[18] Und es bleibt in historischer Sicht die Frage, ob und wieweit diese Problemformeln gegen Religion differenziert werden können.

II.

Im Anschluß an die Überlegungen über Bifurkation und Kondensierung von Knappheit läßt sich genauer beschreiben, wie das Problem der Paradoxie in behandelbare Formen übersetzt und dadurch evakuiert wird. An die Stelle der Ausgangslage, die auf der Gleichsetzung von Mehr und Weniger (oder: von Überfluß und Mangel) aufsitzt, wird die Unterscheidung von Haben und Nichthaben gesetzt. Aus »A weil Nicht-A«wird damit »A ist nicht Nicht-A«. Haben und Nichthaben werden in ein Verhältnis wechselseitiger Exklusion gebracht (statt: wechselseitiger Bedingung). Das setzt sinnbildende Leistungen des Kondensierens von Bezeichnungen voraus, so daß dieselbe Bezeichnung in der Modalität des Habens bzw. Nichthabens wiederholbar wird, ohne ihren Sinn zu ändern. Sie ruht, das ist vorausgesetzt, verläßlich auf der Konstanz der Unterscheidung und dem Identischbleiben des Gegenteils.

Es lohnt sich, zunächst einen Blick auf einen Parallelvorgang im Bereich der Religion zu werfen. Auch hier wird das Heilige zunächst paradox konstituiert als Einheit von Schrecken und Entzücken, von Repulsion und Attraktion, von lähmender Angst und befreiender Freude.[19] Durch Verbindung von Religion mit

18 Vgl. besonders den Beitrag von Paul Dumouchel, L'ambivalence de la rareté, in: Dumouchel/Dupuy, a. a. O., S. 135-254.

19 Daß hier auch physiologische Ausgangspunkte für institutionelle Bifurkationen zu finden sind, hat seinerzeit Parsons sehr beschäftigt. In: Some Reflections on the Problem of Psychosomatic Relationship in Health and Illness, in Talcott Parsons: Social Structure and Personality, New York 1964, S. 112-126, kommt das trotz der Bezugnahme auf die

der Moral kann das Paradox auf den Moralcode bezogen und dadurch einer Bifurkation unterworfen werden: Wer gut handelt, kann sich im Bereich des Heiligen sicher und wohl fühlen; wer schlecht handelt, muß sich fürchten. Auch das setzt Kondensierungen voraus, in diesem Falle Regeln, die so weit generalisiert sind, daß man an ihnen erkennen kann, ob das Handeln gut oder schlecht ist. Die Gottheit ist moralisch konstituiert und zieht all die Paradoxien auf sich, die dann in der Form von Theodizeen die Theologen und Philosophen beschäftigen werden. Und nicht zufällig geschieht dies verstärkt im 17. und im 18. Jahrhundert, wenn die Paradoxien der Moral selbst entdeckt werden: daß eigensüchtiges Handeln wohltätige Folgen haben kann (Mandeville) oder umgekehrt gute Absichten vor schlimmen Folgen nicht bewahren.

Auch Knappheit muß, wenn sie überhaupt Orientierungspunkt werden soll, sich aus ihrer eigenen Ambivalenz befreien, und auch dies geschieht zunächst im Horizont von Religion (siehe Sündenfall!) über moralische Codierung.[20] Im Kontext solcher Kosmologien können Mengenbegrenzungen und Knappheiten noch nicht unterschieden werden, ebensowenig wie Gefahren und Risiken. Die Probleme werden deshalb nicht als Folgen der eigenen Entscheidungen aufgefaßt, sondern der Welt, wie sie ist, zugerechnet und mit Sorgfalt »faktorisiert«. Ihre Konsequenzen für Menschen werden als Erwartungen formuliert und in eine »moralische Ökonomie« eingebracht.[21] Dabei kann, je nach

Forschungen von James Olds nicht klar genug zum Ausdruck. Vgl. auch Neal E. Miller, Central Stimulation and Other New Approaches to Motivation and Reward, American Psychologist 13 (1958), S. 100 bis 108; T. C. Schneirla, An Evolutionary and Developmental Theory of Biphasic Processes Underlying Approach and Withdrawl, Nebraska Symposium on Motivation 1959, S. 1-42.

20 Vgl. hierzu die viel zitierte Darstellung von George M. Foster, Peasant Society and the Image of Limited Good, American Anthropologist 67 (1965), S. 293-315. Ferner ders., Tzintzuntzan: Mexican Peasants in a Changing World, Boston 1967, S. 124ff.

21 Dieser Begriff stammt von E. P. Thompson, The Moral Economy of the English Crowd in the 18th Century, Past and Present 50 (1971), S. 76 bis 136. Vgl. auch James Scott, The Moral Economy of the Peasant, New Haven 1976. Leider verfehlt diese Literatur (ebenso wie z. B. auch James A. Roumasset: Rice and Risk: Decision Making Among Low Income

ökologischem, sozialstrukturellem und kulturell-semantischem Kontext, das Tugendschema variiert und mehr die Tüchtigkeit und Durchsetzungsfähigkeit des Mannes oder mehr die generalisierte Reziprozität, die soziale Verpflichtung zum Abgeben und Helfen, in den Vordergrund gerückt werden. Spätestens im 18. Jahrhundert wird jedoch deutlich, daß die Wirtschaftsordnung diese Grundlagen sprengt und sich den Anforderungen einer moralischen Codierung entzieht.[22] Weder kosmologische noch spezifisch religiöse, noch moralische Gesichtspunkte reichen aus, um die Bewegung der modernen Ökonomie zu begreifen; und vor allem wird es zunehmend unfruchtbar, sie lediglich als Abweichung von natürlichen oder moralischen Sollwerten aufzufassen.[23]

Mit der Sprengung der »moralischen Ökonomie« durch eine Evolution, die eine Retribalisierung der Gesellschaft unwahrscheinlich macht, haben die zuvor durch Moral zusammengehaltenen Perspektiven von Teilnehmern und Beobachtern sich getrennt. Der Teilnehmer erlebt Knappheit nach wie vor als (relative) Deprivation, und er sucht nach wie vor, Moral zu mobilisieren, um seine Lage im Kontext steigender Erwartungen, also steigender Knappheit, zu verbessern. Der Beobachter sieht

Farmers, Amsterdam 1976) die wichtige Unterscheidung von Gefahren und Risiken (Risiken als Folgen, die durch eine andere Entscheidung vermeidbar gewesen wären) und behandelt die Abwesenheit eines Risikokalküls so, als ob es sich um »risk-aversion« handele.

22 Wichtige Interpretationen, die jedoch das Phänomen der Ausdifferenzierung so stark betonen, daß das Verbleiben in der Gesellschaft und die neuen Formen der Integration übersehen werden, sind Karl Polanyi, The Great Transformation (1944), zit. nach der deutschen Übersetzung The Great Transformation: Politische und ökonomische Ursprünge von Gesellschaften und Wirtschaftssystemen, Frankfurt 1978, und Louis Dumont, Homo aequalis: Genèse et épanouissement de l'idéologie économique, Paris 1977. Korrigierend, aber zu moral economy zurückführend, Georg Elwert, Märkte, Käuflichkeit und Moralökonomie, in: Burkhart Lutz (Hrsg.), Soziologie und gesellschaftliche Entwicklung. Verhandlungen des 22. Dt. Soziologentages in Dortmund 1984, Frankfurt 1985, S. 509-519.

23 Schon in den handelspolitischen Theorien des Merkantilismus zeichnet sich diese Wende ab. Vgl. dazu Joyce O. Appleby, Economic Thought and Ideology in Seventeenth-Century England, Princeton 1978.

Knappheit in einem ganz anderen Sinne, zum Beispiel als Summenkonstanz oder als Allokationsproblem oder als Problem der Steigerung der verteilbaren Mengen.[24] Daß jeder Umgang mit Knappheit und jeder Vorschlag einer Semantik der Knappheit in der Gesellschaft beobachtet werden können, ohne daß diese Beobachtung an einen vorgängigen moralischen Code gebunden wäre, ist erst eine in der Neuzeit erreichte Lage, und genau darauf reagiert eine radikale Funktionalisierung der Begriffsbildungen.[25]

Aber wenn es demzufolge darum geht, Knappheit zu entparadoxieren und durch Bifurkation zu operationalisieren, und wenn dies die Leistung der moralischen Codierung gewesen war: was tritt als funktionales Äquivalent an ihre Stelle?

III.

An die Stelle der Moral tritt, zunächst noch unter ihrer Ägide und notdürftig mit ihr versöhnt, die Codierung eines besonderen, symbolisch generalisierten Kommunikationsmediums, das speziell auf die Behandlung von Knappheitsproblemen zugeschnitten ist. Als Medium, in dem sinnspezifische Kommunikation sich festlegen und Unwahrscheinliches erreichen kann, dient zunächst einfach die Menge der Güter, auf die man zugreifen kann; oder anders gesagt: die die Gütermenge multiplizierende Menge der Zuordnungsmöglichkeiten. Dieses Medium ist nichts, es entsteht nicht ohne Formen, an denen es sichtbar wer-

24 Nach wie vor gibt es natürlich auch noch Beobachter, ja selbst Beobachter mit Theorieanspruch, die in das Klagen der Teilnehmer einstimmen und ihre Theorien in Richtung auf ein Sündenbocksyndrom oder gar in Richtung auf Revolution als ein großes Sündenbockschlachtfest entwikkeln.

25 Die Gegenposition wäre natürlich eine *Hermeneutik* der Knappheit. Die Hermeneutik setzt, ausgelöst durch Schrift und durch Buchdruck, bei einer Differenz von interner und externer Beobachtung an und sucht sie zu überwinden – von unserer Position aus ein historisch verständliches, aber vergebliches Bemühen, das man nicht dadurch retten kann, daß man das Subjekt aus den Texten eliminiert, also von den Beschränkungen eines Beobachters ganz abstrahiert.

den kann.[26] Und es dient dann der Form, die sich im Medium unterscheiden kann, als Hintergrund anderer Möglichkeiten. Das Wirtschaftsmedium ist mithin für die eigene Ausdifferenzierung auf Formen angewiesen, die Zuordnung festlegen. Wir sprechen von *Eigentum*.

Erst mit der Ausbildung eines (wie immer noch sachgebundenen) symbolisch generalisierten Kommunikationsmediums für Wirtschaft entsteht Knappheit als Folge differentieller Verteilung im selben System.[27] Probleme entstehen, um es abstrakter zu formulieren, als Korrelate ihrer Lösung. Eigentum bildet sich, wenn das Zugreifen auf knappe (als knapp angesehene und dadurch knapp werdende) Mengen Positionen des Habens bzw. Nichthabens kondensiert. Kondensiert soll dabei heißen, daß Sinnbestandteile von Situation zu Situation wiederholbar zur Verfügung stehen; und dies, obwohl sie letztlich paradoxen Ursprungs sind und obwohl sie der Opposition durch den Gegenwert ausgesetzt sind. Wer etwas hat, kann diese Habe immer wieder benutzen. Wer etwas nicht hat, dem fehlt dieses Etwas immer wieder. Wiederholung ist Kondensierung desselben – und dies nicht nur in dem strikt logischen Sinne, den George Spencer Brown[28] diesem Begriff zugrunde legt, sondern zusätzlich in einem soziologischen Sinne in der Weise, daß sich dadurch Erwartungen in bezug auf die Zukunft bilden, sich als Sicherheiten in bezug auf Bedarfsbefriedigung bzw. Not gewinnen lassen. Codes sind mithin kondensierte Oppositionen. Wie bei aller Bifurkation entstehen dadurch Zeit und Geschichte. Der Weg der Eigentumsbildung baut Möglichkeiten auf, die nicht auf einmal zu gewinnen sind und sich festigen bis zu einem Punkt, den Marxisten als Klassenbildung beschreiben würden. Der Weg der Kondensierung von Nichteigentum hat die gleiche Struktur. Dabei

26 Auf die Unterscheidung Medium/Form komme ich in Kapital 9 nochmals ausführlicher zurück. Siehe auch Niklas Luhmann, Das Medium der Kunst, Delfin VII (1986), S. 6-15.

27 Deshalb kann man sehr wohl der Meinung sein (obwohl es heutigen Beobachtern schwerfällt, das so zu sehen), daß älteste Gesellschaften ohne Knappheit gelebt haben. Siehe dazu Marshall Sahlins, The Original Affluent Society, in ders., Stone Age Economics, Chicago 1972, S. 1-39.

28 A. a. O., S. 5.

bezieht sich die Opposition von Haben und Nichthaben auf alles, was eigentumsfähig ist und von da ab Gut genannt wird. Sie ist nicht ohne weiteres gleichzusetzen mit der Unterscheidung von reich und arm, sondern gerade auch für die Beziehungen zwischen Reichen von Bedeutung. Sie kann jedoch, wenn unkontrolliert, extreme Differenzen zwischen reich und arm erzeugen und sich von daher der sozialen Kritik aussetzen.

Daß und wie Eigentum als Code wirkt, läßt sich nicht zureichend begreifen, wenn man Eigentum im Sinne des traditionellen Begriffs als rechtlich gedeckte Sachherrschaft (dominium) auffaßt.[29] Entscheidend ist vielmehr die *Differenz* von Eigentum und Nichteigentum. Es wäre, mit anderen Worten, falsch, anzunehmen, daß nur die Eigentümer an der Wirtschaft (und durch sie: an der Gesellschaft) teilnehmen und die Nichteigentümer ausgeschlossen sind. Unter einer solchen Voraussetzung wäre jeder Tausch unmöglich, der ja voraussetzt, daß der eine Teilnehmer Nichteigentümer ist und der andere Nichteigentümer wird. Der Eigentumscode besagt mithin, daß in bezug auf *alle* eigentumsfähigen Güter *jeder* Eigentümer oder Nichteigentümer ist und daß dritte Möglichkeiten ausgeschlossen sind. Die *Inklusion* wird durch die *Differenz, nicht durch den positiven Codewert bewirkt.*[30] Jedes Eigentum des einen ist das Nichteigentum aller anderen. Gerade das macht eine solche Codierung, evolutionär gesehen, extrem unwahrscheinlich, denn warum sollen alle (!) anderen ihren Ausschluß akzeptieren. Sie akzeptieren ihren Ausschluß von bestimmtem Eigentum, weil das ihre Inklusion in die Wirtschaft bewirkt. Wirtschaft kann deshalb nur evoluieren, wenn für diese Form der Inklusion hinreichende Motive bereitgestellt werden können. Das kann durch soziale Verpflichtungen des Eigentümers erreicht werden, am wirksamsten aber schließlich durch die Monetarisierung der Wirtschaft, die sicherstellt, daß jede Nutzung von Geld zugleich Übertragung auf andere und damit Weitergabe des Eigentums ist. Dann

29 Ob dieser Begriff für juristische Zwecke ausreicht (was heute ebenfalls bestritten wird), können wir hier offenlassen. Wir kommen darauf zurück.

30 Ebenso in allen anderen Fällen: Man könnte z.B. nicht an Wahrheit teilnehmen, wenn man nicht an Unwahrheit teilnähme; nicht an Recht, wenn man nicht an Unrecht teilnähme, usw.

ist man nur noch mit Problemen der Verteilung konfrontiert, problematisiert die Differenz von reich und arm und erfindet schließlich den Begriff der sozialen Klasse, um sich die Verteilung der Eigentümer/Nichteigentümer auf Verteilungen vorstellen zu können – handlich und angriffsfähig.[31] Nur wenn Eigentum als Code gesichert ist, können Formen des »crossing« (Spencer Brown) entwickelt werden, das heißt Formen der Transformation von Eigentum in Nichteigentum bzw. von Nichteigentum in Eigentum. Wenn dies in bezug auf verschiedene Güter (und nicht nur als ein die Wirkung annullierendes Hin und Zurück) ermöglicht wird, sprechen wir von Tausch. Tausch wird zunächst ein Nebeneffekt der Institutionalisierung von Eigentum gewesen sein, besonders unter dem Regime einer moralisch generalisierten Reziprozität, die das Geben zur sozialen Pflicht macht und Gegenleistungen nur, gleichsam bei Gelegenheit und aus Dankbarkeit, zurückfließen läßt. Das Geben und Helfen, das wir als Tausch klassifizieren würden, wird zunächst nicht nur, vielleicht nicht einmal primär im Hinblick auf knappe Güter praktiziert. Es genügen Bedarfslagen, die Gelegenheiten dazu bieten. Die komplexen Konditionierungen, die zur Vorstellung der *Einheit* eines Tausches abstrahiert werden müssen (und wir sprechen hier noch gar nicht von der juristischen Einheit synallagmatischer Beziehungen, die auch die Rückabwicklung von Fehlleistungen einbeziehen), werden sich nur sehr langsam und zunächst ganz am Rande der Moral entwickelt haben. (Dies nicht zuletzt deshalb, weil der unausgeglichen gelassene Tausch Abhängigkeitsverhältnisse entstehen läßt und deshalb in segmentären Gesellschaften invisibilisiert werden muß.)[32]

Die Kondensierung von Eigentum und die allmähliche Freigabe des Tausches führen zur Ausdifferenzierung eines symbolisch generalisierten Kommunikationsmediums speziell für Knappheitssituationen. Das heißt, man kann erfolgreich und zielerrei-

31 Hierzu näher Niklas Luhmann, Zum Begriff der sozialen Klasse, in: ders. (Hrsg.), Soziale Differenzierung: Zur Geschichte einer Idee, Opladen 1985, S. 119-165.

32 Vgl. etwa Elman R. Service, The Hunters, Englewood Cliffs, N. J. 1966, S. 16f.; ferner Marshall D. Sahlins, Stone Age Economics, Chicago 1972, S. 149-314.

chend kommunizieren, *obwohl* die Knappheitsparadoxie, Imitationskonflikte, Steigerung von Erwartungen und Beobachtbarkeit des Zugriffsverhaltens *dies an sich unwahrscheinlich machen*. Dabei wird der Tausch mehr und mehr unter die Regie des Eigentums gebracht, das heißt, zugelassen, sofern nur die Eigentümer bzw. Nichteigentümer es wollen. Die Kontrolle des Tausches durch das Eigentum gibt dem Code Haben/Nichthaben eine neue Qualität. Und diese wird sich nochmals ändern, wenn der Tausch das Eigentum zu kontrollieren beginnt. Diese Umkehrung wird jedoch erst im Übergang zur modernen Gesellschaft möglich werden. Sie ist eine Folge der Zweitcodierung des Eigentums durch das Geld. Wir kommen darauf zurück.

In der Form der binären Codierung, die ihr durch Eigentum gegeben wird, wird Knappheit zur *Kontingenzformel* für einen bestimmten Bereich gesellschaftlicher Kommunikation. Die Funktion solcher Kontingenzformeln besteht darin, die Beliebigkeit anderer Möglichkeiten (hier: anderer Zugriffe) so weit einzuschränken, daß die Aktualisierung einer Möglichkeit die anderer ausschließt oder zumindest beschränkt. Als Formel gefaßt, erscheint die Paradoxie nur noch als bestimmbare Kontingenz, als limitierter Bereich anderer Möglichkeiten (hier: anderer Verwendungen des Eigentums), wobei die Transformation in diese Form im Vollzug vergessen wird. Der Rückgriff auf die Herkunft wird blockiert, die Paradoxie wird unsichtbar gemacht, und man hat es dann nur noch mit Problemen der Unsicherheit und der stets fragwürdigen Rationalität des eigenen Verhaltens zu tun. Durch Kontingenzformeln wird, mit anderen Worten, Unbestimmbarkeit operationalisiert und entscheidbar gemacht. Man kann Erwartungen bilden und Anschlußoperationen auslösen – wenn nicht mit Sicherheit, so doch mit einem Grad an Wahrscheinlichkeit, der nicht von vornherein entmutigt.

Kontingenzformeln haben eine eigentümliche modaltheoretische Struktur. Sie erscheinen einerseits als notwendig und andererseits als kontingent. Notwendig sind sie für dasjenige System, das sich mit ihrer Hilfe strukturiert und beobachtet; denn ohne Kontingenzformel wäre das System der Unbestimmbarkeit ausgesetzt, die aus einer tautologisch-paradoxen, selbstreferentiellen Konstitution folgt. Als notwendig erscheint dem System das, was den Durchgriff auf seine Paradoxie blockiert, was die logische Unbestimmbarkeit seiner Selbstreferenz verdeckt und wie ein interner Horizont anstelle jener inneren Unendlichkeit Halt gibt.[33] Für einen Beobachter, der auch die Funktion solcher Kontingenzformeln sehen und daher nach funktionalen Äquivalenten fragen kann, ist diese Semantik kontingent, also auch anders möglich. Ihre Notwendigkeit wird dann nur noch durch die Schwierigkeit gehalten, Ersatz zu finden. Das Begreifen oszilliert gewissermaßen zwischen Notwendigkeit und Kontingenz und kann sich selbst modaltheoretisch nicht festlegen. Es muß damit auf eine ontologische Auffassung seines Gegenstandes verzichten.

Nachdem wir schon seit mehreren Jahrhunderten unter geldwirtschaftlichen Bedingungen leben und unsere Semantik darauf eingestellt haben, ist eine Denkweise nur mühsam zu rekonstruieren, die allein vom Sacheigentum ausging. Unter diesen Umständen waren am Eigentum wirtschaftliche, politische und familiale Aspekte kaum zu trennen. Eigentum wurde als Form des Rechts auf Selbsterhaltung angesehen, und nur dieses Recht berechtigte zur Inklusion in die Gesellschaft.[34] Die Funktion des Eigentums war es, jene Selbständigkeit zu gewährleisten, die eine Mitgliedschaft in der Zivilgesellschaft ermöglichte.[35] Vor einer monetären Ausdifferenzierung der Wirtschaft konnte daher auch die Code-Funktion des Eigentums, das heißt die Inklusion der Eigentümer *und Nichteigentümer* in die Wirtschaft der Gesellschaft, nicht adäquat begriffen werden. Der Eigentumsbegriff selbst war, ganz anders als das, was die Pandektistik als »rö-

33 Eines der berühmtesten Beispiele für einen solchen Sachverhalt ist die Konstitution apriorischer Bedingungen ihrer eigenen Möglichkeiten durch die sich selbst befragende Vernunft. Andere Möglichkeiten des Vergleichs wären: Freiheit als Kontingenzformel der Moral; Gott als Kontingenzformel der Religion; Gemeinwohl als Kontingenzformel der Politik.

34 Das hatte nicht zuletzt zur Folge, daß selbst Begriffe wie populus (erst recht: cives) nicht alle in einem Gebiet wohnenden Menschen bezeichnen und man demzufolge zwischen cives und habitatores, zwischen Bürgern und Einwohnern unterschied.

35 Vgl. zum Auslaufen dieser Tradition John G. A. Pocock, The Mobility of Property and the Rise of Eighteenth-Century Sociology, in: Anthony Parel/Thomas Flanagan (Hrsg.), Theories of Property: Aristotle to the Present, Waterloo, Ont., Canada 1979, S. 141-166.

misch-rechtlichen Eigentumsbegriff« aufgebaut hat, relativ unscharf gegeben; es genügte offenbar eine Unterscheidung von Herrschaft (dominium) und rechtlicher Zuordnung (proprietas)[36] ohne weitere begriffliche Konstruktion des Rechtsinhalts.[37] Geklärt war aber, daß »dominium« entsprechend der herrschenden Ordnungsform der Gesellschaft im Unterschied zu »ius« nur von oben nach unten wirkt[38], und gegenüber diesem dominanten Eigentumssinn war es von sekundärer Bedeutung, ob das Eigentum in seinen Erträgen mehr wirtschaftlich oder mehr politisch verwendet wurde.

Der »Genuß« (fruitio) des Eigentums war nicht etwas, was man hätte rechtfertigen müssen; er war die Rechtfertigung selbst.[39] Denn im Genuß repräsentierte sich die Gesellschaft selbst als Aneignung von, und Freude an, gutem (richtigem, tüchtigem) Leben. Erst im 17. Jahrhundert, und sicher nicht zufällig mit

36 Aufgrund einer Sichtung mittelalterlicher Quellen Dietmar Willoweit, Dominium und Proprietas: Zur Entwicklung des Eigentumsbegriffs in der mittelalterlichen und neuzeitlichen Rechtswissenschaft, Historisches Jahrbuch 94 (1974), S. 131-156.

37 Es liegt nahe zu vermuten, bedürfte aber weiterer Untersuchungen, daß erst die vordringende Geldwirtschaft und die entsprechende Mobilisierung und Steigerung von Ausnutzungschancen des Eigentums dem Juristen genauere Unterscheidungen abverlangt hat. Zunächst lag, wie auch im Römischen Recht, die Front der Präzisierung des Begriffs im Verhältnis zu abgeleiteten Rechten (usus, ususfructus) oder zu nur faktischen Verhältnissen (possessio). Die Geldwirtschaft wird insbesondere die Unterscheidung von Besitz (als gegen Unbefugte geschützte, bloß faktische Sachherrschaft) und Eigentum als ius perfecte disponendi (Bartolus) wichtig werden lassen.

38 Daß dies den Juristen, die im späten Mittelalter (ab Jean Gerson) Eigentum als facultas und als ius zu begreifen suchen, Konstruktionsschwierigkeiten einträgt, sei zugestanden. Trotzdem wäre niemand auf die Idee gekommen, den Anspruch von Kolonen, Klienten oder Kindern auf Schutz und Hilfe als Dominium über den Herrn zu konstruieren.

39 Rechtstechnisch verfügt man immerhin über die (feudalrechtlich notwendige) Unterscheidung proprietas plena/nuda, wobei dem bloßen Eigentum im Unterschied zum Volleigentum der Genuß fehlt. Später wird man weniger das Volleigentum als problematisch empfinden, das seine Funktion der Zuordnung von Genuß ja erfüllt, als vielmehr das inhaltsleere bloße Eigentum.

Hilfe einer nationalsprachlichen Literatur und parallel zur Einsicht in die Konsequenzen von Geldwirtschaft, beginnt die »Genuß«-Semantik, eigene Wege zu gehen – zunächst in der Form einer Anthropologie des plaisir, das sich an sich selbst (aber nicht mehr an Gesellschaft) zur Evidenz bringt; und dann in Form einer mit einer neuartigen Unterscheidung (statt uti/frui) gegen Verstand und Vernunft opponierenden Existenzterminologie, die von außen Ansprüche an die Gesellschaft stellt.[40] Damit verliert auch die Prätention des »Genusses« von Eigentum ihre Unbefangenheit. Sie muß sich statt dessen durch rationale Bewirtschaftung rechtfertigen – oder mit allmählichem Schwund abfinden. Das heißt: Eigentum muß sich in den Kontext der Geldwirtschaft einfügen und kann sich nur behaupten, wenn es hinreichende Gründe gibt, es in der einen und nicht in der anderen Form als festgelegtes Geld zu halten.

IV.

Das Problem der Knappheit verändert sich, zunächst unmerklich, in dem Maße, in dem das Kommunikationsmedium Geld die Kontrolle der Wirtschaft übernimmt und damit in einem bis dahin unbekannten Ausmaße Wirtschaft gegen andere Bereiche der Gesellschaft differenziert. Dieser Umbruch läßt sich historisch nicht eindeutig fixieren. Nur im Rückblick ist klar, daß er stattgefunden hat. Die zeitgenössische Beobachtung des Phänomens löst sich nur allmählich aus der vorherrschenden Unterscheidung von Haushalt und politischer Gesellschaft.[41] Daß Veränderungen registriert werden, ist ablesbar an den ständigen Geldnöten der Oberschicht, an der im späten Mittelalter zuneh-

40 Vgl. die (leider nicht weit genug zurückreichenden) Darstellungen von G. Biller und R. Meyer s. v. Genuß im Historischen Wörterbuch der Philosophie, Bd. 3, Basel-Stuttgart 1974, Sp. 316-322, und von Wolfgang Binder, »Genuß« in Dichtung und Philosophie des 17. und 18. Jahrhunderts, in: ders., Aufschlüsse: Studien zur deutschen Literatur, Zürich 1976, S. 7-33.

41 Vgl. dazu Wolf-Hagen Krauth, Wirtschaftsstruktur und Semantik: Wissenssoziologische Studien zum wirtschaftlichen Denken in Deutschland zwischen dem 13. und 17. Jahrhundert, Berlin 1984.

menden Geldkritik[42], an den Unsicherheiten der Geldentwertungen (wenn es solche waren!) im Anschluß an die Edelmetallimporte aus Amerika, schließlich an den Handelstheorien des 17. Jahrhunderts. In dieser Zeit verlagert sich allmählich der Schwerpunkt der Auseinandersetzung mit Knappheit vom Sacheigentum (praktisch: Grundeigentum) auf das Geld. Die Fronten, an denen sich die alte Ordnung verteidigt, werden unsicher. Alles erscheint als käuflich, selbst Seelenheil, selbst Staaten, selbst politische Ämter, selbst Adel, selbst öffentliche Einnahmen, selbst Grundbesitz. Das Problem liegt in der Eindämmung von Käuflichkeit und das Mittel in einer moralischen Diskreditierung des Geldes. In diesen Kategorien konnte jedoch nicht beobachtet und beschrieben werden, was geschieht. Erst John Locke deckt mit aller Schärfe diesen knappheitserzeugenden Mechanismus des Geldes auf: Er ermöglicht unlimitiertes Besitzstreben und damit ein Knappwerden aller Güter, unabhängig von Ausmaß und Qualität des natürlichen (biblischen!) Reichtums der Erde.[43] Nach der Einführung von Geld ist es nicht länger möglich, Eigentumserwerb durch Arbeit freizugeben, weil die Gelegenheiten dazu (Land) infolge der Möglichkeiten der Anhäufung von Reichtümern knapp werden. Für Locke liegt die Lösung dieses Problems jedoch noch im Bereich von Politik und Recht: in der Gründung einer Zivilgesellschaft der Eigentümer und im Umtausch des natürlichen Eigentums in konventionelles Eigentum.

Erst im 18. Jahrhundert beginnt eine kontinuierliche Reflexion, sich mit der Eigenart des Wirtschaftssystems zu befassen. Bis heute fehlt ihr aber eine zureichende Theorie des Geldes und

42 Ein recht dauerhaftes Motiv. Vgl. nur Wilhelm Weber, Geld, Glaube, Gesellschaft, Vortrag G 239 der Rheinisch-Westfälischen Akademie der Wissenschaften, Opladen 1979.

43 »Find out something that hath use and the value of money amongst his neighbors, you shall see the same man will begin presently to enlarge his possessions.«, heißt es in: Two Treatises of Government II, V, § 49, zit. nach der Ausgabe der Everyman's Library, London 1953, S. 140. Vgl. auch James Tully, A Discourse on Property: John Locke and His Adversaries, Cambridge, Engl. 1980, insb. S. 145 ff. Das Argument selbst ist aus der Antike bekannt, bezog sich damals aber nicht auf die gesamte Wirtschaft.

damit ein Verständnis derjenigen Codierung von Knappheit, die zur Ausdifferenzierung des Wirtschaftssystems geführt hat.

Die folgenden Überlegungen gehen von der These aus, daß Geld, verglichen mit Eigentum, eine ganz andersartige Behandlung der Paradoxie von Knappheit vorsieht. Dies wird verdeckt dadurch, daß Geld Eigentum als wirtschaftlichen Code ebenso wie als Rechtsform voraussetzt und zunächst wie eine Abart von Eigentum erscheinen konnte. Achtet man jedoch auf die Art und Weise, wie Geld Knappheit entparadoxiert, dann erkennt man ein ganz neuartiges Prinzip. Der Übergang von Eigentumswirtschaft zu Geldwirtschaft erscheint dann, rückblickend gesehen, als eine »Katastrophe« im Sinne der Katastrophentheorie: Das Prinzip der Stabilität verlagert sich, die Wirtschaft wird nicht mehr statisch, sondern dynamisch stabilisiert, und das ist nur durch Ausdifferenzierung, durch Unterbrechung sozialer Synchronisationen möglich. Kein Wunder also, daß diese Katastrophe von Zeitgenossen nicht adäquat begriffen werden konnte, sondern als Sündenanstieg oder als Verfall erlebt wurde. Und nur sehr versteckt findet man in semantischen Umstellungen Hinweise, die einer adäquaten Darstellung des Geschehens nahekommen – vor allem in der Aufwertung der Vorstellung vom »Gleichgewicht«, einem zunächst labilen, leicht derangierbaren, wenn nicht korrupten Zustand in ein Prinzip der Stabilität.

Mit einem Theorieansatz, der in der Soziologie seit Durkheim bekannt ist, kann man den Vorgang der Einführung von Geld als einen Substitutionsvorgang begreifen, der einen einheitlichen und multifunktionalen Mechanismus durch zwei spezifischere ersetzt.[44] An die Stelle der Übertragung von durch Eigentum gesicherten Vorteilen (Gütern) und Hilfsleistungen tritt ein Doppelvorgang. Was vordem geschah, geschieht weiterhin: Es werden nach wie vor Güter übertragen und Leistungen erbracht. Hinzu kommt eine neue evolutionäre Erfindung. Jede Übertragung erfordert eine Gegenübertragung in Geld, und nur beides zusammen kann die alte Ordnung substituieren. Das heißt aber, daß auch das, was kontinuiert, nicht dasselbe bleibt: Güter und Dienstleistungen werden zur Ware, die für Geld (und zumeist

44 Vgl. Talcott Parsons, Comparative Studies and Evolutionary Change, in: Ivan Vallier (Hrsg.), Comparative Methods in Sociology: Essays on Trends and Applications, Berkeley 1971, S. 97-139 (100).

nur für Geld) zu bekommen ist. Die Änderung der Tauschform, die Marx für ausschlaggebend hielt, ist nur eine Folge dieses Substitutionsvorgangs. Das, was vorher die Einheit war und als Einheit durch soziale Bedingungen kontrolliert wurde, nämlich die Vorteilsgewinnung, wird jetzt durch die Bindung der Transaktion an die Geldübertragung durch Geld repräsentiert. Das System wird dadurch komplexer und zugleich besser in der Lage sein, sich selbst unter Distanzierung von vielen gesellschaftsstrukturellen Bedingungen selbst zu organisieren. Die langfristige Folge ist die Ausdifferenzierung eines Funktionssystems für Wirtschaft.

Die Innovation besteht in einer *Duplikation von Knappheit*. Neben die Knappheit der Güter wird eine ganz andersartige Knappheit des Geldes gesetzt. Das heißt, *Knappheit selbst wird codiert*. Sie erhält neben der ursprünglichen (natürlichen) eine zweite (artifizielle) Form, so wie neben die Sprache die Schrift tritt. Das ermöglicht es, die Operationen der Wirtschaft mehr und mehr in diesem zweiten Medium abzuwickeln und das Eigentum dann schließlich, soweit ökonomisch relevant, als einen Aggregatzustand von Geld, als eine festgelegte Geldsumme, als Investition oder als Ware anzusehen. Im Ergebnis kontrolliert dann nicht mehr das Eigentum den Tausch (indem man überflüssiges Eigentum wegtauscht und erwünschtes eintauscht), sondern der Tausch, der in der Form von Zahlungen abgewickelt wird, das Eigentum. Man behält oder verkauft Eigentum unter dem Gesichtspunkt der Verluste oder Gewinne, die es verursacht. An die Stelle der Relation Sacheigentum → Geld → Sacheigentum tritt die Relation Geld → Sacheigentum → Geld.

Die Duplikation von Knappheit verlagert den Ausgangspunkt für Entparadoxierungen auf die Knappheit von Geld. In der Form von Gütern erscheint das Medium als natürlicherweise knapp. Jeder Landbesitz, jedes Ding hat sichtbare Grenzen. In der Form von Geld erscheint das Medium als künstlich knapp. Man könnte die Geldmenge variieren. Die Duplikation der Knappheit, die Zweitcodierung des Eigentums durch Geld, erlaubt es dem System also, Knappheit zugleich als notwendig und als kontingent zu sehen und sich durch kontingente Knappheit führen zu lassen.

Die Freigabe von Kontingenz wird durch scharfe Reduktion der

Verwendungsoperationen kompensiert. Sacheigentum kann auf vielfältige Weise verwendet werden, je nach der Art der Objekte. Geld dagegen kann nur in Form von Zahlungen verwendet werden. Dadurch, daß Geld selbst knapp gehalten wird, wird das Zahlen selbst eine Entscheidung. Obwohl man das Geld nur in der Operation des Zahlens verwenden kann, gibt die Knappheit auch dem Nichtzahlen einen Sinn; denn das Behalten des Geldes repräsentiert die Gesamtheit der anderen Verwendungsmöglichkeiten. Es macht also Sinn, sich zu überlegen, ob man eine bestimmte Geldsumme (aus welchen Motiven immer) zahlen oder nicht zahlen will, *obwohl man sie nur in der Form von Zahlung verwenden kann*. Die Knappheit des Geldes führt damit ihrerseits zu einer Bifurkation. Das gibt der Paradoxie eine eigenartige, höchst folgenreiche Form. Sie bleibt erhalten, denn jede Zahlung schafft ja Zahlungsfähigkeit (Überfluß) des Empfängers und Zahlungsunfähigkeit (Mangel) des Zahlenden mit einer Operation. Zugleich erscheint die Paradoxie aber nur noch in Form der Überlegung, ob man bei bestimmten Wünschen und bei bestimmten Preisen zahlen oder nicht zahlen solle. An diese Ausgangslage kann eine spezifische Dramaturgie der Rationalität anschließen – jene ökonomische Rationalität, deren Vernunft und deren gesamtgesellschaftliche Tragweite so umstritten sind.

Die Duplikation von Knappheit bedarf einer genaueren Analyse. Sie ist eine logische Operation, deren Durchführung aber institutionelle Vorkehrungen erfordert. Die erste Knappheit ergibt sich aus der Bifurkation, die durch den Zugriff und durch Kondensierung der Resultate des Zugriffs erzeugt wird. Sie führt zu einer wechselseitigen Stimulation des Zugreifens- und Habenwollens – zur »contagion mimétique«im Sinne von Aglietta und Orléan.[45] Das Geld muß gegen diesen Wettbewerb differenziert, muß im Verhältnis zu ihm als das ausgeschlossene Dritte behandelt werden können. Darin liegt die Verselbständigung der eigenen Knappheit des Geldes. Darin liegt auch die Einheit des Mediums. Die Geldmenge darf sich, anders gesagt, nicht dadurch verändern, daß sich Besitzverhältnisse verschieben oder daß die Diskrepanz zwischen reich und arm zunimmt. Ob sie nun als

45 A. a. O. (1984).

konstant oder als variabel gedacht wird: ihr Bezug ist die primäre Bifurkation der Knappheit als Einheit dessen, was sich als Haben bzw. Nichthaben verzweigt. Alle Operationen des Zugreifens und des Verlagerns der Güter müssen voraussetzen können, daß sie sich auf die Knappheit des Geldes nicht auswirken. Das kann nicht heißen, daß die Knappheit der Güter und die Knappheit des Geldes nichts miteinander zu tun hätten. Das Geld wird knapp gehalten, weil die Differenz des Eigentums Knappheit erzeugt. Aber die Beziehung ist strikt funktional zu denken, und dies ist nur möglich, wenn das Geld nicht als eine Teilmenge der Menge knapper Güter fungiert. Nur dann kann die Knappheit des Geldes genutzt werden, um universelle Tauschbarkeiten zu garantieren, also ständiges »crossing« der Unterscheidung von Haben und Nichthaben zu ermöglichen.

Die zweite Knappheit hat den Vorteil der Quantifiziertheit. Sie kann auf dieser Grundlage beliebig klein und beliebig groß verwendet werden und nach Bedarf jede Zwischenform annehmen. Ihre Einheiten sind damit unabhängig von den Formen der Differenzierung der Umwelt der Ökonomie, unabhängig vom Zuschnitt der Dinge. Selbst für Metallgeld gäbe es noch ein sachbedingtes zu groß oder zu klein mit der Folgenotwendigkeit des Geldwechselns, nicht dagegen für Zahlen auf Bankkonten. Ähnlich also wie phonetische Schrift jede denkbare sprachliche Äußerung lautlos wiedergeben kann, kann auch das Geld sich jeder denkbaren Güterkonstellation anpassen. Quantität ist diejenige Modalität, die alle wünschenswerten wirtschaftlichen Operationen durchführen kann und als normal erscheinen läßt.

Die Duplikation der Knappheit und ihre qualifizierte Zweitform leisten nun etwas, was vorher nie möglich gewesen wäre: *den Tausch auf Umgang mit Knappheit zu spezialisieren.* Bei geldlosem Tausch können die den Tausch motivierenden Wertvorstellungen nicht ausschließlich auf Knappheit bezogen werden. Zahlreiche ethnologische Untersuchungen zeigen, daß die Wertvorstellungen mit dem sozialen Status der Beteiligten variieren. Höhergestellte zu einem Tausch zu gewinnen, muß man sich etwas kosten lassen.[46] Außerdem hängen die Wertvorstel-

46 Dies hängt sicher mit dem von Elisabeth Colson beschriebenen »Star«-Mechanismus zusammen; Status wird verliehen an Personen, die so beliebt sind oder so leistungsfähig sind, daß ihnen mehr Kontaktmöglich-

lungen auch von der Art der Gegenleistung, also von dem jeweiligen Kontext des Tausches ab. Durch diese Bedingtheit bleibt der Tausch in die soziale Ordnung »eingebettet« (Polanyi), wirkt multifunktional und ermöglicht es, bei Gelegenheit der Übergabe von Gegenständen andere Funktionen mitzuerfüllen. »L'object doit parler la langue des hommes«[47], es dient den verschiedenartigen Kommunikationszwecken und keineswegs nur der Verminderung/Vermehrung von Knappheit im System. Aber genau dies wird anders, wenn der Gütertausch über Geld abgewickelt wird und dabei in der Gegenleistung den symbolischen Bezug auf anderes als Knappheit einbüßt.

Sobald es Banken gibt, löst sich der Geldmechanismus in einem begrenzten, aber entscheidenden Umfange vom Sparen ab. Die Banken übernehmen die Paradoxie von Knappheit und Überfluß in die eigene Regie; sie übernehmen sie als eigene Paradoxie, sowohl zum Sparen als auch zum übermäßigen Geldausgeben anreizen zu müssen. In diese Form gebracht, kann das Problem dann durch soziale Differenzierung gelöst werden, indem die einen zum Sparen und andere zum Geldausgeben gebracht werden.[48] Die Menge des verfügbaren Geldes ist dann nicht mehr direkt bestimmt durch das Ergebnis der Entscheidungen, Geld nicht zu zahlen, sondern aufzuheben. Damit verselbständigt sich die Geldknappheit – und wird abhängig von einer eigens darauf bezogenen Geldpolitik des Bankensystems. Auf eigene Weise ist dann auch Geld zugleich im Überfluß vorhanden und knapp für andere. Die Paradoxie der Knappheit taucht wieder auf und wird auf eine organisatorische Differenzierung umgelegt.

keiten geboten werden, als sie wahrnehmen können. Vgl.: A Redundancy of Actors, in: Fredrik Barth (Hrsg.), Scale and Social Organization, Oslo 1978, S. 150-162.

47 Jacques Attali, Les trois mondes: pour une théorie de l'après-crise, Paris 1981, S. 212.

48 Wer diese Ausnutzung von Paradoxie nicht sieht und nicht akzeptiert, findet auch keinen Zugang zur Funktion des Bankenwesens. »Banks are convenient, but it may be questioned, whether they are of very much value«, schreibt Hume an Montesquieu am 10. April 1749 (Siehe David Hume, Writings on Economics, ed. Eugene Rotweil, Madison, Wisc. 1970, S. 187-190, 188), weil Hume, wie sich aus anderen Ausführungen ergibt, noch strikt vom Summenkonstanzprinzip Knappheit ausgeht.

Duplikation von Knappheit heißt schließlich: daß die Gesamtheit der wirtschaftlichen Relevanzen dupliziert wird. Geld ist daher nicht nur das Bargeld und das in Banken verfügbare Geld, sondern der Gesamtwert allen Eigentums, gesehen unter dem Gesichtspunkt seiner Liquidierbarkeit. Alle Güter haben demnach eine Doppelexistenz: als Gut und als Geld. Das zeigt sich nicht zuletzt an der Beleihbarkeit der Güter, aber auch an den Kosten, die sie verursachen können, an ihrer Versicherungsfähigkeit, an ihrer Steuerpflichtigkeit und an der jederzeit möglichen Überlegung, was sie erbringen würden, wenn man sie verkaufen würde. Eine ausreichende Menge liquiden Geldes ist nur erforderlich, um die Dynamik des Mediums abzusichern. Liquides Geld ist nur die sichtbare Spitze des Gesamtgeldes, und das Gesamtgeld ist nichts anderes als artifiziell duplizierte Knappheit.

Akzeptiert man diesen Geldbegriff, dann wird es sinnlos, nach einer letzten »Deckung« des Geldwertes außerhalb des Geldes zu suchen. Weder Geld noch harte Devisen, noch Sachwerte, noch die Autorität des Staates garantieren den Geldwert. Die Garantie liegt vielmehr in der Knappheit selbst; oder wenn man will: in der paradoxiefreien Repräsentation der (letztlich paradoxen) Knappheit. Die Frage ist dann nur, wie diese Knappheit selbst erhalten werden kann, und in dieser Hinsicht mögen Devisenreserven, staatliche Geldpolitik, internationale Kreditfähigkeit usw. eine Rolle spielen.

Mit dem Übergang zur Geldwirtschaft wird der Eigentumscode nicht etwa entbehrlich. Im Gegenteil: Mit »Zweitcodierung« soll gerade gesagt sein, daß der Geldcode auf dem Eigentumscode aufbaut und dessen Funktionsfähigkeit voraussetzt. Nur die Umsetzung in Operationen wird unter zusätzliche Bedingungen gestellt. Entsprechend hat dann keine »sozialistische« Bewegung je zur Abschaffung des Eigentums geführt. Die semantische Entgegensetzung von »Kapitalismus« und »Sozialismus« schafft nur die Möglichkeit, sich die Wirtschaft der modernen Gesellschaft mit oder ohne die systemtypischen Nachteile vorzustellen und mit sehr unterschiedlichen Formen der Behandlung von Systemfolgen zu experimentieren.

V.

Wenn man die Zweitcodierung der Wirtschaft durch das Medium Geld voraussetzen kann, entstehen ganz neue Möglichkeiten der Entparadoxierung von Knappheit. Sie werden von der Zusammenfassung von Gütermengen unter dem Gesichtspunkt der Einheit eines Eigentümers unabhängig, ja sie werden von der konkreten Nutzung und Verteilung des Eigentums überhaupt unabhängig insofern, als sie von Eigentumsverhältnissen abstrahieren können. In der politischen Ökonomie des 18. Jahrhunderts findet dies indirekten Ausdruck dadurch, daß, parallel zum Begriff »wealth«, der Begriff der Bedürfnisse generalisiert wird. Es geht jetzt nicht mehr um dieses oder jenes Bedürfnis, das im Rahmen standesgemäßer Lebensführung und einer geschlossenen Haushaltsökonomie zu befriedigen ist, also auch nicht mehr um Bedürfnisse, die in ihrer Berechtigung und in ihren Grenzen moralisch beurteilt werden können. Auch wird der Begriff des Bedürfnisses nicht mehr wie früher mit Mangel und Armut assoziiert.[49] Vielmehr gewinnt der Begriff die Abstraktheit eines Geldkorrelats und repräsentiert dann schließlich die Offenheit des Wirtschaftssystems für alle möglichen Wünsche in Rückbindung an die Geschlossenheit des Zahlungskreislaufes, der sicherstellt, daß man beliebige Bedürfnisse nur befriedigen kann, wenn man zahlen kann. Damit ist auch eine offene Zukunft mitgemeint: »In civil society, what matters is not the ability to satisfy this or that particular need but need in general, for there is no knowing what new needs will exist tomorrow.«[50] Das heißt aber, daß sowohl die anthropologische als auch die ständische Limitation der Wirtschaft aufgegeben werden muß. Ohne vorgegebene Spezifikation der Bedürfnisse ist man jedoch der Paradoxie der Knappheit direkt ausgeliefert. Welche neuen Formen der Entparadoxierung können darauf reagieren?

Das Durchschlagen der Paradoxie und die erschreckte Abwehr kann man sehr deutlich in David Humes Essay Of Public Credit

49 Vgl. dazu Joyce O. Appleby, Ideology and Theory: The Tension between Political and Economic Liberalism in Seventeenth-Century England, American Historical Review 81 (1976), S. 499-515.

50 So Nicholas Xenos, The Apolitical Discourse of Civil Society, Humanities in Society 3 (1980), S. 229-242 (232).

beobachten.[51] Die Vorteile einer Vermehrung der Geldmenge durch »öffentlichen Kredit«[52] lassen sich nicht länger ignorieren, aber trotzdem lehnt Hume es ab, sich dem »new paradox, that public incumbrances are, of themselves, advantageous independent of the necessity of contracting them«, zu fügen. »Reasoning, such as these, might naturally have passed for trials of wit among rhetoricians . . ., had we not seen such absurd maxims patronized by great ministers, and by a whole party among us«.[53] Der Grund des Widerstandes ist das Festhalten am Prinzip der Summenkonstanz auf der Ebene des body politic. »It is like transfering money from the right hand to the left; which leaves the person neither richer nor poorer than before.«[54]

Also Ablehnung der Paradoxie, daß Knappheit sowohl summenkonstant als auch nicht summenkonstant ist. Aber wie hilft man sich, wenn man Bank- und Kreditwesen nicht mehr ignorieren kann, statt dessen weiter? Anscheinend findet man neue Möglichkeiten in einer rein wirtschaftsinternen Differenzierung, in einer strukturierenden Differenzierung, die die Selbstreferenz des Systems unterbricht und die dann im System als eine natürliche, jedenfalls unvermeidliche Ordnung der Verhältnisse angeboten werden kann. Sie liegt in der Differenzierung von Angebot und Nachfrage am Markt. Für den Anbieter ist Anzubietendes reichlich vorhanden, denn sonst würde er es nicht anbieten, Nachfrage dagegen knapp. Für den Nachfrager gilt das Umgekehrte. Das Auseinanderziehen, die soziale Differenzierung von Angebot und Nachfrage macht es mithin möglich, das Paradox der Knappheit des Überflusses zu entparadoxieren. Man gibt ihm zwei verschiedene Formen, die sich wechselseitig nicht mehr ausschließen, sondern gerade fordern: Angebot und Nachfrage. Das Auseinanderziehen beider Perspektiven setzt die systeminterne Rekonstruktion des Wirtschaftssystems als Markt voraus, und es setzt, soll es nicht nur ad hoc, sondern als System

51 Zit. nach der Ausgabe von David Hume, Writings in Economics (ed. Eugene Rotwein), Madison, Wisc. 1970, S. 90-107.

52 Wobei im Begriff des »Public« Staat und Wirtschaft noch in eins gesetzt werden, also Anleihen jeder Art gemeint sind und dem »body politic« zugerechnet werden.

53 A. a. O., S. 92.

54 A. a. O., S. 96.

gelingen, Geld voraus. Wenn die Differenz von Angebot und Nachfrage etabliert ist, kann auch das Paradox der Einheit wiedererscheinen – freilich nicht mehr als Paradox, sondern in gereinigter Form: als »Gleichgewicht« von Angebot und Nachfrage. Und daran richtet sich dann die ökonomische Theorie auf.

Um weitere, weniger durchzugskräftige Formen der Entparadoxierung in den Blick zu bekommen, empfiehlt es sich an dieser Stelle, zunächst einen Blick auf Paralleleinrichtungen mit gleicher Funktion in anderen Funktionssystemen zu werfen. Der Vergleich wird dann zusätzlich deutlich machen, daß es weder Zufall noch Willkür ist, wenn entwickelte Funktionssysteme sich solche Einrichtungen zulegen; und daß in allen Fällen, zumindest prima vista, dafür keine religiösen Rechtfertigungen mehr notwendig sind.

Im Falle des Rechtssystems handelt es sich um die Differenzierung von Rechtssetzung und Rechtsanwendung.[55] Danach muß jede Rechtsfallentscheidung sich auf ein Gesetz stützen können, während es dem Gesetz nicht erlaubt ist, Einzelfälle zu entscheiden.[56] Unter dem Namen Montesquieu[57] wird diese Trennung zeitweise fester Bestandteil liberaler Doktrin: Der Richter sei nur willenloser Exekutor gesetzgeberischen Willens.[58] Damit

55 Die wohl hintergründigste, auf ständiges Kollabieren abstellende Behandlung dieser Unterscheidung findet sich in Walter Benjamins Essay Zur Kritik der Gewalt, zit. nach Gesammelte Schriften, Bd. 2.1, Frankfurt 1977, S. 179-203.

56 Modifikationen ergeben sich natürlich für den Bereich des »common law«, dessen Materie auch ohne Gesetzgebungsnachweis vorausgesetzt wird und deshalb hohe richterliche Freiheiten im vernünftigen, ja sogar sozialpolitischen Räsonieren erlaubt. Speziell hierzu Morton J. Horwitz, The Transformation of American Law, 1780-1860, Cambridge, Mass. 1977.

57 Nicht unbedingt auf Grund von Einsicht in den Originaltext, wie Regina Ogorek, De l'Esprit des légendes, Rechtshistorisches Journal 2 (1983), S. 277-296, zeigt.

58 Auch die ältere Theorie hatte im übrigen im Anschluß an Aristoteles, Rhetorik 1 (insb. 1354 a, 32ff.) dies Postulat schon gekannt, hatte es aber in einem ganz anderen Kontext verwendet, nämlich zur Abwehr persuasiver Rhetorik und zur Abwehr direkter Einflüsse sozialer Differenzierungen (Verwandtschaftsverhältnisse, Freundschaften/Feindschaften, Patron/Klientverhältnisse etc.) auf die Gerichtsentscheidun-

konnte man sich von der Vorherrschaft des Naturrechts befreien. Nachdem dies erreicht und die Unterscheidung institutionell ausreichend abgesichert war, konnte dann auch wieder eine realistische Einschätzung des »Richterrechts« platzgreifen.

Die Paralleleinrichtung des Wissenschaftssystems lag zunächst in der Unterscheidung empirischer und transzendentaltheoretischer Fragestellungen. Die Paradoxie liegt hier in der (nicht zugelassenen) Frage, ob die Unterscheidung von empirisch und transzendental selbst empirisch oder transzendental ist.[59] Heute unterscheidet man mit derselben Funktion des Entparadoxierens, aber weniger »philosophisch«, Genesis (context of discovery) und Geltung (context of justification) des Wissens.[60] Die Entdeckung von Wissen mag ein zufallsbedingter Prozeß sein, mag von psychologischen oder biographischen Sonderumständen abhängen. Die Prüfung nach dem Code wahr/unwahr macht sich davon unabhängig und darf dem Entstehungskontext auch keine Argumente entnehmen.

Im Wirtschaftssystem schließlich entspricht dem die Unterscheidung von Mengenentscheidungen und Allokationsentscheidungen. Während die über Angebot und Nachfrage laufende Entparadoxierung tauschtheoretisch angesetzt ist, geht es hier um eine verteilungstheoretische Konzeptualisierung.[61] Bei der verteilungstheoretischen Behandlung des Problems ist die Prämisse,

gen. Siehe z.B. Aegidius Columna Romanus (Egidio Colonna), De regimine principum libri III, Roma 1607, Nachdruck Aalen 1967, S. 507ff.

59 Kants Ausweg lag bekanntlich im ambivalenten Begriff eines »Faktums der Vernunft« und im Begriff des Vernunftinteresses, d.h. im Überspringen der schwierigen Frage, was zur Befolgung unbedingter Einsichten der Vernunft *motivieren* könne.

60 Vgl. Hans Reichenbach, Experience and Prediction: An Analysis of Foundations and the Structure of Knowledge, Chicago 1938.

61 Also um zwei verschiedene Beobachtungen der Paradoxie mit zwei verschiedenen Vorschlägen für Entparadoxierung. Während die Differenz von *Angebot* und *Nachfrage* auf Tausch- und Gleichgewichtstheorien abgeleitet wird, reagieren verteilungstheoretische Überlegungen auf die Differenz von *Produktion* und *Konsum*, die als Differenz ebenfalls einen Markt voraussetzt. Vielleicht liegt hier der Grund, daß die ökonomische Theorie tauschtheoretische und verteilungstheoretische Ansätze nicht

daß nur eine gegebene Menge verteilt und Zwecken zugeordnet werden kann, während umgekehrt diese Verteilung die Menge nicht mehr ändert. So muß vor allem die Geldmenge ausgabenneutral feststehen. Sie darf sich nicht dadurch ändern, daß jemand entscheidet, wofür er eine Geldsumme ausgeben will. Unter diesen Bedingungen dient dann Mengenknappheit als Kontingenzformel der Wirtschaft, ohne daß die Einheit der Menge an die Einheit eines Eigentümers, eines rechtsfähigen Subjektes gebunden wäre. Man kann sich nun gerade in bezug auf Eigentum auch andere Verteilungsmöglichkeiten vorstellen und, unter welchen Kriterien immer[62], Verteilungsmöglichkeiten vergleichen.

Alle drei Unterscheidungen setzen *beide Seiten* der Unterscheidung *kontingent*, verzichten also auf eine letzte, kosmologisch-hierarchische Fundierung im Absoluten. Der Ordnungswert liegt *statt dessen* im Postulat einer *nichtkontingenten* (oder: weniger kontingenten) *Beziehung zwischen den Kontingenzen*, also in der *Unterscheidung selbst*. Für alle drei Unterscheidungen steht heute im Grunde fest, daß sie ihre Funktion nur begrenzt erfüllen und zirkuläre Rückwirkungen nicht ausschließen können. Fast kann man sagen, daß sie als Unterscheidungen laufend kollabieren. Sehen wir davon aber zunächst einmal ab. Das Erstaunliche liegt in der Prätention und in dem Ausmaß, in dem es ihr doch gelingt, selbstreferentielle Zirkel zu unterbinden. Zumindest operiert das System jeweils so, als ob dies so wäre; und wenn dies eine Fiktion ist, dann eine, die funktioniert. Und nur der Beobachter sieht mehr Rückwirkungen, als das System selbst in Rechnung stellt.

Die immanente Unwahrscheinlichkeit solcher strukturierenden Differenzierungen läßt sich auch an ihrer Evolution ablesen. Dies ließe sich an jedem unserer Beispiele im einzelnen zeigen. Wir beschränken uns auf den Fall der Differenz von Mengenbestimmungen und Verteilungsentscheidungen.

Unter dem Regime des Eigentums heißt dies, daß der Eigentümer (nur) in den Grenzen der Menge seines Eigentums diese

zur Einheit bringen kann, sondern von der Dominanz des einen über den anderen ausgehen muß.

62 Die berühmtesten sind natürlich: wirtschaftliche Effizienz und soziale Gerechtigkeit.

Menge auf Verwendungszwecke verteilen kann. Er muß haushalten. Ausgeweitet auf Großeigentümer und politisch mächtige Haushalte kann daraus eine Redistributionswirtschaft erwachsen, der vermutlich auch die ersten Geldprägungen ihre Existenz verdanken.[63] Noch Großreiche, die intern so gebaut sind, charakterisiert Aristoteles als Auswüchse der Haushalte. Knappheiten werden ontologisch als begrenzte Gütermenge erfahren, deren Bestand nicht davon abhängt, *wie* man sie verteilt. Dafür können dann moralabhängige Programme oder auch Erfordernisse »standesgemäßer« Lebensführung herangezogen werden, deren Berechtigung nicht auf ihre Auswirkungen auf die zur Verfügung stehende Menge (Wachstum!) überprüft werden muß. Dann kann auch die Welt, dazu passend, als universitas rerum begriffen werden, die nach Gottes Plan sinnvoll angeordnet ist und sich während der Laufzeit der Welt weder vermehrt noch vermindert.

In der rechtlichen Behandlung war diese Ordnung fixiert gewesen durch die Vorstellung des Eigentums als Sachherrschaft, die dem Eigentümer zum »Genuß« seines Eigentums überlassen sei. Der Begriff war deutlich auf Grundeigentum gemünzt gewesen, das heißt, nur relativ geringen nachbarlichen Beschränkungen ausgesetzt gewesen. Sowohl unter römisch-rechtlichen Einflüssen als auch im Bereich des common law (enclosure-Bewegung) hatte die neuzeitliche Rechtsentwicklung diesen Begriff noch ausgebaut. Er konnte so mit der Vorstellung einer »natürlichen« Nutzung des Eigentums zusammenleben und auch erste Anregungen einer verbesserten Agrikulturtechnik aufnehmen, besonders bei den Physiokraten.[64] Erst die durchgreifende Geldwirtschaft und neuartige Möglichkeiten wirtschaftlich-technischer

63 Formuliert in Anlehnung an Karl Polanyi/Conrad M. Arensberg/Harry W. Pearsons, Trade and Market in the Early Empires, Glencoe, Ill. 1957.

64 Und dies auf verschiedene Weise: sowohl für Zwecke der Wirtschaftspolitik, der Steuerpolitik, der Landreform als auch für die Vorstellung einer Vereinfachung des Rechtssystems, das sich, ganz auf Eigentum umgestellt, auf die Disziplinierung des Eigentümers durch die Rationalität der Nutzung seines Eigentums stützen sollte. Siehe z.B. Paul-Pierre Le Mercier de La Rivière, De l'Ordre naturel et essentiel des sociétés politiques, Paris 1767, zit. nach der Ausgabe Paris 1910.

Eigentumsnutzung zerbrechen diesen »ruhigen« Eigentumsbegriff.[65] Die Interdependenzen verschiedener Eigentumsnutzungen nehmen derart zu, daß die soziale Regulierung der Verhältnisse zwischen verschiedenen Eigentümern unausweichlich wird *und dafür neuartige Kriterien erfordert*. Sowohl Richterrecht als auch Gesetzgebung müssen reagieren, und mehr und mehr müssen Kriterien einer Abschätzung der *Folgen* der Eigentumsnutzung entnommen werden. Dabei kann positiv gewertete technisch-wirtschaftliche Entwicklung eine Rolle spielen, aber auch der soziale Ausgleich verschiedener Interessen.

Parallel zum Rechtssystem, aber mit ganz andersartigen Problemlösungen, muß das Wirtschaftssystem dieser Auflösung des alten Eigentumscodes durch zunehmende Interdependenzen Rechnung tragen. Hier ist die Vorstellung einer auf Genußzwecke, Untereigentümer etc. verteilbaren Menge im Spiel. Die durchgesetzte Geldwirtschaft ermöglicht es, diese Figur in die Abstraktion zu treiben und sie auch für (variable) Geldmengen durchzuspielen. Dann wird vorstellbar, daß die Menge, oder zumindest die Regenerierung der Menge, von der Art und Weise abhängt, wie man über sie verfügt. Sie heißt unter diesem Gesichtspunkt Kapital. An die Stelle von moralisch abgesicherten Verteilungsprogrammen treten dann Profitorientierungen oder auch andersartige wirtschaftssysteminterne Kriterien, und die kosmologischen Rahmenvorstellungen können entfallen. Selbst dann vermeidet man aber natürlich die Konfrontation mit der Paradoxie, und selbst dann überläßt man sich noch der (jetzt beweglich gewordenen und in sich reflektierten) Differenz von Mengen und Verteilungen; denn ohne diese Voraussetzungen bräche gerade auch dasjenige Kalkül zusammen, das die Differenz relativiert.

Als Resultat einer solchen Evolution, die mit Ausdifferenzierung der entsprechenden Funktionssysteme ihre heutige Lage erreicht, können wir (wiederum: für alle drei Beispiele) feststellen, daß strukturierende Differenzen dieser Art nicht mehr nach dem Muster von (notwendigem) Wesen und (kontingenten) Akzidenzen konstruiert sind. Sie lassen es durchaus zu, *beide* Seiten

65 Eine interessante Darstellung für den Bereich des amerikanischen common law ist Horwitz, a. a. O., insb. S. 31 ff.

als *kontingent* zu denken: also auch die Gesetzgebung, auch die Methodologie der Prüfbedingungen, auch die Menge der Güter und des Geldes. Gerade darin besteht der Fortschritt gegenüber älteren kosmologisch-hierarchischen Ordnungsvorstellungen. Allein die Differenz selbst gibt ihren beiden Seiten Halt, und dies deshalb, weil sie auf einen bestimmten Funktionskontext bezogen, weil sie mit ihm ausdifferenziert ist und für ihn notwendig zu sein scheint. Ein Beobachter könnte das, was im System als notwendige, also als natürliche Differenz erscheint, noch als artifiziell behandeln; und er könnte im Blick auf die Funktion der Selbstreferenzunterbrechung und der Entparadoxierung nach anderen Möglichkeiten, nach funktionalen Äquivalenten suchen. Aber selbst dann wäre er gehalten, etwas dieser Art für notwendig zu halten, weil er sieht, daß ein System ohne jede Limitierung von Selbstreferenz operationsunfähig werden und in seiner Autopoiesis scheitern würde.

Für das System, das solche Differenzen etabliert und sie seinen Operationen zugrunde legt, tritt die Differenz selbst an die Stelle ihres fragwürdigen Ursprungs. Die Paradoxie, die das System konstituiert, wird dadurch verdeckt. Sie erscheint nur noch indirekt, nur noch in abgeschwächter Form an dem, was durch die Differenz unterschieden wird.[66] Man kann sie in dieser Form dann im praktischen Alltag ignorieren bzw. einer »Kritik« überlassen, die keine Alternativen vorzuschlagen weiß. Die Legitimation zur Gesetzgebung erfolgt – durch Gesetze. Die Geldmengenbestimmungen erfolgen, sei es kontrolliert, sei es unkontrolliert, durch das monetäre System selbst, vor allem durch die Zentralbank aufgrund einer Einschätzung der momentanen Lage in sehr kurzfristigen Zeithorizonten. Die Erkenntnistheorie, die die Kriterien der Geltungsbegründung zu bestimmen hätte, tut dies dogmatisch, pragmatisch oder in einer Methodenempfehlung, die sich rekursiv an der Funktion der Erkenntnisgewinnung selbst rechtfertigt. Ein Beobachter kann hier nur Unschärfe erkennen oder auch das, was man Positivität nennt. Das, was momentan gilt, wird gerechtfertigt dadurch, daß es jederzeit nach Maßgabe der Umstände geändert werden könnte.

66 Daß Philosophen schon immer so vorgegangen sind, zeigt Nicholas Rescher, The Strife of Systems: An Essay on the Grounds and Implications of Philosophical Diversity, Pittsburgh 1985.

In Frankreich vor allem neigt man dazu, diesem Sachverhalt mit Ausdrücken wie Macht (Foucault) oder Gewalt (Girard, Attali, Aglietta) oder Souveränität (Attali) einen politiknahen Anstrich zu geben. Das sollte vermieden werden. Es führt nur zur Mystifikation des entparadoxierenden Transformationsprozesses. Faktisch funktioniert eine solche Entparadoxierung gerade deshalb, weil in der heutigen Gesellschaft Funktionssysteme gegeneinander und damit auch gegen Politik und auch gegen Religion differenziert sind. Die Codes, Bifurkationen und strukturierenden Differenzen sind jeweils Eigenbau der Funktionssysteme, so wie umgekehrt diese erst ausdifferenziert werden können, wenn solche Leistungen der Entparadoxierung zur Verfügung stehen. Das Gesamtsystem, die Gesellschaft, wird nicht durch einen ursprünglichen Akt der gewaltsamen Selbstverstümmelung in Form gebracht, sondern durch Differenzierung. Und je vielfältiger die Formen der Entparadoxierung sind, die sich in einzelnen Funktionssystemen als jeweils lokal adäquat erweisen, um so eher ist auch eine Aufklärung über ihre Funktion möglich.

VI.

Die bisherigen Analysen haben auf Zugriffsfolgen und ihre Codierung abgestellt. Die These war, daß dadurch ein Knappheitsparadox geschaffen und entparadoxiert wird. Nun könnte man sich aber auch ein ganz andersartiges Verhältnis zur Knappheit vorstellen – eine Operation, die unmittelbar ihrer Beseitigung dient. Wir nennen sie *Arbeit*.[67]

Schon auf den ersten Blick und schon in dieser Abstraktionslage wird deutlich sein, daß Arbeit in einem problematischen Verhältnis zur Codierung wirtschaftlicher Operationen steht. Man könnte sich fragen, ob es nicht sinnvoll wäre, im Sinne der Selbstbeschreibung kommunistischer Bewegungen den ganzen

67 Diese nominalistische Einführung des Begriffs hat den Zweck, uns die Möglichkeit einer Analyse der historischen Semantik des Begriffs der Arbeit offenzuhalten. Wir entfernen uns damit, hoffentlich, nicht allzu weit von Alltagserfahrungen über Arbeit, binden uns aber nicht an Begriffsfestlegungen der gesellschaftswissenschaftlichen bzw. wirtschaftswissenschaftlichen Literatur.

Code Eigentum/Nichteigentum durch einen Code Arbeit/Nichtarbeit zu ersetzen. Aber wäre Arbeit ohne die Differenz von Eigentum/Nichteigentum überhaupt möglich? Und wäre sie unter komplexeren gesellschaftlichen Bedingungen ohne Geld überhaupt einzurichten? Ließe sich eine Gesellschaft einrichten, in der *alle* Interdependenzen über *Vertrauen* laufen: in der jeder arbeitet im Vertrauen darauf, daß auch die anderen arbeiten?[68]

Das wäre wenigstens ein konsequenter Gedanke. Im Kontext der ökonomischen Theorie, die sich selbst das Knappheitsparadox immer schon verschleiert hat, findet man *statt dessen* die Vorstellung, daß Arbeit der letztlich einzige wertbildende Faktor sei. Daraus werden verteilungspolitische Konsequenzen gezogen. Eine Riesensemantik und ein immenser polemischer Aufwand dienen der Rechtfertigung dieser Position. Die Basis dieses Arguments aber ist eine genau plazierte Unschärfe. Sie betrifft das Verhältnis von Arbeit und Eigentum. Eigentum wird als bloßes Privateigentum behandelt und wird problematisiert, soweit es der Beraubung (»privat«) der Arbeiter dient. Dann kann man es für eliminierbar halten.

Diese lange Kette – die Umstellung von Knappheit auf Wert; die Kausalthese, Arbeit sei der einzige Produktionsfaktor; die Limitierung des Eigentumsbegriffs; das verteilungspolitische Argument – hängt an einem dunklen Ursprung. Sie dient, Schritt für Schritt, dem Vergessen der Paradoxie und suggeriert am Ende die Möglichkeit einer unproblematischen, zumindest sozial unproblematischen Gesellschaft. Gewiß: Entparadoxierung muß sein. Aber ein Beobachter wird kontrollieren wollen, wie sie arrangiert wird. Also nochmals von vorn!

Knappheit wird durch Codierung entparadoxiert. Jede Codierung, die jedem Wert (hier: Haben) einen Gegenwert (hier: Nichthaben) gegenüberstellt, folgt einer binären Struktur. Sie kann nur zwei Werte vorsehen und schließt daher dritte Werte aus. Das geschieht schematisch, ganz ohne Rücksicht auf Lebenssachverhalte und assoziativ einleuchtende Zusammenhänge und in einer

68 So bekanntlich die sozialistische Utopie. Siehe für ein Beispiel Thomas Hodgskin, Labour Defended Against the Claims of Capital, Or the Unproductiveness of Capital Proved with Reference in the Present Combination Amongst Journeyman (1825), zit. nach dem Nachdruck der Ausgabe von 1922, New York 1969, S. 51f.

Weise, die für das dadurch entstehende System problematische Folgen hat. Die Paradoxie kehrt in veränderter Form zurück.

Im Falle der Codierung von Knappheit durch Eigentum (und später: durch Geld) muß gerade das ausgeschlossen werden, was im unmittelbarsten Verhältnis zur Knappheit steht: die Arbeit.[69] Mit Ausschließung der Arbeit erreicht, oder symbolisiert zumindest, der Eigentumscode die Totalität der Kontrolle der Knappheit, die Universalität der Ordnung seines Bereiches und die technische Eindeutigkeit der Informationsverarbeitung. Arbeit bleibt eine diffuse Kategorie. Sie bleibt natürlich unvermeidbar und bleibt im System erhalten. Man arbeitet weiter. Arbeit ist demnach das ausgeschlossene eingeschlossene Dritte – der Parasit im Sinne von Michel Serres.[70]

Knappheit wird primär durch den durch sie erzeugten Code reguliert. Sie kann sich nur in die Differenz von Haben und Nichthaben auflösen. Aber diese Differenz stimuliert den Parasiten Arbeit. Arbeit wird zur Möglichkeit, Eigentum zu gewinnen – und sei es nur: Eigentum an Nahrungsmitteln zum sofortigen Verzehr.[71] Der Bedarf für, und die Zulassung zur, Arbeit finden im Eigentum ihre Prämissen; oder genauer gesagt: sie werden durch den Kontingenzraum ermöglicht, den der Code Eigentum/Nichteigentum aufhält. Daher vermehrt sich die Arbeit nach Maßgabe der Kondensierung und Evolution von Eigentum.[72] Sie nimmt im Laufe der Evolution zu; denn sie gewinnt

69 Es wird leicht erkennbar sein, daß wir uns hier ein »dialektisches« Argument versagen, dem zufolge Arbeit eine Synthese des Gegensatzes von Eigentum und Nichteigentum sein könnte, die den Gegensatz »aufhebt«. Gewiß: Arbeit schafft Eigentum; aber immer doch nur als *bestimmtes* Eigentum, also als *Nichteigentum der anderen*. Arbeit reproduziert die Codierung und hebt sie nicht auf.

70 Le Parasite, Paris 1980; dt. Übers. Frankfurt 1981.

71 Hier läßt sich schon andeuten, daß es gesellschaftsstrukturell hochproblematisch werden muß, wenn Nahrung eigentumsfähig, schließlich sogar käuflich wird, denn das führt fast zwangsläufig zum Abbau von Solidarität – ein Begriff, der erst im 19. Jahrhundert, erst für das Verschwundene geprägt wird.

72 Dies wird bei unserer Orientierung an arbeitssparenden Maschinen und Technologien nicht ohne weiteres einleuchten, ist aber bei einer großräumigeren und ethnologischen Betrachtung wohl evident. Vgl. z. B. Marshall D. Sahlins, Tribesmen, Englewood Cliffs, N. J. 1968, S. 79f.

zusätzlich die Funktion, Eigentumsbestände zu schaffen – sei es für den Arbeitenden selbst, sei es für andere. Sobald Arbeitsertrag in Geldform unbegrenzt deponierbar wird, denkt man sich Arbeit dann schließlich als marktabhängige Variable.[73] Der Preis der Arbeit wird so zum eigentlichen Maßstab des ökonomischen Wertes; und wenn man im 18. Jahrhundert auch noch nicht zugestehen mag, daß Arbeit der einzige Faktor ist (daneben wird Boden genannt), so sagt man doch, daß in wohlhabenden Ländern der weitaus größte Anteil auf Arbeit entfalle.[74] Und auch das deutet an, daß mit wachsendem Wohlstand Arbeit knapp wird.

Aber wir müssen die Geschichte der Arbeit als die Geschichte des Parasiten erzählen. Da die arbeitenden Parasiten sich der Be-

Nicht zuletzt läßt sich die Tendenz zur Vermehrung der Arbeit daran ablesen, daß unter der Bedingung der Geldwirtschaft am Ende sogar die Oberschichten der Gesellschaft anfangen zu arbeiten.

73 Und wundert sich entsprechend, wie europäische Ökonomen des 19. Jahrhunderts, daß in fernen Ländern in guten Zeiten die Preise für Arbeit steigen (weil dann weniger Leute es für notwendig halten zu arbeiten), während sie nach der Logik der Theorie mit sinkenden Reproduktionskosten fallen müßten. Vgl. dazu Julius H. Boeke, Economics and Economic Policy of Dual Societies: As Exemplified by Indonesia, New York 1953. In Europa hatte Adam Smith die ökonomische Anthropologie auf eine andere Fährte gesetzt: »That a little more plenty than ordinary may render some workmen idle, cannot well be doubted; but that it should have this effect upon the greater part, or that men in general should work better when they are ill fed than when they are well fed, when they are disheartened than when they are in good spirits, when they are frequently sick than when they are generally in good health, seems not very probable« – An Inquiry into the Nature and Causes of the Wealth of Nations (Glasgow edition), Oxford 1976, S. 100-191. Hier hat sich eine am Gelderwerb orientierte Anthropologie schon durchgesetzt, denn man arbeitet natürlich nicht, *weil* man gut genährt und gesund ist, also gleichsam von selbst, wenn man nur kann. (Auch Smith, a. a. O., S. 103f. kommt im übrigen zur Annahme steigender Löhne »in a year of sudden and extraordinary plenty«, aber aus ganz anderen Gründen: mehr Anreiz zur Kapitalinvestition!)

74 Vgl. Joseph Harris, An Essay upon Money and Coins, London, Bd. 1, 1757, S. 1ff. Bereits im 16. Jahrhundert schätzt man im übrigen das Verhältnis Rohstoffe/Arbeit auf 1/15. Vgl. Giovanni Botero, Della Ragion di Stato, Venezia 1589, zit. nach der Ausg. Bologna 1930, S. 218.

obachtung nicht entziehen können – sie machen Geräusche, sagt Serres –, müssen sie als ausgeschlossene Dritte wiedereingeschlossen werden. Die Frage lautet dann: Wie kann der ausgeschlossene und wieder eingeschlossene Dritte sich im codierten System arrangieren? Er kann es nur, indem er sich selbst knapp macht; und dafür reicht es offensichtlich nicht aus, daß man keine rechte Lust hat zu arbeiten.

Ältere Gesellschaften müssen der Arbeit, um sie als knapp erscheinen zu lassen, die Form des Eigentums geben. Nur über Eigentum konnte sich der Eigentümer einen Ausschnitt aus der begrenzten Gütermenge für sich selbst unter Ausschluß des Zugriffs anderer sichern. Wo dieser Mechanismus auf Arbeit angewandt wurde, wurde Arbeit zur Sklaverei – in Unterscheidung von freien Tätigkeiten, die man aufgrund sozialer Erwartungen oder auch sozialer Verpflichtungen übernahm. So lagen zunächst die Praxis sozialer Reziprozität, das Helfen und Hilfeannehmen, die Aktivität professioneller Rollen, die »honoriert« wurde, und damit der auf Rollenebene ausdifferenzierte Funktionsbereich von Religion, Politik und Recht außerhalb der Semantik von Knappheit, Eigentum und Arbeit.

Die Zweitcodierung der Knappheit durch das Geld löst diese Ordnung auf. Die Sklaverei wird überflüssig und daher aus humanen Gründen abgeschafft. Im Rechtssystem des 17. und 18. Jahrhunderts kann somit die Unterscheidung ius naturale/ius gentium, mit der man Sklaverei begründet hatte, aufgegeben und das neue »Völkerrecht« parallel zum Handelsfrieden (»doux commerce«) provisorisch auf naturrechtlichen Grundlagen in Gang gebracht werden. Zwar sehnt die bürgerliche Theorie des 18. Jahrhunderts sich, in gelegentlichen Anfällen von Selbstkritik, noch einmal nach der Sklaverei zurück, bei der der Eigentümer wenigstens für sein Eigentum sorge.[75] Zu spät! Die Knappheit der Arbeit muß anders geregelt werden.

75 Vgl. z. B. Simon-Nicolas-Henri Linguet, Théorie des loix civiles, ou Principes fondamentaux de la société, London 1767. Auch bei Adam Smith finden sich solche Ausblicke. Ganz überwiegend wird freilich Sklaverei abgelehnt, ohne daß man die Angabe natürlicher oder rationaler Gründe für nötig hielte. Sie ist obsolet. Siehe z. B. L. D. H. (L'ami des hommes = Victor de Riqueti, Marquis de Mirabeau), Lettres sur la législation, 3 Bde., Bern 1775, Bd. II, S. 459ff.

Man kann den Umschlagpunkt in der Theorie bei Locke erkennen. Als Eigentümer seiner körperlichen und geistigen Fähigkeiten wird jedermann zum Sklaven seiner selbst. Die Sklaverei wird allgemein und dadurch aufgehoben. Sie erscheint jetzt als Freiheit.[76] Man bietet sie an als die Gelegenheit, Eigentum zu erwerben. So kann es kurzfristig einen Optimismus geben, der von Knappheit gänzlich absieht. Jeder kann arbeiten, ohne die Unterscheidung von Eigentum und Nichteigentum zu stören. Die Parasiten übernehmen das System. Dann läßt sich »Zivilisation« (eine semantische Erfindung des 18. Jahrhunderts) als Arbeitsteilung begreifen[77] und der daraus folgende doux commerce wiederum als Weg der Zivilisierung und Pazifizierung der Menschen.[78]

Erst eine Gesellschaft mit Geldwirtschaft kann den phantastischen Gedanken aufbringen, Arbeit sei knapp und deshalb begehrenswert. Zunächst liegt diese Ersatzparadoxie außerhalb aller strukturellen und semantischen Horizonte. Wenn man Skla-

76 Siehe nochmals, mit beißender Ironie, Linguet, a. a. O. Die bürgerliche Gesellschaft wird die Arbeitenden »asservir, sans les empêcher de se croire libre« (199). »Il faut donc renoncer à ces chimères de liberté, d'indépendance. Il faut désormais conformer sa conduite aux principes des conventions civiles. C'est une necessité de se mettre en état d'arriver à ce qu'on appelle gagner sa vie« (190). In den zweihundert Jahren seitdem ist deutlich geworden, daß diese Notwendigkeit auf die soziale Schichtung durchschlägt – wie jeder Blick in den Arbeitsalltag der »Eliten« zeigen kann.

77 Korrespondierend zu dieser Neufassung von civilitas wird am *Natur*begriff der Gegenbegriff ausgewechselt, also diejenige Unterscheidung revidiert, die der Bezeichnung Natur ihren Sinn gibt. Als Gegenbegriff zu Natur dient jetzt nicht mehr das Heilige (Sakrale, Geheimnisvolle, Unzugängliche), sondern die Zivilisation, gegen die man daraufhin seine »natürlichen« Rechte einklagen kann. Und Arbeit wird daraufhin denkbar als »Vermittlung« von Mensch und Natur.

78 Wie Albert O. Hirschman, Rival Interpretation of Market Society: Civilizing, Destructive, or Feeble? Journal of Economic Literature 20 (1982), S. 1463-1484, zeigt, werden Gegentheorien zwar formuliert, aber in separaten Diskursen, so daß eine *Darstellung* der Paradoxie vermieden werden kann. Später wird sich daraus die ideologische Kontroverse liberaler und sozialistischer Beschreibungen der bürgerlichen Gesellschaft entwickeln.

verei zu beschreiben hatte, dann nach der Art der Dinge und nicht als dem Menschen angemessene Lebensführung. Arbeit ist Strafe Gottes, ist Mühsal, ist erniedrigende Plackerei. Sie bleibt Schinderei und setzt damit einen Herren voraus.[79] Die Verachtung der Arbeit bezieht sich daher weniger auf die Anstrengung als solche als vielmehr auf die soziale Abhängigkeit, den Mangel an Freiheit. Andererseits ist Arbeit auch gesellschaftlich notwendig. Sie ermöglicht die Freistellung von Menschen für ihre eigentlichen, nämlich ihre gesellschaftlichen (öffentlichen, »politischen« und nicht zuletzt militärischen) Aufgaben.[80] Sie läßt sich in der Gesellschaft wenn nicht nach außen, so doch nach unten wegdrücken und durch Stratifikation aus dem Bereich der eigentlichen Gesellschaft, der guten, Gesellschaft repräsentierenden Gesellschaft ausschließen. Entsprechend wurde abhängige Arbeit von ehrenwerten Fähigkeiten unterschieden, deren (»Kunst«-)Werke und Verdienste nicht unter dem Gesichtspunkt des Eigentumcodes gewertet wurden.[81] Im *Begriff* der Arbeit fehlten deshalb auch alle *sozialen* (bzw. politischen) Konnotationen.[82] Nur die Religion kann Arbeit als Ausdruck von Selbstdisziplinierung begreifen. Die Arbeitenden nehmen an der Selbstbeschreibung dieser Gesellschaft nicht teil – als Sklaven überhaupt nicht, und

79 Vgl. als Darstellung der Geschichte dieser Semantik und ihres Abbruchs im 18. Jahrhundert Werner Conze, Arbeit, in: Geschichtliche Grundbegriffe: Historisches Lexikon zur politisch-sozialen Sprache in Deutschland, Bd. 1, Stuttgart 1972, S. 154-215.

80 Aristoteles (Pol. 1328 b, 21 ff.) argumentiert bekanntlich, daß dasjenige, was zur Erhaltung eines Ganzen notwendig sei, nicht allein deshalb schon wirklicher Teil (meré thetéon) des Ganzen sei – ein Argument, das man heute mit Hilfe der Unterscheidung von System und Umwelt wiedergeben könnte. Gebunden an das traditionelle »holistische« Schema vom Ganzen und seinen Teilen dient das Freistellungsargument noch den Reformern des 18. Jahrhunderts, ja noch Napoleon als Adelsrechtfertigung in einer Situation, in der »neuer« Adel begründet werden sollte.

81 Im historischen Überblick ist diese Differenzierung schwer einsichtig zu machen. Vgl. z. B. die Gemengelage in der Darstellung von Conze, a. a. O., S. 155 ff.

82 Vgl. Jean-Pierre Vernant, Mythe et pensée chez les grecs: Etude de psychologie historique, Paris 1965, S. 199 ff., 219 ff.

jedenfalls nicht in repräsentativer Funktion.[83] Auch die visio Dei konnte natürlich nicht als Arbeit verstanden werden (wenngleich man in den Klöstern auch einen Ausgangspunkt für das Entstehen eines neuen Arbeitsethos vermuten darf).

Bereits die nachreformatorische Aufwertung der Arbeit im Zusammenhang von Alltagsfrömmigkeit und individuellem Heilsstreben deutet auf eine Änderung der Arbeitssemantik hin.[84] Hierbei übernimmt die Vorstellung der Arbeit als Einheit von Konzeption und Ausführung eines Werkes nach Analogie der Schöpfung Gottes die Führung: die Menschen arbeiten an der Schöpfung Gottes mit und dienen ihrer Erhaltung. Der deutlich antimonetäre Effekt dieser Bewegung schließt aber, vordergründig jedenfalls, den Gedanken aus, sie sei durch Erfordernisse der Geldwirtschaft und durch die zunehmenden Möglichkeiten, für Geld zu arbeiten, bedingt gewesen. Wie dem auch sei: der Gedanke, Arbeit selbst sei ein erstrebenswertes, heilführendes Gut, das dann auch irdischen Segen und Gewinn bringe, bereitet auf dem Terrain einer nicht primär ökonomischen Semantik eine Neueinschätzung vor, auf die das 18. Jahrhundert dann zurückgreifen kann.

Erst mit der Vorstellung einer marktgeregelten Geldwirtschaft wird einsichtig, daß auch Arbeit selbst knapp ist. Sie ist knapp, weil man dafür bezahlen muß. Auch diese Änderung beginnt allmählich. Bereits im hohen Mittelalter werden rechtlich landgebundene Angehörige der Unterschichten durch die Verfügbarkeit von Lohnarbeit mobiler: Sie laufen weg. Die Handelstheorien des 17. Jahrhunderts behandeln Arbeit nicht mehr nur

83 Das läßt sich nicht zuletzt an den semantischen Schwierigkeiten einer »politischen« Ökonomie in der Antike ablesen. Vgl. Peter Spahn, Die Anfänge der antiken Ökonomie, Chiron 14 (1984), S. 301-323.

84 Auch im nicht spezifisch religiösen Schrifttum findet man Belege für eine solche Aufwertung (möglicherweise zunächst aber nur als Kompensation für die gesellschaftspolitische Abwertung). Siehe etwa Jean Desmarets de Saint-Sorlin, Les Delices de l'esprit, Paris 1661, Bd. I, S. 26 zu den Marginalien »Tous ceux qui travaillent craignent Dieu et esperent en luy« und »Il n'y a d'Impies que ceux qui vivent sans travail et sans industrie«. Das steht im Zusammenhang mit bewußt schichtneutral vorgetragenen Glücksvorstellungen und mit der Kritik von libertinage als Oberschichtenphänomen.

als Lebensnotwendigkeit, sondern, angesichts von Arbeitslosigkeit, im Hinblick auf gesamtgesellschaftliche Bedingungen der bestmöglichen Ausnutzung eines Arbeitspotentials. Erst im 18. Jahrhundert, aber noch vor allen industriellen Großorganisationen, vor allen Gewerkschaften, vor allen zentral durchgeführten Lohnverhandlungen, läßt sich die Knappheit der Arbeit dann auch theoretisch begründen, und zwar mit den Vorteilen der Arbeitsteilung; denn es ist rationaler, die Ergebnisse der Arbeit anderer zu kaufen und sich durch eigene Arbeit (oder sonstwie) die Mittel dafür zu beschaffen, statt alles selbst zu tun. Eigentum wird zum Arbeit*geber*, und profitable Verwendung des Eigentums wird Bedingung dafür, daß dies möglich bleibt.[85] Entsprechend wird der Nutzen des überflüssigen Reichtums umbestimmt: Reichtum wird nicht mehr, wie einst, *verteilt* (mit meist politischen Intentionen)[86]; er dient jetzt als Kapital zur Schaffung von *Arbeit*. Damit ist, wie leicht zu sehen, ein Statusgewinn der Parasiten verbunden: sie empfangen nicht nur, sie arbeiten.

Diese Entwicklung gibt dem Faktor Arbeit eine zunehmend zentrale Bedeutung. Das läßt sich daran ablesen, daß sie die alte Unterscheidung von Arbeit und Faulheit (pigritia) auflöst – pigritia begriffen als metus consequentis laboris (Cicero).[87] Arbeit in dem Sinne, in dem die Wirtschaft sie jetzt in Anspruch nimmt, kann nicht mehr in einem moralgeladenen Gegenbegriff gespiegelt werden. Auch die Schichtstrukturen reflektierende Unterscheidung loisir/oisivité[88] wird im Laufe des 18. Jahrhunderts mit den ständischen Grundlagen der Stratifikation aufgegeben. Alle, die mehr Genuß in Anspruch nehmen, als ihre Arbeit rechtfertigt, gelten bereits den Physiokraten als »ennemi de l'ordre«. Allerdings halten sie auf die Frage nach den »beaux Messieurs que je vois vivre sans travailler« die Antwort bereit:

85 »It is the stock that is employed for the sake of profit, which puts into motion the greater part of the useful labour of every society« (Adam Smith, The Wealth of Nations, a. a. O., S. 266).

86 Vgl. oben Kapitel 5 unter II.

87 Aufgrund stoischer Vorlagen, zit. nach H. Reiner, Faulheit, Historisches Wörterbuch der Philosophie, Bd. 2, Basel-Stuttgart 1972, Sp. 916 bis 918.

88 Vgl. noch Antoine Pecquet, Discours sur l'emploi du loisir, Paris 1739.

»S'ils ne travaillent pas du tout, ce sont des gens qui attentent à l'ordre en ce qui est de leur petit pouvoir.«[89] Das Thema Faulheit wandert in die pädagogische Anthropologie ab, Schulmeister werden die radikalen Faulheitsaustreiber[90], während das Leben, auf das sie vorbereiten, erst mit der Aufnahme der Arbeit einsetzt. Heute zählen statt arbeitsam (fleißig)/faul Unterscheidungen wie Arbeit/Freizeit oder Arbeit/Arbeitslosigkeit, die in andersartigen Gegenbegriffen auch einen andersartigen Sinn von Arbeit widerspiegeln.

Auch an den Umformungen des theoretischen Apparats der neu einsetzenden Reflexion des Wirtschaftssystems läßt sich die veränderte Stellung der Arbeit ablesen. Es geht nicht nur darum, daß für »freie« Arbeit Lohn verlangt werden kann bzw. bezahlt werden muß; auch nicht nur darum, daß Arbeit als Kausalfaktor im Vergleich zu Land Bedeutung gewinnt oder sogar als Letztursache allen Reichtums anerkannt wird. Das sind nur unmittelbare Auswirkungen veränderter Verhältnisse auf die Theorie. Abgesehen davon rückt der Begriff auch auf andere Weise ins Zentrum der Wirtschaftssemantik und hebt dadurch alte Unterscheidungen auf. Der dies entscheidende Begriff heißt: Arbeitsteilung.

Die dramatische Wende, die dieser Begriff auslöst (nur um später von der ökonomischen Theorie wieder vergessen zu werden[91], so als ob seine Aufgabe nur gewesen wäre, dies zu vollbringen), beruht nicht nur auf der schon im 17. Jahrhundert bekannten Verbesserung der Relation zwischen Arbeitsaufwand und Ertrag.[92] Der Effekt der Arbeitsteilung liegt auch, wenngleich sekundär, in der Systematisierung wirtschaftlicher Zusammen-

89 So L. D. H. (=Victor de Riquetti, Marquis de Mirabeau), La science ou les droits et les devoirs de l'homme, Lausanne 1774, Nachdruck Aalen 1970, S. 116 und 8f.

90 So Otthein Rammstedt, Apropos Faulheit, in: Frank Benseler/Rolf G. Heinze/Arno Klönne (Hrsg.), Zukunft der Arbeit, Hamburg 1982, S. 197-206 (200).

91 Vgl. dazu Persio Arida, Soziale Differenzierung und Wirtschaftstheorie, in: Niklas Luhmann (Hrsg.), Soziale Differenzierung: Zur Geschichte einer Idee, Opladen 1985, S. 68-95.

92 Was auch noch mit dem alten Arbeitsbegriff als Einsparung von Mühsal gelesen werden konnte – bessere Produkte mit »half the labour and toil«,

hänge. Arbeitsteilung ist nicht nur eine natürliche Folge der natürlichen Verschiedenheit von Talenten[93]; sie läßt sich auch durch Organisation und Wirtschaftspolitik (und sei dies: Freiheitspolitik) steigern mit der Folge eines dadurch ausgelösten Wohlstandswachstums. Und während Turgot noch meinte, die Geldwirtschaft (commerce) sei die unerläßliche Bedingung dafür, daß die natürlichen Unterschiede der Fähigkeiten genutzt werden können, steht bei Adam Smith, daß diese Unterschiede durch die commercial society überhaupt erst erzeugt würden.[94] Das Wirtschaftssystem operiert auch insofern autonom, als es den Grad an »natürlicher« Differenzierung der Fähigkeiten, den es für Arbeitsteilung benötigt, selbst erst erzeugt. Im »Wealth of Nations« heißt es: »When the division of labour has been once thoroughly established, it is but a very small part of a man's wants which the produce of his own labour can supply... Every man thus lives by exchanging, or becomes in some measure a merchant, and the society itself grows to what is properly called a commercial society.«[95] Immer schon war der Kaufmann, der von Differenzen im Wirtschaftssystem profitiert, als Parasit gesehen worden. Jetzt wird es jedermann, sofern er nur arbeitet, weil er eben dadurch gezwungen ist, sich von der Arbeit anderer zu ernähren.

Mit dieser neuen Einsicht[96] in gar nicht so neue Sachverhalte wird die alte Unterscheidung von Hauswirtschaft (einschließlich

heißt es z. B. bei Joseph Harris, An Essay upon Money and Coins, London 1757, I, S. 16.

93 Siehe erneut Harris, a. a. O., S. 15 f.

94 Vgl. hierzu Alfonso M. Iacono, Il Borghese e il Selvaggio: L'immagine dell'uomo nei paradigmi di Defoe, Turgot e Adam Smith, Milano 1982, insb. S. 63 ff.

95 So die Einleitung des Chapter IV (nach der prinzipiellen Einführung des Themas »division of labour« in ch. II und III) zit. nach: a. a. O., S. 37.

96 Man kann natürlich streiten, was genau daran neu ist. Bei David Hume, A Treatise of Human Nature III, II, II (1739/40), zit. nach der Ausg. der Everyman's Library, London 1956, Bd. II, S. 191 f. findet sich noch die sehr traditionell klingende Fassung: »By the conjunction of forces, our power is augmented; by the partition of employments our ability increases; and by mutual succour, we are less exposed to fortune and accidents – so als ob es sich um drei *verschiedene* Abhilfen zur Verbesserung der menschlichen Lebenslage handele.

Erwerbskunde) und Geld(erwerbs)wirtschaft[97] aufgehoben. Diese Unterscheidung, die der Dynamik des Wirtschaftslebens nicht mehr Rechnung tragen konnte, verschwindet. Ferner werden die positiven Eigenschaften, die man einem Kaufmann nachrühmt (Friedlichkeit, Ehrlichkeit, zumindest Angewiesenheit auf guten Ruf, Sorgfalt, Genauigkeit usw.) zu allgemeinen sozialen Erfordernissen generalisiert. Das ist noch nicht der »economic man« im Sinne eines personalisierten Optimierungskalküls, sondern durchaus noch ein Sozialbegriff, also geeignet zur Charakterisierung der commercial society. Die Theorie der Arbeitsteilung führt jedoch statt dessen in eine moralische Paradoxie: eine Gesellschaft mit Arbeitsteilung (Zivilisation) ist reicher und leistungsfähiger als eine Gesellschaft ohne Arbeitsteilung (primitive Gesellschaft), aber sie läßt zugleich den Faktor, der das ermöglicht, zu einer stupiden, monotonen Tätigkeit verkümmern. So steht es bei Adam Smith.[98] Diese *moralische* Paradoxie (daß man diese Gesellschaft wollen und nicht wollen soll) wird an einem *historischen* Vergleich deutlich gemacht und dadurch mit Irreversibilität ausgestattet. Später wird man diese Paradoxie dann nicht mehr als Einheit sehen, sondern als Chance für das Aufheizen gegensätzlicher, ideologisch kontroverser Standpunkte. Schließlich schiebt sich der Begriff der commercial society an den Platz der Gesellschaftstheorie – und zwar deshalb, weil er auf die Bedürfnisse und Arbeitsleistungen *eines jeden* bezogen ist – zu einer Zeit, als noch keineswegs jedermann Bürgerrechte in Anspruch nehmen, geschweige denn an Politik mitwirken konnte. Über das Konzept der Arbeitsteilung erreicht die Wirtschaftstheorie zuerst ein Verständnis des neuartigen Problems universeller (schichtungsunabhängiger) gesellschaftlicher Inklusion *aller* Individuen und kann sich *deshalb* als Gesellschaftstheorie gerieren. Bald wird man deshalb zwischen Gesellschaft und Staat unterscheiden müssen.

Wir können die weittragende Bedeutung dieser Theoriedisposi-

97 Vgl. Aristoteles, Pol. 1253 b ff.

98 Der Gedanke findet sich bereits bei Adam Ferguson, Essay on the History of Civil Society (1767), zit. nach der dt. Übers., Abhandlung über die Geschichte der bürgerlichen Gesellschaft, Jena 1904, im Kapitel: Über die Teilung der Künste und Berufe (S. 253 ff.) – allerdings ohne Bezug auf den Begriff der Arbeit.

tion und die Veränderungen, die sie alsbald an sich selbst vollziehen wird, hier nicht im einzelnen nachzeichnen. Im vorliegenden Zusammenhang ist nur bemerkenswert, wie zentral der Parasit Arbeit sich in der Begrifflichkeit festgesetzt hat. Macht der ausgeschlossene eingeschlossene Dritte die Wirtschaft zur Gesellschaft? Oder doch zum Schicksal der Gesellschaft? Markiert er, daß der Code mehr ist als nur ein Code und daß die Funktion mehr ist als nur eine Funktion, indem er genau dies zugleich unkenntlich macht dadurch, daß er es auf ein Sonderproblem »Arbeit« bezieht und in endlose Diskussionen über Humanisierung der Arbeit, Recht auf Arbeit, Zukunft der Arbeit usw. auslaufen läßt? Transformiert der Parasit, ohne es zu wissen, die Paradoxie in Geschwätzigkeit? Oder sind hier schon andere Parasiten am Werk: die Intellektuellen, die davon profitieren, daß ihr Vorparasit sich so tief ins System eingefressen hat?
Jedenfalls ist inzwischen die Arbeit so sehr in den Geldnexus eingebettet, daß sie als knapp erscheinen muß – ob sie will oder nicht und ob der einzelne lieber mehr oder lieber weniger arbeiten würde. Die Parasiten beherrschen das System, sie invertieren den Code und sie stellen das System so dar, als ob das Eigentum nur dazu da wäre, ihnen Arbeit zu beschaffen. Im 18. Jahrhundert hatte man noch die Vorstellung, daß die unvermeidliche Differenz von reich und arm durch Arbeit sich abschwächen läßt, indem durch Lohnarbeit ein Teil des Reichtums wieder nach unten fließt.[99] Inzwischen orientiert man sich nicht mehr an der Unterscheidung zwischen reich/arm, sondern an der Unterscheidung Kapital/Arbeit und erinnert den Kapitalisten – fast wie in der »moral economy«[100] – an seine soziale Pflicht, Arbeit zu schaffen. Denn wenn Arbeit knapp ist, muß es mehr und mehr davon geben, so daß man mehr und mehr dafür verlangen kann. Die Paradoxie der Knappheit erscheint als Forderung an das »kapitalistische System.«[101]

99 Z. B. Linguet, a. a. O., S. 197.

100 E. P. Thompson, a. a. O. (1971).

101 Vgl. etwa die Diskussionen auf dem Bamberger Soziologentag – Joachim Matthes (Hrsg.), Krise der Arbeitsgesellschaft, Frankfurt 1983. Ferner schon recht umfangreiche Literatur: insb. Claus Offe (Hrsg.), »Arbeitsgesellschaft«: Strukturprobleme und Zukunftsperspektiven, Frankfurt 1984. Siehe auch oben Kapitel 5. Die gesamte Diskussion lei-

Während diese Paradoxie aktuell und lamentierfähig wird, sind schon neue Parasiten am Werk. Sie arbeiten ohne Arbeit: schwarz oder grau oder grün, im »informellen Sektor« oder als »Eigenarbeit«, jedenfalls alternativ.[102] Sie expropriieren die Arbeiter. Der Arbeitsmarkt kann sie nicht aufnehmen, da er durch die Monopolherren der Arbeit, die Gewerkschaften, unelastisch geworden ist. Schon sprechen Beobachter, im Vorgriff auf eine Institutionalisierung der neuen Lage, von einer »dualen Wirtschaft«.[103] Wieder kommt es auf diese Weise zum Ausschluß der eingeschlossenen Dritten, derjenigen ohne Arbeitsplatz, und wieder wird man dem Wiedereinschluß der ausgeschlossenen Dritten entgegensehen können. Die Unterscheidung mit/ohne Arbeitsplatz schiebt sich in den Vordergrund der öffentlichen Aufmerksamkeit, und zugleich zerfransen die rechtlich scharfen Grenzen zwischen Arbeit und Freizeit. Man kann bereits ahnen, daß dieses, wie jedes, System dem Parasiten ausgeliefert ist, den sein Code erzeugt. Und würde man die Metapher des Parasitentums und ihre Ausformulierung durch Serres als empirische Theorie nehmen, dann wäre die Prognose fällig, daß nun wieder die Eigentümer die Möglichkeit gewinnen, die Schattenwirtschaft als Parasiten zu nutzen. Und in der Tat: empirische Untersuchungen sowie Kenntnis der Wirklichkeit zeigen bereits, daß manches Eigentum der Substanz nach ohne Schwarzarbeit gar nicht mehr zu erhalten ist.

det an einem schichtbezogenen Arbeitsbegriff – so als ob es primär um ein Problem der Unterschichten oder allenfalls noch der Mittelschichten geht.

102 Von der Alternativliteratur wird übrigens der wohl größte und zeitaufwendigste Arbeitsbereich des informellen Sektors vollständig außer acht gelassen: das Chauffieren eigener Autos. Weshalb? Vermutlich, weil hier ein zu direktes Verhältnis von Eigentum und Arbeit vorliegt.

103 Siehe besonders Johannes Berger, Zur Zukunft der Dualwirtschaft, in: Frank Benseler et al. (Hrsg.), Zukunft der Arbeit, Hamburg 1982, S. 97-117 und andere Beiträge dieses Bandes. Offenbar geschieht dies ohne Bezug auf die Tradition dieses Begriffs (vgl. Boeke, a. a. O.); jedenfalls ohne eine partielle Retribalisierung der Gesellschaft ins Auge zu fassen.

VII.

Die zuletzt diskutierten hochaktuellen Probleme sollten nicht den Blick versperren für die eher konventionellen Möglichkeiten, die die ökonomische Theorie bereithält. Diese können im hier vorgestellten Theorierahmen reformuliert werden. Das führt zumindest vor die Frage, warum das Problem der dualen Wirtschaft nicht auf klassische Weise, das heißt über den Preis, gelöst wird; und ob es strukturelle Einwände gegen diese Lösung gibt oder ob es sich lediglich um die als Faktum offensichtliche Protektion von Interessen handelt, die den Preis der Arbeit auch angesichts bedrückender Arbeitslosigkeit hochhält.

Wir kehren zunächst zur Codierung der Knappheit, zur Ersetzung der Paradoxie durch eine Differenz zurück. Im Falle des Eigentumcodes erscheint diese Differenz noch asymmetrisch. Sie hat eine Präferenz auf Eigentum. Man möchte lieber Eigentum haben als nicht haben. Zwar ist offensichtlich, daß diese Präferenz Grenzen hat. Wenn einer alles hätte und niemand sonst etwas, würde das jede Wirtschaft beenden. Für praktische Zwecke kann dieser Grenzfall jedoch außer acht bleiben, da er unerreichbar ist. Solange die Wirtschaft nur durch Eigentum codiert ist, fallen mithin Codewerte und Präferenzen zusammen (was sich gesellschaftlich dann in Abgabepflichten etc. ausdrückt). Dieses ändert sich in dem Maße, als das Geld die Kontrolle der Wirtschaft übernimmt. Der neue Code heißt jetzt: *zahlen oder nicht zahlen*. Hier ist zwar durch das Medium oktroyiert, daß das Geld nur zum Zahlen verwendet werden kann. Zugleich besagt diese Spezifikation aber, daß die Frage der Präferenz im Code offengelassen werden muß. Mit Geld kann man zwar nur zahlen, aber man kann auch nicht zahlen, und ob und unter welchen Bedingungen man sich zu welcher der beiden Lösungen entschließt, ist damit noch offengehalten. Der Code diktiert keine Präferenz für Zahlung und gegen Nichtzahlung, sondern allenfalls eine leichte Asymmetrie, die darin liegt, daß man Geld in seiner liquiden (zahlbaren) Form wieder loswerden, zumindest gewinnbringend anlegen muß, wenn man rationale Präferenzen bilden will. Jede Zahlung ist mit dem Verlust des Optionswertes verbunden, der darin besteht, daß man die entsprechenden Mittel auch anders verwenden könnte. Jede Nichtzahlung ist mit dem Verlust von Gelegenheiten verbunden, hier und jetzt Bedürfnisse zu befriedigen. Beide Codeverwendungen machen nicht uneingeschränkt glücklich (was nur eine andere Formulierung ist für die Ausdifferenzierung des Systems).

Je formaler die Codierung gefaßt ist und je mehr sie beide Möglichkeiten offenhalten muß, desto deutlicher wird, daß die Codierung allein noch keine Entscheidung ermöglicht. Auch die Entscheidung ist, wenn man so will, ein ausgeschlossenes Drittes. Wir stoßen hier auf Probleme, die in der Logik im Anschluß an De interpretatione 9 unter dem Titel »de futuris contingentibus« Jahrhunderte beschäftigt haben.[104] Für Aristoteles ging es zunächst nur um Aussagen über noch nicht feststehende, kontingente künftige Ereignisse (im Beispiel: ob man eine Seeschlacht gewinnen wird oder nicht). Als Antwort auf dieses Problem empfiehlt Aristoteles die Unterscheidung, auf die wir gestoßen sind. Der Code wahr/unwahr *gilt* auch für künftige Ereignisse, denn er gilt unabhängig von der Zeit. Nur können wir ihn in der Gegenwart auf künftige Ereignisse noch *nicht anwenden*. Wir können noch nicht entscheiden. Der Code sieht gewissermaßen ein Subjekt vor, das aber seiner Aufgabe nicht voll gewachsen ist und, abhängig von der Zeit, in Verlegenheiten kommt.

Man hat daraus, ansatzweise schon im Mittelalter, auf die Notwendigkeit einer mehrwertigen Logik geschlossen.[105] Wir lassen derart schwierige Fragen der Einführung eines dritten Wertes (oder weiterer Werte für: Unbestimmbarkeit, Zeitlage, Entscheidungssubjekt, Mehrzahl von Entscheidungssubjekten usw.) hier beiseite. Für unsere Zwecke genügt es, festzuhalten, daß eine binäre Codierung, streng durchgeführt, ein Herauszie-

104 Vgl. aus einer sehr umfangreichen Literatur etwa Dorothea Frede, Aristoteles und die »Seeschlacht«: Das Problem der Contingentia Futura in De Interpretatione 9, Göttingen 1970; Philotheus Boehner (Hrsg.), The Tractatus de praedestinatione et de praescientia Dei et de futuris contingentibus of William Ockham, St. Bonaventura, N. Y. 1945; Léon Baudry (Hrsg.), La querelle des futurs contingents (Louvain 1465-1475), Paris 1950.

105 So vor allem Gotthard Günther. Vgl. z. B.: Logik, Zeit, Emanation und Evolution, in: Gotthard Günther, Beiträge zur Grundlegung einer operationsfähigen Dialektik, Bd. III, Hamburg 1980, S. 95-135.

hen des Entscheidens zwischen den beiden Werten aus dem Code selbst erzwingt und damit eine neue, querstehende Unterscheidung etabliert. Der noch ungeklärte Bedarf für Entscheidungen wird damit zum Kristallisationspunkt für neue semantische Leistungen, die man (wiederum seit der Antike) mit Begriffen wie kánon, kritérion, regula bezeichnet. Wir wollen statt dessen von Entscheidungsprogrammen sprechen, die festlegen, wie zwischen den beiden Werten des Codes richtig entschieden werden kann. Und wir vermuten, daß auch dann, wenn logische Fragen, Kalkülisierbarkeit und dergleichen in der Schwebe bleiben, eine strikte Codierung auf die eine oder andere Weise zur Entwicklung von Entscheidungsprogrammen führt, weil sie anders gar nicht gehandhabt werden kann.[106]

Als Konsequenz einer fast vollständigen Resymmetrisierung des Codes und des Fehlens aller abstrakten Präferenzen für die eine oder die andere Verwendung des Geldes müssen deshalb *Codierung* und *Programmierung* unterschieden werden. Erst durch Programmierung kann richtiges Verhalten in repetierbarer Form festgelegt werden. Unabweisbare Bedürfnisse sind dann gleichsam natürliche Programme, die zur Geldausgabe zwingen (sofern man zahlen kann). Darüber hinaus gibt es aber in weitem Umfange artifizielle Programme des Konsums oder der Produktion, die regulieren, unter welchen Bedingungen Teilnehmer am Wirtschaftssystem Zahlungen bzw. Nichtzahlungen in Abstimmung mit sonstigen Operationen für richtig halten.

Preise entstehen zur *Überbrückung dieser Differenz von Codierung und Programmierung*. Sie kristallisieren und lösen sich wieder auf als bewegliche (kontingente) Anzeichen für Knappheit. Sie vertreten, mit anderen Worten, die (paradoxe) Knappheit im System, und dies in dezentralisierter, auch anders möglicher, än-

106 Diese Unterscheidung *muß nicht* bedeuten, daß auf der Ebene der Entscheidungsprogramme auf Zweiwertigkeit (richtig/falsch ohne dritte Möglichkeit) verzichtet wird. Sie differenziert nur verschiedene Ausgangspunkte für den Einsatz von Zweiwertigkeit und setzt diese *inkommensurabel*. Das kann dann aber dazu benutzt werden, auf der Ebene der Entscheidungsprogramme eine mehrwertige Logik zuzulassen oder Unentscheidbarkeiten zuzulassen, *ohne daß dies die Binarität des Codes und damit die eindeutige Ausdifferenzierung des Systems in Frage stellen würde*. Vgl. dazu auch oben in Kapitel 3.

derbarer Form. Sie entparadoxieren die Paradoxie. Denn am Preis erscheint der paradoxe Grund der Knappheit nur noch als Kontingenz. Statt jede Operation zu blockieren (weil jede Zahlung Zahlungsunfähigkeit und Zahlungsfähigkeit erzeugt), dient die entparadoxierte, dezentralisierte Kontingenz jetzt als Kristallisationspunkt für Richtigkeitsüberlegungen. Man kann sich entscheiden, ob man zu einem bestimmten Preis zahlen oder nichtzahlen will, auch wenn diese Entscheidung niemals sicherrichtig und niemals einzig-richtig getroffen werden kann. Die Paradoxie erscheint dann nur noch als Restunschärfe, als Unsicherheit, als Risiko, und die Vorstellungen über richtiges Entscheiden können dann unter vielerlei Gesichtspunkten, zum Beispiel als Reueminimierungsprogramm oder als organisatorische Vorschrift, entfaltet werden.

In dieser Funktion des Kontingenztransfers sind Preise noch keine vollständigen Entscheidungsprogramme. (Man zahlt nicht *nur* wegen des Preises, was immer die Verkaufswerbung suggerieren mag). Sie kommen im übrigen erst durch die Entscheidung zur Zahlung bzw. Nichtzahlung zustande und sind in ihrer ursprünglichen Form Resultat eines Verhandlungsprozesses ad hoc.[107] Erst durch Organisation entsteht daraufhin der festgesetzte Preis, der als Verkaufsprogramm der Organisation dient und die Mitglieder dieser Organisation verpflichtet, immer nur zu dem im voraus festgesetzten Preis zu verkaufen und sich durch das Nichtkaufen der Kunden nicht beeindrucken zu lassen. Gelegenheiten, die der Markt bietet oder versagt, können dann nur noch mit Hilfe von aggregierenden Entscheidungen über Änderung der Preise wahrgenommen werden, und für die Organisationsangehörigen ist das Verhalten bis zur Routine durchprogrammiert: man wartet auf Käufer, wartet darauf, ob sie zu dem vorgegebenen Preis kaufen oder nichtkaufen und versucht allenfalls noch, ihrer Entscheidung etwas nachzuhelfen. Die Paradoxie erreicht in der letzten Intransparenz der Kaufmotive gleichsam ihren Wärmetod. Und knapp sind jetzt nicht mehr

107 Vgl. mit Bezug auf die heutige Situation in Entwicklungsländern Fred W. Riggs, Administration in Developing Countries: The Theory of Prismatic Society, Boston 1964, insb. S. 108ff.; Clifford Geertz, The Bazaar Economy: Information and Search in Peasant Marketing, American Economic Review, Papers and Proceedings 68 (1978), S. 28-32.

die in Überfülle vorhandenen Güter, sondern nur noch die zahlungswilligen und zahlungsfähigen Käufer.
Im Bereich der Arbeit, bei der Fütterung des primären Parasiten also, hat man unter politischem Druck darauf verzichtet, Knappheit durch Preise anzuzeigen. Löhne stehen weder für den, der Arbeit sucht, noch für den, der sich überlegt, ob er Arbeitende einstellen soll, zur Disposition.[108] In dieses Bild gehört auch, daß dieser Faktor bei der Ursachenforschung ausgeblendet wird – so als ob alle »gesellschaftstheoretische« Erklärung von dessen Invisibilisierung (und damit indirekt: von der Invisibilisierung der Knappheitsparadoxie) abhinge. Man rechnet, jedenfalls in der Alternativliteratur, die Arbeitslosigkeit nicht auf zu hohe Arbeitspreise zu, sondern, unter Überspringen dieses Punktes, direkt auf »Marktversagen«.[109] Und weil dies jetzt das Übel ist, von dem man wegkommen muß, spricht man nicht mehr von »commercial society« (Adam Smith), sondern von »Arbeitsgesellschaft«. In dem Moment, wo der sekundäre Parasit der paralegitimen Arbeit ihn bedroht, wird der primäre Parasit zum Souverän. Oder er behauptet das jedenfalls. Ob man daraufhin den durch Preis gesteuerten Markt gesellschaftspolitisch empfehlen kann oder nicht, wird zur Frage einer ideologischen Vordisposition. Alternativen sind nicht in Sicht. Zur Disposition steht allenfalls die Preisbildung selbst. Wenn man den Preisen die Fähigkeit nimmt, Knappheit (sei es der Waren, sei es der Käufer, sei es der Arbeit, sei es der Arbeiter) anzuzeigen, hilft das nicht viel weiter. Man muß dann andere Formen der Vermittlung von Codierung und Programmierung suchen, will man nicht sogar diese Differenz selbst annullieren und zur Eigentumswirtschaft oder zu funktionalen Äquivalenten direkter Privilegierung des Zugriffs (man sagt dann: im öffentlichen Interesse) zurückkehren. Die Schritte der Entparadoxierung von Knappheit kann man gedanklich zurückgehen, bis man wieder auf die Paradoxie stößt,

108 Mit interessanten Modifikationen freilich: vor allem für hochqualifizierte, hochbezahlte Arbeit, Leitungsarbeit etc. Und folglich besteht in diesem Bereich auch kein Mangel an Arbeit, sondern ein gravierender Mangel an qualifizierten Kräften. Hier werden denn auch hohe Preise gezahlt (was freilich auch mit der »Unbezahlbarkeit« von Vertrauen zu tun haben mag).

109 Siehe nur die Beiträge in Frank Benseler et al., a. a. O., 1982.

daß knappe Güter im Überfluß vorhanden sind. Von hier aus kann man aber nur die Entfaltung der Paradoxie neu beginnen. Ich überlasse es der theoretischen Phantasie von Alternativisten, sich funktionale Äquivalente vorzustellen. Man kann eine inverse Relation vermuten: je weniger Alternativen, desto mehr Alternativisten. Deshalb ist die Frage nach Bezugsproblemen und Kriterien angebracht. Die Theorie der Knappheit formuliert dafür Prüfbedingungen. Sie sagt nicht, daß es unmöglich sei.

Kapitel 7
Geld als Kommunikationsmedium: Über symbolische und diabolische Generalisierungen

I.

Im Kontext einer Theorie, die soziale Systeme im allgemeinen und Gesellschaftssysteme im besonderen als Systeme der Reproduktion von Kommunikation beschreibt, muß auch Geld zunächst und vor allem als Medium der Kommunikation behandelt werden. Das schließt es nicht aus, Geld auch im klassischen Sinne als Tauschmittel anzusehen, denn der Gebrauch des Geldes beim Tausch ist ja eine Form von Kommunikation und ist nur als Kommunikation möglich. Die Tauschtheorie beginnt jedoch mit einer Verengung der Perspektive. Sie fixiert den Blick auf die am Tausch Beteiligten und sieht die Funktion des Geldes daher in einer zeitlichen, sachlichen und sozialen Erweiterung von Tauschmöglichkeiten oder umgekehrt: in einer Einsparung von Transaktionskosten. Man kann durch Annahme von Geld Tauschmöglichkeiten eintauschen. Tauschentscheidungen vertagen, Tauschpartner mit nichtkomplementären Interessen verknüpfen und aus all diesen Gründen die Art der Güter, die getauscht werden können, erheblich erweitern. Dies alles ist gesicherte Erkenntnis und soll hier nicht in Frage gestellt werden.

Gleichwohl kann man fragen, ob die gesellschaftliche Bedeutung des Geldes hinreichend gewürdigt werden kann, wenn man vom Tausch ausgeht, reziprokes Handeln im Geben und Nehmen unterstellt und sich dann nur noch für die Anwendungsbreite dieses Systemtyps interessiert. Es fällt zunächst auf, daß ökonomische Theorien, die die Funktion des Geldes in der Erleichterung des Tausches sehen, den Geldbegriff an systematisch später Stelle einführen, weil zuvor ja geklärt werden muß, was es mit dem Tausch auf sich hat.[1] Das Medium, in dem sich alles vollzieht,

1 Besonders deutlich ist dies bei den Physiokraten. Typisch heißt es bei Forbonnais, Principes et observations oeconomiques, Amsterdam 1767, S. 120: »Il est évident que l'intervention de l'argent dans la circulation n'a rien pu changer dans l'ordre essentiel des besoins qui règle celui de la production relativement à la consommation intérieur.« Siehe auch

bedarf offenbar keiner weiteren Reflexion. Für die soziologische Analyse gibt es keine zwingenden Gründe, diesen Ausgangspunkt unbesehen zu übernehmen. Bereits Parsons hatte abstrakter angesetzt. Er war von der Frage ausgegangen, wie Handeln möglich ist, hatte den Handlungsbegriff in Komponenten aufgelöst und hatte zur Rekombination dieser Komponenten unter anderem den Begriff der symbolically generalized media of interchange gebildet.[2] Dasjenige Medium, das die Komponenten des Handelns (Handlungssystems) schlechthin zusammenhält, heißt »symbolic meaning«.[3] Alle Medien des Handlungssystems müssen entsprechend als symbolische Codes aufgefaßt werden – was unter anderem bedeutet, daß sie nicht ohne weiteres als Kausalbeziehungen interpretiert werden können. Bei weiterer Differenzierung in Subsysteme des Handlungssystems bilden sich weitere Medien (die dann zwangsläufig symbolische Medien sind), und bei nochmaliger Differenzierung der Subsysteme des Handlungssystems stößt man im Kontext des sozialen Systems

L. D. H. (= Victor de Riqueti, Marquis de Mirabeau), La science ou les droits et les devoirs de l'homme, Lausanne 1774, Nachdruck Aalen 1970, S. 107. Die *allgemeine* Bedeutung des Geldes folgt hier daraus, daß die Gesellschaft von vornherein ökonomisch, nämlich als »un amas d'achats et de ventes c'échanges et de rapports des droits et des devoirs« (a. a. O., S. 76) begriffen wird. Nicht anders aber auch die Hauptströme der ökonomischen Theorie. Gelegentlich findet man auch die explizite Feststellung, daß die Geldtheorie nicht in die Theoriegrundlagen der Wirtschaftswissenschaften gehört – so bei Thomas Hodgskin, Popular Political Economy, London 1827, Neudruck New York 1966, S. 178ff. (178). Ähnlich Robert Torrens, An Essay on the Production of Wealth, London 1821, Nachdruck New York 1965, S. 6f., 291, 305.

2 Siehe für den Bereich der spezifisch sozialen Medien die Ausgabe von Stefan Jensen: Talcott Parsons, Zur Theorie der Interaktionsmedien, Opladen 1980. Für die am stärksten generalisierte, auch über das Handlungssystem noch hinausgehende Darstellung des späten Talcott Parsons vgl. A Paradigm of the Human Condition, in: Talcott Parsons, Action Theory and the Human Condition, New York 1978, S. 352-433 (392ff.). Siehe ferner den von Rainer Baum eingeleiteten Teil IV in: Jan J. Loubser et al. (Hrsg.), Explorations in General Theory in Social Science: Essays in Honor of Talcott Parsons, New York 1976, S. 448 bis 660.

3 Vgl. a. a. O. (1978), S. 392, 395f.

und seines Subsystems Wirtschaft schließlich auf das Medium Geld. Wichtige Eigenschaften des Geldes finden sich nach Parsons bereits auf der allgemeinen Ebene von »symbolic meanings«; so vor allem: lediglich systeminterne Konstitution (was unter anderem heißt: Nichtkonsumierbarkeit), Zirkulation, Möglichkeit der Externalisierung zur Herstellung von Beziehungen zur Umwelt und Fähigkeit zur Vermehrung und Verbesserung (increase and improvement), also keine Beschränkung durch Summenkonstanzen oder vorgegebene Knappheiten. Geld ist demnach ein Fall (und für Theoriebildung zugleich der prototypische Fall) von symbolisch generalisierter Sinnbildung schlechthin, und diese Ebene kann nochmals überboten werden durch einen Begriff des Mediums, der schließlich nichts anderes mehr besagt als Einheit einer Differenz.[4]

Was sozialwissenschaftliche Theoriebildung betrifft, so ist diese Theorie des allgemeinen Handlungssystems unübertroffen in ihrer Leistung, heterogene Phänomene zu homogenisieren und vergleichbar zu machen. Bemerkenswert ist auch, daß gerade dafür das Geld eine paradigmatische Funktion hat und daß die Theorie, zum Entsetzen von humanistisch und geisteswissenschaftlich geschulten Lesern speziell in Deutschland, deutliche strukturelle Parallelen zwischen Sinn und Geld behauptet. Jede weitere Arbeit an einer Theorie des Geldes wird sich dieser Herausforderung stellen müssen.

Man kann die These einer gewissen strukturellen Isomorphie von Sinn und Geld schlichtweg bestreiten, wenn man mit Sinn etwas anderes im Sinn hat.[5] Möglicherweise gehen dabei dann

4 Parsons selbst formuliert etwas weniger hart: »The concept of a medium to us implies that it establishes relations between or among divers and variant phenomena, tendencies, and so on ... This property of a medium, namely its capacity to transcend and thereby relate, divers things, may be called its *generality*, which varies by levels of generalization ... Hence, it can be said that a medium is general and can serve to facilitate interchanges. Indeed, interchanges are in a sense the mechanisms by which a medium can perform its integrative function.« (A. a. O., 1978, S. 395)

5 So bekanntlich Jürgen Habermas. Siehe: Handlung und System – Bemerkungen zu Parsons' Medientheorie, in: Wolfgang Schluchter (Hrsg.), Verhalten, Handeln und System: Talcott Parsons' Beitrag zur

aber bewahrenswerte Einsichten verloren. Wir setzen die Kritik daher anders an. Die Parsonssche Systematisierung ist gebunden an die Grundannahme, daß die Logik der Entfaltung der menschlichen Grundverfassung (und in ihr: des Handlungssystems; und in ihm: des sozialen Systems; und in ihm: des Wirtschaftssystems) einem Vierfunktionen-Schema folgt und deshalb, und nur innerhalb dieses Schemas, intermediäre Leistungen erzeugen muß. Für diese Grundannahme, die nur eine Wiederholung der Differenzierung in vier Funktionsbereiche auf allen Ebenen der Systembildung und weder mehr noch weniger zuläßt, gibt es eigentlich keine zureichenden Gründe.[6] Wir ziehen daher Theorie-Designs vor, die geeignet sind, derartige Isomorphien und Vergleichbarkeiten aufzuspüren und gelten zu lassen, aber mehr Freiheit lassen in ihrer Begründung.

Wir halten an dem Gedanken fest, daß Geld als ein Medium begriffen werden kann und daß in der funktionalen Abstraktheit dieses Begriffs Vergleichsmöglichkeiten stecken; daß es also für verschiedene Konstellationen verschiedene Medien gibt. Wichtig bleibt auch das Merkmal der Generalisierung. Als generalisiertes Medium kann Geld die Verschiedenheit des Verschiedenen überbrücken, und zwar ohne dies Verschiedene als etwas anderes, Medienfremdes auszuschließen. Das Medium bleibt dem Vermittelten inhärent. Wir bewahren den evolutionstheoretischen Aspekt des Parsonsschen Begriffs, der auch in der Formel *Generalisierung* zum Ausdruck kommt. Die Leistung des Mediums kann unter geeigneten Bedingungen vermehrt und verbessert werden. Es bleibt auch bei dem wichtigen Zusammenhang von systeminterner Operationsweise und Externalisie-

Entwicklung der Sozialwissenschaften, Frankfurt 1980, S. 68-105; ders., Theorie des kommunikativen Handelns, Bd. 2, Frankfurt 1981, S. 384 ff. Vgl. auch Jan Künzler, Talcott Parsons' Theorie der symbolisch generalisierten Medien in ihrem Verhältnis zu Sprache und Kommunikation, Zeitschrift für Soziologie 15 (1986), S. 422-437. Wie Habermas betont auch Künzler die Unterschiede mehr als die Übereinstimmungen. Zu den romantischen Konnotationen des Vergleichs von Geld und Sprache vgl. auch Adam Müller, Die Elemente der Staatskunst, zitiert nach der Ausgabe Meersburg-Leipzig, o. J., S. 307 ff.

6 Vgl. näher Niklas Luhmann, Wozu AGIL, Kölner Zeitschrift für Soziologie und Sozialpsychologie 40 (1988), S. 127-139.

rung.[7] Das Medium eignet sich nur für systemeigene Operationsweisen, es gibt also Geld nur im Wirtschaftssystem, und wenn es in Klingelbeutel oder Steuerkassen kommt, operieren diese als Teil des Wirtschaftssystems; aber zugleich bilden sich im Medium als Bedingung seiner Operation externe Relevanzen ab: Die Zwecke, für die man es verwendet, brauchen nicht wirtschaftliche Zwecke zu sein.

All dies bleibt. Geändert aber wird, und das ist für die Theoriebildung entscheidend, die Differenz, die das Medium überbrückt. Bei Parsons wird diese Differenz durch eine analytische Dekomposition des Begriffs der Handlung und schließlich durch die gleiche analytische Dekomposition der menschlichen Grundverfassung gewonnen. Infolgedessen bezieht der Begriff sich auf Notwendigkeiten der Analyse, denen man sich stellen muß, wenn man evolutionär emergente Einheiten begreifen will. Die erkenntnistheoretischen Probleme im Verhältnis von emergenter Realität und begrifflicher Analyse bleiben ungeklärt[8] (obwohl leicht zu sehen ist, daß allein schon der Begriff der Emergenz es verhindert, daß man in die alte Kontroverse von Realismus und Nominalismus zurückfällt). Die folgenden Überlegungen gehen statt dessen vom Begriff der Kommunikation aus und beziehen sich deshalb ausschließlich auf soziale Systeme.[9] Sie betreffen deshalb ausschließlich Differenzen, die in der Kommunikation selbst verarbeitet werden müssen. Näher an Parsons heranrückend könnte man auch sagen: Differenzen, deren Überbrückung, deren operative Vereinheitlichung die evolutionäre Emergenz von Kommunikation ermöglicht.

Dabei entsteht Sprache als dasjenige Medium, das die Unterscheidung und Vereinheitlichung von Information, Mitteilung

7 Und es sei schon jetzt darauf hingewiesen, daß die weitreichenden theoretischen Implikationen gerade dieser Einsicht innerhalb der Parsonsschen Theorie nicht annähernd zum Ausdruck gebracht werden können. Dazu ist eine elaborierte System/Umwelt-Theorie mit Berücksichtigung selbstreferentieller Konstitutionsweisen erforderlich.

8 Hierzu Harold J. Bershady, Ideology and Social Knowledge, Oxford 1973.

9 Zum theoretischen Kontext vgl. Niklas Luhmann, Soziale Systeme: Grundriß einer allgemeinen Theorie, Frankfurt 1984.

und Verstehen ermöglicht.[10] Mit der Sprache entsteht aber zugleich die Unwahrscheinlichkeit, daß eine derart künstliche Synthese von Information, Mitteilung und Verstehen trotzdem angenommen und operativ weiterverwendet wird. Sprache kann zur Täuschung benutzt werden, Kommunikation auf Irrtum beruhen, und die jetzt erreichbare Präzision macht Meinungs- und Interessendivergenzen, die zur Ablehnung führen, um so wahrscheinlicher. Gerade die Elaboration von Sprache gefährdet die Autopoiesis sozialer Systeme. Deshalb kommt es zu genau hier ansetzenden evolutionären Neubildungen; oder genauer gesagt: die sozio-kulturelle Evolution hat Chancen, Systeme mit höherer Komplexität aufzubauen dann und nur dann, wenn sie dieses spezifische Problem der Ablehnungswahrscheinlichkeit von zunehmend unwahrscheinlichen Annahmezumutungen lösen kann.[11] Die Präzision der Bruchstelle steuert, mit anderen Worten, die Evolution und gibt Einrichtungen, die genau hier ansetzen, große Bedeutung. Kleine, zufällige Verbesserungen, die an diesem Punkte ansetzen, haben überdurchschnittliche Entwicklungschancen (ohne daß dafür irgendeine Art von Planung vorausgesetzt werden müßte). Die Erfindung des gemünzten Metalles mag ursprünglich auf Zwecke der Distribution in Großhaushalten gezielt haben und konnte so etwas wie Markt oder Annahmebereitschaft auf dem Markt ja auch gar nicht voraussetzen.[12] Da aber gleichzeitig auch schon Arbeitsteilung entstanden war und getauscht wurde, waren die Voraussetzungen für einen Übersprung gegeben. Das Geld entsteht durch eine Koinzidenz,

10 Das Problem vorsprachlicher, aber schon rudimentär sinnhafter, verweisungsreicher Kommunikation lassen wir hier beiseite. Auf jeden Fall würde eine Theorie evolutionärer Emergenz etwas dieser Art voraussetzen müssen, also in Parsonsschen Wendungen Sprache als »increase and improvement«, als »evolutionary universal« zu begreifen haben.

11 Hierzu auch Niklas Luhmann, Die Unwahrscheinlichkeit der Kommunikation, in: ders., Soziologische Aufklärung, Bd. 3, Opladen 1981, S. 25-34.

12 Vgl. zur archäologischen Rekonstruktion der Genese von Geld Colin M. Kraay, Hoards: Small Change and the Origin of Coinage, Journal of Hellenic Studies 84 (1964), S. 76-91; P. V.-N. (Pierre Vidal-Naquet), Fonction de la monnaie dans la Grèce ancienne, Annales SEC 23 (1968), S. 206-208.

die in keinem Systemplan gelegen hatte. Nur die Differenz von Annahme und Ablehnung einer Kommunikation (und nicht die »Erfindung« als solche) erklärt, daß hier eine historische Bifurkation[13] ansetzen konnte, die, obwohl seit Beginn mit Mißtrauen beobachtet, eine Eigendynamik entfaltet hat und zum Aufbau eines Funktionssystems für Wirtschaft geführt hat, das aus keiner komplexen Gesellschaft mehr wegzudenken ist.[14]

II.

Die Differenz, die das Medium überbrückt, ist zunächst die Differenz von Ego und Alter. Das gilt für alle symbolisch generalisierten Kommunikationsmedien und in besonderer Weise auch

13 Mit dem Begriff der Bifurkation arbeitet bekanntlich die Theorie thermodynamisch offener Systeme. Siehe etwa Ilya Prigogine/Isabelle Stengers, Dialog mit der Natur: Neue Wege naturwissenschaftlichen Denkens, dt. Übers. München 1981. Die Kybernetik bietet hierzu den Begriff des positiven feedback und der Abweichungsverstärkung an. Vgl. als Ausgangspunkt einer weitläufigen Diskussion Magoroh Maruyama, The Second Cybernetics: Deviation-Amplifying Mutual Causal Processes, General Systems 8 (1963), S. 233-241. Eine wiederum andere Beschreibung benutzt die Begriffe Selbstverstärkung und Repression oder Inhibierung. So z. B. Alfred Gierer, Die Physik, das Leben und die Seele, München 1985, insb. S. 165 ff. und, als Anwendung auf ökonomische Sachverhalte, ders., Socioeconomic Inequalities: Effects of Self-Enhancement, Depletion and Redistribution, Jahrbuch für Nationalökonomie und Statistik 196 (1981), S. 309-331. In all diesen Konzeptualisierungen besteht der Erkenntnisgewinn nicht zuletzt darin, daß die Irreversibilität des Systemaufbaus und die Geschichtlichkeit der Systeme erklärt werden kann.

14 Diese Entstehung erklärt im übrigen auch, daß in der aristotelischen Systematik Politik, Hauswirtschaft und Geldwesen noch scharf unterschieden werden, daß Geld also zunächst nicht als »oikonomischer« Tatbestand gesehen und aus den Strukturbeschreibungen des Gesellschaftssystems ausgeblendet werden kann mit Nachwirkungen bis ins 18. Jahrhundert. Vgl. etwa Peter Spahn, Die Anfänge der antiken Ökonomie, Chiron 14 (1984), S. 301-323 und Wolf-Hagen Krauth, Wirtschaftsstruktur und Semantik: Wissenssoziologische Studien zum wirtschaftlichen Denken in Deutschland zwischen dem 13. und 17. Jahrhundert, Berlin 1984.

für Geld. Dies ist jedoch noch nicht das letzte Wort. Soziale Systeme entstehen nur unter der Bedingung doppelter Kontingenz. Das heißt, sie setzen voraus, daß Ego *und* Alter erleben, daß Ego *und* Alter kontingent handeln. Auf beiden Seiten der Beziehung weiß man, daß beide Seiten im erwünschten Sinne und auch anders handeln können. Die soziale Beziehung redupliziert sich also in sich selbst. Jeder Beteiligte macht sich ein Bild von beiden Beteiligten. Deshalb kann die Situation, die mit Hilfe eines Mediums strukturiert wird, nicht einfach als ein Interessengegensatz, gesehen von außen, aufgefaßt werden. Sie ist auch nicht einfach eine Kausalbeziehung, die ein Beobachter berechnen könnte. Daß externe Beobachtungen und Beschreibungen dieser Art möglich sind, soll nicht bestritten werden; sie erfassen aber nicht die volle Realität des sozialen Systems und lassen die Funktion von symbolisch generalisierten Kommunikationsmedien nicht zureichend erkennen. Es handelt sich um ein System, in das Selbstbeobachtung eingebaut ist und das von außen daher nur in der Form des Beobachtens von Beobachtungen, in der Form der Beobachtung zweiter oder gar dritter Ordnung, zureichend beobachtet werden kann.

Formelhaft umschrieben, ist also ein Divergenzproblem zweiter Stufe zu lösen: Alter (Ego → Alter) → Ego (Alter → Ego). Dabei können Ego und Alter beide sich doppelt identifizieren, als I und als me. Sie fungieren als Ausgangspunkt ihrer Beobachtung und als beobachtetes Objekt des beobachteten Anderen. Sie können aber nicht wirklich in die Beobachtungsweise des Anderen eintreten; denn sie können nur das sehen, was sie selbst sehen. Sie identifizieren sich mit ihrer Position in ihrer eigenen Klammer, nicht jedoch mit ihrer Position in der Klammer des Anderen. Für die Überbrückung dieser letzten unüberbrückbaren Divergenz dienen Symbole und im besonderen Falle: generalisierte Kommunikationsmedien.

Symbole leisten weder eine Seelenverschmelzung noch eine Identifikation von individueller Identität mit kollektiver Identität. Sie dienen nicht der Überbrückung der Differenz von egoistischen und altruistischen, sozialen und unsozialen Einstellungen.[15] Sie leisten keine »Aufhebung« von Differenz in einer Ein-

15 Dies war im übrigen die Funktion des Begriffs der *Sympathie* bei Adam

heit höherer Ordnung. Sie leisten ein Sinnformangebot, das ein besser organisiertes Beobachten ermöglicht und mit höherer Komplexität der Systeme besser kompatibel ist. Die Differenz, die sie überbrücken, ist nicht die Differenz verschiedener autopoietischer (bewußter bzw. sozialer) Systeme, sondern nur eine Sinndifferenz besonderer Art. Im Falle symbolisch generalisierter Kommunikationsmedien liegt das Problem in der Differenz von *Selektivität* und *Motivation*. Wie kann man (und »man« ist: irgend jemand, jeweils für sich) sich vorstellen, daß die immer speziellere, immer unwahrscheinlichere, immer »privatere« Selektion des einen noch Motivationswert für einen anderen hat? Wie können Einzelne bereit sein, an Situationen mit doppelter Kontingenz mitzuwirken und sie jeweils für sich zu integrieren (also: ihre Klammer in Ordnung zu bringen), wenn es zunehmend deutlicher wird, daß die Selektion privaten, unbeeinflußbaren, letztlich oft unbekannten Interessen folgt?

Um diese Überbrückung von doppelter Kontingenz durch symbolische Integration von Selektion und Motivation leisten zu können, muß die Generalisierung des Mediums Geld über die jeweils liquiden Mittel hinausgeführt werden und alle wirtschaftlichen Relevanzen einbeziehen. Auch derjenige, der Geld annimmt und dafür Güter hingibt oder Arbeit leistet, muß seinen Beitrag in Geld kalkulieren, also wissen oder einschätzen können, was er in Geld wert ist. Beide Seiten einer Tauschbeziehung, in der Geld benutzt wird, müssen sich ihre Leistung monetarisiert vorstellen können, und das heißt, daß alles, was überhaupt auf wirtschaftliche Verwendung hin angesehen wird, auf einen Geldausdruck reduziert wird.[16] Auch wenn man sein

Smith, der für die entstehende Wirtschaftstheorie so große Bedeutung bekommen sollte und so viele Interpreten in die Irre geführt hat. Liest man die Theory of Moral Sentiments (1759), dann ist ganz deutlich, daß der Begriff der Sympathie nicht als Gegenbegriff zu Antipathie gebraucht ist, sondern im Sinne von Einfühlungsvermögen (Empathie). Sympathie präjudiziert also nichts in der Frage der symbolischen/diabolischen Generalisierungen. Sie kann zu positiven und zu negativen Einstellungen eines unabhängigen Beobachters, zu je eigenen moralischen Beurteilungen führen.

16 Eine nicht gerade übliche, aber auch nicht unbedingt neue Einsicht. Siehe z.B. die Definition der Ware (marchandise) als monnoie réelle

Haus oder sein Auto, das Familiensilber, das Klavier, die Bilder gar nicht verkaufen will, hat man doch eine ungefähre Vorstellung ihres Geldwertes, und wenn man es nicht von selbst weiß, klärt einen die Versicherung darüber auf.

Diese Universalisierung des Geldes erfordert ihrerseits im Kontext funktionaler Differenzierung die Ausklammerung von externfunktionalen, nicht ökonomisierbaren Relevanzen – sehr im Unterschied zu Gesellschaften mit nicht voll ausdifferenzierter Ökonomie, wo man für Geld so gut wie alles kaufen kann: auch Freunde und Frauen, auch Seelenheil und politischen Einfluß und sogar Staaten, auch Steuereinnahmen, Kanzleitaxen, Adelstitel usw.[17] Bestimmte Reaktionen auf überpekuniarisierte Verhältnisse haben in dieser zu geringen Ausdifferenzierung ihre Wurzeln und können daher eingespart werden, wenn die Gesellschaft zu funktionaler Differenzierung übergeht. Die Beschränkung der Käuflichkeit ist die Bedingung ihrer moralischen Freistellung als einer rein wirtschaftlichen Angelegenheit.

In der Sprache der Parsonsschen pattern variables erfordert diese *Universalisierung* des Geldes aber zugleich *Spezifikation*. In der historischen Semantik dieses Mediums hat man lange gebraucht,

beim Abbé Morellet, Prospectus d'un nouveau Dictionnaire de Commerce, Paris 1769, Nachdruck München 1980, S. 133. Siehe auch Anne-Robert-Jacques Tugot, Réflexions sur la formation et la distribution des richesses (Nov. 1766), zit. nach: Gustave Schelle (Hrsg.), Œuvres de Turgot, Bd. II, Paris 1914, S. 533-604. »Toute marchandise est monnaie« (S. 557) und: »Toute monnaie est essentiellement marchandise« (S. 558). Die klassische Gegenposition war eine hierarchisch konzipierte Theorie, in der (liquides) Geld nur als eine Art Kapital bzw. Reichtum unter anderen angesehen wurde. »Money is only a part, and comparatively an inconsiderable part, of capital. But capital itself is only a species of wealth; and therefore, money, instead of constituting wealth, is no more than a variety of a species, of which wealth is the genus«, heißt es bei Robert Torrens, An Essay on the Production of Wealth, London 1821, Nachdruck New York 1965, S. 6.

17 Man denkt hier natürlich an Verhältnisse im späten Mittelalter. Für aktuelle Parallelen in Entwicklungsländern vgl. Georg Elwert, Die Verflechtung von Produktionen: Nachgedanken zur Wirtschaftsanthropologie, in: Ernst W. Müller et al., Ethnologie als Sozialwissenschaft, Sonderheft 26/1984 der Kölner Zeitschrift für Soziologie und Sozialpsychologie, Opladen 1984, S. 379-402.

um diesen Zusammenhang sehen und begreifen zu können; denn zunächst erscheint es ja so, als ob Ausweitung (Universalismus) und Einschränkung (Spezifikation) einander widersprechen. Geschichtlich gesehen dominiert daher im späten Mittelalter und in der frühen Neuzeit die Einsicht in den Universalismus des Mediums mitsamt einer etwas hilflos wirkenden Opposition dagegen, von Luther bis Marx. Um diese Mentalität zu verdeutlichen, mag ein einzelnes, willkürlich herausgegriffenes Zitat genügen: »El dinero es el que pone medida en todas las cosas, y en cierta forma es el medio de cuanto hay en el universo; él lo mide, compara, reduce a igualdad y proporcion lo desigual y desconcertado, de suerte que se puede decir que es mensura de la vida de los hombres.«[18]

Solche Aussagen lassen sich nicht unmittelbar wieder zurücknehmen oder einschränken. Erst nachdem man die systembildende, autopoietische Operation dieses Mediums beobachten und die durch sie gezogenen Grenzen des Wirtschaftssystems mitsamt seinen Binnenproblemen erkennen kann, erst nachdem also funktionale Differenzierung sich faktisch durchgesetzt und beobachtbare Tatbestände geschaffen hat, wird es möglich zu begreifen, daß Universalisierung immer eine Welt erzeugt, in der sie auch Spezifikation zu sein hat. Und damit wird dann auch die religiöse und/oder moralische Geldkritik überflüssig. Wir ersetzen sie, um das vorwegzunehmen, durch die Unterscheidung von symbolischer und diabolischer Generalisierung.

Symbolisch generalisierte Kommunikationsmedien sind evolutionär entstandene und bewährte Antworten auf ein Problem der doppelten Kontingenz und sind dadurch geprägt und begrenzt. Sie sind Spezialcodes, die ebendeshalb universelle Relevanz gewinnen können. Sie entstehen immer dort, wo es gelingt, Symbole zu finden und in Umlauf zu setzen, die der Selektion Motivationswert geben, auch wenn dabei eine Systemdifferenz überbrückt werden muß. Ein solches Symbol ist Geld. Man ist bereit, eigene Sachen hinzugeben oder mehr oder weniger unangenehme Arbeit zu leisten, nur weil man dafür mit Geldsymbolen entschädigt wird. Man gibt nicht in Ausführung einer sozialen

18 Juan Pablo Mártir Rizo, Norte de Prñncipes, 1626, zit. nach der Ausgabe von José Antonio Maravall, Madrid 1945, S. 77.

Verpflichtung zur Reziprozität, man hilft nicht als Nachbar, man arbeitet nicht in der frommen Gesinnung, dadurch dem Willen Gottes zu dienen. Man läßt sich bezahlen.[19]

Was immer wir zivilisationskritisch davon halten mögen: mit dieser Erfindung sind mindestens zwei wesentliche Vorteile verbunden. Sie ist in höherem Maße von sozialen Strukturen außerökonomischer Provenienz unabhängig, also besser ausdifferenzierbar. Und sie wirkt in stärkerem Maße selbstmotivierend, auch und gerade bei hoher Selektivität. Man bemüht sich, seine Sachen loszuwerden, und setzt zu diesem Zwecke Rieseninvestitionen und hochkomplexe Produktionsunternehmen ein – nur um des Abgebens willen. Und man bemüht sich, mehr oder weniger unwillkommene Arbeit zu finden – das alles wegen der Zauberformel: weil dafür bezahlt wird.

Auf diese Weise wird die »Sozialität« des Tausches abgeschwächt, und dies um so mehr dann, wenn nicht einmal die Möglichkeit besteht, über Preise zu verhandeln und dabei vorherige und künftige Bekanntschaft in Rechnung zu stellen.[20] Jeder kalkuliert seine Beziehung zum anderen nach Maßgabe seiner (privaten) Beziehung zum Geld. Einerseits gewinnt man dadurch Freiheit in dieser Beziehung und andererseits die Möglichkeit, seine sozialen Bedürfnisse anderweitig zu binden und zu befriedigen.[21]

Trotz dieser sozialen Entleerung (=Befreiung) liegen die diabo-

19 Daß dies weitreichende Bedeutung hat für die Möglichkeit, sich mit eigenen (!) Motiven zu identifizieren, ist ein bekanntes Thema der sozialkritischen Literatur, registriert unter dem nicht sehr glücklichen Titel der »Entfremdung«. Für eine empirische Untersuchung siehe etwa Edward L. Deci, Effects of Externally Mediated Rewards on Intrinsic Motivation, Journal of Personality and Social Psychology 18 (1971), S. 101 bis 115.

20 Vgl. dazu Clifford Geertz, The Bazaar Economy: Information and Search in Peasant Marketing, American Economic Review, Papers and Proceedings 68 (1978), S. 28-32.

21 Das schließt es unter modernen Verhältnissen im übrigen aus, Geld im Sinne eines »technical counterpart of love« (so Kenneth Burke, The Rhetoric of Religion: Studies in Logology, Boston 1961, S. 292) zu verwenden. Es widerspricht zutiefst der modernen Auffassung von Liebe, sie durch Geld instrumentiert zu sehen. Die alte caritas war in diesem Punkte weniger empfindlich gewesen.

lischen Züge des Geldes nicht in dieser rechenhaften Formalisierung. Sie liegen auch nicht, wie man seit dem Mittelalter immer wieder vermutet hat, darin, daß Geld zur Sünde verführt, Habgier weckt, Luxusbedürfnissen dient, von der Sorge ums Seelenheil ablenkt oder, wie Marxisten sagen würden, zur Ausbeutung der Arbeiter und zum Warenfetischismus führt. So kann man sie beobachten, wenn man einen primär moralischen Schematismus zugrunde legt. Bei genauerem Zusehen liegt die Diabolik zunächst darin, daß das Geld andere Symbole, etwa die der nachbarlichen Reziprozität oder die der heilsdienlichen Frömmigkeit, ersetzt und eintrocknen läßt. Sie liegt also in der für *Universalisierung* notwendigen *Spezifikation*.

In sehr feinsinnigen Analysen der diabolischen Rolle des Geldes hat Kenneth Burke das geläufige Vorurteil über Geld »as the ›root of all evil‹ «, »as a ›temptation‹ to dishonest dealings« in der gleichen Richtung korrigiert. Geld fungiere als ein »›technical substitute for God‹, in that ›God‹ represented the unitary substance in which all human diversity of motives was grounded«. Im ersten Sinne einer Versuchung könne dem allenfalls durch Steigerung religiöser Anstrengung und Skrupulosität entgegengewirkt werden – »hence leading us from the simplicity of *innocence* into the complexity of *virtue*«. Faktisch gefährde Geld die Religion »not in the dramatic, agonistic way of a ›tempter‹, but in its quiet, rational way as a *substitute* that performs its mediatory role more ›efficiently‹, more ›parsimoniously‹, with less ›waste motions‹ as regards the religious or ritualistic conception of ›works‹ «.[22]

Wenn dieser Substitutionsprozeß vollzogen ist, können Dankespflichten, Nachbarschaftshilfen, Freundlichkeiten und schließlich die Religion selbst »privatisiert« und auf dieser Basis dann

22 Siehe: A Grammar of Motives and A Rhetoric of Motives, Neuausgabe Cleveland, Ohio 1962, Zitate S. 111 und 112. Allerdings geht Burke nicht von einem systemtheoretischen, sondern von einem handlungstheoretischen Ansatz aus und beschreibt deshalb die symbolische Generalisierung des Geldes nur als Umkehrung eines Mittels in einen eigenen Zweck, als » ›transsubstantiation‹ ... from its function as an *agency* of economic action into a function as the *ground* or *purpose* of economic action« (a. a. O., S. 92). »Ground or purpose« – diese Gleichung muß in der systemtheoretischen Analyse aufgegeben werden.

wieder »kultiviert« werden. Im öffentlichen Raum dominieren die sie ersetzenden Medien, neben Geld vor allem rechtlich strukturierte politische Macht und wissenschaftlich unbestreitbare Wahrheit. Im privaten Bereich kommt es dann zu Erscheinungen, die Kenneth Burke »compensatory humanism« nennt[23] und die ihrerseits, da inzwischen der Buchdruck erfunden ist, in die Öffentlichkeit zurückgespielt werden, um dort die diabolische Funktion eines permanent schlechten Zivilisationsgewissens zu übernehmen.

III.

Geld ermöglicht es, ein besonderes Funktionssystem für Wirtschaft auf der Basis der Grundoperation der Geldzahlung auszudifferenzieren. Wenn und soweit dies geschieht, kann ein solches System einem binären Code unterworfen werden, der durch eine Duplikation der basalen Operation zustande kommt. Die Zahlung wird durch ihr logisches Gegenstück Nichtzahlung ergänzt und dadurch kontingent gesetzt. Alle Operationen, die die Autopoiesis der Wirtschaft fortsetzen, werden somit durch eine Entscheidung zwischen Zahlung und Nichtzahlung bestimmt und erweisen sich dadurch als nicht notwendig. Für den Beobachter ergibt sich daraus eine weitere Version der Paradoxie des Systems: Das System besteht nur, wenn und soweit gezahlt und nicht gezahlt wird. Für das System sind Zahlungen notwendig. Zugleich ist aber keine einzige Zahlung notwendig, weil jede Zahlung erfolgen oder unterbleiben kann. Die Wirtschaft ist eine Menge notwendiger/nichtnotwendiger Zahlungen.[24]

Wie bei aller Codierung entsteht durch die Duplikation ein positiver Wert und ein negativer Wert. Das ist nicht im Sinne alltäglicher Präferenzen zu verstehen; es besagt natürlich nicht, daß die

23 A. a. O., S. 112f.

24 Daß andere Systeme, insbesondere das Rechtssystem, Zahlungen notwendig machen können, soll damit nicht bestritten sein. Aber dann bezieht sich die Notwendigkeit auf einen anderen Code. Notwendig heißt dann rechtlich erzwingbar und besagt nicht etwa, daß das Geld auch im Falle der Nichtzahlung übergehen bzw. seinen Wert verlieren würde, so daß eine Nichtzahlung gar nicht möglich wäre.

Zahlung der Nichtzahlung vorzuziehen ist, und nicht einmal, daß Zahlung besser ist als Nichtzahlung. Vielmehr hält der Code diese Frage gerade in der Schwebe und überläßt ihre Entscheidung den Programmen des Wirtschaftssystems und nicht zuletzt auch der Situation. Das »Positive« des positiven Wertes besteht darin, daß er die *Anschlußfähigkeit* im System sicherstellt. Wenn gezahlt wird, kann der Empfänger mit dem Geld etwas anfangen; wenn nicht, dann nicht. Zwar kann im Falle der Nichtzahlung nun der, der sein Geld behält, damit etwas anderes anfangen; aber dies nur deshalb, weil er seinerseits Empfänger gewesen ist und diese Position noch nicht aufgegeben hat. Der negative Wert ist also ohne Anschlußfähigkeit. Er dient lediglich als *Reflexionswert*, nämlich zur Überprüfung der Frage, ob gezahlt werden soll oder nicht; und gegebenenfalls der Reflexion auf die Gründe für das Ausbleiben von Zahlungen.

Reflexion setzt hinreichende Bestimmtheit voraus. Die Nichtzahlung besteht also nicht schon darin, daß jede Zahlung zugleich jede andere Verwendung der bestimmten Geldsumme durch den Zahlenden ausschließt. Von Nichtzahlung soll deshalb nur die Rede sein, wenn eine Geldausgabe erwogen und dann doch nicht vollzogen wird. Das kann natürlich aus Anlaß konkreter Zahlungsentscheidungen geschehen – so wie man sich darüber im klaren sein kann, daß man sich in diesem Monat neue Reifen, aber dann nicht auch noch neue Zähne leisten kann. Der Code ist also nicht tautologisch konstruiert, sondern formuliert den Gegensatz von Anschlußwert und Reflexionswert als ein qualitatives Dual, das jeweils situationsbezogen ermittelt und zur Entscheidung gebracht werden muß.

Die codierte Reflexion kann unter verschiedenen Systembedingungen verschiedene Wege nehmen. Wenn jemand Waren anbietet, aber dafür keine Käufer findet, also keine Zahlungen erhält oder nicht so viel wie erwartet, wird die Reflexion auf sein Produktionsprogramm gelenkt. Sie bleibt eine rein wirtschaftliche Reflexion. Wenn dagegen die Zahlung deshalb nicht erfolgt, weil gar keine Waren vorhanden oder nicht genug Waren vorhanden sind, ist die Wahrscheinlichkeit groß, daß die Differenz von Wirtschaft und Politik kollabiert und die Reflexion ins Politische gelenkt wird. Hier scheint einer der Gründe zu liegen, weshalb Systeme, die sich nicht durch Knappheit der Käufer, sondern durch Knappheit von Waren auszeichnen (sich also nicht in der Richtung auf Nachfrage, sondern in der Richtung auf Angebot im Ungleichgewicht befinden), sich einer politischen Pression ausgesetzt finden und das Politischwerden der Reflexion blokkieren müssen – etwa dadurch, daß sie gar keine politische Wahl zulassen, sondern durch eine einzige Partei regiert werden.

Eine auf Geldbasis funktionierende Wirtschaft setzt voraus, daß die Code-Werte Zahlung/Nichtzahlung eng zusammenhängen. Das bedeutet Verschiedenes. Einmal muß in hinreichend vielen und typischen Situationen die Wahl zwischen Zahlung und Nichtzahlung möglich sein. Es müssen also Situationen ausgeschlossen oder doch marginalisiert werden, in denen man zahlen muß – etwa weil man sonst verhungern würde; und also arbeiten muß, um sich am Leben zu halten. Der enge Zusammenhang und das leichte Umtauschen der Werte ist also nicht rein logisch zu sichern dadurch, daß die Umkehrung eine bloße Negation erfordert. Auch dieser Aspekt ist jedoch wichtig als formale Vorbedingung für leichte, wenn auch nur formale Wahlfreiheit. Wie die Wahrheitslogik ist auch die Geldlogik dem Grundsatz des ausgeschlossenen Dritten verpflichtet. Das Geld ist also symbolisches Medium auch insofern, als es als codiertes Medium positiven und negativen Wert zusammenhält. Und es ist diabolisches Medium insofern, als es alle anderen Werte auf der Ebene des Codes neutralisiert und in den inferioren Status der Gründe für Zahlungen bzw. Nichtzahlungen abschiebt. Das Geld hindert sich selbst keineswegs daran, für karitative Zwecke ausgegeben zu werden; es fordert nur, daß diese Operation als eine ökonomische orientiert wird an der Möglichkeit, das Geld für karitative Zwecke nicht auszugeben, sondern es für andere Verwendungszwecke bereitzuhalten. Und wenn diese Entscheidung am Code Zahlung/Nichtzahlung orientiert wird, heißt dies auch, daß es schwerfällt, sie zugleich auch an Gottes Willen (oder: am Code immanent/transzendent) zu orientieren; denn wer würde sich einen Gott vorstellen wollen oder auch nur können, dem jede andere Verwendung des Geldes entschieden mißfällt?

Diese Überlegungen zeigen, daß nicht das Ausmünzen oder Ausdrucken oder Buchen des Geldes entscheidend ist für die Ausdifferenzierung der Wirtschaft, sondern die Codierung des Geldes. Erst die binäre Struktur verdichtet einen Entscheidungszusammenhang so stark, daß er Operationen ausdifferenziert, die sich kaum noch an anderen Codes orientieren können. An anderen Codes! Die Orientierung an anderen Werten (etwa denen der caritas, der politischen Opportunität, des Rechts usw.) bleibt selbstverständlich möglich, denn die ausgeschlossenen Drittwerte können auf der Ebene der Programme des Wirtschaftssystems durchaus berücksichtigt werden. Sie fungieren dann aber ökonomisch mediatisiert, sind dann eingeschlossene ausgeschlossene Drittwerte, entparadoxierte Paradoxien oder »Parasiten« im Sinne von Michel Serres.

IV.

Schon auf der operativen Ebene, auf der über Zahlungen bzw. Nichtzahlungen entschieden wird, erfordert und bewirkt der Geldgebrauch eigentümliche Besonderheiten. Dies zeigt sich deutlich, wenn man Zahlungen mit Kommunikation im allgemeinen vergleicht. Gegen eine verbreitete Auffassung muß davon ausgegangen werden, daß Kommunikation als solche kein Übertragungsvorgang ist.[25] Vielmehr geht es um symbolische Vermittlung, um Herstellung einer emergenten Einheit von Information, Mitteilung und Verstehen.[26] Dabei ist gerade vorausgesetzt, daß der Mitteilende nicht verliert, sondern behält, was er mitteilt, denn nur so kann Übereinstimmung entstehen und nur so kann es zu einem Reichtum an übereinstimmend erfaßten Möglichkeiten kommen, aus dem dann das Anschlußverhalten auswählt, was akzeptiert und was nicht akzeptiert wird. Entscheidend ist gerade die Erzeugung von Redundanz: daß mehrere gleichen Sinn erleben, so daß dann wieder verschiedenes Verhalten anschließen kann. Auch hier also der typische Mecha-

25 Wenn man in Gegenrichtung fragt, woher diese Auffassung komme, Kommunikation sei eine Übertragung von (wertvollen) Informationen, liegt es nahe, daß sie sich uneingestanden am Geld orientiert. Jedenfalls ist das Geld die Universalisierung eines Übertragungsmodells, bei dem der eine genau das erhält, was der andere abgibt, und »Rauschen« minimiert werden kann.

26 Hierzu näher: Niklas Luhmann, Soziale Systeme: Grundriß einer allgemeinen Theorie, Frankfurt 1984, S. 191ff.

nismus der Systembildung: Erzeugung von Überschuß und Selektion.[27]

Das Geld muß sich gegen diese Eigenart, muß sich gegen den Normalgebrauch von Kommunikation durchsetzen.[28] Es muß Übertragbarkeit gewährleisten – sei es in der Form von Übergabe von Geldstücken oder -scheinen; sei es in der Form von Umbuchungen. Anders als bei Normalkommunikation muß gesichert werden, daß bei einer Zahlung dem Zahlenden das Gezahlte verlorengeht und der Empfänger es erhält. Nur unter dieser Bedingung einer Verlust=Gewinn-Gleichung ist es sinnvoll, von Übertragung zu sprechen. Nicht zuletzt muß die Übertragung »unvorbelastet« erfolgen, nämlich eine nur quantitative Information übermitteln, die durch den jeweiligen Preis definiert ist. Pecunia non olet, heißt es. Seine Verwendbarkeit ist unabhängig von seiner Herkunft, und das bewirkt nicht zuletzt, daß geliehenes Geld ebenso verwendet werden kann wie sauer verdientes. Die puren Notwendigkeiten der Übertragung begründen die Möglichkeit von Kredit. Die Künstlichkeit dieser Bedingungen der Übertragbarkeit gehört zu den Funktionsbedingungen des Geldes, wobei selbstverständlich übliche Kommunikation immer mitläuft, damit die Beteiligten sich darüber verständigen können, daß es sich bei der beabsichtigten Operation um eine Zahlung handelt. Es muß, mit anderen Worten, durch Kommunikation die Exklusivität der Zuordnung gewährleistet werden, obwohl die Kommunikation gerade zur Vergemeinschaftung dient.

Dies bedeutet nicht, daß der Systembildungsmechanismus Überschußproduktion und Selektion aufgegeben werden muß. Er erhält nur eine andere, voraussetzungsvollere Form. Was die Zahlung überträgt, ist ein in festen quantitativen Grenzen unbestimmtes Potential. Wenn man paradox formulieren will: Die Zahlung überträgt reduzierte unreduzierte Komplexität. Mit

27 Oder in der Sprache von Kenneth Burke: scope and reduction. Vgl.: A Grammar of Motives and A Rhetoric of Motives, Neuausgabe Cleveland, Ohio 1962, S. 59ff. und zur Anwendung auf den Fall des Geldes S. 91ff.

28 *Insofern* also volle Zustimmung zu Bedenken gegen die schnelle Analogie von Geld und Sprache; nur sind die Gründe nicht identisch mit denen von Habermas – siehe oben Anm. 5.

dem Geld kann der Empfänger anfangen, was er will. Die Offenheit der Verwendungsmöglichkeiten geht nicht verloren, sondern wird autopoietisch rekonstituiert. Sie wird nur, gleichsam zur Kompensation dieser Freiheit und als Ausdruck von Systemkontrolle des Beliebens, auf eine Summe begrenzt. Man kann Geld nicht übertragen, ohne festzulegen, um wieviel es sich handeln soll. Diese Reduktion dient jedoch dazu, im System (und nur für das System) ein Höchstmaß an Verwendungsfreiheit zu instituieren. Auch damit wird also Überschuß und Selektion eingerichtet. Die Geldverwendung kann dann, weil zwangsläufig selektiv, Rationalitätsbedingungen unterworfen werden, die sich auf Wiedergewinn von Geld beziehen; aber auch anders motivierte Zahlungen bleiben, weil Zahlungen, im System und behalten ihre autopoietische Funktion der Weiterleitung von Zahlungsfähigkeit.

Wenn diese evolutionäre Errungenschaft eingerichtet und gegen Normalkommunikation differenziert ist, läßt es sich deshalb nicht vermeiden, daß aufgrund dieser Sonderbedingung von Überschuß und Selektion ein besonderes System entsteht. Dieses System Wirtschaft ist dann wieder Garant dafür, daß das Medium Geld trotz aller Abartigkeit funktioniert und immer weitere Güter, schließlich sogar Grundbesitz, schließlich sogar Arbeit, der eigenen Kontrolle unterwerfen kann. Zugleich jedoch ist die Abartigkeit des Geldes immer mitgesehen und moralisch überwacht worden. Für normale gesellschaftliche Kommunikation behielt Geld und finanziell ermöglichter Systemaufbau etwas Irritierendes, so daß immer wieder Affekte gegen das Geld ausgelöst und für Systembildungen eigener Art – sei es religiöser, sei es moralischer, sei es nationalistischer, sei es ethnogenetischer Art – mißbraucht werden konnten. Mehr als irgendwo sonst ist denn auch am Geld der Doppeleffekt von symbolischer und diabolischer Generalisierung bewußt geworden.

Das Geld regeneriert aus diesen Gründen die ebenso verständliche wie fragwürdige Hoffnung, es könnte möglich sein, seine Verwendung und seine Effekte einer sozialmoralischen Kontrolle zu unterwerfen. Dieser Gedanke wird auch dadurch nahegelegt, daß es sich bei den Medien um Symbole handelt und nicht um Kausalmechanismen. Bei Parsons wird diese Einsicht durch die Unterscheidung von »facilities« und »standards« ausgedrückt. Man könnte auch sagen, daß die Medien sehr unwahrscheinliche Erfolgschancen in Aussicht stellen und diese Vorgabe nutzen können, um den Zugang zu ihnen zu konditionieren. Es wird ein Überschuß an Möglichkeiten geschaffen, der sich dann durch Bedingungen einschränken läßt. Auf diese Weise verdient sich das Medium, wenn man so sagen darf, Möglichkeiten der Normierung –allerdings nur im eigenen Bereich. Und auf diese Weise ergeben sich zugleich Möglichkeiten systemspezifischer Steuerung des Mediengebrauchs, die nicht behaupten müssen, Respezifikationen einer allgemeinen Moral zu sein.

Parsons hatte bekanntlich angenommen, daß Wirtschaft als System und Geld als Medium im Kontext einer kybernetischen Kontrollhierarchie normativen Vorgaben ausgesetzt seien, die von »höheren« Systemen festgelegt würden. Entsprechend unterscheidet er standards und value principles. Wir ersetzen diese Annahme durch die These der Ausdifferenzierung autopoietischer Funktionssysteme und durch die Unterscheidung von Codierung und Programmierung. Mit Hilfe des Kommunikationsmediums Geld wird ein Wirtschaftssystem ausdifferenziert, das alle eigenen Operationen an der Übertragung von Geldeigentum, also an der Differenz von Zahlung und Nichtzahlung jeweils durch Preise bestimmter Geldsummen orientiert. Dieser Code Zahlung/Nichtzahlung definiert ein komplettes Universum von Möglichkeiten, in dem jede Relevanz sich auf Zahlung bzw. Nichtzahlung bezieht. Das ist die Form der Herstellung jenes Überschusses an Möglichkeiten, der durch Konditionierung eingeschränkt werden muß. Der Code ist jedoch nur benutzbar mit Hilfe von Programmen, die anzeigen, ob es angebracht und richtig ist, zu zahlen oder nicht zu zahlen. Dies wiederum setzt Wirtschaftsunternehmen bzw. Haushalte voraus, in deren Rahmen Dispositionsmöglichkeiten und Verwendungssinn von erworbenen oder abgestoßenen Gütern kalkulierbar werden. Von Wirtschaftsunternehmen kann man sprechen, wenn die Zahlung unter der Annahme geleistet wird, daß sie direkt zum Wiedergewinn der entsprechenden Zahlungsfähigkeit (nach Möglichkeit mit Profit) führt. Von Haushalten kann man sprechen, wenn die Zahlung unter der Annahme geleistet wird, daß es möglich wird, die dadurch eintretende Zahlungsunfähigkeit abzuwälzen.[29] Obwohl Programme nur bei entsprechender Konkretion praktizierbar sind, lassen sich daraufhin allgemeine Kriterien (bei Parsons: standards, hier: solvency) entwickeln, die auf Unternehmen bzw. Haushalte verschiedener Art und Größenordnung anwendbar sind – etwa Kriterien der Liquidität, der Verschuldensgrenze, der Risikoakzeptanz. Der gesamte Kalkulationsapparat ist im übrigen nur einsatzfähig, wenn Preise vorausgesetzt werden können, die konkret symbolisieren, was Einigung für beide Seiten bedeutet. Das heißt nicht zuletzt, daß bei einer Änderung der Preise die Kalkulation überprüft und gegebenenfalls das Verhältnis von richtigen Zahlungen und richtigen Nichtzahlungen revidiert werden muß.

Auch auf der Ebene der Wirtschaftsprogramme finden wir wieder eine binäre Teilung. So wie es in der Wissenschaft zwei Arten von Programmen gibt, nämlich Theorien und Methoden, legt sich auch die Wirtschaft[30] auf zwei verschiedene Weisen auf richtige Zahlungen bzw. Nichtzahlungen fest. Sie ordnet einmal ihre Präferenzen, zum Beispiel in der Form von marktorientierten Investitionsprogrammen oder in der Form von Reihenfolgen, in denen Konsumbedürfnisse zu befriedigen sind. Sie muß aber zweitens immer auch die Zahlungsfähigkeit (Liquidität) berücksichtigen, also Budgets aufstellen, an deren Grenzen sie sich halten muß. Mit dem einen Programmtypus artikuliert sie Umweltorientierungen, also Fremdreferenzen, mit dem anderen Selbstreferenz. Es ist, genau wie im Fall Theorien/Methoden, immer ein Zusammenwirken beider Programmformen erforderlich, soll eine Entscheidung als richtig gelten; aber der Engpaß kann mehr im einen oder mehr im anderen Programm liegen, mehr auf geringe oder unsichere Marktchancen oder mehr auf Probleme der Liquidität oder des Kredits hinauslaufen; und natürlich gibt es enge Zusammenhänge, etwa in dem Sinne, daß gute Marktchancen für Investitionsprogramme die Kreditwürdigkeit eines Unternehmens beeinflussen. Die Differenz der Programme kann aber nie aufgehoben, nie synthetisiert werden – weder auf der Ebene einzelner Wirtschaftsteilnehmer noch auf

29 Vgl. hierzu Kapitel 4.

30 Wir sprechen hier pauschal von »Wirtschaft«, lassen damit aber offen, wieweit die Programme zentral und wieweit sie dezentral durch einzelne Teilnehmer aufgestellt werden, die sich am »Markt« orientieren.

dem Rechnungsniveau einer »Volkswirtschaft«; denn die Sachprogramme für Investition oder Konsum repräsentieren die Komplexität der Umwelt, die Budgets dagegen die Härte der Autopoiesis des Systems, und es gibt keine Umwelt ohne System und kein System ohne Umwelt.

Trotz dieser Repräsentation von Universalität im System handelt es sich, wie leicht zu sehen, um ganz spezifische Konditionierungen. In dieser konkreten Ausführung überwiegen die Besonderheiten des Kommunikationsmediums Geld. Im Falle von Macht, im Falle von Liebe, im Falle von Wahrheit wird das Medium in anderer Weise instrumentiert. Dennoch sichert das theoretische Konzept Vergleichsmöglichkeiten. In allen Fällen sind Medien auf Systemautonomie eingestellt und nicht nur Anwendungsfälle eines allgemeinen Ethos der Gesellschaft. In allen Fällen tritt an die Stelle einer hierarchischen Strukturierung die Differenz von Codierung und Programmierung, die einen systemspezifischen Kontingenzraum mit systemeigenen Einschränkungsnotwendigkeiten konstituiert. Und in allen Fällen besteht auf der Ebene der Programmierung (aber nicht auf der Ebene der Codierung) die Möglichkeit, Anforderungen der gesellschaftlichen Umwelt in weitem Umfange Rechnung zu tragen. Die Wirtschaft operiert, obwohl durch den eigenen Code als autopoietisch-geschlossenes System mit einem eigenen Medium ausdifferenziert, keineswegs ohne Rücksicht auf gesellschaftliche Bedürfnisse; zumindest ist es nicht eine Sache des reinen Zufalls, wenn wirtschaftliche Operationen außerwirtschaftliche Bedürfnisse befriedigen.

V.

Im Vergleich zu anderen Medien hat es das Geld mit einem besonderen Problem zu tun, auf dessen Behandlung es spezialisiert ist, mit dem Problem der Knappheit.[31] Wenn Knappheit entsteht oder zunimmt, entsteht ein sozialer Regelungsbedarf, und dem wird heute, nach langen evolutionären Experimenten mit ande-

31 Wir schließen hier an die ausführlichere Behandlung dieses Problems in Kapitel 6 an.

ren Formen, zum Beispiel Moral, durch das Medium Geld Rechnung getragen. Knappheit ist der soziale Katalysator, der unter geeigneten Umständen wie zum Beispiel Größe des Marktes und Ungleichheit der Eigentumsverteilung die Entstehung von Geld ermöglicht. Als Katalysator wirkt Knappheit auch insofern, als sie durch die Entstehung von Geld nicht verbraucht wird. Das Problem Knappheit wird durch Geld nicht gelöst in dem Sinne, daß es nicht mehr besteht, wenn Geld geschaffen wird; es wird nur in eine andere Form gebracht, die mit höherer Komplexität kompatibel ist: in die Form von Geldknappheit.

Das Problem der Knappheit ist ein zeitlich/sachlich/soziales Problem, wie man seit eh und je weiß.[32] Unter welchen »natürlichen« Bedingungen immer: es entsteht, wenn jemand im Interesse der *eigenen Zukunft andere vom Zugriff auf Ressourcen ausschließt*. Die Frage ist: Wann und wie darf er das? Das hatte zu langwierigen naturrechtlichen Debatten Anlaß gegeben. Die Antwort, die das Kommunikationsmedium Geld ermöglicht, lautet: *wenn er zahlt*.

Die Notwendigkeit, für den Zugriff zu zahlen, hat eine gewisse Bremswirkung. Sie definiert außerdem einen relativ beschränkten Kalkulationshorizont, in dem der Erwerber sein Eigeninteresse überprüfen kann. »If he withdraws resources that somebody else could use, he is made aware through the price he has to pay, but he does not have to further consider the others as individuals.«[33] Dennoch gibt es die anderen als Individuen; aber sie finden sich selbst in der Position eines Zuschauers, der in anderen Situationen selbst an der Zirkulation des Geldes teilnimmt.

Es geht, mit anderen Worten, nicht nur um die Frage, wie jemand zur Abgabe von Gütern oder zur Arbeit motiviert werden könne – das besorgt das Geld quasi von selbst. Die fundamentalere

32 Der traditionsreiche Diskussionskontext war die Entstehung von Privateigentum mit einer im 18. Jahrhundert zunehmenden Betonung der Sicherstellung *künftiger* Nutzung von *Dingen* unter *Exklusion anderer*. Siehe z.B. Christian Wolff, Jus naturae methodo scientifica pertractatum, Halle-Magdeburg 1742, Nachdruck Hildesheim 1967, Pars II, cap. I und II, insb. § 171f.

33 So Kenneth J. Arrow, The Limits of Organization, New York 1974, S. 20.

Frage ist: Unter welchen Bedingungen *andere*, die ebenfalls interessiert wären, es hinnehmen, daß jemand auf knappe Ressourcen zugreift. Einer handelt, die anderen, obwohl ebenfalls interessiert, schauen zu und halten still. Die Frage ist: Wie kann eine derart unwahrscheinliche friedliche Lösung erreicht und sogar erwartbar gemacht werden? Wie kann sie normalisiert, wie kann sie Systemstruktur werden, an die anderes anschließen kann? Geld macht es möglich. Weil der Erwerber zahlt, unterlassen andere einen gewaltsamen Zugriff auf das erworbene Gut. Geld wendet für den Bereich, den es ordnen kann, Gewalt ab – und insofern dient eine funktionierende Wirtschaft immer auch der Entlastung von Politik.[34] Geld ist der Triumph der Knappheit über die Gewalt. Zugleich ist das Geld die gesammelte Bereitschaft, sich zu überlegen, was man dafür kaufen kann. Es hat keinen verwendungsunabhängigen Eigenwert. Daher ist Geld der systeminternen Dauerstimulation ausgesetzt, ausgegeben zu werden. Es zirkuliert und verteilt dadurch die Knappheit im System auf von Moment zu Moment wechselnde Träger. Jeder Teilnehmer kann auf diese Weise für sich selbst Knappheit mildern, indem er sich mit knappen Ressourcen eindeckt; aber dies nur, indem er Geld weiterleitet, das heißt seine eigene Geldknappheit entsprechend vergrößert.

Einerseits bedient also Geld die Funktion der Wirtschaft, Zugriff auf knappe Ressourcen relativ zeitstabil sicherzustellen. Geld überbrückt Zeitdifferenzen – und zwar gerade dank seiner binären Codierung: daß man es ausgeben kann, aber nicht für vorweg bestimmte Anläße ausgeben muß.[35] Geld ermöglicht es, Entscheidungen zu vertagen im Hinblick auf andere Situationen, andere Partner, andere Bedingungen, andere Bedürfnisse; und es stellt zugleich sicher, daß es verfügbar bleibt. Im Kommunikationsmedium Geld werden mithin Funktionsorientierung und

34 Auch die Umstrukturierung und Sublimierung von Kriminalitätsinteressen könnte in diesem Zusammenhang betrachtet werden. Siehe hierzu Edward A. Ross, Sin and Society: An Analysis of Latter-Day Iniquity, Boston 1907.

35 Eine voll institutionalisierte Geldwirtschaft erfordert deshalb einen Abbau entgegenstehender Usancen, Erwartungen, Institutionen, die z. B. festlegen, daß man alles Geld aus bestimmtem Anlaß – etwa: Hochzeit der Tochter – auszugeben hat.

binäre Codierung auf geradezu ideale Weise kombiniert. Andererseits kann das Geld nur genutzt werden, indem es ausgegeben wird (wobei Geldanlage eine Art von Ausgabe ist, die die Liquidität nicht oder vergleichsweise wenig beeinträchtigt – eine gewinn- oder auch verlustbringende vorläufige Disposition über Geld). Das Geld ist also zeitstabil und zugleich ereignisgebunden. Das Paradox der Knappheit wird dadurch restrukturiert: man behält Geld nur, um es ausgeben zu können. Der Zeitbindungswert des Geldes läßt sich nur realisieren, wenn nicht immer gleich alles ausgegeben, Geld also (relativ) *reichlich vorhanden* ist; und eben*deshalb* ist Geld, unabhängig von situationsweise auftretenden Bedürfnissen, *chronisch knapp*.

Soll die Behandlung von Knappheit über Geld laufen, sind dazu spezifische soziale Vorkehrungen erforderlich. Zu diesen Vorkehrungen gehört der Tausch. Die Möglichkeiten des Direktzugriffs werden marginalisiert, sie werden zunächst von Eigentum abhängig gemacht und dann als Eigentum der ökonomischen Bewertung unterworfen, die ihrerseits rückgekoppelt ist an die Frage, ob man das Eigentum behalten oder verkaufen soll. Was zunächst wahrgenommen wird, ist die zunehmende kommerzielle Abhängigkeit aller Wirtschaftsvorgänge und die Funktion des Geldes als generalisiertes Tauschmedium.[36] Auf der Basis der Tauschvorstellung, also auf der Basis eines generalisierten Inter-

36 Das Diskussionsschema, das im 17. und 18. Jahrhundert für die Beschreibung dieses Vorgangs entwickelt wurde, arbeitet mit den Unterscheidungen Gemeineigentum/Privateigentum und Naturzustand/Zivilisation. Je nachdem, ob man den Naturzustand als ständige Kampfbereitschaft, als fehlende Arbeitsteilung, als friedliche, aber undifferenzierte Nutzung des Gemeineigentums oder als unmittelbare Abhängigkeit von Gott ohne Dazwischentreten menschlich geschaffener Fakten beschreibt, entstehen unterschiedliche Theorien. Ihnen gemeinsam ist, daß die Probleme der Geldwirtschaft als Probleme des zivilisierten Gesellschaftszustandes behandelt und ihre zwiespältige Beurteilung als Selbstkritik der Zivilisation zum Ausdruck kommt. Die Gesellschaftstheorie tendiert daraufhin zur Annahme eines Primates der Wirtschaft, wobei die Kritik teils in Fortschrittshoffnungen, teils in Revolutionserwartungen, teils in Anforderungen an die Erziehung oder an den Staat abgeleitet wird. Das alles liegt im 18. Jahrhundert vor. Das 19. Jahrhundert fügt dem nur ein Ideologiebewußtsein und eine Verschärfung der ideologisch-politischen Konfrontation hinzu.

aktionsmodells, hatte denn auch die liberale Ideologie ihre Triumphe gefeiert: sie konnte den Tausch anbieten als dasjenige Interaktionsmodell, das wie von selbst seligiert, was für beide Seiten von Vorteil ist; und der Fehlschluß war dann: für beide, also für alle.[37] Die tiefergreifende Frage ist aber, wie dadurch erreicht werden kann, daß diejenigen, die am Tausch gar nicht beteiligt sind, stillhalten und akzeptieren, daß auf diesem Wege knappe Güter verteilt werden. Die Tauschenden selbst sind vom System abhängig und werden dadurch diszipliniert. Nun gut, aber reicht das aus, um die dadurch entstehende Verteilung knapper Güter für rational zu halten und sie als wirtschaftliche Grundlage des gesellschaftlichen Lebens zu akzeptieren?

Nach der religiös und moralisch motivierten Kritik des Geldes, die direkt auf das Medium zielte, und nach der Zivilisationskritik entwickelt sich seit dem 19. Jahrhundert eine weitere Theorienschematik, die sich der Vorstellung sozialer Klassen bedient und/oder in einem ebenso radikalen wie unbestimmten Sinne nach der Legitimation fragt. Theorien dieser Art haben es jedoch weder zu einer befriedigenden Beschreibung der modernen Wirtschaft gebracht, noch ist es ihnen gelungen, die Alternative zu klären, die sie vor Augen haben. Es führt dann auch nicht wesentlich weiter, wenn man das geldzentrierte System mit einer politischen Metapher als »violence« bezeichnet und die Kritik des Systems damit auf den Punkt bringt, an dem sie es weder annehmen noch ablehnen kann.[38]

Offensichtlich wird die Geldtheorie überlastet, wenn sie zu-

37 Vgl. für ein ebenso deutliches wie typisches Beispiel Antoine Louis Claude Destutt de Tracy, Elemens d'idéologie, Paris 1801-1815, Bd. IV (1815), S. 139ff.: Gesellschaft im ökonomischen (vom moralischen unterschiedenen) Sinne als »une suite non interrompue d'avantages sans cesse renaissans pout tous ces membres«. Und: »Il est de l'essence de l'échange libre d'être avantageux aux deux parties, et que la véritable utilité de la société est de rendre possible entre nous une multitude de pareils arrangements. C'est cette foule innombrable de petits avantages particuliers sans cesse renaissans qui compose le bien général, et qui produit à la longue les merveilles de la société perfectionnée... « (a.a.O., S. 144, 148).

38 Vgl. Jacques Attali, Les trois mondes: pour une théorie de l'après-crise, Paris 1981, insb. S. 101ff.; Michel Aglietta/André Orléan, La violence de la monnaie, 2. Aufl., Paris 1984.

gleich als Vehikel der Gesellschaftskritik dienen muß. Man kann sich durchaus vorbehalten, die Gesellschaft, in der man lebt, ganz oder teilweise abzulehnen. Zunächst muß man aber zu klären versuchen, wie das Geld überhaupt funktioniert, das heißt, wie es Zugriff auf knappe Güter organisiert, weshalb es zugleich vom Zugriff abhält, dadurch ungleiche Verteilungen erzeugt, die wiederum nötig sind, damit der Geldkreislauf überhaupt in Bewegung bleibt, und weshalb dadurch Effekte entstehen, die im Kontext einer Beschreibung des Gesellschaftssystems in der Soll-Spalte gebucht werden.

Die Theorie der symbolisch generalisierten Kommunikationsmedien bietet hierfür einen Einstieg. Man muß sie nur vom unmittelbaren Bezug auf den Tauschvorgang ablösen und sie allgemeiner fassen als Theorie unwahrscheinlicher Kommunikation. Man muß außerdem das Sonderproblem, das die Kommunikation unwahrscheinlich macht, spezifizieren, womit man zu einer Theorie funktionaler Differenzierung der Kommunikationsmedien kommt. Nur so kann man in doppelter Weise Distanz gewinnen: man sieht einerseits, daß der Entwicklungsstand des Gesellschaftssystems nicht von einem Medium allein abhängt, und andererseits, daß Kritik und Änderungsvorstellungen sich die Frage einhandeln, wie denn das Bezugsproblem auf adäquatem, strukturell kompatiblem Niveau anders gelöst werden könnte.

Erst wenn klargestellt ist, daß und wie das symbolische Medium die Verteilung im Hinblick auf Knappheit mobilisiert, kann man erkennen, wie und in welchem Kontext Geld die Tauschmöglichkeiten erweitert. Ein Tausch ist eine Kommunikation, die die Asymmetrie der Leistungen resymmetrisiert. Getauscht wird, jedenfalls auf der basalen Ebene des Güterverkehrs, eine Sachleistung gegen Kommunikation über Kommunikation. Das Medium Geld stellt lediglich Kommunikationsmöglichkeiten zur Verfügung, die in künftige Tauschbeziehungen eingebracht werden können; aber dies ist nur möglich, weil das Geld knappheitsrelevant ist und weil es auch in künftigen Fällen in der Lage ist, die Interessen Unbeteiligter zu neutralisieren. Was gegen Sachleistungen getauscht wird, ist mithin nicht wiederum eine Sachleistung und auch kein Zeichen für Sachleistungen (die ja noch gar nicht feststehen, also auch nicht bezeichnet werden können), sondern ein komplex gebildetes Symbol, das Reflexivität der Kommunikation (Kommunikation über Kommunikation), Iterierbarkeit und Neutralisierungsleistungen in einem faßbar und mit Hilfe einer eigenen Unterscheidung, die in der Sachwelt kein Gegenstück hat, nämlich rein quantitativ disponierbar macht. In der resymmetrisierten Reziprozität bleibt mithin die Asymmetrie erhalten; sie liegt aber nicht in den doppelten Richtungen des Leistungsflusses, in den Beziehungen zwischen Ego und Alter, sondern in der Heterogenität der Leistungen, die von beiden Seiten übereinstimmend, also symmetrisch, identifiziert werden müssen – in der Heterogenität von Gütern und Geldsummen. Die Asymmetrie wird also quer zu den Tauschrichtungen erhalten, und nur dadurch erzeugt sie den »Fluß« der Kommunikation, hier also die spezifische Autopoiesis der Wirtschaft.

VI.

Innerhalb einer Theorie der Kommunikationsmedien läßt sich die Kritik des Geldes reformulieren, wenn man sich auf den ursprünglichen Sinn des Begriffs Symbol besinnt.[39] Symbole fügen Getrenntes zur Einheit zusammen, und zwar so, daß auf beiden Seiten die Zusammengehörigkeit erkennbar wird, ohne daß eine Verschmelzung, eine Aufhebung der Differenz stattfindet. Symbole sind also nicht etwa Zeichen. Auch Geld ist kein Zeichen für etwas anderes, etwa für einen intrinsischen Wert. Symbole sind Sinnformen, die die Einheit des Verschiedenen ermöglichen; sie *sind* diese Einheit, ihre äußere Form ist Darstellung dieser Einheit, aber nicht Zeichen für etwas anderes.

In Kommunikationszusammenhängen fungieren Symbole als Medien, die es dem Mitteilenden (Alter) und dem Verstehenden (Ego) ermöglichen, Einheit anzustreben und bei Verschiedenheit zu bleiben. In einer Tauschbeziehung müssen zum Beispiel die Interessen verschieden sein und verschieden bleiben; sie

39 Vgl. Walter Müri, Symbolon: Wort- und sachgeschichtliche Studie, Bern 1931.

müssen aber trotzdem zur Konvergenz gebracht werden können in der Annahme einer Wertäquivalenz. Diese ist das ad hoc fungierende Symbol, die zur Konvergenz gebrachte Absicht zu tauschen. Geld ist, in seiner Tauschfunktion gesehen, eine Generalisierung dieses Symbols, eine Kondensierung der Wertäquivalenz zur Wiederverwendung in anderen Tauschzusammenhängen. Genau dies meint Parsons mit symbolisch generalisiertem Tauschmedium.[40] Man kann für sehr ähnliche Analysen auch auf George H. Mead und auf viele andere zurückgreifen.

Eine Einsicht, die weithin verlorengegangen zu sein scheint, ist jedoch: daß mit dem Sýmbolon zugleich das Diábolon gesetzt ist.[41] Die Einheit der Differenz kann in Richtung auf das Zusammen des Unterschiedenen, aber auch in Richtung auf das Auseinander artikuliert werden. Man kann sich (zum Beispiel aus Not) zum Tausch gezwungen sehen oder aus Unwissenheit übervorteilt fühlen. Man kann sich in der verzweifelten Lage eines Tauschpartners finden, der es mit asymmetrisch verteilten Informationen zu tun hat und wissen kann, daß nur sein Partner wissen kann, ob das angebotene Objekt der unterstellten Qualität entspricht oder nicht.[42] In solchen Situationen wird mehr Divergenz als Konvergenz bewußt – aber Divergenz natürlich nur auf der Basis eines Konvergenzversuchs.

Wir schließen kurz: Symbolisch generalisierte Kommunikationsmedien sind diabolisch generalisierte Kommunikationsmedien. Das, was verbindet, und das, was trennt, wird aneinander

40 Die ersten und ausführlichsten Formulierungen finden sich in dem Essay The Theory of Symbolism in Relation to Action, in: Talcott Parsons/Robert F. Bales/Edward A. Shils, Working Papers in the Theory of Action, New York 1953. Das erklärt auch die auf den ersten Blick schwer verständliche Doppelbenennung »symbolisch generalisiert«.

41 In einer der einsichtsvollsten Behandlungen dieses Zusammenhanges, bei Kenneth Burke (a. a. O., S. 546), heißt es: » ... to begin with ›identification‹ is, by the same token, though roundabout, to confront the implications of *division*.«

42 Vgl. den viel diskutierten Aufsatz von George A. Akerlof, The Market for »Lemons«: Qualitative Uncertainty and the Market Mechanism, Quarterly Journal of Economics 84 (1970), S. 488-500. Die Folgediskussion über »moral hazards«, »information inpactedness«, »information asymmetries« befaßt sich im wesentlichen mit institutionellen und mit kalkulatorischen Lösungen dieses Problems.

bewußt. Zunächst bilden Symbolik und Diabolik eine unlösbare Einheit, das eine ist ohne das andere nicht möglich. Jeder Versuch, zwischen diesen Prinzipien des Miteinander und des Auseinander zu entscheiden, zieht das jeweils andere wie einen Schatten mit sich. Trotzdem scheint es möglich zu sein, Systeme daraufhin zu untersuchen, welche ihrer Eigenarten das symbolische bzw. das diabolische Erleben begünstigen. Die Frage ist dann, was einer Situation oder eventuell einem sozialen System eine Tendenz in die eine oder die andere Richtung gibt. Außerdem gibt diese Ambivalenz Beobachtern die Gelegenheit, das System einseitig zu beschreiben, und sei es die symbolische, sei es die diabolische Generalisierung des Mediums Geld zu betonen.[43] Dasselbe Problem stellt sich für das Medium Macht; denn Macht muß durchsetzungsfähig sein und befolgt werden – vel vi vel sponte, um es in der Kurzfassung Spinozas zu sagen.[44] Auch hier ergibt sich also eine doppelte Lesart daraus, daß jeder gern von Ordnung profitiert und niemand sich gern zwingen läßt. Die symbolische Generalisierung der Macht ermöglicht es, die Frage nach den Motiven in der Schwebe zu lassen, sofern man nur sicher sein kann, daß die anderen, wenn sie sich nicht freiwillig fügen (weil sie gezwungen werden könnten), gezwungen oder mit Sanktionen belegt werden.

Achtet man auf diese Differenzierung der formal ähnlich gebildeten Medien, dann wird auch das besondere Verhältnis des Geldes zur Gewalt deutlich. Es besteht darin, daß es sie ausschließt. Das heißt aber nichts anderes, als daß es sie auf eigene Konditio-

43 Hier wäre an Autoren zu denken, die die Trenneffekte des Geldes auf einen Gründungsmord (Girard: meurtre fondateur) oder auf Gewalt zurückführen. Siehe Hinweise oben Anm. 38. In ganz anderer Weise ließe sich auch Habermas dieser Seite zurechnen. Nach Habermas zieht das Medium Geld (ebenso wie das Medium Macht) »technische« Verständigung aus der Lebenswelt heraus und stabilisiert sie, ohne daß es zu kommunikativer Verständigung kommt. Vgl. die Literaturangaben oben Anm. 5, insb. 1981, Bd. 2, S. 391 ff. Angesichts der Präferenz dieser Theorie für kommunikative Verständigungen, die die eigene Identität engagieren, kann man sich jedoch fragen, ob nicht gerade hier das Diabolische zu vermuten ist – eingedenk des alten Interesses des Teufels an der Seele.

44 Tractatus Theologico-Politicus, Cap. XVI, zit. nach der Ausgabe Opera, Bd. 1, Darmstadt 1979. S. 476.

nierungen in den dafür abgebildeten Systemen von Recht und Politik verweise. Und auch diese Trennung kann man mit guten Gründen für diabolisch halten.

Im Hinblick auf diese Bifurkation von symbolischem und diabolischem Erleben muß man zwei weitere Fragen sorgfältig unterscheiden. Sie betreffen Anlässe, die eine solche Bifurkation in Gang setzen und über Abweichungsverstärkung steigern. Die eine lautet: Gibt es strukturelle Bedingungen, unter denen die diabolische Seite der Generalisierung besonders hervortritt? Die andere lautet: Gibt es semantische Kontexte, zum Beispiel Ideologien oder wissenschaftliche Theorien, die dieser diabolischen Seite besondere Aufmerksamkeit zuwenden? Die Trennung dieser Frage soll nicht besagen, daß zwischen strukturellen und semantischen Diabolisierungen keine Zusammenhänge bestehen; aber gerade wenn solche Zusammenhänge bestehen, könnte man sie nur feststellen, wenn man die beiden Fragen analytisch auseinanderhält. Zugleich liegt in dieser Auffassung das Eingeständnis, daß die symbolisch/diabolische Ambivalenz des Mediums den Gegenstand Geld zu einem schwierigen Fall wissenschaftlicher Theoriebildung macht. Von vornherein muß deshalb darauf verzichtet werden, das Problem »sauber« in die eine oder die andere Richtung aufzulösen. Fruchtbar sind nur Analysen, die solche Vereinseitigungen vermeiden. Zugleich ist aber darauf hinzuweisen, daß dies nicht das einzige Problem einer Geldtheorie ist und daß alle moralisch oder religiös inspirierten Kritiker des Geldes sich die Gegenfrage gefallen lassen müssen: Wie steht es bei euch denn mit dem Teufel?

VII.

Die strukturellen Anforderungen an symbolische Generalisierung, die Diabolisierung zu vermeiden suchen, sind im 18. Jahrhundert mit den Begriffen der bürgerlichen Freiheit und Gleichheit umschrieben worden. Dies ist unter heutigen Bedingungen zwar erläuterungsbedürftig, aber kaum zu korrigieren. Der Begriff des Bürgers ist dabei in Gegenstellung gegen den Begriff des natürlichen Menschen gebraucht, nicht in Gegenstellung gegen Adel oder gegen Proletariat. Er bezeichnet die Form der Inklusion in (Partizipation in und Abhängigkeit von der) Gesellschaft, und zwar in der Form einer Rollenvorstellung. In diesem Sinne konnte man von »bürgerlicher Gesellschaft« reden und mit der Gesamtsemantik von Bürger/bürgerlicher Gesellschaft von einem primär politischen in ein primär wirtschaftliches Verständnis der Gesellschaft überleiten. In diesem Falle bezog die den Begriff bestimmende Differenz sich auf die häuslichen Gesellschaften (Familien) bzw. die einfachen Gesellschaften (Mann/Frau, Eltern/Kinder, Herr/Knecht) und nicht etwa auf Adelsgesellschaften, sozialistische Gesellschaften etc. Man muß diesen Sprachgebrauch zunächst restaurieren und beibehalten, wenn man sinnvoll von Freiheit und Gleichheit sprechen soll; denn anderenfalls geraten diese Begriffe zu Wertbegriffen, deren einzige Funktion sein kann, diejenigen mit Sprache auszustatten, die sich über die Verhältnisse beklagen wollen.

Von diesen Begriffen ausgehend, kann man zunächst Extremfälle anpeilen, in denen es nicht nur (wie selbstverständlich) an Chancengleichheit mangelt, sondern an Chancen überhaupt. Das gilt für einen Grad an Armut, der dazu zwingt, zu jeden Bedingungen in größtmöglichem Umfange zu arbeiten. Es gilt auch, und heute aktueller, für Arbeitslose, die auch bei herabgesetzten Ansprüchen keine Möglichkeit haben, Arbeit zu finden. Das sind Strukturbedingungen, im Hinblick auf die man, auf sozialistischer Seite, mit Recht argumentiert, es fehle unter privatkapitalistischen Bedingungen an Freiheit. Die Inklusion in die Wirtschaft wird in diesem Bereich (wenngleich es nicht zutrifft, daß die Betroffenen nie in ihrem Leben Eigentum besessen oder Geld ausgegeben haben) minimiert, und die Konsequenz ist, daß die Betroffenen das Geld als das Geld der anderen, als diabolisches Medium erleben. Sie werden entsprechend nicht bereit sein, den Zugriff auf knappe Güter zu tolerieren, nur weil dafür gezahlt wird. Sie tolerieren, weil ihnen keine andere Wahl bleibt.

Für eine am Tausch hängende Geldtheorie stehen krasse Asymmetrien und Benachteiligungen in Tauschbeziehungen im Vordergrund. Dabei stellt man sich den Tausch nach Art eines Interaktionssystems vor, das dem einen mehr, dem anderen weniger oder gar einem alle, dem anderen keine Freiheit gewährt. Sieht man das Medium Geld dagegen als Knappheitsregulativ, kommen weitere Phänomene in den Blick. Es sind gerade nicht die (wie immer zu Konsens gezwungenen) Tauschpartner, die den zahlenden Zugriff auf knappe Ressourcen erleben und hinnehmen müssen, sondern alle anderen. Die anderen sind, wenn man so sagen darf, interaktionsfrei beteiligt. Sie haben, ob reich oder arm, wenig Chancen einzugreifen. Sie finden sich auf Erleben reduziert. Sie sehen zu, wie die Güter getauscht und damit verteilt werden. Sie können in den Grenzen ihrer eigenen Möglichkeiten intervenieren, aber im Kontext des gesamten Wirtschaftsgeschehens sind die Effekte jeweils minimal. Die Wirtschaft – das sind immer die anderen.

Unter dem Titel Konkurrenz hat auch dieses Phänomen eine auf Symbolik abstellende Interpretation gefunden, die die Konkurrenz als Zwang zur Rationalität und damit als wohltätig interpretiert. Ebensogut kann man sich aber vorstellen, daß Konkurrenz, und besonders eine auf der anderen Seite überlegene Konkurrenz, als diabolisch empfunden wird – und dies um so mehr, als direkte, nicht über den Markt laufende Interaktion unter Konkurrenten strukturell blockiert wird.[45] Außerdem muß beachtet werden, daß auch Konkurrenzlagen nur aufgrund sehr spezifischer Märkte überhaupt erkennbar werden, also ihrerseits nur sehr selektive Beteiligungen erzeugen. Die meisten gehören auch dann immer noch zu den anderen, die den Verteilungsmechanismus als trennend, als diabolisch empfinden können, ohne eine Möglichkeit zu haben, sich durch Interaktion vom Gegenteil zu überzeugen.

Im Tauschbetrieb kann das Geld trotzdem, sofern nur die Märkte nicht zu sehr schrumpfen, tadellos funktionieren; oder es kann, wenn es nicht funktioniert, an anderen Gründen liegen. Eine Geldtheorie, die nur den Tausch im Blick hat, wird die hier angedeuteten Phänomene also gar nicht registrieren. Sie wird sie als »soziale Probleme« für Hilfsaktionen beiseite schieben. Daß es soziale Probleme sind, ist natürlich nicht zu bestreiten. Es wären aber keine sozialen Probleme, wenn es keine wirtschaftlichen Probleme wären, wenn also Normalbeteiligung an Wirt-

45 Daß es trotzdem Versuche gibt, sich unter Konkurrenten zu verständigen, soll natürlich nicht bestritten sein. Das wirkt dann aber für alle anderen um so benachteiligender und wird von ihnen erst recht als trennend, als diabolisch registriert.

schaft für alle sichergestellt wäre. Geht man dagegen davon aus, daß symbolische Medien schon aus rein logischen Gründen diabolische Medien sind, wählt man einen anderen Beobachtungsstandpunkt. Auch hier geht es bei wissenschaftlicher Betrachtung nicht darum, Mitleid zu mobilisieren oder Ressentiments zu schüren; man möchte ja nur wissen, wie und über welche strukturellen Bedingungen Symbolik und Diabolik sich im System verteilen.

Diese Verteilung kann freilich nicht wie ein schlichtes Faktum im objektiven Reinzustand studiert werden. Soziale Systeme wie Wirtschaft und Gesellschaft sind selbstreferentielle Systeme, die die Möglichkeit haben und davon reichlich Gebrauch machen, sich selbst zu beobachten und zu beschreiben. Wenn symbolvermitteltes Funktionieren und diabolische Effekte, wenn Miteinander und Auseinander auseinandertreten, gibt dies Anlaß zu Beobachtungen und Beschreibungen, die bestimmte Aspekte aufgreifen und scharf beleuchten und andere unbeachtet lassen. Jede Selbstbeschreibung geht selektiv vor und wirkt mit ihrer Auswahl dann wieder auf das sich beschreibende System zurück. Schon am Ende des 18. Jahrhunderts hatte man die Alternative parat, die Differenz von reich und arm als Bedingung für die Ermöglichung von Arbeit und Arbeitsteilung oder als Herrschafts- und Ausbeutungsinstrument, also symbolisch oder diabolisch darzustellen.[46] Im 19. Jahrhundert hat diese Differenz sich verschärft.

Das wohl bekannteste Rezept für eine solche Selbstbeschreibung geht von Diabolik, von Trennung aus und verdichtet diesen Eindruck zu einer Theorie sozialer Klassen. Damit werden die auf Individuen bezogenen Begriffe von Freiheit und Gleichheit abgehängt. Auf Klassen angewandt, verlieren sie ihren Sinn. Sie werden statt dessen als Ideologie der herrschenden Klasse aufgefaßt und so der fundamentalen Diabolik des Klassengegensatzes untergeordnet. Da das Medium Geld als symbolisch generali-

46 Extrem sozialharmonisch insbesondere die Physiokraten. Vgl. etwa Mirabeau, a. a. O., S. XXVIII f., 31 ff. mit S. 60 f. Auf der anderen Seite z. B. Charles Hall, The Effects of Civilization on the People in European States, London 1805, Nachdruck New York 1965, insb. S. 77 ff. Nicht uninteressant im übrigen, daß es in *beiden* Fällen um *politische Opposition* ging.

siertes Medium aber trotzdem funktioniert und nicht schlecht funktioniert, muß die Theorie radikalisiert werden, so daß sie durch dies Funktionieren nicht widerlegt werden kann. Sie formuliert die Verteilung von Individuen auf soziale Klassen als Gesellschaftstheorie und beschreibt auf diese Weise den differentiellen Zugang auf knappe Ressourcen als Struktur der Gesellschaft.

Dies Deutungsangebot kann hier als bekannt vorausgesetzt werden und bedarf keiner eingehenden Darstellung.[47] Auch eine Kritik erübrigt sich. Die systemtheoretische Analyse führt jedoch auf die Frage, was mit der Selbstbeschreibung eines Systems geschieht, wenn sie sich, wie unvermeidlich, selbst der Beobachtung und Beschreibung aussetzt.[48] Sie wird dann in der Willkür ihrer eigenen Selektivität sichtbar und diskutierbar und muß sich selbst als »parteilich« reformulieren. Sie kann dann nicht länger beanspruchen, das letzte Wort zu haben, sondern allenfalls darauf hinweisen, daß es allen anderen Selbstbeschreibungen im Laufe der Zeit ebenso ergehen wird.

Die Theorie selbstreferentieller Systeme hat ihre Überlegenheit nun darin, daß sie auch dies noch formulieren und für sich selbst akzeptieren kann. Mit dem Konzept der symbolisch/diabolischen Generalisierung erreicht die Theorie der Kommunikationsmedien ein entsprechendes Abstraktionsniveau. Man sieht von hier aus deutlicher, wodurch Beschreibungen stimuliert werden. In der Generalisierung, in der Einheit des Miteinander und Auseinander, liegen zugleich Ausgangspunkte für verschiedene Systembeschreibungen, die, in das System wiedereingeführt, den Eindruck verstärken können, daß Symbolik und Diabolik, wie einst Gott und Teufel, im System als verschiedene Kräfte erscheinen und lokalisierbar sind. Dann wird es fast unvermeidlich, daß diese Differenz von Symbolik und Diabolik, indem sie selbst als ein Gegensatz erfahren wird, die Beschreibung des Systems als diabolisch bestätigt. Die Diabolik erweist sich durch Grenzziehung als reflexionsüberlegen. Der Geist sieht die Sache von links. Und die Soziologie ist im großen und

47 Vgl. auch Niklas Luhmann, Zum Begriff der sozialen Klasse, in ders. (Hrsg.), Soziale Differenzierung: Zur Geschichte einer Idee, Opladen 1985, S. 119-162.

48 Siehe Kapitel 5 als eine Fallstudie zu diesem Problem.

ganzen noch stolz darauf, dies, wenn nicht durchschauen, so doch mit ihrer eigenen Geschichte bestätigen zu können.

VIII.

Während die bürgerlich-sozialistische Theorie die Inklusion in die Gesellschaft, sei es mit dem Begriff des Bürgers, sei es mit Postulat der Teilhabe aller an wirtschaftlichen Werten, formuliert hatte, gewinnt heute ein differenztheoretischer Ansatz höhere Plausibilität. Dabei kann man nicht davon ausgehen, daß der Code des Wirtschaftssystems, also das für Rationalität zugängliche Verhältnis von Zahlung und Nichtzahlung, die Inklusion schon bewirkt. Inklusion kann deshalb auch kein rationalitätsfähiger Vorgang sein, wie eine permanente Opposition gegen die Alleinherrschaft der wirtschaftlichen Kalkulation anzeigt. Vielmehr ist es die unauflösliche Einheit von Symbolik und Diabolik, die die Inklusion in die Gesellschaft strukturiert – mag sie nun, wie im Falle des Geldes, über die Wirtschaft laufen oder über andere Funktionssysteme. Und damit ist kein »Widerspruch« angezeigt, der letztlich auf eine »dialektische« Synthese hoffen ließe, sondern eine strukturgebende Differenz, deren Aufhebung nur bewirken könnte, daß man dann eben ohne diese Struktur auskommen, also ohne Geld wirtschaften muß.

In der *religiösen* Kosmologie hatte der Teufel die Funktion, die moralische Differenz in die Welt einzuführen. Gott beobachtend (wenn das einmal zugelassen ist!) konnte er nicht die Idee haben, sich zum Herrn Gottes aufzuschwingen, denn das hätte bedeutet: besser sein zu wollen als das Beste, und einer sein zu wollen als das Eine. Schon die natürliche Vernunft mußte ihm sagen, daß das nicht geht. Es blieb ihm nur die Möglichkeit, eine Differenz in die Welt einzuführen und sich hinter Grenzen zu verschanzen. Da aber das Eine schon gut war, konnte die Differenz nur als das Böse gefunden werden. Der arme Teufel, er mußte, ob er wollte oder nicht, in der Beobachtung Gottes böse werden.[49] Der Lichtträger, der gegenüber der anschlußfähigen

49 Die Geschichte ist frei erzählt nach Virgilio Malvezzi, Ritratto del privato politico christiano, Bologna 1535, S. 86f. Siehe auch den Auszug in: Benedetto Croce/Santino Caramella (Hrsg.), Politici e moralisti del

Positivität eine Beobachtungsposition, einen Reflexionswert etablieren wollte, mußte diesen in bezug auf Positivität negativ, und das hieß: als Prinzip des Bösen formulieren. Wie anders hätte man Licht in die Welt bringen können?

In der *kapitalistischen* Kosmologie wiederholt sich dieses Gesetz. Der unbestreitbare wirtschaftliche Erfolg kann nicht, oder wiederum nur kapitalistisch, überboten werden. Der Sozialismus scheitert, wenn er diesen Versuch unternimmt; und er könnte dies schon mit normalen Mitteln der Wissenschaft erkennen. Inzwischen ist aber die moralische Differenz verbraucht. Wer den Kapitalismus moralisch ablehnt, verdankt seine Position zwar dem Teufel; und der Sozialismus ist, wenn man Gutes, das heißt Schlechtes, von ihm sagen will, in diesem Sinne vom Teufel. Aber auf diese Weise kommt man nicht zu einer Reflexion der Geldwirtschaft.

Die Einführung von Differenz in die (Einheit der) Welt und in die (Einheit der) Gesellschaft ist in der modernen Zeit nicht mehr Sache der Moral, sondern Sache der funktionalen Differenzierung. Daher kann man auch nicht mehr von der Einheit des ens et bonum ausgehen, die die Chancen des Beobachters, die Chancen des Teufels limitierte. Das ändert viel – aber nicht alles. Nach wie vor gibt es keine Welt über der Welt und keine Gesellschaft über der Gesellschaft. Nur ist damit nicht mehr ein Vorrang der Positivität, ein Vorrang des unübertrefflich Guten behauptet. Das wertet den Beobachter moralisch auf.

Mit einer bloßen Umkehrung der Positionen wie in William Blakes »The Marriage of Heaven and Hell«[50] ist es freilich nicht

Seicento, Bari 1930, S. 270f. Im Original: »Non ebbe intenzione, a mio parere, Lucifero di farsi grande e rilevato per salire sopra Dio, perché in quel modo avrebe avuta intenzione non di scogliere l'unita ma di migliorarla, il que poteva cognoscere impossibile col solo dono naturale della scienza. Ebbe egli, dunque, pensiero d'inalzarsi col tirarsi da un lato e partirsi dall'uno formando il due, sopra del quale poscia, come sopra di centro, disegnó la sua circonferenza diversa di quella di Dio; né si potteva partire dall'uno se non diventeva cattivo; perché tutto quella que è buono, è uno.«

50 Zit. nach Complete Writings (ed. Geoffrey Keynes), London 1969, S. 148-158. Gott bleibt in diesem Falle unsichtbar und läßt sich durch den Engel auf der Wolke vertreten. Auch damit ist erkennbar, daß eine

getan. Unter dem Regime funktionaler Differenzierung muß die Geschichte von Anfang an anders erzählt werden – die Geschichte der Entparadoxierung der Paradoxie des Einen und des Vielen. Wir wissen noch nicht sicher: wie. Aber jedenfalls hat die Darstellung einer Emanation des Vielen aus dem Einen – omnis multitudo ab uno procedit et per uno mensuratur[51] – ihre gesellschaftliche Berechtigung verloren, weil es in der Gesellschaft einen Ort der Repräsentation dieses Einen, sei es als Zentrum, sei es als Spitze, nicht mehr gibt.

Mit der Einsicht, daß symbolische Generalisierungen diabolische Generalisierungen sind, ist eine Reformulierung versucht. Auf der Ebene der symbolisch/diabolisch generalisierten Medien der Kommunikation ist damit nur ein Teilphänomen aufgegriffen. Die Operation, die innerhalb eines generalisierten Codes ihre Fortsetzung sucht und ermöglicht (Autopoiesis), erscheint einem Beobachter als Erzeugung einer Differenz; und, wenn wiederholt, als Erzeugung eines autopoietischen Systems. In der Operation wird die Generalisierung als symbolische, als verbindende in Anspruch genommen. In der Beobachtung erscheint sie als diabolische, als trennende. Die Wiederherstellung der Einheit kann dann nur in der Einführung der Beobachtung in das System, in der Selbstbeobachtung liegen. Für die Theorie der Wirtschaft und des Geldes heißt dies: daß man neben (und zugleich mit) der Tauschfunktion des Geldes, die verbindet, ihre Funktion als Knappheitsregulativ sieht, die trennt. Wer zahlt, bekommt, was er wünscht. Wer nicht zahlt, muß dies beobachten. Vielleicht hat er auch Geld, könnte also seinerseits seine Wünsche befriedigen. Aber auch wenn er kein Geld oder nicht genug Geld hat, beobachtet er, daß andere zahlen und bekommen. Die Wirtschaft reguliert das, was sie an Umwelt einbezieht und als Bedürfnis erkennt und befriedigt, am Zahlungsvorgang. Sie kann sowohl Zahlungen als auch Nichtzahlungen vollziehen und die Effekte von beidem am Markt beobachten. Ihre symbolische Kosmologie mag dann suggerieren, daß dies, diese Einheit aus

bloße Umkehrung, so sehr sie Versuchung sein mag, nicht in Betracht kommt – oder nur auf der unteren Ebene eines Streites der Engel.

51 Eine Formulierung allgemein anerkannten Gedankenguts nach Laelius Zechius, Politicorum sive de principatus administratione libri III, Köln 1607, S. 62-63 im Kontext »de potestate principum«.

Zahlung und Nichtzahlung, das Ganze, das Eine, das Gute sei. Wie der Teufel will, ist dies jedoch nicht der Fall. Es gibt Leute, die nicht zahlen können. Und wie bei allen Funktionssystemen gilt auch hier: Die Inklusion ist zugleich Exklusion.

IX.

Von seiner Funktion her gesehen dient das Geld, wie Wirtschaft schlechthin, der Zukunftsvorsorge. Wer über Geld verfügt, kann sich in den Grenzen des dadurch Möglichen sicher fühlen, noch unbestimmte Bedürfnisse befriedigen zu können. Er wird unabhängiger in bezug auf die Gefahr der Not. Als Konzentration und Dezentration der Vorsorge für Zukunft löst Geld, soweit es reicht, soziale und religiöse Sicherungsmittel ab. Geld haben heißt Zukunft haben, und Geldverwendung ist »trading in futures«.[52] In dem Maße, wie die Gesellschaft selbst ein turbulentes Feld voll von überraschungsträchtigen Entwicklungen und anpassungsbereiten Strukturen ist, empfiehlt sich diese Reduktion; sie führt zwar nicht zu einem sorgenfreien Leben, aber zu einer Systematisierung der Unsicherheit auf wirtschaftsspezifische Abhängigkeiten. Aber das Medium beseitigt solche Unsicherheiten und Gefahren nicht einfach, es transformiert sie in Risiken. Und auch insofern hat die symbolische Generalisierung einen diabolischen Aspekt.

Ein gewisses Restrisiko steckt schon in der Annahme von Geld überhaupt, denn wie sicher kann man sein, es nach Maßgabe der eigenen Wünsche wiederausgeben zu können? Man muß sich mit einem in sich wertlosen (nutzlosen) Zwischensymbol begnügen, und vielleicht trennt dieses Symbol mehr, als es verbindet. Man arbeitet und arbeitet und arbeitet – für Geld, und kommt nachher doch nicht dazu, sich etwas zu leisten, was für all die Mühe wirklich entschädigt. Wenn man das Geld nach eigener Wahl ausgibt, ist nicht auszuschließen, daß man dies nachträglich bereut. Wenn man das Geld vorläufig behält, muß man es anlegen. Auch das ist riskant. Es könnte bessere Anlagen geben, wie man

52 Mit einer Formulierung von George J. McCall/J. L. Simmons, Identities and Interactions, New York 1966, S. 156.

nachträglich bemerkt. Oder der Schuldner erweist sich als rückzahlungsunfähig. Die Banken übernehmen und mindern dieses Risiko. Damit wird es zum Risiko ihrer eigenen Entscheidungen. Sie müssen die Kreditwürdigkeit ihrer Schuldner prüfen und können sich irren. Sie legen ihr eigenes Geld an, nicht selten in produktiven Investitionen, und setzen sich den entsprechenden Risiken aus. Sie können auf Finanzmärkten spekulieren – und ob sie das nun tun oder unterlassen: in beiden Fällen kann es Anlaß geben, die Entscheidung zu bereuen.

Bei Gefahren wie bei Risiken handelt es sich um etwaige künftige Schäden, deren Eintritt gegenwärtig unsicher und mehr oder weniger unwahrscheinlich ist. Bei Gefahren wird der Schadenseintritt der Umwelt zugerechnet, bei Risiken wird er als Folge des eigenen Handelns oder Unterlassens gesehen. Der Unterschied läuft also auf eine Frage der Zurechnung hinaus. Die Risikoübernahme beruht mithin auf einer Vergegenwärtigung von Gefahr. Sie ist immer dann möglich, wenn es Technologien gibt, die Alternativen an die Hand geben, so daß der etwaige Schaden auf die Wahl der Handlung oder Unterlassung zugerechnet werden kann. Dann kann, muß aber auch im Unsicheren entschieden werden. Alle symbolisch generalisierten Kommunikationsmedien erweitern die Wahlmöglichkeiten und transformieren allein dadurch Gefahren in Risiken. Das gilt für politische Macht, die den Machthaber befähigt, sehr vieles durchzusetzen mit Folgen, die unter Umständen für ihn selbst fatal sein können. Das gilt für das Kommunikationsmedium Wahrheit, das Forschungen stimuliert, die sehr wohl mit der Feststellung der Unwahrheit hypothetischer Annahmen enden können. Erst recht finden wir diesen Sachverhalt am Medium Geld wieder. Gerade weil man alles dafür kaufen kann, ist das Risiko hoch, sich falsch zu entscheiden. Die Bandbreite der Möglichkeiten macht richtiges Entscheiden sogar extrem unwahrscheinlich, weshalb sich die Wirtschaftstheorie intensiv um »rationales Entscheiden« bemüht.

In all diesen Fällen sind eigentümliche Strukturen zu beobachten. Die Risiken sind nicht etwa systeminterne Abbilder von Gefahren, die in der Umwelt der Systeme bestehen. Sie sind im Gegenteil konstruktive Eigenleistungen der Systeme im Umgang mit sich selbst. Vielleicht sinkt dadurch die Gefahrschwelle, der ein System gegenüber seiner Umwelt ausgesetzt ist, weil man wirksamer vorbeugen kann. Jedenfalls steigt aber die interne Riskanz der Operationen des Systems. Der Orientierungsmodus wird von Mut und Glück auf Kalkulation umgestellt und auf sekundärriskante Absicherung gegen Risiken. Schließlich gibt es zwar noch mehr oder weniger gut abgesicherte Entscheidungen, aber kein schlechthin risikofreies Verhalten mehr. Die Gesellschaft muß, zumindest in den Funktionssystemen, die durch symbolisch generalisierte Medien orientiert sind, mit Risiken leben und mit den Folgen, die sich in Voraussicht und Rückblick daraus ergeben. Schäden werden prinzipiell auf Entscheidungen zugerechnet, Entscheidungen aber durch einen Risikoverbund der Organisationen so abgefedert, daß man Fehlentscheidungen schwer lokalisieren und Schadensfolgen verteilen kann. Die Risiken sind dann nicht mehr allzu riskant; aber sie werden auf indirekte Weise wieder zu Gefahren für den, der an der Entscheidung nicht beteiligt ist, nichts mitriskiert, aber die Folgen zu spüren bekommt. Man muß sich nicht wundern, wenn eine so operierende Gesellschaft schließlich Angst vor sich selber bekommt.

Bei der Ausgrenzung von Risikobereichen in einer generell gefahrdurchsetzten Welt hat man lange Zeit auf Rationalitätschancen geachtet, wie sie gerade mit dem Geldeinsatz verbunden sind. Das hat den Begriff des Risikos gefärbt, hat ihn mit der Vorstellung des Bemeßbaren und Kalkulierbaren und dadurch Verantwortbaren zusammenfließen lassen.[53] Inzwischen werden jedoch Probleme wie Technologiefolgen, Umweltzerstörungen, Zivilisationsschäden, ja Rationalitätsschäden in einem Umfange diskutiert, der zu einer Revision des Begriffs zwingt. Offenbar fällt das, was an Zukunftsschäden ausgelöst wird, nicht mit dem zusammen, was im Kontext der Funktionssysteme rational kalkuliert werden kann. Die Risiken, auf die die moderne Gesellschaft sich in ihrem Normalfunktionieren einläßt (und Risiken sind es, weil ein anderes Handeln die Schäden nicht eintreten

53 Adalbert Evers/Helga Nowotny, Über den Umgang mit Unsicherheit: Die Entdeckung der Gestaltbarkeit von Gesellschaft, Frankfurt 1987, halten an diesem Begriff noch fest, gehen aber ausführlich auf die damit verbundenen Probleme ein, die dann als Weg zurück zur Gefahr erscheinen (S. 41 ff.).

lassen würde), überschreiten offenbar die Möglichkeiten rationaler Kalkulation. Sie hängen mit der Diabolik der Kalkulation selbst zusammen; sie sind gerade dadurch bedingt, daß die Codierungen und Programmierungen der modernen Geldwirtschaft eine rationale Kalkulation ermöglichen.

Offenbar hat die Differenz von Symbolik und Diabolik also auch einen zeitlichen Aspekt. Symbolisch überbrückt das Medium die Differenz von Gegenwart und Zukunft in der Gegenwart. Symbolisch erscheint die Zukunft als gegenwärtige Zukunft, als vertretbares Risiko. Aber der Teufel will, daß die künftigen Gegenwarten nicht unbedingt der gegenwärtigen Zukunft entsprechen müssen. Selbst wenn man das Risiko kalkuliert hat, ist der Eintritt des Schadens unerfreulich und führt fast zwangsläufig zu einer Rückwärtsumbewertung der Entscheidung. So mag man gut dastehen, wenn es gutgeht, und geopfert werden, wenn die künftige Gegenwart eine Neubewertung ihrer Vergangenheit durchsetzt.

Angesichts von Gefahren konnte die Gesellschaft sich mit Vertrauen in Gott helfen und mit dem Versuch, den Teufel abzuweisen.[54] Angesichts von Risiken müssen für dasselbe Problem andere Lösungen gefunden werden.

54 Immerhin fällt auf, daß mit der zunehmenden Individualisierung der Seelenheilsvorsorge seit dem späten Mittelalter auch hier Risikoerwägungen eingebaut werden bis hin zu dem berühmten Argument des 17. Jahrhunderts: daß es ein auf alle Fälle zu hohes Risiko wäre, nicht an Gott zu glauben.

Kapitel 8
Soziologische Aspekte des Entscheidungsverhaltens

I.

So unbestreitbar und faktisch bedeutsam es ist, daß Menschen sich laufend genötigt sehen, sich zu entscheiden: die Soziologie hat bisher kaum zu einer Theorie des Entscheidungsverhaltens beigetragen. Im wesentlichen dürfte dies damit zusammenhängen, daß im Begriff des Handelns (im Unterschied zu bloßem Verhalten) Entscheiden schon mitgedacht ist. Soziologen orientieren sich daher an der Differenz von Verhalten (behavior) und Handlung[1] – und nicht an der Differenz von Handlung und Entscheidung. Bei der Unterscheidung von Verhalten und Handeln geht es um die Frage, ob Eigenbewegung ohne oder mit Rücksicht auf den »gemeinten Sinn« beobachtet wird. Bei der Unterscheidung von Handlung und Entscheidung wird darauf abgestellt, ob der Sinn des Handelns nur verstanden oder zusätzlich als Wahl zwischen Alternativen und nach Maßgabe von Kriterien auch beurteilt wird.

Differenzfestlegungen dieser Art haben oft paradigmatische, wenn nicht metaparadigmatische Effekte. Sie dienen als Schemata für Beobachtung und für Verarbeitung von Information.[2] Sie regulieren, *gegen was* ein Theoriegebilde gesetzt wird. Sie

1 Sie diskutieren dann folglich über »voluntaristische« Handlungstheorie, über die Bedeutung von subjektiv gemeintem Sinn und dergleichen. Aber schon in der Psychologie hat diese Unterscheidung von Verhalten und Handeln eigentlich nie recht funktioniert, obgleich es nicht an Versuchen fehlt, Motive, subjektive Generalisierungen, Systemrelativität, personal constructs, self-awareness und dergleichen zu berücksichtigen. Vgl. dazu auch Carl F. Graumann, Verhalten und Handeln: Probleme einer Unterscheidung, in: Wolfgang Schluchter (Hrsg.), Verhalten, Handeln und System: Talcott Parsons' Beitrag zur Entwicklung der Sozialwissenschaften, Frankfurt 1980, S. 16-31.

2 Diese Auffassung ist teils in der Linguistik (Saussure) und teils in der Psychologie entwickelt und dann generalisiert worden. Siehe z. B. George A. Kelly, The Psychology of Personal Constructs, 2 Bde., New York 1955. Für eine Logik, die mit der operativen Einführung einer

tragen zugleich zur Abgrenzung von Disziplinen bei. Mit Hilfe des Handlungsbegriffs (der Verhalten und oft auch Entscheidung impliziert) konnte die Soziologie sich nach zwei Seiten abgrenzen: Sie konnte das Verhalten, für sich genommen, den Biologen und den »behavioristischen« Psychologen überlassen[3] und das Entscheiden im Hinblick auf Rationalitätsanforderungen den Wirtschaftswissenschaften oder anderen Disziplinen, die sich um normative Modelle richtigen Entscheidens bemühen. Mit dem Handlungsbegriff konnte die Soziologie eine Scharnierposition besetzt halten, sie konnte die Differenz Verhalten/Handeln und Handeln/Entscheiden zugleich im Blick haben, ohne die jeweils andere Seite der Differenz voll betreuen zu müssen. Sie konnte sich damit entlasten, sich als Disziplin eigener Art mit einem besonderen Gegenstand »soziales Handeln« behaupten, aber sie fiel zugleich auch mit Grundannahmen über die Subjektivität der Handlungsbestimmung einer selbstgemachten Mythologie zum Opfer, mit der sie sich bei der Philosophie (Max Weber etwa bei Rickert) rückversichern konnte.

Dieser Zwang zur Rückversicherung der Einheit von Handlung in der Einheit von Subjekt ergab sich aber nur daraus, daß der Theorieansatz mit Einheit und nicht mit Differenz beginnt – eben mit Handlung als Substratbegriff der Soziologie. So konnten denn auch Handlungstheorie und Systemtheorie nie zueinanderfinden; denn Systemtheorie ist immer eine auf Differenz aufbauende Theorie gewesen (sei dies nun die Differenz von Ganzem und Teil oder die Differenz von System und Umwelt). Ebensowenig konnte die soziologische Theorie die Unterscheidungen, mit denen sie den Handlungsbegriff abhob, als Differenzen begründen. Das gilt für die Unterscheidung von Verhalten und Handlung ebenso wie für die Unterscheidung von Handlung und Entscheidung. Diese Unterscheidungen dienten

»distinction« anhebt, siehe George Spencer Brown, Laws of Form, 2. Aufl., New York 1972.

3 Zu entsprechenden Abgrenzungsproblemen innerhalb der Parsonsschen Handlungstheorie, und speziell in der Konzeptualisierung des adaptive subsystems, vgl. Charles W. Lidz/Victor M. Lidz, Piaget's Psychology of Intelligence and the Theory of Action, in: Jan J. Loubser et al. (Hrsg.), Explorations in General Theory in Bd. 1, S. 195 bis 239.

ihr zur Abgrenzung ihrer Gegenstandsbereiche, zur Ausdifferenzierung der Soziologie als Disziplin, nicht aber als Leitdifferenz der eigenen Theoriebildung (wofür dann zum Beispiel die Differenz von Gesellschaft und Gemeinschaft mit all ihren Derivaten eingeschoben wurde). Max Weber hatte vielleicht ein intuitives Verständnis für dieses Problem; jedenfalls hatte er versucht, den Handlungsbegriff selbst durch die Leitdifferenz von Zweck und Mittel zu artikulieren. Für ihn bekam so das Problem der Rationalität einen zentralen Stellenwert in der soziologischen Theorie; aber dem Einwand, daß das Handeln empirisch so nicht begriffen werden könne (denn es gibt Handlungen, zum Beispiel Schwimmen oder Rauchen, die Zwecke und Mittel nicht unterscheiden), konnte er nur durch Handlungstypologien entrinnen, die dem zweckrationalen Handlungsbegriff widersprachen. Da man dies wissen kann, ist es wenig sinnvoll, in Sachen »Handlungstheorie« auf Max Weber zurückzugreifen. Es kommt dabei allenfalls ein trivialer »voluntaristischer« Handlungsbegriff heraus, der nur dazu dienen kann, den Behaviorismus zu verdammen, oder eine Wiederholung der Ausweichstrategien, in die Weber sich verstrickt hatte.[4]

Wir müssen an dieser Stelle auf eine weitere Erörterung der Folgen dieser Grundlagendisposition verzichten. In unserem Kontext interessiert nur ein Punkt: daß es als Konsequenz der Option für Handlungstheorie nicht zur Entwicklung einer eigenständigen soziologischen Entscheidungstheorie gekommen ist. Das, was soziologisch interessiert, schien im Handlungsbegriff bereits untergebracht zu sein. Das spezielle Interesse an rationalem Entscheiden schien dagegen außerhalb der eigenen Fachgrenzen zu liegen. Man kann auf Ausnahmen hinweisen – etwa im Rahmen allgemeiner theoretischer Erörterungen[5] oder bei Forschungen in Spezialbereichen, die das Problem des Entschei-

4 Es wird kaum nötig sein, daran zu erinnern, daß Parsons es zeitlebens für unnötig gehalten hatte, auf Vorwürfe wie: Widerspruch zwischen voluntaristischem und behavioristischem Handlungsbegriff oder Fehlinterpretation der Weberschen Theorie näher einzugehen. Dies ist denn auch wirklich heute keine ernstzunehmende Problemstellung mehr.

5 Ein gutes Beispiel ist Alfred Kuhn, The Logic of Social Systems: A Unified, Deductive, System-Based Approach to Social Science, San Francisco 1974, insb. S. 104ff.

dens unübersehbar aufwerfen, etwa in Forschungen über Berufswahl.[6] Aber wenn in solchen Fällen Entscheidungsbegriff und Entscheidungsanalyse eingebracht werden, geschieht das in Anlehnung an das wirtschaftswissenschaftliche Instrumentarium und nicht aufgrund eines eigenständigen, an soziologischen Theorieinteressen orientierten Entscheidungsbegriffs. Wir müssen daher zunächst der Frage nachgehen, wie der Begriff der Entscheidung bestimmt und wie seine Merkmale in weiterführende Theoriezusammenhänge eingeordnet werden sollen.

II.

Daß jeder Begriff von Entscheidung – wie im übrigen auch jeder Begriff von Handlung – eine Mehrheit von Möglichkeiten und eine Selektion annehmen muß, können wir wohl voraussetzen. Soviel wird unbestritten sein. Das Problem liegt in dem »Mehrwert«, den der Begriff darüber hinaus bezeichnen soll, nämlich in der Einheit, die aus der Vielheit des Möglichen und durch die Handlung bzw. Entscheidung gewissermaßen herausgezogen und verwirklicht wird. Üblicherweise wird dabei auf »Auswahl« (choice) abgestellt. Aber damit ist das Problem nur bezeichnet, nicht gelöst, und überdies nicht geklärt, ob und wie man zwischen Handeln und Entscheiden unterscheiden kann.

Sucht man nach verdichtenden Vorstellungen, so scheint den üblichen Entscheidungstheorien die Annahme der *Einheit einer Präferenz* zugrunde zu liegen. Eine Entscheidung bringt eine Präferenz zum Ausdruck und hat ihrerseits genau darin ihre Ein-

6 Auch hier ist aber der explizit entscheidungstheoretische Ansatz nur einer neben anderen. Vgl. z.B. Peter M. Blau et al., Occupational Choice: A Conceptual Framework, Industrial and Labour Relations Review 55 (1966), S. 530-543; Julienne Ford/Steven Box, Sociological Theory and Occupational Choice, Sociological Review 15 (1967), S. 287-299; Elmar Lange, Einige Zusammenhänge zwischen beruflichen Entscheidungen, individuellen Entscheidungsprämissen und sozioökonomischen Bedingungen, Mitteilungen aus der Arbeitsmarkt- und Berufsforschung 7 (1974), S. 330-341; ders., Berufswahl als Entscheidungsprozeß, in: Elmar Lange/Günther Büschges (Hrsg.), Aspekte der Berufswahl in der modernen Gesellschaft, Kassel 1975, S. 101-127.

heit. Es mag sich um eine aggregierte, durchkalkulierte, Kosten einschließende Präferenz handeln. Die Arbeit an einer Entscheidung ist dann im wesentlichen das Herausarbeiten der Präferenz, die die Entscheidung trägt; sie ist sozusagen »Wertarbeit«. Wer die eigene Präferenz unter gegebenen Bedingungen (deren Erkundung Vorarbeit wäre) kennt, kann entscheiden. Die Präferenz kann natürlich instabil sein, und ihre Interpretation kann sich ändern, nachdem man entschieden hat. Die wirtschaftwissenschaftliche Entscheidungstheorie hat Schwierigkeiten, einen solchen Wechsel von Präferenzen einkalkulierbar zu machen. Aber das ist nicht unser Problem. Die Frage, der wir nachgehen müssen, lautet vielmehr: ob man recht tut und welche Perspektiven man beiseite schiebt, wenn man die Einheit der Entscheidung auf die nicht weiter auflösbare (allenfalls logisch bzw. nutzentheoretisch analysierbare) Einheit einer Präferenz zurückführt.

Ein wichtiger Einwand gegen die Präferenz-Theorie leitet zu einem Ersatzvorschlag über. Er lautet, daß das Abstellen auf Präferenz eine logische Struktur vor Augen hat, aber den Charakter einer Handlung bzw. einer Entscheidung als nur momenthaftes Ereignis nicht ernst genug nimmt. Wichtige Probleme ergeben sich bereits aus der einfachen Feststellung, daß Ereignisse im allgemeinen (und erst recht Handlungen, und erst recht Entscheidungen) weniger leicht zu beobachten sind als Objekte.[7] Für eine Beobachtung von Ereignissen braucht man mehr Informationen, weil man zwei Zustände, den vor dem Ereignis und den nach dem Ereignis, im Hinblick auf ihre Differenz erfassen muß. Außerdem steht weniger Zeit zur Verfügung als bei Objektbeobachtungen. Man kann nicht so lange hinschauen, bis man alles gesehen hat; das Ereignis verschwindet. Außerdem fehlen vor dem Ereignis zumeist sichere Anhaltspunkte dafür, auf was die Beobachtung sich richten muß. Nach dem Ereignis ist es dann oft zu spät, und die Rekonstruktion der vorherigen Lage bleibt unsicher. Objekte dagegen halten (mehr oder weniger) still. Man kann ihre Merkmale sequentiell ermitteln, und zumeist ist auch die Reihenfolge der Prüfetappen beliebig. Eben wegen dieses

7 Siehe dazu auch Alfred Kuhn, The Logic of Social Systems, San Francisco 1974, S. 160f.

Unterschiedes scheinen Aufmerksamkeit und Kommunikation sich eher auf Ereignisse als auf Objekte zu richten, so als ob es gelte, die Schwierigkeiten der Beobachtung durch mehr Aufwand zu kompensieren.

All dies ist nicht nur ein Problem des wissenschaftlichen Zugangs zum Gegenstand, es ist zuerst und vor allem ein Problem der Handelnden selbst. Wie können sie beobachten, wie können sie wissen, was vor sich geht, wenn sie beisammen sind? Sie halten sich an Erwartungen und rechnen von da aus auf Handlungen bzw. Entscheidungen zurück. Eine Restunsicherheit wird durch Kommunikation erledigt: Man teilt einander mit, wie was gemeint war, und verständigt sich, wenn nicht über das Ereignis, so doch über seinen Sinn und Zweck. So verfertigt das System in seiner Kommunikation anstelle originärer Selbstbeobachtung laufend Selbstbeschreibungen an, die im weiteren dann an die Stelle der allzu komplexen Originärereignisse treten und das Anschlußverhalten kanalisieren.

Begreift man die Entscheidung zunächst und vor allem als ein zeitpunktgebundenes Ereignis, so hat schon das wichtige Konsequenzen. Als Elementarereignisse sind Entscheidungen die Letztelemente, aus denen ein organisiertes Sozialsystem besteht. Jede Dekomposition dieser Ereignisse in kleinere Einheiten kann wiederum nur auf (Sub-)Entscheidungen führen, nie auf Elemente aus einem anderen »Stoff« (z. B. Nervenimpulse), und jede Komposition muß dann als Verknüpfung von Ereignissen über einen längeren Zeitraum, also als Prozeß begriffen werden.

In der Form eines *Ereignisses, das mit seinem Auftreten schon wieder vergeht, kann man Einheiten herstellen, die nie die Qualität einer Struktur gewinnen, die nie auf Dauer gestellt werden könnten*. In der Form einer Entscheidung kann deshalb die Differenz von System und Umwelt zur Einheit gebracht werden, ohne daß dies eine strukturelle Verschmelzung von System und Umwelt herbeiführen müßte. Die Einheit wird nur momentan realisiert und sofort wieder in Differenz aufgelöst. Sie bringt die Differenz zur Einheit, indem sie Entscheidungsmotive aus der Umwelt und aus dem System, Äußeres und Inneres zusammenführt und zugleich deren strukturelle Trennung bewahrt. Im gleichen Sinne werden in der Einheit einer Entscheidung auch Vergänglichkeit und Dauer zur Einheit gebracht, ohne daß deren Differenz dadurch beseitigt würde. »Choisir« im Sinne von Monsieur Teste »c'est le pouvoir de faire avec un moment et avec soi, un ensemble qui plaise.«[8]

Gelänge es, eine Theorie der Systemrationalität zu entwickeln und sie von einer Theorie der Realisierung ausgewogener Präferenzen umzuschreiben in eine Theorie, die auf Orientierung an der System/Umwelt-Differenz in Systemen abstellt[9], könnte dieser Entscheidungsbegriff auch mit einer Theorie rationalen Entscheidens wieder zusammengeschlossen werden; denn man könnte dann sagen, daß Systemrationalität nur ereignishaft (aber immerhin so!) realisiert werden kann, indem sie darauf beruht, daß man in der Entscheidung als Einheit realisiert, was strukturell nicht vereinigt werden kann, sondern getrennt bleiben muß. Entscheidung ist, so gesehen, die einzige Möglichkeit, Einheit zu realisieren unter Bewahrung von Differenz.

Wie aber wird, wenn man das akzeptiert, die Struktur an die Entscheidung herangebracht? Unsere Analyse legt es nahe, den Entscheidungsbegriff von Präferenz auf Erwartung umzustellen. Damit wird diejenige Strukturtechnik aufgenommen, mit der das System selbst seine eigene Komplexität absorbiert und seine Selbstbeobachtung in den Bereich des Machbaren bringt. Der Vorschlag lautet: *eine Handlung immer dann als Entscheidung anzusehen, wenn sie auf eine an sie gerichtete Erwartung reagiert.* Wir könnten auch sagen: daß sie immer dann, wenn sie darauf reagiert, mit Hilfe von Erwartungen beobachtet wird. Erst die Prognose des Verhaltens macht das Verhalten zur Entscheidung; denn erst die Prognose des Verhaltens macht es möglich, *ihr zu folgen*. Dabei kann es sich um Fremderwartungen oder um Eigenerwartungen des Handelnden selbst handeln, und die Erwartungen können gut eingeführt oder auch neuartig sein. Vorausgesetzt ist nur, daß sie ernst genommen werden und dazu beitragen, das Ereignis einer Handlung als beobachtbar zu fixieren. Zu entscheiden ist dann, ob die Handlung der Erwartung folgen will oder nicht.

Selbstverständlich orientiert jede Handlung sich selbst an Erwar-

8 Paul Valéry, Monsieur Teste, zit. nach Œuvres (éd. de la Pléiade) Bd. 2, Paris 1960, S. 59.

9 Vgl. dazu den Begriff des »re-entry« bei George Spencer Brown, Laws of Form, 2. Aufl., New York 1972, S. 69ff.

tungen, vor allem an erwarteten Resultaten oder an erwarteten Reaktionen. Dazu bedarf es keiner besonderen Entscheidung. Man nimmt die Flasche und schenkt ein in der Erwartung, daß das Glas sich daraufhin füllen werde. Zur Entscheidung wird dies erst, wenn die Handlung selbst unter Erwartungsdruck gesetzt wird, wenn etwa das leere Glas am Platz des Gastes die Erwartung zum Ausdruck bringt, gefüllt zu werden. Man durchlebt dann eine durch Erwarten gesteigerte Situation: Man könnte sich der Erwartung entziehen, um den Wein oder den Gast zu schonen; man kann aber auch durch Erfüllen der Erwartung mehr erreichen als nur ein volles Glas, nämlich die Reproduktion der Erwartung selbst und all das, was mit ihrer Honorierung verbunden ist. Der Erwartungs*druck* kann durch normatives Qualifizieren der Erwartung verstärkt werden; aber schon das einfache Erwarten führt, wenn es bekannt wird, dazu, daß derjenige, an den es gerichtet ist, dadurch die Möglichkeit gewinnt, der Erwartung zu entsprechen oder abzuweichen, und sich also entscheiden muß.

Eine dramatische Analyse des gleichen Sachverhalts hat Gregory Bateson vorgelegt.[10] Diesmal ist der Trinker allein mit seiner Flasche. Von ihm wird erwartet, daß er nicht trinke. Das zwingt ihn in eine endlose Situation des ständigen Entscheidens gegen das Trinken, der er als Trinker nicht gewachsen ist. Er trinkt, weil er im Durchkreuzen der Erwartung zugleich die Erwartung selbst loswerden und den Entscheidungsdruck abwerfen kann. Die Steigerung und Zuspitzung der Sinnbezüge, die mit dem Erwarten des Handelns verbunden sind, schaffen eine Art Meta-Kontingenz. Nicht nur das Handeln kann so oder auch anders ablaufen, sondern kontingent ist außerdem: ob man der an das Handeln gerichteten Erwartung Rechnung trägt oder nicht.[11] Man

10 Vgl. Die Kybernetik des »Selbst«: Eine Theorie des Alkoholismus, in: Gregory Bateson, Ökologie des Geistes: Anthropologische, psychologische, biologische und epistemologische Perspektiven, dt. Übers. Frankfurt 1981, S. 400-435.

11 Der Kontingenzbegriff ist hier im logischen bzw. modaltheoretischen Sinne benutzt, definiert durch Negation von Notwendigkeit und Negation von Unmöglichkeit. Die Zweitbedeutungen »abhängig von« und »zufällig« sind nur Unterfälle der modaltheoretischen Grundbedeutung.

muß dann die Erwartung annullieren, um wieder alternativenlos und sachorientiert (statt: sozialorientiert) handeln zu können.
Ein anderes, nicht weniger dramatisches Beispiel entnehmen wir den Romanen, die darstellen, wie eine Dame sich durch Briefe zur Liebe verführen läßt. Auch hier konstituiert erst die Erwartung, daß eine verheiratete Dame überhaupt zu außerehelicher Liebe bereit sein könne, die Entscheidungssituation. Daß die Verführung über Briefwechsel läuft, schaltet das aus, was Claude Crébillon, der Meister dieser Romangattung, den (gefährlichen) »Moment« nennt. Die Dame hat Zeit. Sie ist mit dem Brief allein. Sie muß entscheiden, ob sie den Brief beantworten will, wie erwartet wird, oder nicht und ob sie das Spiel des Verführers mitspielen will oder nicht. Entscheidet sie sich gegen die Beantwortung, erneuert ein nächster Brief ihre Entscheidungssituation. Entscheidet sie sich für die Beantwortung, aber gegen die Verführung, ist die letztere Entscheidung unglaubwürdig, denn warum antwortet sie dann?

Wenn sie in ihrer Antwort die weitere Korrespondenz ablehnt, kann die Antwort darauf Gegenstand des nächsten Briefes werden. Sie macht, mit oder ohne Präferenz, Konzessionen, und sie wird, wie sie vorher weiß, unglücklich, ob sie nun nachgibt oder nicht, weil sie auf keinen Fall mit ihrer eigenen Entscheidung glücklich werden kann.[12] Wenn Ehebruch erwartet werden kann, ist das Entscheidenmüssen dann schon zuviel, und zwar gerade weil die eigene Entscheidung freigegeben und sogar miterwartet wird.

Theoriesystematisch gesprochen setzen wir hiermit den Begriff der Verhaltenserwartung an die Stelle, die in der Entscheidungstheorie üblicherweise der Begriff der Präferenz besetzt hält. Es genügt – deshalb »Verhaltens«erwartung –, daß eigenmotiviertes Geschehen erwartet wird. Die Sinngebung braucht nicht unbedingt einbezogen zu werden. Man erwartet zum Beispiel »langsames Arbeiten«, ohne eine besondere Intention auf Langsam-

12 Beide Lösungen, und beide unglücklich, sind durchgespielt in: Claude Crébillion (fils), Lettres de la Marquise de M. au Comte de R. (1732), zit. nach der Ausgabe Paris 1970, und ders., Lettres de la Duchess de... au Duc de... zit. nach: Collection complète des Œuvres de Crébillon, London 1777, Bd. 10 und 11, Nachdruck Genf 1969, Bd. 2, S. 124-226.

keit zu unterstellen.[13] Man kann diesen Umsetzungsvorgang von »Präferenz« auf »Verhaltenserwartung« auch dadurch charakterisieren, daß man auf die Differenz abstellt, die mit den beiden Begriffen »eigentlich gemeint ist«.[14] Bei einer Präferenz geht es um die Differenz von besser und schlechter. Bei einer Verhaltenserwartung geht es um die Differenz von konform und abweichend. Wir behaupten, daß die zuletzt genannte Differenz diejenige ist, die den Tatbestand des Entscheidens konstituiert. Dabei führt die Orientierung an Erwartungen nicht schon zu einem Entscheidungs*ergebnis*; sie macht die Entscheidung nur nötig und versetzt in eine wie immer reduzierte, wie immer disbalancierte, wie immer belastete Freiheit, den Erwartungen nicht zu folgen.[15]

Diese Theorienrevision erfolgt ohne Kosten, da man Präferenzen immer auch als Erwartungen, sich für das Bessere zu entscheiden, auffassen kann. Die Präferenztheorie behandelt aber nur eine Teilmenge aus dem Bereich des Entscheidens, denn es gibt viele Fälle, in denen man ohne besondere Präferenz oder gar gegen die eigenen Präferenzen auf Erwartungen durch Entscheidungen reagiert. Präferenzen werden nur eingeführt, wenn es – etwa angesichts von Erwartungskonflikten – um Rationalisierungen geht. In jedem Falle aber ist nicht die Präferenz das, was eine Entscheidung mit jener Meta-Kontingenz versieht, sondern die Erwartung.

13 Vgl. Charles K. Warringer, The Emergence of Society, Homewood Ill. 1970, insb. S. 24.

14 Daß alle Begriffe »eigentlich« nicht sich selbst, sondern eine Differenz meinen, kann hier nicht ausführlich begründet werden. Eine Verweisung auf Ferdinand de Saussure, Cours de linguistique générale, zit. nach der Ausgabe Paris 1973, S. 162, mag genügen.

15 Die Klärung dieses Sachverhalts wird durch die Ambivalenz des Wortes Entscheidung erschwert. Entscheidung kann nämlich einmal heißen das Ereignis, das sich selbst einer Wahlmöglichkeit verdankt, und sodann das Ergebnis der Wahl. Entsprechend doppeldeutig ist der Begriff der Entscheidungsorientierung. Man muß auch hier den Anlaß, der überhaupt ein Entscheiden erzwingt, unterscheiden von der Vorformulierung eines erwünschten Entscheidungsergebnisses.

III.

Mit der Verlagerung des Theorieansatzes von Präferenz auf Erwartung ist eine »Soziologisierung« der Entscheidungstheorie angedeutet. Der Entscheidungsbegriff ist damit jedoch nur definiert. Der gemeinte Sachverhalt ist noch nicht zureichend geklärt.

Wir halten fest: Entscheidung ist, wie Handlung, ein Ereignis, also ein Systemelement ohne eigene Dauer. Sieht man genauer hin, so geht es um Kontingenzverarbeitung unter Inanspruchnahme von Zeit (aber eben nicht: von Dauer!). *Vor* der Entscheidung präsentiert sich Kontingenz als Wahlsituation. Man kann die Erwartung erfüllen oder sich ihr widersetzen. Welcher Kurs gewählt wird, ist (mehr oder weniger) unsicher. Auch wenn man routinemäßig den Erwartungen folgt, kann man Unsicherheit ablesen an der Überlegung, was geschehen würde, wenn man es nicht täte. Erst durch diesen Seitenblick wird das Handeln zum Entscheiden. *Nach* der Entscheidung steht fest, für was man sich entschieden hat. Aber weil man sich entschieden hat, bleibt Kontingenz an der Entscheidung haften: Sie hätte auch anders ausfallen können. Oft wird erst im Blick zurück ein Handeln als Entscheiden gesehen. Eine Frau fragt sich irgendwann: Wieso habe ich eigentlich mein ganzes Leben immer das getan, was mein Mann wollte? Was geschehen ist, ist dann nicht mehr zu ändern, aber die Kontingenz des Geschehenen gibt der Gegenwart und der Zukunft einen anderen Sinn. Kontingenz nimmt also zwei verschiedene Formen an, die durch die Vorher/Nachher-Differenz getrennt und verbunden werden, nämlich Wahlmöglichkeiten bzw. Unsicherheit (über sich selbst) und Auch-anders-möglich-Sein. Deshalb ist die Entscheidung als Ereignis darauf angewiesen, einen Zeitpunkt zu besetzen, der ein für allemal (obwohl für andere Zeitpunkte jeweils in der Zukunft bzw. in der Vergangenheit) Vorher und Nachher als seine Vergangenheit und seine Zukunft trennt. Mit Hilfe zeitlicher Punktualisierung kann eine Synthese zweier Kontingenzformen geleistet werden. Einen Moment lang ist die Entscheidung beides zugleich: Wahlmöglichkeit und Festlegung, die auch anders möglich wäre. Sie überführt die eine in die andere Form. Sie ist deren Differenz. Und nur deshalb kann sie vorher als Wahl erwogen und nachher im Blick auf die anderen Möglichkeiten gefeiert oder bereut werden.

Zu erklären bleibt außerdem, wie gesichert wird, daß die Entscheidung über ihren Moment hinaus mit sich selbst identisch bleibt. Man darf voraussetzen, daß bei allem sinnhaften Erleben Zukunft antezipiert und Vergangenheit erinnerbar ist, aber damit allein ist unsere Frage noch nicht beantwortet. Die Identität der Entscheidung wird durch die Erwartung gewährleistet, mit deren Hilfe Handeln sich reflektiert und sich die Form der Entscheidung gibt. Die Erwartung gibt die Möglichkeit, die Entscheidung nicht nur zu entscheiden, sondern sie auch zu beobachten (zu antezipieren, zu erinnern) als etwas, was in bezug auf die Erwartung einen Unterschied ausmacht, nämlich die Erwartung bestätigt, bekräftigt, reproduziert oder umgekehrt sie durchbricht, gefährdet und damit eine abweichende Strukturbildung nahelegt. Insofern gibt die Erwartung der Entscheidung die Möglichkeit, einen Mehrwert zu produzieren, nämlich etwas möglich bzw. unmöglich zu machen, was ohne sie nicht möglich bzw. unmöglich geworden wäre.

Für sich genommen sind Erwartungen Strukturen, nicht Ereignisse. Sie haben damit eine eigenständige, relativ zeitbeständige Identität, aber keinen vom System abstrahierbaren Sinn, keine »ideale«, realitätslose Existenz. Sie werden nur für die Reproduktion des Systems gebildet und sind ein genaues Korrelat der Tatsache, daß das System seinen Bestand auf temporalisierte Elemente stützt, die mit ihrem Entstehen schon wieder verschwinden. Nur in dieser Funktion, die Reproduktion von Elementen aus Elementen zu ermöglichen[16], gewinnt die Erwartung selbst

16 Man nennt dies in der neueren Systemtheorie »Autopoiesis«. Vgl. Humberto R. Maturana, Erkennen: Die Organisation und Verkörperung von Wirklichkeit: Ausgewählte Arbeiten zur biologischen Epistemologie, Braunschweig 1982. Ein autopoietisches System ist demnach ein System, das die Elemente, aus denen es besteht, mit Hilfe der Elemente, aus denen es besteht, reproduziert und durch diesen Reproduktionsprozeß die Grenzen im Verhältnis zur Umwelt definiert. Der entscheidende Gewinn dieses Konzepts besteht darin, daß das Prinzip der Selbstreferenz nicht nur auf die Identität des Systems (Reflexion) und nicht nur auf die Struktur des Systems (Selbstorganisation), sondern auch auf die Elemente angewandt wird, aus denen das System besteht. Zur Anwendung auf soziale Systeme (die in der bisherigen Theorie umstritten ist) ausführlich: Niklas Luhmann, Soziale Systeme: Grundriß einer allgemeinen Theorie, Frankfurt 1984.

Realität. Und umgekehrt käme, ohne sich an Erwartungen zu reiben, keine Entscheidung zustande. Ohne auf sie bezogene Erwartungen könnten Entscheidungen ihre Identität in der Differenz von Vorher und Nachher nicht behaupten. Ohne Erwartungen wären Entscheidungen nicht beobachtbar. Ohne Erwartungen können Entscheidungen nichts ändern, weil Änderung immer nur Strukturänderung sein kann, also in der Form von Erwartungen registriert gespeichert werden muß.
Mit diesen Überlegungen ist die Entscheidungstheorie einem Theorietypus zugeordnet, den man in Anlehnung an Floyd Allport event-structure-Theorie nennen könnte.[17] Ebenso nahe liegt der Kontakt zu Systemtheorien, die mit einem Konzept *basaler* Selbstreferenz arbeiten, das heißt davon ausgehen, daß schon die *elementaren Einheiten* (zum Beispiel unit acts) nur als selbstreferentielle Einheiten konstituiert werden können, weil sie sich nur dadurch zu Prozessen verknüpfen können. Dies alles würde für Handlungssysteme jeder Art gelten. Daß diese Systeme sich selbst veranlassen, Entscheidungen zu treffen, muß durch eine zusätzliche Reflexionsfigur erklärt werden, nämlich durch eine Verknüpfung von Struktur und Ereignis, die darin besteht, daß die strukturierende Erwartung an das Ereignis zurückdirigiert wird und es damit von Handlung zu Entscheidung aufwertet. Die Konsequenzen dieser Theorie-Konnexionen sind in dieser Abstraktionslage schwer abzuschätzen; aber man kann erwarten, daß sie eine Fülle von Anregungen für konkretere Forschungvorhaben ergeben werden, die mit dem Entscheidungsbegriff zu arbeiten suchen.

IV.

Die üblichen Entscheidungstheorien betreuen nur die Fälle, in denen feststeht, *daß* entschieden werden muß, aber nicht feststeht, *wie* entschieden werden muß. Erwartungen richten sich

17. Siehe: An Event-System Theory of Collective Action: With Illustrations From Economic and Political Phenomena and the Production of War, The Journal of Social Psychology 11 (1940), S. 417-445; ders., The Structuring of Events: Outline of a General Theory with Applications to Psychology, The Psychological Review 61 (1954), S. 281-303.

darauf, daß eine Entscheidung überhaupt zustande kommt, und allenfalls noch darauf, daß bestimmte »constraints« beachtet werden (etwa: daß die Entscheidung im Rahmen der Legalität bleibt). So finden sich Jugendliche der Notwendigkeit einer Berufswahl ausgesetzt. Man erwartet von ihnen nur, daß sie sich überhaupt entscheiden, und wertet, was immer sie in dieser Richtung tun, als Entscheidung. Vielleicht gibt ihre Familie weitere Rahmenbedingungen für das vor, was sie zu akzeptieren und zu unterstützen bereit ist. Die offizielle Definition der Situation besagt aber, daß die Entscheidung selbst nicht als Entscheidung der Familie vollzogen werden kann, weil dies dem Charakter einer Wahl (choice) widersprechen würde. Die Entscheidung kann allenfalls differenziert werden – etwa so, daß die Familie entscheidet (weil dies von ihr erwartet wird), welche Berufe sie für akzeptabel halten will und welche nicht. Aber ein solches Entscheiden über Entscheidungsprämissen anderer nimmt diesen nicht einen Teil der Entscheidungslast ab, sondern forciert gerade den Charakter der eigentlichen Entscheidung als Entscheidung. Und es kann durchaus sein, daß eine Entscheidung durch den Versuch einer Einschränkung ihres Spielraums nicht leichter wird, sondern schwieriger – und dies nicht im Hinblick auf etwaige Chancen optimaler Rationalität, sondern deshalb, weil nun hinzukommt, daß man auch noch darüber entscheiden muß, ob man die dirigierenden Erwartungen beachten will oder nicht.[18]

Ähnliches gilt für die Wahl von Ehepartnern, für Investitions- oder Geldanlageverhalten, für die politische Wahl und sehr viele andere Entscheidungsbereiche. Die Theorie rationalen Entscheidens folgt einer kulturell etablierten Situationsdefinition. Sie folgt ihr in gewissem Sinne unkritisch, jedenfalls ohne soziologische Distanz. Und ihr Begriff von Rationalität kompensiert dann gleichsam das, was an Erwartungsdirektiven fehlt. Er füllt einen Leerraum aus und prätendiert, daß es trotzdem eine einzig richtige Entscheidung oder jedenfalls einen Bereich von deutlich bes-

18 Zu Forschungen über Entscheidungs»stress«, die hier anschließen und von der vorgeschlagenen Neufassung des Entscheidungsbegriffs profitieren könnten, vgl. Morris B. Holbrock/Michael J. Ryan, Modeling Decision-Specific Stress: Some Methodological Considerations, Administrative Science Quarterly 27 (1982), S. 243-258.

seren, vertretbaren Entscheidungen gibt, die sich im Verhältnis zueinander nicht wesentlich unterscheiden.

Geht man davon aus, daß Erwartungen zur Herstellung von Kontingenz und damit zur Provokation von Entscheidungen unerläßlich sind, rückt all das, was die Theorie rationalen Entscheidens aufbietet, in die Funktion eines Substituts für Erwartungen. Oder genauer: Die Funktion von Erwartungen wird gespalten. Sie wird einerseits generalisiert und in die Form der Erwartung gebracht, daß überhaupt entschieden wird; und sie wird andererseits in ihrem Direktionswert ersetzt oder ergänzt durch Kriterien rationalen Entscheidens. Das gilt auch und vor allem für »Zwecke«. Man braucht Zwecke nur, wenn und soweit nicht erwartet wird, wie man entscheiden soll. Dann rekonstruiert eine Zweckvorstellung die fehlende Erwartung, und man prüft am Zweck, ob man die Entscheidung so treffen kann, als ob sie auf eine Erwartung reagierte. Man setzt dabei erwartete Effekte der Entscheidung an die Stelle der Erwartung des Entscheidungsverhaltens. Nur mit diesem Rückblick aus der (gegenwärtigen) Zukunft in die (gegenwärtige) Gegenwart ist es überhaupt möglich, ohne besonderen Erwartungsdruck wahrzunehmen, daß man eine Entscheidung trifft. Auch für offene Entscheidungssituationen ist es daher in weitem Umfange charakteristisch, daß man im Laufe des Entscheidungsprozesses zu entdecken versucht, gegen welche Erwartungen man mit welchem Entscheidungsverlauf verstoßen würde und ob man das wollen bzw. in Kauf nehmen kann oder nicht; und entsprechend werden dann Zwecke aufgesetzt.[19] Hier mag denn auch einer der Gründe liegen, weshalb Informationssuche und -sammlung in Organisationen ganz anders verlaufen, als von der Theorie rationalen Entscheidens vorausgesagt werden würde: Informationen machen gesprächig, sie haben einen symbolischen Wert, und sie sind nützlich für den Fall, daß die zu treffende oder getroffene Entscheidung in Diskrepanz gerät zu Erwartungen.[20] Entsprechend

19 Siehe für eine ähnliche Auffassung Paul A. Anderson, Decision Making by Objection and the Cuban Missile Crisis, Administrative Science Quarterly 28 (1983), S. 201-222.

20 Vgl. Martha S. Feldman/James G. March, Information in Organizations as Signal and Symbol, Administrative Science Quarterly 26 (1981), S. 171-186.

werden Informationen in weitem Umfange gegen ihren angegebenen Sinn gelesen: sie verraten etwas über die Entscheidungserwartung des Informanden; sie drängen die Entscheidung in eine Richtung, weil jemand das wünscht. Von Mitgliedern in Organisationen wird dementsprechend »politisches« Gespür verlangt: Sie müssen sensibel sein in bezug auf das Erwartungsnetz, das die Entscheidung beherrscht. Unter Zeitbeschränkungen wird die Informationssuche weitgehend auf diesen Aspekt des Abtastens von Erwartungskonflikten beschränkt.[21] Das ist nicht nur als übertriebenes Sicherheitsstreben von Bürokraten zu verstehen, sondern ergibt sich einfach daraus, daß nur so der Entscheidungsgehalt von Entscheidungen erkennbar ist. Alles weitere ist ein Kalkulationsspiel, auf das man notfalls auch verzichten könnte.

Die für rationales Auskalkulieren offene Entscheidung ist also ein Sonderfall. Rationales Handeln ist dann zugestandenermaßen unerwartbares Handeln. Die Schwierigkeiten der Informationsbeschaffung, der Gewichtung konfligierender Präferenzen, des Vergleichs von Alternativen etc. dienen dazu, die Bemühung um Rationalität zu dokumentieren, und die Bemühung um Rationalität dient dazu, für Situationen, deren Kontingenzen durch Erwartungen nicht ausreichend bestimmt sind, Ersatzorientierungen zu beschaffen, die das modellieren, was »man« vernünftigerweise erwarten würde.

V.

Die an Präferenzen orientierten Entscheidungstheorien eignen sich für den Versuch, Bedingungen rationalen Entscheidungsverhaltens zu ermitteln. Die Rationalität liegt nicht im einfachen Erreichen des bevorzugten Zustandes; sie liegt darin, daß er »trotzdem« erreicht wird – trotz einer Vielzahl von Hindernissen, Kosten, Nebenfolgen oder Komplexitäten in der Entscheidungslage selbst. Das heißt nicht zuletzt, daß die Präferenz selbst als kontingent behandelt und gegebenenfalls aufgrund des

21 Vgl. hierzu Renate Mayntz/Fritz W. Scharpf, Policy-Making in the German Federal Bureaucracy, Amsterdam 1975.

Rationalitätskalküls aufgegeben werden muß, wenn sie den Aufwand nicht lohnt.

So weit, so gut. Damit ist jedoch nur ein Sonderbereich von Entscheidungstätigkeiten erfaßt. Man kann sich fragen, ob das Entscheiden im Normalfalle wirklich ein Rationalitätsversuch ist oder ob es – auch und gerade in Organisationen – nicht eher durch seine Irrationalitäten auffällt.[22] Die Theorie der rationalen Entscheidung weist diese Möglichkeit entweder in der Form von Fehlern oder in der Form von Schwierigkeiten und in der Abschwächung der Rationalitätsansprüche (bounded rationality) aus. Aber mit solchem Ausgrenzungsverfahren ist noch nicht angegeben, wie man in der Forschung dem beikommen kann, was von hier aus gesehen als »irrational« charakterisiert werden muß.

Diese Eigenart der auf Rationalität des Entscheidens spezialisierten Forschung mag miterklären, daß von ihr kaum Anregungen und Hilfestellungen für eine Klärung der Verhältnisse in Entscheidungsorganisationen ausgegangen sind, die unter der Bezeichnung »Bürokratie« zu einem öffentlichen Ärgernis geworden sind. Die Erfahrung mit Bürokratie, die verbreitete öffentliche Kritik bürokratischen Verhaltens und das politische Aufgreifen dieser Thematik haben offenbar Irrationalitäten vor Augen, die sich in Organisationen einnisten, die speziell für die Anfertigung von Entscheidungen geschaffen sind. Schon Weber, der noch an die strukturell garantierbare Rationalität dieser Organisationen glaubte, stand eben deshalb dieser Ausformung abendländischer Rationalität nicht ohne Skepsis gegenüber. Seitdem sind die negativen Erfahrungen gewachsen. Eine Art nicht begreifende Ablehnung breitet sich aus. Handelt es sich dabei um

22 Diese Überlegungen bringen Nils Brunsson, The Irrationality of Action and Action Rationality: Decisions, Ideologies and Organizational Actions, Journal of Management Studies 19 (1982), S. 29-44, dazu, den Rückgang von Entscheidungstheorie auf Handlungstheorie vorzuschlagen. Wichtig erscheinen mir vor allem die Hinweise auf ein Spannungsverhältnis zwischen rationaler Entscheidungsanalyse und der Motivation, sich für ein entsprechendes Handeln wirklich einzusetzen. Für empirische Untersuchungen auf dieser Grundlage siehe auch ders., The Irrational Organization: Irrationality as a Basis for Organizational Action and Change, Chichester 1985.

vermeidbare Fehlentwicklungen oder um Erscheinungen, die sich zwangsläufig einstellen, wenn von einer Organisation das Anfertigen von Entscheidungen verlangt wird? Und genügt es dann, eine bessere Ausnutzung der Möglichkeiten zu rationaler Entscheidungsfindung zu verlangen, wie sie in der Form theoretischer Modelle geliefert werden können? Oder verschlimmert möglicherweise gerade dies das Übel?

Gewisse Eigenarten von Organisationen, die auf Anfertigung von Entscheidungen spezialisiert sind und in denen infolgedessen Entscheidungsverhalten *erwartet* wird (Bürokratien), lassen sich in wenigen Punkten andeuten:

(1) Entscheidungen sind ein beliebig dekomponierbares Material. Bürokratien können daher beliebig nach innen wachsen, indem sie die Entscheidungen weiter und weiter in Subentscheidungen zerlegen und/oder die Zustimmungserfordernisse erhöhen. Die Erwartung rationalen und sozial abgestimmten (demokratischen!) Entscheidens drängt sie in diese Richtung.[23]

(2) Bürokratien lieben Bürokratien oder setzen sie in ihrer Umwelt einfach voraus. So stellen Krankenkassen, Versicherungen oder Dezernate für Beihilfeabrechnung sich Arztpraxen vor als Kleinstorganisationen zur Anfertigung von Bescheinigungen und Abrechnungsunterlagen. Auf diese Weise expandiert Bürokratie gleichsam per Osmose in ihre Umwelt. Hier ist weder Herrschaftswillen noch Zwang zu vermuten, vielmehr ist diese Expansion eine Voraussetzung des Inganghaltens der Operationen. Die Alternative ist nicht Zwang, sondern Stillstand.

(3) In Bürokratien wird erwartet, daß alles offizielle, dienstliche Verhalten sich als Entscheidung darstellen läßt – auch und gerade dann, wenn etwas schiefgeht. Das führt – verständlicherweise – zu hochgetriebenen Absicherungsstrategien und zur Präferenz für Entscheidungen, bei denen am wenigsten Unerwartetes passieren kann; es ermutigt nicht gerade zur Suche nach besseren Alternativen. Informationsverhalten richtet sich eher auf die positiven Seiten des Kurses mit

23 Vgl. Niklas Luhmann, Organisation und Entscheidung, in ders., Soziologische Aufklärung, Bd. 3, Opladen 1981, S. 335-389 (344 f.).

dem höchsten Sicherheitswert (der unter anderem am schon Bewährten oder an eindeutig geäußerten Erwartungen maßgeblicher Kreise abgelesen werden kann).

(4) Die Folgeprobleme einer immer komplexeren Bürokratisierung werden durchaus gesehen. Das System operiert nicht ohne Kritik an sich selbst. Aber jede Änderung erfordert den Einsatz von Entscheidungen und damit die Wiederverwendung derjenigen Mittel, die die Probleme erzeugt hatten. Jede von außen herangetragene Erwartung kann nur verstanden und befolgt werden, wenn sie in die interne Sprache übersetzt ist. Und so kann es gut sein, daß eine Politik der Aufgabenerweiterung mehr Bürokratie zur Folge hat und eine daraufhin einsetzende Sparpolitik auch; denn wie soll man anders sparen als durch sorgfältigere Prüfung der Ausgaben unter zusätzlichen Kriterien und verschärften Kontrollen?

Diese Bemerkungen mögen genügen, um der Frage Nachdruck zu verleihen, mit welcher Art von Entscheidungstheorie man an die typischen Probleme der Großbürokratien herankommen kann. Sind diese Organisationen wirklich zu begreifen als Veranstaltungen zur rationalen Aufbereitung von Entscheidungen? Und ist ihren Mängeln durch mehr Rationalität beizukommen? Man braucht diese Sicht nicht abzulehnen und wird doch einräumen müssen, daß sie nicht alles erklärt. Vielleicht kann man statt dessen einmal eine Theorie ausprobieren, die Entscheiden auf das Erwarten von Handlungen und im Falle bürokratischer Organisationen auf das organisierte Erwarten von Entscheidungen zurückführt. Entscheidungen entstehen durch Erwartungsdruck, und wenn dieser Druck in einer Weise organisiert ist, daß die Mitgliedschaft in einer Organisation, die berufliche Existenz oder zumindest die Karriere und das Ansehen im System von ihrer Erfüllung abhängen, wird man besondere Verhaltensweisen zu erwarten haben, die »in der freien Natur« nicht vorkommen.

VI.

Die Nähe dieses Theorievorschlages zu soziologischen Forschungen wird erkennbar, wenn man die Bedeutung des Begriffs der Verhaltenserwartung für soziologische Theoriebildung berücksichtigt. Geht man von der soziologischen Theorie aus, wie sie auf klassischen Grundlagen um die Mitte dieses Jahrhunderts ausgebildet war, so läßt sich ein Begriffssyndrom erkennen, in dem Begriffe wie Kultur (definiert über Wertbeziehungen), Norm und Rolle eine tragende Funktion übernommen hatten. Der Kulturbegriff ermöglichte es, zusammen mit dem Begriff der Sozialisation, eine Antwort auf die Frage »Wie ist soziale Ordnung möglich?« zu geben, ohne auf den traditionellen Primat der Politik oder der Wirtschaft in der Gesellschaftstheorie zurückgreifen zu müssen. Er konnte so jenseits der ideologischen Debatten über die relativen Vorteile von Kapitalismus und Sozialismus verankert werden. Der Normbegriff konnte die Soziologie gegen die bloß »utilitaristischen« Theorien abgrenzen, die das Soziale unter dem Blickwinkel der auf ihren Vorteil bedachten Individuen aufgefaßt – und nach Meinung fast aller Soziologen verkannt hatten. Der Begriff der Rolle konnte, gleichsam an Stelle eines Rationalitätskalküls, zwischen Individuum und Gesellschaft vermitteln.

Alle diese Momente gehen in die erste Phase der Parsonsschen Theorieentwicklung von »The Structure of Social Action« (1937) bis »The Social System« (1951) ein. Parsons kodifiziert damit den Ertrag einer theoriegeschichtlichen Epoche – und löst ihn zugleich wieder auf. Für ihn selbst bestand der Fortschritt in der analytischen Dekomposition des Handlungsbegriffs und in dem daraus abgeleiteten Vier-Funktionen-Schema (Adaptation, Goal attainment, Integration, Latent pattern maintenance)[24], das seine

24 Das Schema bezieht sich auf die Bedingungen, die erfüllt sein müssen, damit eine Handlung zustande kommen kann, und wird durch Kreuztabellierung zweier Variabler (intern/extern und instrumentell/konsumatorisch = zukunftsorientiert/gegenwartsorientiert) gewonnen. Siehe z. B. Talcott Parsons, General Theory in Sociology, in: Robert K. Merton et al. (Hrsg.), Sociology Today, New York 1959, S. 3-38; dt. Übers. in: Talcott Parsons, Zur Theorie sozialer Systeme (hrsg. von Stefan Jensen), Opladen 1976, S. 85-120.

weiteren Arbeiten bestimmen sollte. Für unsere Zwecke ist eine andere Beobachtung fruchtbarer. In interdisziplinären Diskussionen war Parsons auf das Problem der doppelten Kontingenz aller Interaktionsbeziehungen und von da aus auf das Problem der Komplementarität der Verhaltenserwartungen gestoßen.[25] Damit war ein Auflöseverfahren in Gang gebracht, dem all das zum Opfer fiel, was vorher als soziologische Einheit behandelt werden konnte: Werte, Normen, Rollen, Personen konnten jetzt als gebündelte Verhaltenserwartungen aufgefaßt werden.[26] Wer nach wie vor von diesen oder ähnlichen Begriffen wie von elementaren Einheiten der soziologischen Analyse ausgeht, hat sich über den Stand des Faches nicht ausreichend informiert. Es ist wie in der Physik: der Blick in die inneratomische Welt der höchst unwahrscheinlichen Kombinationen ist freigegeben, und es müßte jetzt eine soziologische Theorie geben, die darstellen kann, was und wie alles, was in einem System als Element fungiert, als eine emergente Ordnungsleistung des Systems selbst produziert wird.

Bis heute hat sich die soziologische Theorie von diesem Durchstoß ins Reich einer subatomaren Kombinatorik nicht erholt. Um das Spiel des jetzt möglichen Auflösens und Rekombinierens spielen zu können, hätte man Theorien von hohen Abstraktionsgraden gebraucht, die nicht zur Verfügung standen. So erklärt sich die eingangs skizzierte Situation: daß man anhand von klassischen Autoren für einen voluntaristischen Handlungsbegriff, für symbol-vermittelte Interaktion, für einen »subjekti-

25 Vielleicht müßte man sogar sagen: gestoßen worden. Einen wichtigen Anteil daran scheint Robert S. Sears gehabt zu haben. Siehe: A Theoretical Framework for Personality and Social Behaviour, American Psychologist 6 (1951), S. 476-483, beginnend mit actions als basic events. Eine Zweitfassung auch in: Talcott Parsons/Edward A. Shils (Hrsg.), Toward a General Theory of Action, Cambridge, Mass. 1951, S. 465-478. Siehe dort auch das »General Statement«, speziell zu doppelter Kontingenz und Erwartungskomplementarität (S. 14ff.).

26 Hiermit ist nicht bestritten, daß es noch andere und in der Disziplingeschichte vielleicht erfolgreichere Auflösekonzepte mit der gleichen Stoßrichtung gegeben hat, vor allem natürlich die Reduktion auf *Sprache*, oder mit anderen Worten: die Vorliebe für Wittgenstein. Siehe zu deren Auflöseeffekt auch Arthur Brittan, The Privatised World, London 1977, S. 11ff.

ven« Ansatz plädiert und sich vorstellt, daß andere gegen diese Theorien sind, während unklar bleibt, was mit den Bezugsbegriffen dieser Theorie-Diskussion überhaupt gemeint ist.
Immerhin liegt in dieser Theorieentwicklung auch die Aufforderung zu überlegen, welche Konsequenzen es haben würde, wenn eine Theorie sozialer Systeme den Begriff der Handlung (im Sinne des für sie spezifischen Ereignisses) als Begriff für letzte, nicht weiter auflösbare Elemente des Systems und den Begriff der Verhaltenserwartung als Strukturbegriff einsetzen würde.[27] Man könnte dann mit Hilfe des hier vorgestellten Entscheidungsbegriffs die Differenz von Handlung und Entscheidung an sehr fundamentaler Stelle in die soziologische Theorie einbauen. Handlungen wären danach möglich, wenn sich für sie aufgrund der Erwartung von Anschlußverhalten ein definierender Kontext ergibt. Sie ließen sich als Einheiten aus dem Verhaltensstrom herausheben, wenn feststellbar ist, wie vorherige Handlungen in sie einmünden und wo Folgehandlungen anschließen können.[28] Zur Entscheidung über ein Handeln käme es immer dann, aber auch nur dann, wenn das Handeln erwartet wird und dies in Rechnung stellt. Damit tritt das Leitproblem der Rationalität und des Ausmaßes an Verwirklichung der eigenen Präferenzen zurück, und vorrangig hätte man die Frage zu klären, was überhaupt dazu führt, daß Erwartungen auf das erwartete Handeln zurückgelenkt werden. Das soziologische Problem läge zunächst in den Bedingungen, unter denen ein soziales System sich zum Entscheiden erpreßt, statt sich nur von Handlung zu Handlung zu reproduzieren. In den Zusammenhang dieser Fragestellung müßten dann Erwartungsaggregate wie Normen, Rollen

27 Theoretisch fruchtbar, nämlich limitierend, ist dies natürlich nur, wenn man Ausschließlichkeit akzeptiert in dem Sinne, daß ein soziales System *nur aus Handlungen* (und z.B. nicht außerdem noch aus Beziehungen, Symbolen, Rollen, Individuen) besteht und daß eine Struktur *nur aus Erwartungen* (und nicht außerdem noch aus Häufigkeiten etc.) besteht.

28 Das heißt auch, daß der unit act zwar vollzogen werden kann, aber (im Unterschied zum bloßen Verhalten) nicht direkt wahrgenommen, sondern nur erschlossen werden kann. Vgl. hierzu Charles K. Warringer, The Emergence of Society, Homewood, Ill. 1970, S. 6ff. Erst recht ist es dann natürlich illusorisch zu behaupten, Personen seien wahrnehmbar, nur Individuen könnten handeln etc.

oder Personen eingeführt werden mit der Absicht zu klären, ob sie Entscheidungslasten aufbürden und weshalb.

Ohne Absicht auf Vollständigkeit möchte ich drei verschiedene Variable unterscheiden, die dazu beitragen können, die Entscheidungslast zu erhöhen. In allen Fällen muß die Kommunikation der Erwartung als intervenierende Variable hinzutreten; und oft dient dann die Kontrolle der Kommunikation dazu, die Entscheidung in Grenzen zu halten und/oder die Zuspitzung auf Entscheidung und damit das Risiko einer unerwünschten Entscheidung zu vermeiden.

Das erste Beispiel ist: *soziale Reflexivität im Interaktionssystem*. Es wird erwartet, daß jeder Teilnehmer die Erwartungen der anderen beachtet (was nicht ohne weiteres heißen muß: ihnen zu entsprechen hat). Adam Smith hat das »sympathy«, Mead hat das »taking the role of the other« genannt. Über solche Erwartungserwartungen setzen die Teilnehmer sich selbst unter Entscheidungsdruck. Die Situation spitzt sich für sie zu. Im Bewußtsein der europäischen Oberschichten hat sich diese Art sozialer Reflexivität spätestens im 17. Jahrhundert als Normfall und als Ausgangspunkt für die Normierung guten Benehmens durchgesetzt.[29] Zugleich zeigt die entsprechende Literatur, daß dann auch die Kommunikation von Erwartungen reguliert werden muß. Takt wird zum Gebot, Konfliktvermeidung zur Regel geselliger Konversation, Schweigen muß man können; man muß dem anderen, und auch das durch soziale Reflexivität, es ersparen, sich mit Erwartungen konfrontiert zu sehen, die ihn vor die Frage der Entscheidung für oder gegen die Befolgung stellen, und dies unter den Augen des Erwartenden selbst. Im allgemeinen stellt die Literatur, die soziale Reflexivität fordert, daher auf das Privatkalkül der Beteiligten ab. Die psychische Informationsverarbeitung, die Selbstdisposition über das eigene Verhalten wird anvisiert, und nicht die Kommunikation. Es geht um Moral, und die Moral der Moral ist: durch Antezipation dem anderen die Last und das Risiko der Entscheidung und dem sozialen System die offene Ablehnung und damit den Konflikt zu ersparen.

29 Vgl. Niklas Luhmann, Interaktion in Oberschichten: Zur Transformation ihrer Semantik im 17. und 18. Jahrhundert, in ders., Gesellschaftsstruktur und Semantik, Bd. 1, Frankfurt 1980, S. 72-161.

Eine zweite, sich mit sozialer Reflexivität stark überschneidende Variable ist die *Normierung von Verhaltenserwartungen.* Sie forciert die Erwartung. Sie macht kenntlich, daß der Erwartende auch im Enttäuschungsfalle zu seiner Erwartung steht, und das macht es nötig, daß er seine Erwartung zur Vorwarnung auch kommuniziert. In der Normativität des Erwartens ist die Kommunikation mit normiert und damit auch der entsprechende Entscheidungsdruck eingebaut. Das Ventil liegt hier darin, daß nur wichtige und nur unterstützungsfähige Erwartungen für Normierung ausgewählt werden, so daß einigermaßen sicher ist, daß derjenige, der sich gegen die Befolgung entscheidet, sich ins Unrecht setzt.

Bemerkenswert ist in diesem Zusammenhang die japanische Institution des »Giri«.[30] Auch sie scheint aus Konfliktvermeidungsbemühungen der Oberschicht entstanden zu sein. Giri fordert unter anderem, daß Erwartungen erfüllt werden, bevor sie geäußert werden. Damit vermeidet man eine Zuspitzung von Entscheidungssituationen durch Vermeidung der Kommunikation von Erwartungen – wohl in der Annahme, daß eine solche Kommunikation viel zu gefährlich wäre und überdies den Eindruck einer unfreiwilligen Erfüllung der Erwartung erwecken würde (selbst dann, wenn man der Erwartung freiwillig und aus Überzeugung nachkommt). Giri vermeidet, anders gesagt, die Differenzierung von sozialer Reflexivität und explizit normativem Erwartungsstil, von Geselligkeit und Recht, die für die in Europa entwickelte Gesellschaftsordnung typisch ist. Man kann nur vermuten, daß dies unter modernen Bedingungen zu einer erheblichen Divergenz von kommunizierten und nichtkommunizierten Erwartungen und zu latenten sozialen Spannungen führt.

Als dritte Variable, die Entscheidungslagen produziert, wäre die *formale Organisation sozialer Systeme* zu nennen. Wir hatten dies Thema unter dem Titel Bürokratie bereits aufgegriffen und können uns hier daher kurz fassen. Formale Organisation bringt

30 Vgl. Shiro Ishii, Pre-Modern Law and the Tokugawa Political Structure, The East 10 (1974), S. 20-27; Kei Rokumoto, Legal Behaviour of the Japanese and the Underlying Notion of Social Norms, in: The Islamic World and Japan (ed. The Japan Foundation), Tokyo 1981, S. 204 bis 229 (214ff.).

zum Ausdruck, daß man nur aufgrund einer Entscheidung Mitglied des Systems ist und daß auch das Verhalten in der Organisation, soweit es formal reguliert ist, als Entscheiden behandelt werden kann.[31] Hier wird die Erwartung sozusagen miteinkalkuliert, daß sie zur Entscheidung führt. Das Entscheiden selbst wird reflexiv. Erwartungen werden zu Entscheidungsprämissen und in diesem Sinne zu Entscheidungen über Entscheidungen. Natürlich kann es nicht gelingen, das Gesamtverhalten der Mitglieder »im Dienst« in die Form des Entscheidens zu bringen. Es kann sich nur um ausgewählte Aspekte handeln, aber dafür werden eben jene Erwartungen ausgewählt, die für das System und seine Umwelt wichtig sind. Die Organisation gibt sich selbst damit das Recht, davon auszugehen, daß in diesem formal organisierten Bereich alles Verhalten Entscheiden ist und gegebenenfalls gerechtfertigt werden muß.

Das hat Konsequenzen, die weit über den formal organisierten Entscheidungsbereich hinausführen. Zum Beispiel stellen die Mitglieder sich vorsorglich (und dies quasi routinemäßig) auf die Möglichkeit ein, daß ihr Verhalten als Entscheiden behandelt werden kann. Die Präzedenzwirkung allen Verhaltens findet durchgehend Beachtung und zwingt ihrerseits zum Entscheiden. Das Nichtbeachten von Regeln, der eingefahrene Schlendrian, das Zu-spät-Kommen und Zu-früh-Gehen baut Erwartungen auf, daß dies normal sei, und eine Korrektur erfordert daher eine Entscheidung – eine Entscheidung zurück zu dem, was längst entschieden worden war.[32] Viele typische, formale und informale Eigenheiten des Verhaltens in Bürokratien dürften zu erklären sein als Anpassung des Verhaltens an Entscheidungsdruck und als Suche nach gefahrlosen, sicheren, wenig anforderungs-

31 Vgl. Niklas Luhmann, Funktionen und Folgen formaler Organisation, Berlin 1964; ders., Organisation und Entscheidung, in: Soziologische Aufklärung, Bd. 3, Opladen 1981, S. 335-389.

32 Daß dies schwierig ist und im allgemeinen einen Wechsel in der Leitung des Systems erfordert, ist bekannt. Sehr unrealistisch ist insofern die Ansicht, im »organizational slack« verfüge das System über Leistungsreserven, die es notfalls reaktivieren könne. Schon die Tatsache, daß dies nur durch Entscheidung geschehen kann, wirkt als Sperre, die vieles verhindert. Vgl. hierzu Richard M. Cyert/James G. March, A Behavioral Theory of the Firm, Englewood Cliffs, N. J. 1963, S. 53ff.

reichen Verhaltensweisen, die notfalls als begründbare Entscheidung dargestellt werden können.

VII.

Nimmt man diese (und vielleicht noch andere) Variablen als Auslöser von Entscheidungsdruck, dann wird einsichtig, daß in der modernen Gesellschaft mehr Entscheiden verlangt wird als in älteren Gesellschaftsformationen (obwohl natürlich der Zusammenhang von Erwartung und Entscheidung auch für diese Gesellschaften gilt). Dies mag mit dazu beitragen, daß sich in unserer Gesellschaft unvermeidlich ein Kontingenzbewußtsein, eine Präferenz für Neues, eine Suche nach Alternativen reproduziert. Würde man einen anderen, einen an Rationalität oder an Rationalitätsansprüchen orientierten Entscheidungsbegriff zugrunde legen, käme man zu dem Schluß, die moderne Gesellschaft sei, vor allem in ihren bürokratisierten Bereichen und im Recht, durch eine spezifische Rationalität ausgezeichnet. Man käme dann zu dem Urteil, daß diese Rationalität nicht ganz das sei, was wir Menschen uns wünschen: Rationalität als Schicksal und vielleicht als Ruin. So bekanntlich Max Weber und in einem weiteren Sinne die »bürgerliche« Gesellschaftstheorie, die seit ihren Anfängen dazu geneigt hat, ein Gegenkonto für die Kosten des Fortschritts zu führen.

Legt man den hier vorgeschlagenen Entscheidungsbegriff zugrunde, kommt man zu völlig anderen Resultaten. Man gewinnt dann den Eindruck: in der modernen Gesellschaft entstehe über bestimmte Formen der Kanalisierung und Kommunikation von Erwartungen ein Entscheidungsdruck, ohne daß diese auslösenden Bedingungen irgendwelche Rationalitätschancen mitgäben. Es komme zu erhöhten Entscheidungslasten ohne Rationalitätsvorsorge. Die neuere Semantik der Rationalität trägt dem Rechnung, indem sie mit weitgehend fiktiven Ausgangsannahmen arbeitet, indem sie sich an Differenzschemata wie rational/irrational orientiert, indem sie Rationalitätsschäden in Rechnung stellt, indem sie auf »bounded rationality« zurückgenommen wird, und vor allem: indem sie Zweifel an sich selbst mitlaufen läßt. Solche Vorstellungen werden besonders in den Wirtschaftswissenschaften als »Theorie« des Entscheidens behandelt. Für die Soziologie gehören sie zu ihrem Gegenstand Gesellschaft, sind sie ein Moment von Prozessen der Selbstbeschreibung und Reflexion im Sozialsystem Gesellschaft. Und der Verdacht liegt dann nahe, daß die Semantik der Rationalität wie ein Singen und Pfeifen im Dunkeln praktiziert wird, um Unsicherheit und Angst zu vertreiben.

Weder der gesellschaftstheoretische Rahmen noch eine hierzu passende Theorie der Rationalität können hier weiter ausgearbeitet werden.[33] Für den engeren Bereich der Entscheidungstheorie stellt sich vor allem die Frage, mit welchen Verhaltensweisen soziale Systeme darauf reagieren, daß mehr und mehr Handlungen in die Form von Entscheidungen gebracht werden müssen, ohne daß hinreichende Evidenz die beste Entscheidung auszeichnet. Es handelt sich nicht nur um Probleme des Risikos und der Unsicherheit; denn es handelt sich nicht nur darum, daß Bedingungen einer rationalen Entscheidung, etwa die Gesamtheit der Alternativen oder alle Folgen der Durchführung einer bestimmten Wahl unbekannt bzw. unsicher sind. Das Problem liegt also nicht nur in den klassischen Entscheidungsschwierigkeiten oder in den Rationalitätsdefiziten. In einem sehr viel radikaleren Sinne geht es um ein Überleben unter Entscheidungsdruck, um die Darstellbarkeit des Verhaltens als vertretbare Entscheidung in späteren Situationen, um die Auswahl von Entscheidungen, die im Hinblick auf anschließende Entscheidungsnotwendigkeiten günstig liegen.

Die immer sicherste Linie liegt natürlich in der *Konformität*. Auch eingesehener Unsinn wird mitgemacht, da man anderen-

33 Es sei aber angemerkt, daß sich sowohl für die Gesellschaftstheorie als auch für die Organisationstheorie von hier aus eine Option für einen evolutionstheoretischen Ansatz ergibt. Für Organisationen siehe z.B. Michael Hannan/John Freeman, The Population Ecology of Organizations, American Journal of Sociology 82 (1977), S. 929-964; Karl E. Weick, The Social Psychology of Organizing, 2. Aufl. Reading, Mass. 1979; Howard Aldrich, Organizations and Environments, Englewood Cliffs, N. J. 1979; Bill McKelvey/ Howard Aldrich, Populations, Natural Selection, and Applied Organizational Science, Administrative Science Quarterly 28 (1983), S. 101-108.

falls als Entscheider auffallen würde.[34] Eine andere Strategie könnte als *Zurechnungsverschiebung* bezeichnet werden: Man weicht ab, wenn man die Entscheidung und die Verantworung für ihre Folgen extern zurechnen kann.[35] Eine dritte Möglichkeit liegt in der *Selektion von Konflikten*: Man legt Wert darauf, sich gegen bestimmte Erwartungen zu entscheiden, weil man aus dem Konflikt Nutzen ziehen oder Prestige gewinnen kann; ja man definiert geradezu bestimmte Erwartungen als Druck, als Pression, als Repression, um für die Entscheidung dagegen besondere Qualität zu gewinnen.

Alle drei Strategien, die der Konformität, die der Zurechnungsverschiebung und die der Konfliktselektion setzen voraus, daß es Erwartungen gibt, die zur Entscheidung provozieren. Gibt es diese Erwartungen nicht oder muß der Entscheider sie selbst erfinden, dann ist das Entscheidungsverhalten in Gefahr, pathologisch zu werden. Es orientiert sich an fingierten Erwartungen, es sammelt Informationen und Rechtfertigungen mit Hilfe von Differenzen, die es in seinem sozialen Raum gar nicht gibt oder die niemand sonst so sieht. Das mag häufiger der Fall sein, als man denkt; und es liegt nicht ganz fern zu vermuten, daß sich derartige Pathologien gerade in den Rationalitätsfreiräumen ansiedeln, in denen die Entscheidung selbst nicht prognostiziert wird, da hier die strukturgebenden Erwartungen ohnehin hinzugefügt werden müssen.

Alte Beschreibungen solchen Verhaltens hatten die Titel »Enthusiasmus« oder »Fanatismus« benutzt.[36] Die politischen Ge-

34 So für den Bereich der Mode Jean Baptiste Morvan de Bellegarde, Reflexions sur le ridicule et les moyens de l'éviter, 4. Aufl., Amsterdam 1699, S. 125: »Les personnes sages doivent s'assujetir au caprice de la mode. Il y auroit de l'affectation à ne pas faire ce que tout le monde fait; ce seroit un air de singularité pour se faire regarder.«

35 Ein Sonderfall dieser externen Zurechnung ist die Zurechnung auf den Erwartenden selbst: Hätte er diese Situation vorausgesehen, hätte er seine Erwartung anders formuliert - ein beliebtes Argument des Richters gegenüber dem Gesetzgeber.

36 Vgl. Anthony, Earl of Shaftesbury, A Letter concerning Enthusiasm (1704), zit. nach ders., Characteristicks of Men, Manners, Opinions, Times, o.O., 1714, Nachdruck Farnborough, Engl. 1968, Bd. 1, S. 1 bis 55; Simon-Nicolas-Henri Linguet, Le Fanatisme des philosophes, London-Abbeville 1764.

fahren eines nur wertgerichteten und dadurch überzogenen Rationalismus waren längst vor der Französischen Revolution bekannt. Seit der Französischen Revolution werden Warnungen davor als »konservativ« klassifiziert, aber das ist, wie leicht einzusehen, wiederum nur eine Symbolisierung, die es ermöglichen soll, sich gegen die Erwartungen zu entscheiden, die in diesen Bedenken Ausdruck finden. Die ideologisch-politische Bezeichnung präpariert das Terrain für eine Konfliktselektion, die es ermöglicht, sich gegen die Erwartung zu entscheiden, daß man aus der Geschichte des wertgerichteten Rationalismus lernen solle. Diese Geschichte ist ja auch ihrerseits nur ein zu Erwartungen geronnenes, kondensiertes Artefakt. Wer sagt, daß man gerade diese »Lehren« befolgen solle? Wenn das erwartet wird, gewinnt man eben daraus die Freiheit, sich gegen sie zu entscheiden oder es trotzdem zu versuchen. Der politische Code »konservativ/progressiv« ist, mit anderen Worten, ein Schema der Konfliktselektion und damit ein Entscheidungsschema der politischen Wahl, in dem keine Erwartung mehr zwingt, da jede als ablehnbar vorgeführt wird. Es ist ein Schema politischer Freiheit – was nicht heißt, daß man die Folgen kontrollieren könnte, die es hat, wenn die Politik sich an diesem Schema orientiert.

Ein erwartungsbezogener Entscheidungsbegriff stellt mithin nicht nur andere Fragen an die Organisationstheorie. Er ist auch für die Gesellschaftstheorie relevant und zwingt dazu, sich zu überlegen, ob und in welchem Sinne man die moderne Gesellschaft weiterhin durch eine spezifische Form von Rationalität kennzeichnen kann. Man mag auf Bürokratie und auf Technik, auf Wissenschaft und auf Wirtschaft, auf Verfahren der Organisation und der Kalkulation verweisen, aber all dies könnte nichts weiter sein als eine Anzahl von Symptomen für eine laufende Selbstüberforderung der modernen Gesellschaft. Denn wo ließe sich Rationalität überhaupt suchen und festmachen, wenn Erwartungen, und zwar: wie immer gut begründete Erwartungen, zunächst nur den Effekt haben, bedenkenloses Handeln in bedenkliches Entscheiden zu transformieren?

Treibt ein solches Geschehen nicht Analyse und Motivation immer weiter auseinander, so daß jede Suche nach verfeinerter, komplex bedingter Rationalität demotivierend wirken muß? Wird nicht die Komplexität der Entscheidungslagen dadurch so

sehr gesteigert, daß schließlich jede Selektion einschließlich der der Zwecke, Werte und Präferenzen, als kontingent erscheinen muß? Wird dann nicht jede Entscheidung von ideologischen Voraussetzungen abhängig? Und muß dann nicht das Denken prinzipiell von Einheit auf Differenz umgestellt werden – etwa im Sinne von Derrida?
Es ist nicht die Absicht des hier skizzierten Theorievorschlags, solche Fragen zu beantworten. Es wäre schon viel erreicht, wenn es gelänge, sie als Fragen in einem systematischen Kontext auszuarbeiten.

Kapitel 9
Medium und Organisation

I.

Die Funktionssysteme der modernen Gesellschaft haben neben vielen anderen Merkmalen auch ein negatives gemeinsam: Sie können sich nicht auf gesamtgesellschaftliche Vorgaben für ihren Erfolg verlassen, sondern müssen selbst dafür sorgen. Funktionale Spezifikation heißt, daß dem System Rücksichten auf andere Funktionen nicht mehr zugemutet, entsprechende Stützen in multifunktionalen Einrichtungen wie Geburtsrang oder Moral aber auch entzogen werden. Die Operationen des Systems orientieren sich statt dessen an der Differenz von System und Umwelt, sie reproduzieren sich autopoietisch im System selbst und benutzen Referenzen auf Umwelt nur nach Maßgabe ihrer eigenen Codes und Programme. Wie ist dann aber sichergestellt, daß diese Operationen als Kommunikation überhaupt funktionieren, daß sie im Regelfall angenommen und als Prämisse weiteren Operationen zugrunde gelegt werden? Spezialisierung ist immer ein Motivrisiko. Eine Gesellschaft kann sich daher funktionale Differenzierung nur in dem Maße leisten, als Einrichtungen zur Verfügung stehen, die dieses Motivrisiko abfangen. Warum soll man gerade das Verlangte tun, gerade den angebotenen Sinn akzeptieren und nichts anderes? Die Welt ist groß und weit. Also: Warum so und nicht anders?

Die klassischen Organisationstheorien halten für das damit angeschnittene Problem zwei Antworten bereit: Auf der Ebene der Steuerung heißt das Rezept *Hierarchie*, auf der Ebene der Motivation heißt es *selektive Vorteile der Mitgliedschaft*. Diese Antworten sind gut kombinierbar: nur Organisationen, die Mitgliedschaft unter vorteilhaften Bedingungen anbieten können (und das kann heißen: am Markt überleben), können sich eine Hierarchie leisten.[1] Und nur wer sich eine Hierarchie leisten kann, kann es vermeiden, alle Operationen den Umständlichkei-

1 Der locus classicus für diese Einsicht ist immer wieder: Chester I. Barnard, The Functions of the Executive, Cambridge, Mass. 1938.

ten und den Risiken eines preisorientierten Marktgeschehens zu unterwerfen.[2] Gerade für eine auf Organisationen des Wirtschaftssystems bezogene Analyse ist diese Theorie ein guter Ausgangspunkt. Es geht im folgenden nicht darum, sie zu kritisieren oder gar zu widerlegen. Es geht nur darum, sie mit Hilfe einer allgemeiner angesetzten Unterscheidung besser zu fundieren, um dann mehr Einsichten abzweigen zu können – insbesondere im Interesse der Frage, weshalb überhaupt die funktionale Differenzierung zu starker Organisationsabhängigkeit der Funktionssysteme führt.

Wir unterscheiden zu diesem Zwecke *Medium* und *Form*. Die Unterscheidung betrifft die Art, wie Elemente kombiniert werden (also auch die Art, wie Komplexität entfaltet und organisiert wird). Ein Medium kann Formen aufnehmen, eine Form kann sich in ein Medium einprägen. Das Medium ist durch eine relativ lose Kopplung von Elementen charakterisiert, die Form dagegen stellt eine rigide und dadurch stärkere Kopplung her. Die Unterscheidung ist so abstrakt gewählt, daß sie zunächst davon absieht, welcher Art die Elemente sind und was sie zur Annahme von Form befähigt. Es kann Wasser sein, das zu Wellen geformt wird, oder Sprache, die zu Sätzen geformt wird, oder Aufmerksamkeit, die sich durch Auffallendes faszinieren läßt. Immer ist aber eine Unterscheidung gemeint. Das heißt, ein Medium ist nur Medium im Hinblick auf Form (also nicht als die pure Zerstreutheit der Elemente). Es hält Formbarkeit bereit. Und ebenso ist eine Form immer Form in einem Medium, also an ihr selbst sichtbare Selektion. Das heißt auch, daß, wenn es um Wirkungen geht, immer an ein Zusammenwirken von Medium und Form zu denken ist.

Diese Unterscheidung ermöglicht es uns zunächst, die Konzepte, mit denen die vorgestellte Organisationstheorie gearbeitet ist, aufzulösen. Zum Beispiel: Wenn Hierarchie Form ist, was ist das Medium? Oder: Wenn Motivation als formbares Medium zu sehen ist, was sind die lose gekoppelten Elemente, die sich durch rigidere Mitgliedschaftsregeln formen lassen? Oder wenn Geld ein Medium ist, das eine Fülle verschiedenartiger Formungen

2 Siehe hierfür Oliver E. Williamson, Markets and Hierarchies: Analysis and Antitrust Implications, New York 1975.

aufnehmen kann: was sind dann die dazu (aber vielleicht nicht zu Motivation?) passenden Formen?[3] Außerdem wird man durch die Unterscheidung von Medium und Form auf die Frage gebracht, was denn jeweils diese Differenz ermöglicht, oder anders: aufgrund welcher Formung eines welchen Mediums sie entstanden ist. Und mit dieser Frage hoffen wir, zur Klärung von gesellschaftstheoretischen Prämissen von Organisation beitragen zu können.

Zuvor muß aber festgehalten werden, daß diese Verteilung des Problems auf Medien und Organisationen einen Spielraum für sehr unterschiedliche Kombinationen offenhält. Das beginnt damit, daß keineswegs alle Funktionssysteme ein eigenes symbolisch generalisiertes Kommunikationsmedium ausgebildet haben. So gibt es kein Medium für Erziehung und auch kein Medium für Krankenbehandlung, denn das sind Fälle, in denen der Erfolg nicht allein im Gelingen von Kommunikation, sondern in der Veränderung der Umwelt besteht. Auch das Recht hat kein eigenes Medium, sondern ist »letztlich« auf politisch zentrierte Macht angewiesen. Ob man im Falle von Religion von einem Medium sprechen kann, ob etwa »Glauben« ein symbolisch generalisiertes Kommunikationsmedium ist, mag man bezweifeln.[4] In all diesen Fällen wird dann von Organisation viel verlangt, und es ist kein Zufall, daß sich in genau diesen Funktionssystemen Professionen finden, die Überzeugungsarbeit leisten müssen und dafür in der professionstypischen Weise ausgerüstet sind: durch Prestige, Ausbildung, institutionalisierte Kollegialität usw. Wir lassen diese Fälle im folgenden beiseite, weil sie nicht typisch sind für das Problem, das im Zentrum dieser Untersuchung stehen soll: für die Frage, wie symbolisch generalisierte Medien und Organisationen miteinander zurechtkommen, aufeinander eingespielt sind, einander ergänzen und eventuell belasten.

3 Speziell hierzu Kapitel 7.

4 Speziell hierzu Niklas Luhmann, Funktion der Religion, Frankfurt 1977, insb. S. 121 ff. und passim.

II.

Reduziert man das Medium auf sein eigentliches Substrat, auf seine conditio sine qua non, so besteht es aus entkoppelten, voneinander unabhängigen Ereignissen. Das gilt auch für symbolisch generalisierte Kommunikationsmedien. Geld zum Beispiel besteht aus Zahlungen; die Liebe zum Beispiel aus einer Art traumhafter Unbestimmtheit, in der die Ereignisse sich noch fast beliebig verbinden können; die Macht zum Beispiel aus durch Zwang gedeckten Anforderungen, die von Fall zu Fall voneinander unabhängig sind und so weit reichen, wie Erzwingungsmöglichkeiten reichen. Auch für Wahrnehmungsmedien wie Licht und Luft läßt sich Entsprechendes feststellen.[5] Nur die Außenabgrenzung muß eindeutig sein, damit Medien auch gegeneinander differenziert und für verschiedene Funktionen eingesetzt werden können; intern bleiben die Medien eine möglichst relationsfrei gehaltene Menge von Ereignissen: je geringer die Interdependenzen, desto besser. So hängt eine Zahlung nicht davon ab, wie das Geld erworben ist und wofür es weiterhin verwendet wird, und auch der quantitative Umfang, in dem, abhängig vom Preise, Zahlungen geleistet werden, kann für jede weitere Zahlung jeweils neu festgelegt werden: die Quanten werden durch Zahlung bestimmt und durch Zahlung wieder aufgelöst, indem das eingehende Geld in der Menge des Geldvorrats verschwindet.

Zusätzlich zu dieser Entkopplung der Einzelereignisse müssen Anforderungen an Größe, also an die Menge der Ereignisse erfüllt werden. Ereignisse, die ein Medium bilden, müssen massenhaft zur Verfügung stehen. Sonst lohnt es sich nicht, das Medium zu unterhalten.[6] Das Medium bietet also zunächst einmal ein Selektionspotential, das nur bei einem riesigen Überschuß an kombinatorischen Möglichkeiten und bei hinreichend häufigem Anfall von Gelegenheiten genutzt werden kann.

5 Vgl. hierzu Fritz Heider, Ding und Medium, Symposium 1 (1926), S. 109-157; engl. Übers. in: Psychological Issues 1,3 (1959), S. 1-34.

6 Evolutionstheoretisch gesehen ist dies natürlich ein zirkuläres Argument: Erst wenn das Medium, z. B. Geld, in hinreichender Menge zur Verfügung steht, können sich Märkte, Haushalte, Organisationen bilden, die darauf eingestellt sind, es zu nutzen; und erst dann lohnt sich die Unterhaltung des Mediums.

Die Nutzung des Mediums erfolgt über rigidere Strukturen, die die entkoppelten Ereignisse verknüpfen und sich dadurch dem Medium einprägen können. *Heider*[7] spricht deshalb von »Außenbedingtheit« (im Unterschied zu »Innenbedingtheit«) der Form, um die Angewiesenheit des Mediums auf externe Koordination zu bezeichnen. Der Vorgang erinnert an alte Vorstellungen über das Verhältnis von Materie und Form. Das Medium wartet auf Anweisung, das Geld wartet auf Ideen, wie es ausgegeben werden könnte; aber diese Anweisungen können vom Medium nur registriert werden, wenn sie spezifisch auf das Medium bezogen sind und wenn sie sich eignen, die Möglichkeiten des Mediums zu binden. Es muß vor jeder Zahlung festgelegt werden, um welche Summe es sich handeln soll, und es muß ein Konto bereitstehen, auf dem genau diese Summe abgebucht wird und nachher fehlt. Geeignete Ereignisse hinterlassen dann Spuren im Medium, weil sie über eine rigidere, nicht so leicht deformierbare Struktur verfügen, zum Beispiel einem Bedürfnis gehorchen. Das rigidere Substrat setzt sich gegenüber dem weicheren, das strikter gekoppelte gegenüber dem lockerer gekoppelten durch. Das ist ein sehr einfaches Gesetz, das in sich selbst keine Garantie für Rationalität enthält. Was dabei herauskommt, unterliegt der Evolution.

Es ist, mit anderen Worten, die Nutzung des Mediums durch rigidere Strukturen, die festschreibt, daß es auf die Differenz von Auflöse- und Rekombinationsvermögen überhaupt ankommt. Erst als diese Differenz wird das Medium etabliert. Es besteht also nicht einfach aus Indifferenz und Beliebigkeit, und Geld findet sich immer als schon investiertes oder als am Markt an Preisen orientiertes Vermögen vor. Aber auch die Investition, auch die Zahlungsentscheidung bewahrt die Beliebigkeit der Ereigniskopplung durch das Medium insofern, als erkennbar bleibt, daß sie auch anders möglich wäre.

Die oft kommentierte und oft kritisierte Prominenz des Geldes in Gesellschaften, die dieses Medium überhaupt entwickelt haben, läßt sich mit Hilfe dieser Begrifflichkeit fassen[8], und auf dieser Grundlage kann man dann auch zeigen, daß und wie Or-

7 A. a. O., S. 116.

8 Dasselbe gilt im übrigen auf fundamentaleren Ebenen des Ordnungsaufbaus, auch für Sprache. Zumindest insoweit verdient die seit

ganisation nur geldabhängig funktionieren kann und daß auf diesem indirekten Wege alle Funktionssysteme, soweit sie Organisationen benutzen, in Geldabhängigkeit geraten. Wer Organisation braucht, braucht Geld.

Daß und wie Organisation ihr Medium in Form bringt, läßt sich vor allem an der zeitlichen Entkopplung von Zahlungsereignissen ablesen. Weder die Organisation noch ein sonstiger, an der Wirtschaft teilnehmender Beobachter ist gehalten, das Geld im Zeitlauf, im Nacheinander seiner Verwendungen, in der Zirkulation zu identifizieren. Die Lohnzahlung braucht nicht mit dem Zigarettenkauf, nicht mit dem Einkommen des Zigarettenautomatenaufstellers, nicht mit dem Haushaltsgeld, das dieser seiner Frau zahlt, usw. identifiziert zu werden. Das Geld unterbindet solche kettenförmige Identifikation *und lenkt dadurch die Aufmerksamkeit in eine andere Richtung*. Den Vorteil sieht man, wenn man dies mit Wirtschaften vergleicht, die Zeit über Gabe und Dankbarkeit inkarnieren und an etwa notwendigen Asymmetrien nur kettenförmig festhalten können. An diese Funktionsstelle tritt in der Geldwirtschaft die Kapitalbildung, die dann die Bedingung übernehmen muß, Kapital wirtschaftlich einzusetzen, das heißt so, daß die Zahlungsfähigkeit trotz laufender Geldausgabe regeneriert wird. »The great affair, we always find, is to get money.«[9]

Auf diese Weise wird ein eigener, organisationsspezifischer Zeithorizont konstituiert. Man blickt nicht dem ausgegebenen Geld hinterher, man blickt in die eigene Bilanz oder in das eigene Budget und vergegenwärtigt sich die Zukunftsaussichten des eigenen Systems anhand von Einnahmen und Ausgaben. Die Entlastung von Beobachtungen der Geldverwendungssequenz (was daraufhin ideologisch als »Freiheit« gerühmt werden kann) ermöglicht eine Konzentration des Beobachtens in Richtung auf organisierte Kapitalverwendung; und nur so können dann Märkte gebildet werden, auf denen Teilnehmer anhand von Preisen sogar

der Romantik immer wieder behandelte (und immer wieder abgelehnte) Affinität von Sprache und Geld Beachtung.

9 Adam Smith, An Inquiry into the Nature and Causes of the Wealth of Nations, zit. nach Works and Correspondences (Glasgow Ed.) Bd. 2, Oxford 1976, S. 429.

die Beobachtungen anderer beobachten und sogar die Kalküle anderer kalkulieren können.[10]

Die Unterscheidung von Medium und Organisation (oder abstrakter: von Medium und Form) darf nicht im Sinne von konkret unterschiedlichen Beständen aufgefaßt werden. Lose Kopplung und strenge Kopplung überlagern sich am selben Tatbestand. Auch investiertes Geld bleibt Geld, wenngleich unter erschwerten Bedingungen der Wiederverwendung als Geld. Und auch für das Geld, das man liquide halten möchte, stehen heute hochdifferenzierte Anlagemöglichkeiten, also Formen zur Verfügung. Die Unterscheidung von Medium und Organisation korrespondiert in dieser Hinsicht mit der Unterscheidung von Gesellschaft bzw. gesellschaftlichem Funktionssystem Wirtschaft auf der einen Seite und Organisation auf der anderen. So wenig wie die Gesellschaft nur Umwelt der Wirtschaft ist, so wenig ist die Wirtschaft nur Umwelt der in ihr tätigen Organisationen. (Wenn sie als eine solche Umwelt aufgefaßt wird, nennen wir sie »Markt«.)[11] Alles Handeln in Organisationen ist zugleich Handeln im Wirtschaftssystem und, als solches, Handeln im Gesellschaftssystem. Wirtschaft und Gesellschaft sind für die Organisationen Zusammenhänge, die das Organisationssystem und dessen Umwelt übergreifen. Und eben dies kann, in anderer Terminologie, auch dadurch zum Ausdruck gebracht werden, daß man das Medium Geld (als Vermittlung der Einheit des Wirtschaftssystems) und die Form Organisation *unterscheidet*.

III.

Die Einführung von Geld setzt voraus, daß es rigidere Komplexe gibt, die sich dem Geld einprägen, die sich im Geld registrieren lassen. Dies können zunächst wirtschaftsextern gegebene Sachverhalte sein, etwa natürliche oder politische Bedarfslagen, die direkt oder auch über den Markt zum Zugriff auf knappe Güter motivieren: Nahrung, Kleidung, Wohnung, Unterhaltung von Palästen und Festungen, Armeen oder Verwaltungsstäben. Von

10 Hierzu eingehend Dirk Baecker, Information und Risiko in der Marktwirtschaft, Frankfurt 1988.

11 Dazu oben Kapitel 3.

der Wirtschaft aus gesehen handelt es sich dabei um Konsum, mit dem man mehr oder weniger rechnen kann. Wenn dies der Fall ist, kann man daraufhin Produktion planen. Es können schließlich Organisationen gebildet werden, die ihrerseits auf dem Medium Geld beruhen, indem sie die Chance nutzen, festzulegen, was und wofür es gezahlt werden soll, und sich selbst durch ein Kalkül die Zahlungsfähigkeit erhalten. Und schließlich kann es dann auch »unwirtschaftliche« Organisationen geben, die Geld nur verwenden, um Motivation einzukaufen, dies aber nur können, wenn die Wirtschaft ständig Zahlungsunfähigkeit erzeugt, die dann durch Arbeit ausgeglichen werden muß.[12]

Ein Stahlwerk kann nur Stahl produzieren. Das investierte Kapital könnte anders verwendet werden. Das gilt mit der gleichen Unabdingbarkeit, die man schon bei Wahrnehmungsmedien beobachten kann: Eine Uhr kann nur ticken. Die Luft kann auch andere Geräusche übertragen, und wenn die Luft selbst ticken würde, könnte man die Uhr akustisch nicht mehr wahrnehmen. In diesem Sinne muß dann auch das Geld in hohem Maße destrukturiert zur Verfügung stehen, um eine Zurechnung (und eventuell: eine wirtschaftlich rational kalkulierte Zurechnung) auf eine bestimmte (und keine andere) Investition zu ermöglichen. Aber warum bedient man sich zur Bindung des Geldes der Organisation?

Über Organisation kann das Medium Geld durch ein weiteres Medium respezifiziert werden. Ein Teil der Zahlungsmittel wird eingesetzt, um Arbeitsbereitschaft und Weisungsunterworfenheit zu kaufen. Auf diese Weise kann ein hochkomplexes System von budgetierten »Stellen« gebildet werden, das seinerseits als Medium für sich selbst fungiert. Man kann die Operation der Stellen, die zunächst ein abstraktes und unbestimmtes, entkoppeltes und massenhaftes Operationspotential bereithalten, durch Entscheidungen eben dieser Stellen spezifizieren.[13] Die Stellen werden einander zugeordnet und in der Regel über Weisungskompetenzen hierarchisiert.[14] Sie werden durch Aufgaben (Programme) definiert, und sie werden mit Personen besetzt, von

12 Wie in Kapitel 4 näher dargelegt.

13 Vgl. Niklas Luhmann, Organisation, Ms. 1985.

14 Wir lassen hierbei ganz offen, ob es auch andere als hierarchische Zuordnungsmuster geben könnte, und wir lassen erst recht offen, in welchem

denen man nur eine durch ihre individuellen Eigenarten beschränkte Tätigkeit erwarten kann.

Auch innerhalb von Organisationen wiederholt sich mithin das Gesetz von Auflösung und Rekombination. Es entsteht wiederum ein Medium, das registriert, wie entkoppelte Elemente (hier: Entscheidungen bestimmter Stellen) durch rigidere Strukturen (hier: Zuordnungen, Programme, Personen) bestimmt werden. Allerdings unterscheidet sich dieses Stellenmedium der Organisation in wesentlichen Hinsichten vom gesellschaftlichen Medium des Geldes; und anders wäre es ja auch gar nicht möglich, daß die Organisation das Geld respezifiziert. Stellen lassen sich zwar im Prinzip als anders zugeordnet denken und entsprechend verlagern; sie lassen im Prinzip eine Änderung ihrer Programme zu, und sie lassen sich im Prinzip anders besetzen. Praktisch ist es jedoch schwierig, diese Änderungsmöglichkeiten in schon bestehenden Organisationen zu realisieren, und jedenfalls ist es ausgeschlossen, die Stellen (so wie das Geld) von jeder Bestimmung frei zu machen, denn das hieße: Auflösung und Neugründung der Organisation. Jede Änderung setzt deshalb das Konstanthalten einiger Stellenmerkmale und die Variation anderer voraus, so daß eine verhältnismäßig hohe Rigidität des organisierten Systems sich auch im Prozeß der Änderung, etwa beim Personalaustausch, durchhält.

In gewissen Hinsichten kann man Organisation auch als Transformation des Mediums Geld in das Medium Macht begreifen. In der Organisation gibt es Machtquellen der verschiedensten Art. So kann Macht dadurch geschaffen und konzentriert werden, daß es Stellen gibt, die (nach relativ unbestimmt bleibenden Kriterien) über Einstellung und Entlassung und vor allem über organisatorische Karrieren, über Beförderung, Versetzung, Wechsel des Arbeitsplatzes entscheiden können. Es wird zwar selten erlaubt, damit zu drohen, um ein bestimmtes Verhalten zu erreichen; aber die Vermutung, daß das eigene Verhalten (bis hin zum Kranksein) für solche Entscheidungen von Bedeutung sei, ist weit verbreitet. Ferner entsteht Macht auch direkt aus der Arbeitsteilung. In dem Maße, wie die Tätigkeiten in bestimmten

Umfange die Hierarchie die Verteilung von Macht im System repräsentiert.

Stellen von der Tätigkeit in anderen Stellen abhängen (und das gilt gerade auch in der hierarchischen Dimension von unten nach oben), entstehen mit Mitwirkungserfordernissen auch Mitwirkungsverweigerungsmöglichkeiten. Man denke etwa an die unmeßbare Macht des »Mitzeichnens« bzw. »Nichtmitzeichnens« oder an die Möglichkeit der aktenmäßigen Fixierung von Bedenken in Verwaltungsbürokratien, mit der Verantwortung verlagert bzw. zugespitzt werden kann. Auch hier ist die Macht kaum jemals in der offenen Kommunikation als Drohmacht einsetzbar, aber sie spielt eine Rolle in der Frage, wieweit man sich genötigt sieht, auf die Meinungen anderer Rücksicht zu nehmen. Organisation ist, von innen betrachtet, ein riesiges Netzwerk zur Kleinverteilung von Risiken und Verantwortungen, das sich in gewissem Umfange machttaktisch ausnutzen läßt.[15] Aber in welcher Stärke und Verteilung auch immer Macht in Organisationen anfällt: das primäre Medium der Organisation ist der Bestand ihrer budgetierten Stellen. Darin wächst sie, darin schrumpft sie, darin hängt sie von ihrem wirtschaftlichen Erfolg oder von der externen (zum Beispiel politischen) Geldzufuhr ab. Und nur nach Maßgabe der Verwendung dieses Mediums entsteht, als drittes Medium, wenn man so will, Macht.

Es könnte Geld auch ohne Organisation geben, und die Normaldarstellung des Geldes als Tauschmitel sieht denn auch nur tauschende Akteure vor – mit einer Begrifflichkeit, die Organisationen einschließt, sie aber wie Handelnde behandelt. Damit werden jedoch sehr wichtige Fragen ausgeblendet. Vor allem nivelliert der Begriff des Akteurs alle Unterschiede, sofern nur garantiert ist, daß Entscheidungen über Zahlungen bzw. Nichtzahlungen getroffen werden können. Die Fragestellung »Medium und Organisation« hat den Vorzug, demgegenüber differenzierbare Beobachtungs- und Beschreibungsmöglichkeiten anbieten zu können. Sie geht davon aus, daß in einer voll ausdifferenzierten Geldwirtschaft Geld und Organisation aufeinander angewie-

15 Das gleiche gilt natürlich auch für den Markt. Siehe hierzu, auf eine Überschätzung der autoritativen Koordination in Organisationen reagierend, Armen A. Alchian/Harold Demsetz, Production, Information Costs, and Economic Organization, American Economic Review 62 (1972), S. 777-795 (777); neu gedruckt in Armen A. Alchian, Economic Forces at Work, Indianapolis 1977, S. 73-110.

sen sind so wie Auflösung und Rekombination. Das rigider gekoppelte Substrat (Organisation) beherrscht das loser gekoppelte Substrat. Das Medium Geld läßt sich nur extern bestimmen; es ist nichts anderes als das Angebot dieser Möglichkeit. Andererseits kommt Geld nicht (oder nur in der Form einer sehr geringen Ausgleichsmenge, nämlich als liquide gehaltenes Geld) in dieser unbestimmten Form vor. Im Normalzustand ist es investiertes Geld, das heißt, in Sachanlagen, Zahlungsverpflichtungen, Arbeitsverträgen etc. programmatisch fixiertes Geld – oder wenn man will: organisiertes Geld. Das »Wie« der Geldverwendung ist immer schon entschieden bis auf einen relativ geringen Rest, der zur Abwicklung von Zahlungen frei bleibend benötigt wird.

In dem Maße, wie Organisationen den Kombinationsspielraum des Geldes nutzen und reduzieren, wird es deshalb wichtig, die Struktur dieser Rigidität genauer zu untersuchen; denn *daß* rigidere Strukturen sich im elastischen Medium einprägen und durchsetzen können, besagt unter gesamtwirtschaftlichen und erst recht unter gesellschaftlichen Aspekten noch nicht, *was dabei herauskommt*. Man müßte deshalb verschiedene Formen der Rigidisierung von Organisationen unterscheiden können, will man genauer ermitteln, was sich im Geld durchsetzt. Die Rigidität einer Organisation mag auf die geringere Elastizität des Stellen-Mediums zurückgehen, die wir oben angedeutet haben. Sie mag durch die Produktionstechnologie bedingt sein mit der Folge, daß die Preise sich nicht nach dem Markt, sondern nach den Produktionskosten richten und Firmen eher verschwinden bzw. stützbedürftig werden, als daß sie sich anpassen. Sie mag in der staatlichen Verwaltung dadurch bedingt sein, daß diese Organisation jeden politischen Impuls aufnehmen und normalisieren muß. Die Rigidität mag auf einer spezifisch bürokratischen Einschränkung der Freiheitsspielräume für Organisationsplanung beruhen. Sie kann auch durch spezifische Rationalitäten, etwa durch Kapitalrechnung, Abschreibungsfristen etc. ausgelöst werden, und nicht zuletzt spielt auch die Zeit selbst eine Rolle – etwa die Zeit, die man für Umschulung oder Neuausbildung des Personals oder für die Entwicklung neuer Technologien benötigen würde und die als Zeit Geld kostet. All dies mag sich im Verhältnis von Kleinorganisationen und Großorganisationen

unterschiedlich darstellen und sich mit der Verlagerung der Wirtschaftsbeteiligung von Kleinorganisationen auf Großorganisationen ändern. Weithin wird außerdem angenommen, daß Organisationen der politisch verantwortlichen Verwaltung, die ins Marktgeschehen eingreifen (sei es durch Auflagen, sei es durch Subventionen), sehr viel rigider strukturiert sind als marktabhängige Organisationen, oder jedenfalls nicht auf Marktsignale, sondern nur auf wirtschaftsexterne politische Signale reagieren.
Unter besonderen Bedingungen (und wohl selten ohne politische Abstützung) kann sich die Kontrolle von Organisationen über das Geldmedium bis zur Rigidisierung ganzer Märkte auswachsen. Die Preise werden dann durch Vereinbarung zwischen hochorganisierten Anbietern und Nachfragern festgelegt, und der Markt verliert seine Funktion als Ort der Regenerierung des Mediums. Das gilt heute, mit erheblichen internationalen Unterschieden im einzelnen, vor allem für den Arbeitsmarkt; aber auch für einzelne Produktmärkte, zum Beispiel für den Waffenmarkt. Da das Geld mehrere Märkte durchfließt und sie dadurch verknüpft, hat eine solche marktspezifische Inelastizität weittragende Folgen. Sie gibt fixierte Geldquanten in der Form von Kosten von einem Markt an andere weiter, ohne daß die Erfahrungen des die Kosten aufnehmenden und deckenden Marktes zurückwirken und die Kosten beeinflussen könnten. Es kommt dann zu einem Prozeß der Selektion von Organisationen, die unter diesen Umständen noch rentabel wirtschaften können, und vermutlich zu einer stärkeren Inanspruchnahme organisationsinterner Elastizitäten.

IV.

Man könnte meinen, daß eine Organisation, die dank der Menge ihrer »Stellen« sich selbst als Medium behandeln kann, über gute Möglichkeiten zur Selbständerung verfügt. Sie könnte, ließe sich denken, Medium und Form zugleich sein und Formen im Medium ändern.
Solche Erwartungen werden jedoch regelmäßig enttäuscht. Dies liegt vor allem daran, daß die Organisation ihre eigenen Strukturen nur mit Hilfe ihrer eigenen Operationen ändern kann. Struk-

turänderungen erfordern Entscheidungen. In dem Maße, wie solche Entscheidungen ihrerseits in Richtung auf Anforderungen der Rationalität oder in Richtung auf Anforderungen der Partizipation dekomponiert werden, schwindet die Aussicht, daß Motive für eine tatsächliche Durchführung der Entscheidungen beschafft und beisammengehalten werden können. Je weiter Rationalisierung und Politisierung (Demokratisierung) getrieben werden, desto sicherer wird, daß es unsicher ist, ob beim Entscheiden überhaupt etwas herauskommt.[16]

Normalerweise wird man also davon ausgehen müssen, daß Strukturänderungen davon abhängen, daß Medium und Form hinreichend differenziert werden können. Die Organisation kann sich ihrer Umwelt einprägen, wenn diese marktförmig als Medium gegeben ist. Sie kann ihrerseits durch rigidere Formen ihrer Umwelt, etwa durch Zugriff stärker gekoppelter Organisationen, als Medium behandelt werden, wenn ihre Stellenstruktur dafür ausreichende Möglichkeiten offenläßt, wenn ihre Entscheidungsmengen hinreichende Varietät und geringe Redundanzen aufweisen und wenn ihre Ideologie (organizational culture, corporate identity etc.) hinreichend schwach und inkonsistent geblieben ist. Dann ist sie eine änderbare, nicht aber eine änderungsfähige Organisation.[17]

Wenn es für normal zu halten ist, daß die Differenz von Medium und Form durch Systemgrenzen gesichert, also als System/Umwelt-Differenz institutionalisiert sein muß, dann lassen sich aber auch Möglichkeiten denken, diese Differenz in das Organisationssystem selbst einzuführen. So könnte man sich erklären, daß starke Führungspersönlichkeiten, die denken, daß sie wissen, was sie wollen, externe, nämlich psychische Rigiditäten in

16 Vgl. hierzu Nils Brunsson, The Irrational Organization: Irrationality as a Basis for Organizational Action and Change, Chichester 1985. Auch für Brunsson sind, wenngleich nicht in dieser begrifflichen Parallelstellung, Rationalisierung und Politisierung des Entscheidungsprozesses Tendenzen, die organisierter Handlungsfähigkeit entgegenwirken – es sei denn, daß in einer vom Entscheidungsprozeß her gesehen »irrationalen« Weise trotzdem für Ergebniserwartungen, Engagement und Motivation gesorgt werden kann.

17 Vgl. die Unterscheidung von changeability and changefulness bei Brunsson, a. a. O., S. 143ff.

das System einführen und die Organisation ohne Rücksicht auf deren hergebrachte Rigiditäten als Medium behandeln und neu formieren. Eine andere Möglichkeit wäre, intern zwischen Stab und Führung oder zwischen Politik und Verwaltung zu differenzieren unter der Voraussetzung, daß der Stab bzw. die Politik sich als Medium der Entkopplung von Möglichkeiten verstehen und registrieren, was die Führung bzw. die Administration dank ihrer größeren Rigidität durchzusetzen vermag.
Hier wie auch sonst ist leicht einzusehen, daß die Unterscheidung von Medium und Form sich querstellt zu den üblichen Vorstellungen über hierarchische Organisation oder politische Führung oder rationales Entscheiden. Man hat davon auszugehen, daß die vor allem wichtige Differenz nicht die von »oben« und »unten« und auch nicht die besserer Übersicht versus begrenztem Verständnis ist, sondern die von loser und strikter Kopplung. Dann muß man freilich auch konzedieren, daß die bessere Durchsetzungsfähigkeit des rigideren gegenüber dem locker gebundenen Komplex keinerlei immanente Garantie für bessere Problemlösungen enthält und auch nichts besagt für die Langfristperspektiven des Erfolgs der Organisation am Markt oder in der Politik. Über Überleben entscheidet, hier wie auch sonst, nicht der Kalkül, sondern die Evolution.

V.

Auf gesamtgesellschaftlicher Ebene unterscheiden Medium und Organisation sich schließlich darin, daß ein gesellschaftliches Funktionssystem jeweils nur ein einziges Medium benutzen kann, aber immer eine Mehrzahl von Organisationen aufweist. Wenn man die Einheit eines Funktionssystems beschreiben will, kann man dies also nur durch Hinweis auf die Einheit seines Mediums, nicht durch Hinweis auf eine noch so lose, sei es produktionsmäßige, sei es bankmäßige Organisation. Medium und Organisation dürfen nicht verschmelzen, denn sonst würde die Rigidität der Organisation das Medium »konsumieren« und sein laufendes Regenerieren unterbinden. Die Zirkulation, die das Medium erneuert, das heißt, laufend wieder entkoppelt, würde aufhören und in Formen übergehen, die man nur noch als Weisung und Widerstand begreifen kann. Nur die Gesellschaft selbst kann die Einheit eines Mediums garantieren; und Funktionssysteme wie das Wirtschaftssystem operieren daher, wenn sie überhaupt ausdifferenziert sind, als Vollzug von Gesellschaft und nicht als einheitliche Organisation.

Die Einheit eines Mediums ist durchaus differenzierungsfähig. So ist der Zugriff auf knappe Güter und Leistungen in der (wenig ausdifferenzierten) Wirtschaft zunächst durch das Medium »Eigentum« gesichert, und in einer solchen Ordnung ist Eigentum keineswegs nur Rechtsinstitution, sondern impliziert eine Vielzahl von rechtlich nicht einklagbaren Erwartungen. Der Übergang zur Geldwirtschaft führt zu stärkerer Ausdifferenzierung, zum Abhängen dieser »Einbettung«[18], *aber nicht zu einer Mehrheit von Medien*. Vielmehr wird einerseits Geld über die Rechtsinstitution des Eigentums abgesichert[19], der Geldeigentümer ist vor allem Eigentümer. Andererseits wird das Eigentum selbst (und zwar sogar das Eigentum an Grund und Boden) monetarisiert, nämlich, soweit es wirtschaftlich zählt, als wiederauflösbare Investition behandelt. Das Haus, in dem man *wohnt*, ist, sagen wir, 300000 DM wert und könnte jederzeit in diesen Zustand der Entkoppelung überführt werden, wenn ein Programm dies als richtig erscheinen läßt. Es gibt mithin, trotz unterschiedlicher Erscheinungsformen, jeweils nur ein gesellschaftliches Medium für Wirtschaft, weil es nur eine Gesellschaft, nur eine Wirtschaft der Gesellschaft, nur eine Funktion der Wirtschaft, nur einen binären Code der Wirtschaft gibt.[20] Alle weiteren Differenzierungen, alle weiteren Unterscheidungen können nur in bezug darauf eingesetzt werden.

18 Siehe Karl Polanyi, The Great Transformation: Politische und ökonomische Ursprünge von Gesellschaften und Wirtschaftssystemen, dt. Übers., Frankfurt 1978.

19 Daß zahlreiche Rechtsinstitutionen mitspielen, etwa in der Organisation der Zentralbank oder in der Verpflichtung der Gläubiger, Schuldzahlungen in Geld annehmen zu müssen (auch bei Verursachung durch Sachschaden, auch im Falle von Inflation usw.), spielt im Zusammenhang unseres Arguments keine Rolle, zeigt aber, daß die Interdependenz von Wirtschaft und Recht keineswegs nur durch die Institution des Eigentums vermittelt ist.

20 Hierzu vor allem oben Kapitel 2.

Das Gegenteil gilt für Organisation. Würde man die Wirtschaft als Einheit *organisieren*, hieße das, die Inklusion der Bevölkerung in die Wirtschaft nach der Art von Organisation zu regeln. Einige wären dann Mitglieder, andere nicht. Einige könnten wirtschaften, andere wären davon ausgeschlossen. Man wäre zu wirtschaftlichem Handeln (einschließlich Konsum) nur unter organisatorisch variablen Bedingungen zugelassen. Man könnte nur als Mitglied, aber nicht als Nichtmitglied, Geld annehmen und ausgeben – so wie Marken fürs Kantinenessen. So ist die Wirtschaft nirgendwo organisiert.[21] Was man beobachten kann, ist allenfalls eine organisatorisch verdichtete politische Kontrolle des Kapitaleinsatzes in sozialistisch ambitionierten Ländern und eine wirtschaftliche Marginalisierung großer Teile der Bevölkerung, die einer Exklusion sehr nahe kommt, in manchen Entwicklungsländern.

Die Differenz von Medium und Organisation kann nicht aufgegeben werden – es sei denn in einem Kollaps der Wirtschaft. Dafür hat auch die ökonomische Theorie Gründe vorgetragen: Das Geld wird benötigt, um in einer arbeitsteilig organisierten Wirtschaft Erträge trotz Kompaktheit (non-separability) der Inputs und der Outputs zu verteilen[22] und damit Produktion erst zu ermöglichen. Oder: Die Auflösung der Kompaktheit in die Rechengröße von Einzelleistungen würde zu hohe Transaktionskosten verursachen.[23] Oder: Organisationen kompensieren durch kollektive Aktion die Unzulänglichkeiten der Orientierung am Marktpreis.[24] Diese Argumente suchen eine Antwort auf die Frage, ob und unter welchen Bedingungen Operationen besser auf dem Markt oder besser in Organisationen ablaufen – gemessen an Kriterien der Wirtschaftlichkeit. Sie zeigen aber zugleich, daß die eine Möglichkeit nicht auf die andere reduziert werden kann.

21 Interessante Ansätze zu einer entsprechend dualen, teils auf Organisationsmitgliedschaft beruhenden, teils frei zugänglichen Wirtschaft gibt es freilich im Ostblock.

22 Vgl. Alchian/Demsetz, a. a. O.

23 Vgl. Oliver E. Williamson, Markets and Hierarchies: Analysis and Antitrust Implications: A Study in the Economics of Internal Organization, New York 1975, S. 50 u.ö.

24 Vgl. Kenneth J. Arrow, The Limits of Organization, New York 1974.

Die Differenz von Medium und Organisation findet sich demnach auch als Differenz von notwendiger Einheit und notwendiger Vielheit wieder. Daß dies so sein muß, läßt sich auch theoretisch leicht begründen. Bei hoher Systemkomplexität läßt sich deren Einheit nur noch medial, nur noch in der Form der Entkopplung repräsentieren. Will man stärker verdichtete Zusammenhänge erreichen, muß man eine Vielzahl solcher Realisationen zulassen. Da *beides* in *einem* System vollzogen werden muß, geht es nicht um ein Entweder/ Oder. Vielmehr hat die sich laufend autopoietisch reproduzierende Einheit des Systems intern zwei Aspekte: Einheit und Vielheit, entkoppelte und gekoppelte Realisation, Auflösung und Rekombination, Medium und Organisation.

VI.

Wenn man Organisation selbst als Stellenmedium begreift und fragt, welche Rigiditäten dies Medium festzurren, kommt man neben Strukturen wie Technologien und Marktzwängen auch auf psychologische Faktoren. Normalerweise setzt man, und dies gewiß mit Recht, voraus, daß die Mitglieder sich nach den Arbeitsforderungen richten. Im Normalfall ist das psychische Potential in den Grenzen seiner Kompetenz das Medium, in das organisierte Arbeitsbedingungen sich einprägen. Aber auch die umgekehrte Beziehung ist zu bedenken, und sie wird insbesondere dann relevant, wenn es gilt, die Organisation als Medium persönlichen Wirkenwollens zu sehen und zu benutzen.
Unbestritten gibt es nicht wenige Fälle, in denen Einzelpersonen ganze Organisationen umkrempeln und wieder auf einen erfolgreichen Kurs oder auch zum Scheitern bringen. Oben war etwas leichtfertig von starken Führungspersönlichkeiten die Rede gewesen, und das bedarf jetzt einer nachgeholten Erläuterung. Man kann Führungserfolge nicht gut kausalmechanisch als Effekt »starker Persönlichkeiten« erklären. Die hier vorgeschlagene Theorie führt darüber hinaus. Wir können *Motivation* begreifen als *Verhältnis psychischer Rigidität zu einem Medium*, und in unserem Sonderfall zum Medium Organisation. Es geht also nicht um psychische Starrheit und Unbeweglichkeit als sol-

che, die Zumutungen abweist und sich jedem Änderungsdruck widersetzt mit der Gefahr, zu zerbrechen oder in pathologisches Verhalten überzugehen.[25] Vielmehr ergibt sich Motivation in unserem Sinne immer und nur dann, wenn ein psychisches System seine eigene Rigidität auf ein Medium bezieht und sich in diesem Sinne »überlegen« fühlt. Ein normaler Beobachter wird diese Motivation über Kausalattribution auf die Person zurechnen. In einer differenzierteren Analyse läßt sich aber wohl zeigen, daß die Gelegenheiten und vor allem die mediale Struktur des Bereichs, auf den die Motivation sich bezieht, eine ebenso wichtige Rolle spielen.

Um sich ändern zu können und um aus der Festlegung durch die Rigidität der eigenen Organisationsgeschichte herauszukommen, brauchen Organisationen Motivation in diesem Sinne.[26] Nur so läßt sich die eingefahrene Allianz zwischen der Rigidität von Organisationen und der Rigidität psychischer Systeme auflösen. Will man Organisation wieder zum Medium der eigenen Möglichkeiten machen, erfordert das externe Rigidität. Das Änderungsproblem läßt sich daher nicht zureichend erfassen, wenn man es nur als ein Problem der psychischen Flexibilität, der »Sensitivität« oder der Lernfähigkeit auffaßt. Darauf kommt es erst an, wenn es gilt, sich schon in Gang gebrachten Änderungen anzupassen.

Eher hätte man an Forschungen anzuschließen, die von einer Korrelation zwischen *starker Motivation* und *geringer kognitiver Komplexität* ausgehen.[27] Das entspricht auch der Erfahrung, daß die Komplexifizierung von Rationalitätsansprüchen in der Praxis eher als Instrument zur Verhinderung von Strukturänderungen benutzt wird. Zusätzlich wird man für die empirische Forschung noch die Vorstellung einer konditionierenden Schwelle einbauen müssen, denn natürlich darf es an Sachkenntnis und Vorstellungsvermögen nicht fehlen. Die Korrelation von

25 Pathologie hier verstanden als eine bestimmte Sicht auf Beziehungen zwischen den Elementen eines Systems.

26 Vgl. erneut Brunsson a. a. O. (1985).

27 Siehe z.B. Rolf Bronner, Perception of Complexity in Decision-Making Processes: Findings of Experimental Investigations, in: E. Witte/H.-J. Zimmermann (Hrsg.), Empirical Research on Organizational Decision-Making, New York 1986, S. 45-64 (55ff.).

hoher Motivation und geringer kognitiver Komplexität wird erst dann zum Zuge kommen, wenn ausreichende kognitive Komplexität gesichert ist.

Sicher bedarf eine solche Hypothese weiterer Verfeinerung. Modifikationen können jedoch leicht hinzugefügt werden, wenn man einmal davon ausgeht, daß gerade rigide psychische Strukturen in der Lage sind, ihre Umwelt als Medium zu begreifen und das eigene Handeln unter dieser Prämisse anschlußfähig zur Verfügung zu stellen.[28]

Wie dem auch sei – ein Zusammenspiel von Medien und rigiden Strukturen ist allgemein und ist auch im Bereich der Änderungen organisatorischer Strukturen keinerlei Garantie für Erfolg, geschweige denn für Rationalität. Die Theorie beschreibt nur, wie etwas geschieht oder geschehen könnte. Sie führt nicht zu einem Urteil über gut oder schlecht – weder für die mit Organisationen besetzte Geldwirtschaft im ganzen noch für diese Organisationen selbst.

VII.

Die bisherige Darstellung hat eine Unklarheit hinterlassen, die wir jetzt aufnehmen und explizieren müssen. Sie hat alle Organisationen so behandelt, als ob sie, weil sie Geld verwenden, als Organisationen des Wirtschaftssystems operieren müßten. Und in der Tat: kann man nicht die Gesundheitsindustrie mit der Waffenindustrie vergleichen im Hinblick auf technologisch bedingte Inflexibilitäten und politische Preise? Würde nicht die Wirtschaft zusammenbrechen, wenn die öffentliche Verwaltung ihr Personal entließe? Und sind nicht alle Organisationen, was

28 Vgl. als empirische Untersuchung hierzu Niklas Luhmann/Renate Mayntz, Personal im öffentlichen Dienst: Eintritt und Karrieren, Baden-Baden 1973, S. 146ff. Das Ergebnis zeigt, daß man höhere Rigidität (gemessen mit der Dogmatismus-Skala) in höheren Positionen kaum erwarten kann, wenn diese Positionen im Wege der Beförderungsauslese besetzt werden, die vermutlich die Fügsamen begünstigt. Hierin könnte ein organisatorischer Mechanismus des Selbstschutzes gegen Strukturänderungen liegen. Zugleich läßt sich von hieraus die Funktion *externer* Beratung in Fragen der Organisationsentwicklung erkennen.

immer ihre funktionale Ausrichtung, von Wirtschaft abhängig und über konditionierte Geldzuweisungen zu beeinflussen?

Das alles soll nicht bestritten, sondern mit Hilfe der Unterscheidung von Medium und Form gerade vorgeführt werden. So ist es. Aber zugleich müssen wir eine zweite Unterscheidung in Erinnerung rufen: die des Gesellschaftssystems mit seinen ausdifferenzierten Funktionssystemen auf der einen Seite und der organisierten Sozialsysteme auf der anderen. Auch hier ist primär auf die Unterscheidung zu achten und nicht nur auf das Unterschiedene. Eine funktional differenzierte Gesellschaft reproduziert sich mit Hilfe der Differenz von Gesellschaft und Organisation, also aufgrund dieses Unterschiedes, also nicht als Organisation von Gesellschaft. Und wir hatten ja auch festgestellt, daß kein einziges Funktionssystem der Gesellschaft als Einheit organisiert ist.

Einerseits verwenden sehr viele, nahezu alle Funktionssysteme die Systembildungsform der Organisation, um sich unwahrscheinliche Motivation zu beschaffen, und die Gesellschaft würde auf eine Ordnung der Familien zurückgefahren werden, wäre Organisation nicht mehr möglich. Und Organisation ist nur möglich, weil Geld zur Verfügung steht. Andererseits beruht die funktionale Differenzierung auf einer autopoietischen Autonomie der Funktionssysteme. Kein Funktionssystem kann außerhalb seiner eigenen Grenzen operieren, kein Funktionssystem kann die Funktion eines anderen erfüllen. Jedes ist auf der Ebene seiner eigenen Operationen ein geschlossenes System, und es wird schlicht verlangt, daß man zwischen der Schönheit oder der ästhetischen Brillanz eines Kunstwerks und seinem Preis, zwischen der Wahrheitsevaluation und den Forschungskosten unterscheiden kann; denn wer das nicht kann, wird sich in der modernen Gesellschaft ziemlich deplaciert vorkommen.

Es ist wichtig, festzuhalten, daß Unterscheidungsvermögen verlangt ist und daß es nicht beliebig, sondern strukturell vorgeregelt ist, um welche Unterscheidungen es sich handelt. Die Struktur des operativ erforderlichen Unterscheidungsvermögens kann mithin als Indikator für die Struktur gesellschaftlicher Differenzierung benutzt werden – auch dann, wenn auf der Ebene der Organisationsbildung Ähnlichkeiten der Bedingungen (Stichwort: Bürokratie) hergestellt werden. Wer glaubt, durch Zahlung eines Gehalts (jeweils am ersten Tag des Monats) die Feststellung von Wahrheiten oder Unwahrheiten fördern zu können, befindet sich schlicht im Irrtum, auch dann, wenn ein Professor oder ein Mitarbeiter eines Forschungsinstituts der Empfänger ist. Auch die Zahlung von Arztrechnungen macht ja nicht gesund – so wenig wie irgend jemand die Konjunktur der Berliner Bauwirtschaft als Leistung des Gesundheitssystems ansehen würde, nur weil man vermutet, daß sie weitgehend auf Geldanlage- und Versorgungsinteressen der Ärzte zurückzuführen ist. Noch einmal: Wer hier nicht unterscheiden kann, kann sich in der heutigen Gesellschaft nicht adäquat orientieren. Alle Geldzahlungen sind und bleiben interne Operationen des Wirtschaftssystems, auch wenn sie durch staatliche oder kirchliche Kassen fließen, und alles, was diesen Fluß motiviert, ist insoweit, als es das tut, ebenfalls Wirtschaft. Das gilt dann auch für alle Gehaltszahlungen und alle damit erreichbare Motivation aller Organisationen. Nur kann man unter diesem Aspekt nicht die gesamte Gesellschaft erfassen, sondern eben nur eines ihrer Teilsysteme, das sehr spezifischen eigendynamischen Bedingungen gehorcht.

Man muß sich natürlich fragen, ob über diese Kette: *Geldabhängigkeit der Organisationen → Organisationsabhängigkeit der meisten Funktionssysteme* nicht eine latente Dominanz der Wirtschaft in der modernen Gesellschaft sich durchsetzt. Man braucht dabei nicht auf eine »materialistische« Gesellschaftstheorie und auch nicht auf einen in Richtung auf Wirtschaft disbalancierten Gesellschaftsbegriff, also nicht auf Vorstellungen des 19. Jahrhunderts zurückzugreifen, sondern könnte sich auf leicht nachzuweisende empirische Abhängigkeiten berufen. Man kann dies Argument dann auch auf Fragen der »Steuerung« ausdehnen, wenn und soweit man zeigen kann, daß über Geldzuweisungen tatsächlich Effekte diskriminiert, Differenzen minimiert, also Steuerungsziele erreicht werden können.[29]

Und zusätzlich liegt noch die Vorstellung nahe, daß der Grad organisatorischer Zentralisierung eine wichtige Variable der Steuerbarkeit von Systemen ist. Das alles sei zugestanden, aber

29 Wir kommen im nächsten Kapitel darauf zurück.

das Argument zugunsten einer Präponderanz der Wirtschaft kann auf alle Funktionssysteme ausgedehnt werden, von denen dann ihrerseits die Wirtschaft abhängt. Zeigen läßt sich also nur, daß, und genau wie, funktionale Differenzierung die multifunktionalen Redundanzen in der modernen Gesellschaft abbaut und entsprechend die Interdependenzen steigen läßt. Die Kette *Geldabhängigkeit der Organisation → Organisationsabhängigkeit von Funktionssystemen* ist nur ein Moment dieser Interdependenz. Man kann daran zeigen, daß die Abhängigkeit fast aller Funktionssysteme[30] von Wirtschaft viel stärker ist, als oft angenommen wird, und daß sie keineswegs nur darin besteht, daß wir alle es gerne sähen, wenn unsere Wünsche befriedigt würden. Viel stärker also, aber zugleich doch nur eine von vielen Abhängigkeiten. Viele Funktionssysteme verwenden Medien, codieren und programmieren ihre Medien, bilden Formen, um Kopplungen herzustellen und deren Wiederauflösbarkeit zu konditionieren. Eine Beschreibung der Gesamtgesellschaft kann keines dieser Phänomene außer acht lassen oder durch Vorabentscheidung für weniger wichtig erklären. Und nicht zuletzt deshalb ist es zweckmäßig, auf so abstrakte Unterscheidungen wie System/Umwelt, Element/Relation oder eben Medium/Form zurückzugehen, mit denen man sich von den Besonderheiten einzelner Funktionssysteme distanzieren kann.

30 Man könnte auch sagen: *aller* Funktionssysteme, wenn man zusätzlich die Abhängigkeit der Familie von Arbeit und der Arbeit von Organisation in Betracht zieht.

Kapitel 10
Grenzen der Steuerung

I.

Gesellschaftspolitisch gesehen hat der Begriff Steuerung noch immer Konjunktur. Bei zunehmender Verunsicherung in bezug auf die Gestaltbarkeit der Zukunft[1] fehlt es nicht an Appellen, daß gerade deshalb etwas geschehen müsse. Wenn es, wissenschaftlich gesehen, so etwas wie »Natur« schon lange nicht mehr gibt, muß man sich anscheinend um so mehr Mühe geben, sie zu bewahren oder wiederherzustellen, etwa durch Wiedereinführung veralteter Methoden der Landwirtschaft oder durch planmäßige Eingriffe in planmäßige Eingriffe. Die Themenwelt der »Risikogesellschaft« und der normalen Katastrophen zieht die Diskussion über Planbarkeit der Gesellschaft nicht aus dem Verkehr, sie macht es nur um so dringlicher, sich zu überlegen, in welchem Sinne davon die Rede sein könne. Von Kritik und Krise kann nur die Rede sein aufgrund eines hintergründigen Vertrauens, daß es auch anders gehen könnte. Nur so können die Alternativen von Alternativen reden. Andererseits findet sich die Planungstheorie in einem desolaten Zustand. Sie hatte es schon seit Jahrzehnten mit dem Problem der Komplexität zu tun, konnte aber zunächst die Hoffnung haben, approximativ bessere Lösungen finden zu können, sei es mit besseren Methoden der Modellbildung und der Simulation, sei es über eine allmähliche Anpassung der Gesellschaft an Planung, also durch Gewöhnung an das Geplantwerden und durch eine entsprechende Konzentration von Aufmerksamkeit. Inzwischen hat dieses Problem der Gestaltbarkeit von Gesellschaft durch Hinzunahme des ökologischen Problembewußtseins jedoch ganz andere Dimensionen erhalten. Es fällt schwer, ja ist so gut wie unmöglich, den Begriff der Steuerung ganz aufzugeben und die Zukunft einfach kommen zu lassen, wie sie kommt. Schon die Zeitsemantik der modernen Gesellschaft, ihre Akzentuierung der Unterschiede zwi-

1 Siehe, neben vielen anderen, Adalbert Evers/Helga Nowotny, Über den Umgang mit Unsicherheit: Die Entdeckung der Gestaltbarkeit von Gesellschaft, Frankfurt 1987.

schen Vergangenheit und Zukunft, scheint dies zu verbieten. Andererseits ist nicht leicht zu erkennen, daß und wie wenigstens einige der mit Steuerung verbundenen Erwartungen gerettet werden könnten.[2]

Systemtheoretische Analysen, die vom Begriff des selbstreferentiellen Systems ausgehen und damit Vorstellungen wie Autopoiesis, Selbstorganisation usw. verwenden, lenken den Blick zunächst auf die Selbststeuerung des Systems, im Bereich unserer Analysen also auf die Selbststeuerung der Wirtschaft. Die gesellschaftspolitischen Hoffnungen suchen dagegen einen Adressaten, der auch die Systeme, die sich selbst steuern, noch kontrollieren könnte, und denken dabei an Politik. Das führt, wie leicht erkennbar, in Diskrepanzen von theoretischer, aber auch hoher praktischer und nicht zuletzt politischer Tragweite, die den Diskurs über das Verhältnis von Politik und Wirtschaft belasten und die Vorstellung des 19. Jahrhunderts immer neu beleben, daß das, was die Wirtschaft an Selbststeuerung nicht (oder nicht befriedigend) erbringen könne, eben von der Politik geleistet werden müsse. Aber diese Vorstellung kollidiert hart mit dem Faktum funktionaler Differenzierung, das es ausschließt, daß Systeme wechselseitig füreinander einspringen können. Keine Politik kann die Wirtschaft, kann Teilbereiche der Wirtschaft, kann auch nur einzelne Betriebe sanieren; denn dazu braucht man Geld, also Wirtschaft.

Keine wissenschaftliche Analyse (denn das ist schon ein drittes Funktionssystem) wird diese Erwartungen durch Eigenleistungen (und seien es erwiesene Wahrheiten oder Unwahrheiten) ab-

2 Siehe vor diesem Hintergrund die Bemühungen von Gunther Teubner und Helmut Willke, Kontext und Autonomie: Gesellschaftliche Selbststeuerung durch reflexives Recht, Zeitschrift für Rechtssoziologie 6 (1984), S. 4-35, und die daran anschließende Diskussion. Siehe ferner Helmut Willke, Entzauberung des Staates: Überlegungen zu einer sozietalen Steuerungstheorie, Königstein/Ts. 1983., ders., Strategien der Intervention in autonome Systeme, in: Dirk Baecker et al. (Hrsg.), Theorie als Passion, Frankfurt 1987, S. 333-361. Die Schrift von Manfred Glagow/Helmut Willke (Hrsg.), Dezentrale Gesellschaftssteuerung: Probleme der Integration polyzentrischer Gesellschaft, Pfaffenweiler 1987, erschien erst nach Fertigstellung meines Manuskripts und konnte nicht mehr ausgewertet werden.

rupt ändern können. Aber vielleicht ist es gleichwohl nützlich, sich zum Abschluß der Untersuchungen über Wirtschaft zu überlegen, welcher Begriff von Steuerung diesen Vorstellungen zugrunde liegt; und entsprechend: mit welcher Manipulation am Begriff man sie irritieren könnte.

Abstrakt formuliert geht es bei Steuerung immer um *Verringerung einer Differenz*. Im täglichen Leben, etwa beim Steuern eines Wagens, denkt man dabei an die Verringerung einer Differenz in der Richtung einer Bewegung. Das Steuern bezieht sich dann auf die Raumverhältnisse einer Bewegung. Man geht davon aus, daß im Grenzfalle die Differenz zwischen einer sich abzeichnenden und einer angestrebten Richtung fast auf Null reduziert werden könne, allerdings mit der Folge, daß es nicht dabei bleibt, sondern daß – sei es aufgrund externer Umstände, sei es aufgrund einer Ungenauigkeit der Steuerung, deren Abweichungsgrad sich rasch wieder verstärkt – sich weitere Differenzen ergeben, die ein Nachsteuern verlangen, selbst wenn man nur den Kurs halten will. Die Metapher erlaubt aber auch die Vorstellung einer Kursänderung. Man hat etwas vergessen und muß umkehren. Auch das kann nur durch Steuerung geschehen, und in diesem Falle durch Konstruktion einer *anderen* Differenz.

Und woher kommt die Differenz?

Im ersten Anlauf liegt es nahe, zu sagen: entweder aus der Umwelt, aus den Unebenheiten der Straße oder dem sanften Druck der Winde; oder aus den Ungenauigkeiten der Steuerung. Also entweder aus der Umwelt oder aus dem System. Wenn man aber *beides* braucht, *System und Umwelt*, muß man die *Welt* bemühen, wenn man erklären will, weshalb Probleme der Steuerung auftreten. Damit ist das Problem an die Religion abgegeben. Wissenschaftlich läßt diese Antwort unbefriedigt. Also nochmal: Woher kommt die Differenz?

Subjekttheoretisch kann man mit Fichte antworten: Sie wird durch das Subjekt gesetzt. Sprachtheoretisch ist es seit Saussure die Sprache selbst. Systemtheoretisch das System. Wie bedeutsam diese theoretischen Differenzen sind, wird davon abhängen, was man im weiteren mit ihnen anfangen kann. Heißt das schon: wie man mit ihnen Theorieentwicklungen steuern kann? Gleichviel, falls auch diese Unterscheidungen Differenzen markieren, führt das auf die Frage zurück: Wer setzt diese Differenzen, wer unterscheidet hier, wer steuert hier? Ein Supersubjekt, das weiß, was es weiß? Eine Metasprache? Ein Weltsystem? Oder vielleicht ein Interesse an den »feinen Unterschieden« im Wissenschaftssystem? In jedem Falle wiederholt sich, wenn man die Antwort nicht als Abschlußmetapher ansehen (und vermutlich heißt das: Philosophie treiben) will[3], das Problem in der Antwort.

Alexander hatte bekanntlich angesichts eines solchen in sich selbst verknoteten Knotens eine andere Antwort parat. Und ebenso George Spencer Brown. Der differenztheoretische Kalkül, den Spencer Brown darstellt[4], beginnt mit der Anweisung: »draw a distinction!« Zerteile den »unmarked space«! Daß man dabei zugleich die Unterscheidung, die man setzt, von anderen Unterscheidungen unterscheiden muß (also beim Anfangen immer schon angefangen haben muß)[5], wird souverän (und wie man sicher sein kann: mit theoriekonstruktiver Absicht) ignoriert. Das heißt auch, daß die Frage, wer oder was unterscheidet, nicht gestellt wird. Man kann es sich offenhalten, sie zu stellen; aber das setzt dann einen Beobachter voraus, der unterscheiden kann, wer unterscheidet. Die Willkür des Anfangs ist Willkür nur für den, der den Anfang beobachtet; und für ihn läuft sie dann auf die Frage hinaus, welchen Beobachter er beobachtet.[6]

Unterscheidungen fungieren in einem rekursiven Netzwerk des Beobachtens von Beobachtungen als Bedingungen der operativen Reproduktion ebendieses Netzwerks. Man kann feststellen, daß dies so ist –aber nur durch Beobachtung des Beobachtens, also durch operative Teilnahme an ebendiesem Netzwerk.[7] In der Theorie des Beobachtens von Beobachtungen tritt mithin die

3 Etwa mit Hans Blumenberg, Paradigmen zu einer Metaphorologie, Bonn 1960.

4 In: Laws of Form, 2. Aufl., London 1971.

5 Hierzu Ranulph Glanville/Francisco Varela, »Your Inside is Out and Your Outside is In« (Beatles 1968), in: George E. Lasker (Hrsg.), Applied Systems and Cybernetics, Bd. II, New York 1981, S. 638-641.

6 Siehe hierzu auch die Saussure-Interpretation von Ranulph Glanville, Distinguished and Exact Lies, in: Robert Trappl (Hrsg.), Cybernetics and Systems Research 2, New York 1984, S. 655-662.

7 Mit Heinz von Foerster: second order cybernetics. Siehe Observing Sys-

Annahme rekursiver Geschlossenheit an die Stelle traditioneller Begründungsfragen.[8]

Nun ist Steuerung aber nicht einfach Beobachtung, nicht einfach Verwendung einer Unterscheidung zur Bezeichnung der einen (und nicht der anderen) Seite. Als Steuerung bezeichnet man vielmehr eine ganz spezifische Verwendung von Unterscheidungen, nämlich das Bemühen um eine *Verringerung der Differenz*. Im Hinblick auf die Unterscheidung von Mann und Frau ist zum Beispiel das Steuerungsproblem nicht die Bezeichnung oder die Klassifikation der Exemplare[9], und auch nicht die Beschreibung der einen Seite, der Frau, als Fehlausgabe der anderen (masculus occasionatus, homme manqué), sondern die Verringerung ihrer Differenz. Steuerung unterscheidet sich also von anderen Unterscheidungsverwendungen, und es liegt nicht fern, zu vermuten, daß sie die Unterscheidungen, die sie verwendet, um sich von anderen Unterscheidungsverwendungen zu unterscheiden, eben danach aussucht, ob und in welchem Interesse Differenzverringerungen angebracht sind oder angebracht werden können. Sie setzt damit zwar jene rekursiven Beobachtungsverhältnisse voraus; sonst könnte sie sich selbst nicht unterscheiden. Aber sie benutzt sie zugleich in einem spezifischen Sinne. Einer Steuerungs*theorie* erwächst daraus das Problem, ebendies zu beobachten und zu beschreiben.

tem, Seaside, Cal. 1981. Deutsche Übers. in ders., Sicht und Einsicht: Versuche zu einer operativen Erkenntnistheorie, Braunschweig 1985.

8 Wenn man will, kann man diese Unterscheidung benutzen, um der Frage nachzugehen, ob in der traditionellen Erkenntnistheorie die Steuerung (etwa über die Differenz von Sein und Denken) nicht eine Fehlsteuerung war, die es ausschloß, das Unterscheiden selbst hinreichend zu thematisieren. Siehe bereits die Verlegenheiten, in denen der Dialog Theaetet endet, nachdem festgestellt war, daß das Unterscheiden (diapherein) selbst keinen Begriff von wahrer Erkenntnis ermöglicht.

9 Auch das ist natürlich ethnographisch und soziologisch von Interesse, wenn ein Beobachter, statt sich an anatomische Merkmale zu halten, sich darauf kapriziert, hier von Willkür des Unterscheidens auszugehen und dann zu beobachten, wie die beobachteten Gesellschaften mit dieser Unterscheidung umgehen und warum. Siehe für einen Überblick Hartmann Tyrell, Geschlechtliche Differenzierung und Geschlechterklassifikation, Kölner Zeitschrift für Soziologie und Sozialpsychologie 38 (1986), S. 450-489.

II.

Schon daß wir Steuerung als eine Operation beschrieben haben, die eine Unterscheidung ansetzt, um die damit bezeichnete Differenz zu minimieren, schon das legt zunächst einen handlungstheoretischen Ansatz nahe. Man wird ja sofort auf die Frage stoßen, wer denn steuert, und die Antwort: niemand, oder die Antwort: der, den du als Beobachter unterscheidest, wird nicht auf Anhieb befriedigen. Die Handlungstheorie bietet in dieser Situation den Vorteil, auf ein Subjekt rekurrieren zu können, auf das man zeigen, das man beobachten und befragen oder auf andere Weise für Zwecke der empirischen Forschung ausnutzen kann. Alles weitere wird dann zur Frage der Aggregation von Daten, die auf diese Weise gewonnen werden können.

Klar und konsequent auf dieser Linie schlägt Renate Mayntz vor, den Steuerungsbegriff als Steuerungshandeln zu definieren.[10] Das erfordert, bei der Verwendung des Begriffs selbst, die Angabe eines Subjekts, eines Objekts und einer Intention (bzw. eines Steuerungszieles). Dadurch wird der Phänomenbereich in bezeichnender Weise gespalten; es kommen dann nämlich Erfahrungen mit »Grenzen der Steuerung« hinzu, die sich für den Steuermann extern und für die ihn beobachtende Theorie außerhalb des Begriffs ergeben. Mit ihnen befaßt sich dann der Schwerpunkt der Diskussion. Es kann sich dabei (1) um unerwartete und/oder um unerwünschte Nebenfolgen handeln oder (2) um die sogenannten »Vollzugsdefizite« und schließlich (3) um die sogenannten »self-fulfilling« oder in diesem Falle eher »self-defeating prophecies«. Zum Beispiel gibt es sehr soziale, wertgeladene, gewerkschaftsunterstützte Programme zur Verbesserung der Arbeitsbedingungen von Frauen. Sie wirken aber, wenn eingeführt, als Exklusion der Frauen vom Zugang zum Arbeitsmarkt und werden deshalb gerade von Frauen bekämpft.[11]

10 So in: Renate Mayntz, Politische Steuerung und gesellschaftliche Steuerungsprobleme – Anmerkungen zu einem theoretischen Paradigma, Jahrbuch zur Staats- und Verwaltungswissenschaft 1 (1987), S. 89-110 (insb. 93 ff.).

11 Siehe dazu Helena Flam, Market Configurations: Toward a Framework for Socio-Economic Studies, International Sociology 2 (1987), S. 107 bis

Daß beste Absichten entgleisen können, ist nicht gerade eine neue Einsicht. Im Prinzip sind das alte, längst bekannte Probleme; aber im Moment des nachlassenden Steuerungsoptimismus, also in den siebziger Jahren, konnten sie erneut und wirksam in Erinnerung gebracht werden.[12] Wer einen Zweck in die Welt setzt, muß dann mit dem Zweck gegen die Welt spielen – und das kann nicht gut gehen oder jedenfalls nicht so, wie er denkt.

Diese Effekte des Steuerungshandelns (ohne Steuerungshandeln gäbe es sie nicht) treten ungesteuert auf; sie treten ferner, wenn man einmal die Möglichkeit, Fehler zu machen, beiseite läßt, unsteuerbar auf. Denn wenn sie in die Steuerung einbezogen werden könnten und einbezogen würden, würden sie verschwinden. Auch jeder handlungsbezogene Begriff von Rationalität muß sie, wenn man genau denkt, ausgrenzen. Mithin erfaßt die Handlungstheorie nur einen Teil der Gesamtproblematik, nur den Anlaß für die Probleme, mit denen der Handlungstheoretiker sich dann, selbst steuerlos, notgedrungen beschäftigen muß, um am Ruder zu bleiben. Die Theorie ist aber jedenfalls dafür verantwortlich, wie sie Unterscheidungen setzt, und man darf fragen: Wieso gerade so, wieso gerade mit Ausgrenzung dieser wichtigen Probleme?[13]

Die Systemtheorie bringt sich in dieser Hinsicht in eine bessere Position. Sie baut das Problem der Grenze ein mit Hilfe der Unterscheidung von System und Umwelt.[14] Diese Unterscheidung

129 (115) mit Beispielen aus Großbritannien und Schweden. Auch die Schweiz könnte man nennen. Am Ende ergibt sich dann ein Beobachtungszirkel. Die Gewerkschaften werden zu »Männern«, die beobachten, wie »Frauen« sie beobachten.

12 So z.B. von Raymond Boudon, Effets pervers et ordre social, Paris 1977, dt. Übers. unter dem irreführenden Titel »Widersprüche sozialen Handelns«, Neuwied 1979.

13 Zu Theoriedefiziten der handlungstheoretischen Position vgl. auch Bernd Halfar. Nichtintendierte Handlungsfolgen: Zweckwidrige Effekte zielgerichteter Handlungen als Steuerungsprobleme der Sozialplanung, Stuttgart 1987, S. 100ff.

14 Die Handlungstheorie wird das nachahmen wollen und von der Umwelt des Handelnden sprechen; aber dann ist sie eben Systemtheorie mit der Besonderheit einer Vorliebe für bestimmte organisch/psychische Systemreferenzen und unausgenutzten Möglichkeiten der Abstraktion.

besagt, daß es sich nicht um eine Objekttheorie handelt, sondern um eine Welttheorie; denn alles, was es geben kann, ist von jedem System aus gesehen entweder System oder Umwelt. Alle wichtigen Innovationen der Systemtheorie in den letzten Dekaden setzen hier an und reformulieren die Differenz von System und Umwelt. Das gilt insbesondere für das Konzept der selbstreferentiellen Schließung autopoietischer Systeme, mit dem wir in den vorstehenden Kapiteln gearbeitet haben.

Wieweit sich dadurch die Form ändert, in der die drei Problemkreise »Nebenfolgen«, »Vollzugsdefizit« und »self-defeating prophecies« behandelt werden müssen, ist weithin ungeklärt. Mindestens für den letztgenannten Fall, für die »self-defeating prophecies«, gibt es eine umfangreiche Literatur, die nach Formen der Stabilität sucht, die sich »trotzdem« gewinnen lassen.[15] Möglicherweise liegt dem ein Mißverständnis mathematischer Begriffe wie des »fixed point theorem«[16] oder des Konzepts der »Eigenwerte« zugrunde[17]; zumindest dürfte es sich aber lohnen, die Weiterentwicklung sowohl auf mathematischer Seite als auch in der Soziologie im Auge zu behalten.

Was Nebenfolgen und Vollzugsdefizite angeht, setzt eine Theorie selbstreferentiell-geschlossener Systeme voraus, daß es um strukturdeterminierte Systeme geht, das heißt um Systeme, die ihre eigenen Strukturen nur durch eigene Operationen ändern können. Alle Steuerung ist daher immer eine Operation (oder ein Teilsystem von Operationen) neben vielen anderen in dem System, das dadurch reproduziert wird, und zwar unabhängig von

15 So vor allem im Anschluß an Herbert A. Simon, Bandwagon and Underdog Effects of Election Prediction (1954), zit. nach dem Abdruck in ders., Models of Man: Social and Rational: Mathematical Essays on Rational Human Behavior in a Social Setting, New York 1957, S. 79-87.

16 Hierzu kritisch Audun Øfsti/Dag Østerberg, Self-Defeating Predictions and the Fixed Point Theorem: a Refutation, Inquiry 25 (1982), S. 331 bis 352. Vgl. auch Herbert A. Simon, Elections Predictions: A Reply, daselbst S. 361-364.

17 Mit diesem Begriff, der auf Hilbert zurückgeht, argumentiert Heinz von Foerster. Siehe Observing Systems, Seaside, Cal. 1981, oder die Auswahl deutscher Übersetzungen in ders., Sicht und Einsicht: Versuche zu einer operativen Erkenntnistheorie, Braunschweig 1985, hier insb. S. 207ff.

der weiteren Frage, ob die Steuerung sich mit dem System selbst oder mit seiner Umwelt befaßt. In beiden Fällen geschieht gleichzeitig mit den (also auch: unbeeinflußbar durch die) Steuerungsoperationen immer auch etwas anderes. Außerdem muß man die Operation der Steuerung, die eigene Effekte auslöst, unterscheiden von der Operation der Beobachtung dieser Operation, die ihrerseits eigene Effekte auslöst. Die Beobachtung der Steuerung kann, und wird typisch, andere Unterscheidungen verwenden als die Steuerung selbst, etwa Zurechnungen von Erfolgen und Mißerfolgen anders vollziehen als der, dem das Steuern als Handeln zugerechnet wird.[18] Kein Wunder, so gesehen, daß Gesellschaftssteuerung Gesellschaftskritik provoziert mit der dialektischen Synthese einer gemeinsamen Resignation. Ebenso beginnt man sich innerhalb von Managementtheorien zu fragen, was allein daraus schon folgt, daß das Managen (nicht aber, genaugenommen, der Manager) in dem System abläuft, das sich auf diese Weise managt.[19] Auch diese Fragestellung läßt sich zurückführen auf Probleme der Stabilitätsbedingung bei rekursiven Beobachtungsverhältnissen, also in Systemen, bei denen beobachtet wird, daß beobachtet wird. Alles, was geschieht, kann dann in der Sprache dieser sich selbst einschließenden »second order cybernetics« beschrieben werden. Alles Steuern verwendet, freilich mit der spezifischen Absicht der Verringerung von Differenzen, Unterscheidungen, die ihrerseits unterschieden werden. Es gibt keine *Mit*wirkung *von außen*, keine externe Beratung[20], wohl aber Möglichkeiten des Einbaus temporärer,

18 Hierzu Forschungen über die actor/observer-Unterscheidung im Anschluß an Edward E. Jones/Richard E. Nisbet, The Causes of Behavior, in: Edward Jones et al., Attribution: Perceiving the Causes of Behavior, Morristown, N. J. 1971, S. 121-135.

19 Auch hier sind die Forschungen über eine Diskussion der Problemlage noch nicht hinausgekommen. Siehe vor allem Hans Ulrich/Gilbert J. B. Probst (Hrsg.), Self-Organization and Management of (besser wäre: in, N. L.) Social Systems: Insights, Promises, Doubts, and Questions, Berlin 1984, und Alexander Exner/Roswita Königswieser/Stefan Titscher, Unternehmensberatung – systemisch: Theoretische Annahmen und Interventionen im Vergleich zu anderen Ansätzen, Die Betriebswirtschaft 47 (1987), S. 265-284.

20 Vgl. hierzu Helmut Willke, Zum Problem der Intervention in selbstre-

fremdartiger Beratungssysteme in das System.[21] Das heißt vor allem, daß auch Unterlassen im System als Variante von Handeln beobachtet wird und daß über Beobachtungen auch Strukturen und auch Negativa Kausalität gewinnen.
In diesen Hinsichten kann die Systemtheorie zumindest mit reformulierten Fragestellungen aufwarten und die genannten Probleme aus dem Schattendasein erlösen, in das sie durch den Begriff der Handlung verbannt waren. Ähnliches gilt für einen Fortschritt, der sich innerhalb der Kybernetik abzeichnet. Die entscheidende Entdeckung war die des feedback-Mechanismus gewesen, der das System durch einen Vergleich von Inputs mit Zielgrößen steuert. Dabei ging es immer schon um Minimierung einer Differenz und um die ständige Kontrolle der sich erneuernden Abweichung. Die Abweichung trat, um es mit Watzlawick zu formulieren, in den Dienst ihrer eigenen Korrektur.[22] Trotz dieses Konzepts einer selbstreferentiellen Schleife war jedoch in der altkybernetischen Literatur wie bei ihrem Paradigma Thermostat ein Mechanismus vorausgesetzt, der auf die Umwelt der Steuerungsanlage einwirkt und diese Umwelt (relativ direkt!) in einer Weise verändert, die sich an den laufend gemessenen Inputwerten ablesen läßt. Von Kybernetik konnte daher nur in Fällen eines verläßlich funktionierenden Kausalzusammenhangs von Outputs und Inputs die Rede sein, also nur bei sehr geringer und/oder sehr spezifisch ausgewählter Komplexität in den System/Umwelt-Verhältnissen. Das setzt Beschränkung auf nur wenige Variablen und Systeme-in-Systemen voraus. Thermosta-

ferentielle Systeme, Zeitschrift für systemische Therapie 2 (1984), S. 191-200.

21 Siehe als Theorie für die Beraterpraxis Rudolf Wimmer/Margrit Oswald, Organisationsberatung im Schulversuch: Möglichkeiten und Grenzen systemischer Beratung in der Institution Schule, in: Wolfgang Boettcher/Albert Bremerich-Vos (Hrsg.), »Kollegiale Beratung« in Schule, Schulaufsicht und Referendarausbildung, Frankfurt 1987, S. 123-176. Hier sind im übrigen deutliche Einflüsse von Erfahrungen mit systemischer Familientherapie zu erkennen.

22 So Paul Watzlawick, Management oder – Konstruktion von Wirklichkeiten, in: Gilbert J. B. Probst/Hans Siegwart (Hrsg.), Integriertes Management: Bausteine des systemorientierten Managements, Festschrift Hans Ulrich, Bern 1985, S. 365-376 (372).

ten kontrollieren Raumtemperaturen, nicht Welttemperaturen.

Durch den Übergang zu einer Theorie selbstreferentiell-geschlossener Systeme und durch den damit ausgelösten Übergang zu einer Kybernetik zweiter Ordnung wird diese Beschränkung gleichsam unter der Hand aufgehoben. Für diese Systemtheorie gibt es keine grenzüberschreitenden Inputs und Outputs als strukturdeterminierende Bedingungen der Autopoiesis; es gibt allenfalls Beobachter, die mit Hilfe entsprechender eigener Unterscheidungen andere Systeme so beobachten, aber dabei selber nicht von Inputs und Outputs abhängig sind, sondern nur von eben dieser selbstkonstruierten Unterscheidung.[23] Was im Steuerungsprozeß als Input wahrgenommen wird, ist nur eine im System selbst konstruierte Information, und diese Konstruktion ist nichts anderes als eine Komponente der Unterscheidung, deren Differenz das System zu minimieren sucht. In der Außenwelt gibt es weder Inputs noch Outputs, weder Informationen noch Möglichkeitsbereiche, aus denen Informationen ausgewählt werden. Die Außenwelt ist, wie sie ist: stur, möglichkeitslos und unbekannt.

Die Steuerung des Systems ist also immer Selbststeuerung, ob sie nun mit Hilfe einer intern konstruierten Unterscheidung von Selbstreferenz und Fremdreferenz sich auf das System selbst bezieht oder auf seine Umwelt. Das politische System hat in dieser Hinsicht keine Ausnahmeposition; auch die Politik kann nur sich selber steuern, und wenn ihre Steuerung sich auf ihre Umwelt bezieht, dann eben auf *ihre* Umwelt. Ein Beobachter kann das anders sehen, er kann es aber selbst nicht anders machen.

23 Dieser zuletzt genannte, auf die Verwendung der Unterscheidung bezogene Vorrang der Geschlossenheit vor allen Input/Output-Beobachtungen bleibt im übrigen unberücksichtigt, wenn Francisco Varela, L'auto-organisation: de l'apparence au mécanisme, in: Paul Dumouchel/Jean-Pierre Dupuy (Hrsg.), L'Auto-organisation: De la physique au politique, Paris 1983, S. 147-164, couplage par input und couplage par clôture so beschreibt, als ob sie für einen Beobachter als Beschreibungsmodelle zur Wahl stehen. Sie stehen zur Wahl, aber nicht als Operationen des beschreibenden Beobachters, sondern nur als Unterscheidungen, die er seinem Beobachten zugrunde legt. Er selbst bleibt operativ immer ein selbstreferentiell geschlossenes System.

Deshalb ist die Steuerung auch nicht darauf angewiesen, daß die Außenwelt einen hinreichend vorstrukturierten Bereich von Kausalbeziehungen gleichsam vorrätig zur Verfügung stellt. Erst mit dieser Einsicht wird der Steuerungsmechanismus von sehr stark beschränkenden Annahmen über die Außenwelt abgelöst und in seiner Universalität erkennbar. In der Außenwelt gibt es eben keine Temperaturen – womit nicht geleugnet sein soll, daß man sich irritiert fühlt, schließlich friert und schließlich nachsieht, wenn die Heizung im Winter nicht anspringt.

Schließlich erlaubt es die Systemtheorie, das, was die Handlungstheorie als Zwecke postuliert, zu rekonstruieren. Ein Differenzminimierungsprogramm braucht innerhalb der Unterscheidung, um die es geht, noch eine Asymmetrie als Richtungsangabe. Zwecke dienen der Asymmetrisierung von Unterscheidungen. Die Angleichung der Bildungschancen, sagt der Zweck, soll nicht durch Minderung, sondern durch Erhöhung der Bildung aller erfolgen; und das Bentham-Programm hieß bekanntlich so viel Glück wie möglich für möglichst viele und nicht: Beteiligung möglichst vieler am gemeinsamen Leid. Faktisch mag oft eine Neuverteilung mit geringerer Spannweite, also ein Verlust an Exzellenz herauskommen. Aber die Reduktion auf ein mittleres Niveau ist nicht das Ziel der Steuerung, sondern ihr (vielleicht unvermeidliches) Schicksal. Ihr Anliegen ist die Angleichung nach oben, und eben das garantiert ihr die sisyphische Dauer ihrer Funktion.

III.

Der handlungstheoretische Ansatz zwingt dazu, die Frage nach der Steuerung des Gesellschaftssystems (oder sogar: eines jeden Systems) als Wer-Frage zu stellen. Fast bruchlos führt das zu der Annahme, daß es Sache der Politik sei, die Gesellschaft zu steuern, und fast ebenso zwangsläufig führt das zur Feststellung des Versagens. So wie die Handlungstheorie sich den »perversen Effekten« ausgeliefert sieht, so in genauer Parallele und aus gleichem Grund die politische Steuerungstheorie dem »Staatsversagen«. In jedem Falle ergeben sich Problemerfahrung und Problemformulierung aus dem Ansatz der Theorie, und inzwischen kann man wohl überlegen, ob dieser Ausschnitt, die Zerteilung der Welt in diese beiden Hälften, überhaupt fruchtbar ist. Bekommt man, in anderen Worten, alles zu sehen, was zu sehen ist, wenn man mit dem Schema Aktion und Widerstand beobachtet?

Der politiktheoretische Ausgangspunkt für Fragen der Steuerungstheorie ist zunächst nicht ohne Plausibilität. Er nährt sich einerseits von alteuropäischen Reminiszenzen[24], vor allem aber bestätigt ihn das hohe Maß an Organisation kollektiver Handlungsfähigkeit im Kontext der Funktion, kollektiv bindendes Entscheiden zu ermöglichen. In der Tat hängt die Ausdifferenzierung eines politischen Systems zunächst von der Ausdifferenzierung regional ausgreifender Herrschaftszentren und seit dem späten Mittelalter von der Bildung einer territorial souveränen Organisation ab, die man seitdem »Staat« nennt. Aber dieser Organisationserfolg, der die Ausdifferenzierung des politischen Systems ermöglicht, trägt, erhält und reproduziert, darf nicht zu der Illusion verleiten, daß die Politik die Gesellschaft repräsentieren oder gar steuern könne. Schon die Tatsache, daß die Gesellschaft in Funktionssysteme differenziert ist, die nicht nur verschiedene, jeweils eigenwillige, schwer zu kontrollierende Objekte sind, sondern verschiedene Weisen, die Gesamtgesellschaft in der Gesellschaft als Unterscheidung von Teilsystem und Teilsystemumwelt zu realisieren, schon das ist schwer mit

24 Dies ist freilich nur mit großen Vorbehalten zu sagen. Denn in der alteuropäischen Politiktheorie ging es zwar um die Perfektionsbedingungen der menschlichen Lebensform und insofern um das System, in dem der Sinn aller anderen kulminierte, aber es ging keineswegs um Gesellschaftssteuerung; und wenn im späten Mittelalter Überlegungen dieser Art in bezug auf »politia« und Recht aufkamen, dann nicht im Sinne einer Gesellschaftsgestaltung, sondern im Sinne einer Anpassung an den Wandel der Zeiten und der lokalen Besonderheiten. Obwohl die Thematik das gesamte Menschenleben, angefangen im Mutterleib, einbezog, war das Problem dieser Theorien der vita civilis nicht Gesellschaftsgestaltung, sondern Verhinderung von Abweichungen oder Korruptionen des perfekten Laufs der Natur. Zur Kritik solcher Rückgriffe auf alteuropäisches Gedankengut in der neueren Politik-Theorie siehe auch Stephen R. Holmes, Aristippus In and Out of Athens, American Political Science Review 73 (1979), S. 113-128; Niklas Luhmann, Das Ende der alteuropäischen Politik, Ms. 1987.

Vorstellungen einer zentralen Steuerung zu vereinbaren. Auch das politische System ist danach nur ein System unter anderen, das mit eigenen Differenzminimierungsprogrammen arbeitet. Differenzminimierungsversuche finden überall statt, sind überall Vollzug von Gesellschaft, und zugleich erzeugt die Gesellschaft Differenzen dadurch, daß sie es erlaubt, Differenzminimierungsprogramme unter funktionsspezifischen Aspekten anzusetzen und auszuführen. Das geschieht selbstverständlich auch im politischen System in Ausnutzung der Funktion, kollektiv bindendes Entscheiden zu ermöglichen. Aber auch in Ehen und Familien findet man solche Bemühungen, im Wirtschaftssystem, im Erziehungssystem, bei der Krankenbehandlung. Auch kann die Politik so wenig wie ein anderes System sich selbst transzendieren und gleichsam in höherem Auftrag handeln. Es gibt keine Instanz, die einen solchen Auftrag erteilen, ihn konditionieren und seine Ausführung überwachen könnte. Es gibt in funktional differenzierten Gesellschaften nicht einmal eine konkurrenzlose Repräsentation der Gesellschaft in der Gesellschaft.[25] Das politische System kann also nur sich selbst steuern mit Hilfe einer spezifisch politischen Konstruktion der Differenz von System und Umwelt. Daß dies geschieht und wie dies geschieht, hat ohne Zweifel gewaltige Auswirkungen auf die Gesellschaft, weil es Differenzen erzeugt, an denen sich andere Funktionssysteme dann ihrerseits orientieren müssen. *Aber dieser Effekt ist schon nicht mehr Steuerung und auch nicht steuerbar*, weil er davon abhängt, was im Kontext anderer Systeme als Differenz konstruiert wird und unter die dort praktizierten Steuerungsprogramme fällt.

Oft wird die Grenze der politischen Steuerbarkeit von Gesellschaften als Problem der Komplexität umschrieben. Das ist sicher nicht falsch, trifft aber nicht den Kern der Sache. Selbst relativ einfache Systeme wie etwa Familien bieten der Politik unübersteigbare Schwierigkeiten, wenn ihre Selbststeuerung nicht klappt. Wenn die Familie ihre Differenzen nicht ausreichend minimieren kann (wie immer das aus der Sicht einer soziologischen Systemtheorie zu begreifen wäre), kann die Politik es erst recht

25 Vgl. Niklas Luhmann, La rappresentazione della società nella società, in: Roberto Cipriani (Hrsg.), Legittimazione e società, Roma 1986, S. 127-137; engl. Übers. in: Current Sociology 35 (1987), S. 101-108.

nicht. Sie kann allenfalls die behördliche Implementation eigener Programme zur Verfügung stellen, Frauenhäuser finanzieren, Scheidungen erleichtern oder erschweren, Versorgungslasten verteilen und damit Drohmittel schaffen oder auch von unbesonnenem Heiraten abschrecken – kurz: Politik machen. Die Familien selbst können damit nicht gesteuert werden.

Man mag in diesem Punkte anderer Meinung sein und bleiben. Sicher kann man die Ambition moderner wohlfahrtsstaatlicher und/oder ökologischer Steuerungspolitik eindringlich nachvollziehen und als politische Programmatik ausarbeiten. Nur sollte man darauf verzichten, dies als Gesellschaftssteuerung zu bezeichnen. Es ist, wie so vieles, Steuerung in der Gesellschaft; hier: Selbststeuerung der Politik in der Gesellschaft. Damit sind die Möglichkeiten keineswegs erschöpft, Steuerungsprobleme in der modernen Gesellschaft zu untersuchen.

IV.

Auf begrifflicher und auf theoretischer Ebene halten wir nach diesen eher theorievergleichenden Überlegungen folgendes fest:

(1) Steuerung ist immer Selbststeuerung von Systemen und nur in diesem Rahmen handlungsleitendes Unterscheiden. Oder anders gesagt: Man muß nach der Einheit fragen, die sich selbst steuert (statt diese Einheit vorschnell durch die Differenz von Intention und perversem Effekt unsichtbar zu machen), und diese Einheit ist nicht eine Handlung, sondern ein System.

(2) Steuerung ist Differenzminderung innerhalb einer Unterscheidung und unterscheidet sich dadurch von anderen Formen des Umgangs mit Unterscheidungen.

(3) Differenzminderungsprogramme werden steuerungspraktisch nicht als Programme des Schrumpfens zur Mitte hin verstanden (etwa im Sinne der alteuropäischen Vorstellung von Maß, Mitte, Gerechtigkeit), sondern als Angleichung in eine Richtung. Steuerung setzt also Asymmetrisierung der Differenz und dann trotzdem noch Verringerung, wenn nicht Beseitigung der Differenz voraus.

Schon diese Zusammenstellung läßt erkennen, welche Unwahrscheinlichkeiten eingebaut sind, wenn man ein solches Konzept universalisiert und auf die gesamte Gesellschaft anwendet. Jedenfalls kann nicht gemeint sein, daß die Steuerung intendierte Erfolge erreichen müsse, und erst recht nicht, daß Ordnung als Resultat von Steuerung zu begreifen sei und Mißlingen von Steuerung zur Unordnung führe. Zugleich wird an der Art, wie beim Steuern Unterscheidungen verwendet werden, die Spezifizität gerade dieses Umgangs mit Unterscheidungen deutlich, und bereits daraus ergeben sich erste einschränkende Überlegungen.

Leitdifferenzen sind ja oft, und gerade in der Einrichtung von Funktionssystemen, als binäre Codes etabliert, die sich nicht zur Steuerung eignen, ja sich geradezu dagegen sperren. Man kann nicht gut dazu ansetzen, die Differenz von Recht und Unrecht oder die von Haben und Nichthaben, die von Wahrheit/Unwahrheit oder die von Immanenz/Transzendenz zu minimieren.[26] Die Codes, die dazu dienen, Funktionssysteme auszudifferenzieren, etablieren zwar eine Unterscheidung. Sie formulieren auch einen Präferenzwert, nämlich den positiven Wert, der die Anschlußfähigkeit der Operationen im autopoietischen System vermittelt. Der Negativwert (Unrecht, Nichthaben, Unwahrheit, Transzendenz) bezeichnet aber die Reflexion der Bedingungen (oder wenn man so will: der Nichtselbstverständlichkeit) der Anschlußfähigkeit; er bezeichnet also nicht etwas, was durch Steuerungsbemühungen in Richtung auf den anderen Wert verringert werden soll. Selbst die Politik würde kollabieren, wollte sie ihre Möglichkeiten der Selbststeuerung dazu einsetzen, die Differenz von Machtüberlegenheit und Machtunterlegenheit oder die Differenz von Regierungsprogramm und Oppositionsprogramm gegen Null tendieren zu lassen. Vielleicht

26 Nicht selten wird dieser Widerspruch zwischen Codierung und Differenzminderung in einen Reformimpuls transformiert, so als ob der Positivwert des Codes wie ein Zweck über Steuerung erreicht werden könnte. In diesem Sinne bemühen sich Reformen des Erziehungssystems um Gleichheit und um Exzellenz. Siehe dazu Niklas Luhmann/ Karl Eberhard Schorr, Strukturelle Bedingungen von Reformpädagogik: Soziologische Analysen zur Pädagogik der Moderne, Zeitschrift für Pädagogik (1988), im Druck.

wird man zweifeln, ob dies auch für Moral gilt oder ob Moral nicht doch ein Steuerungsprogramm der Gesellschaft ist mit der Implikation, daß das Böse möglichst in Richtung auf das Gute verringert werden sollte. Aber dann wird man rasch entdecken, daß es (eben deshalb?) nicht gelungen ist, ein Funktionssystem für Moral auszudifferenzieren.

Nicht alle Unterscheidungen sind mithin Steuerungsunterscheidungen, und gerade diejenigen, die dazu dienen, per Codierung Funktionssysteme auszudifferenzieren, sind es nicht. Schon daraus folgt, daß Steuerungsabsichten immer mit Strukturen zu ringen haben, die nicht von ihnen geschaffen worden sind und die sich aufgrund der Eigenschaften autopoietischer Systeme regenerieren. Alle Steuerung arbeitet sich an fremdgeneriertem Material ab – auch wenn alle Strukturfestlegung ausschließlich durch das System erfolgt, das sich selbst steuert. Auf der gleichen Linie liegt eine zweite Einschränkung. Unterscheidungen dienen dem Beobachten und Beschreiben. Beim Beobachten können, müssen aber nicht diejenigen Unterscheidungen verwendet werden, die die beobachteten Beobachtungen selbst verwenden. Wenn dies geschieht, nennt man das heute »Evaluation«. Nicht alle Beobachtung von Steuerung ist jedoch Evaluation. Man kann auch mit moralischen Unterscheidungen beobachten; oder mit dem Schema latent/manifest, also etwa ideologiekritisch; oder auch einfach vom Standpunkt eines Interesses, das nur prüft, ob es von der Steuerung hinreichend gefördert wird oder wie es sich gegen Steuerung zu schützen und zu wehren hat. Die Steuerung erreicht ihr Ziel der Minderung einer Differenz oder sie erreicht es nicht. Sie erzeugt aber außerdem immer noch dadurch Effekte, daß sie beobachtet wird und Beobachter auf sie in der einen oder anderen Weise reagieren. Das läßt sich zwar in die Steuerung einplanen als Vorausschau auf Reaktionen. Aber diese Vorausschau unterliegt dem gleichen Gesetz, sobald sie beobachtet werden kann.

Diese Bemerkungen führen uns zurück zu einem bereits behandelten Gesichtspunkt. In der modernen Gesellschaft verfügen vor allem die Funktionssysteme über Möglichkeiten der Selbststeuerung. Die Gesellschaft selbst hat alle Probleme delegiert und besitzt daher keine Agenturen, die dann gleichsam eine Superfunktion der Wahrnehmung aller Funktionen wahrnehmen müßten. Obwohl alle Steuerung in der Gesellschaft stattfindet und insofern immer gesellschaftliche Autopoiesis vollzieht (das heißt: kommuniziert), gibt es im strengen Sinne keine Selbststeuerung der Gesellschaft auf der Ebene des Gesamtsystems.[27]

Trotzdem bringt die Gesellschaft sich zur Geltung, und zwar dadurch, daß sie es nicht dem Belieben – und schon gar nicht den Steuermännern/frauen selbst überläßt, *wie Steuerung beobachtet wird*. Seit der bürgerlichen Bewegung, seit dem ideologischen Unterlaufen der Unterscheidungen, die in älteren Gesellschaftsformationen galten, gibt zumindest das Prinzip der Gleichheit eine Beobachtungsregel an die Hand, die sich der Steuerung oktroyiert, soweit die Gesellschaft als ganzes im Blick steht. Die Differenzminimierungsprogramme richten sich auf die Verringerung von Ungleichheiten. Ungleichheiten werden jetzt nicht mehr als Beschreibung der Perfektion der Welt (als multitudo et distinctio im Sinne der mittelalterlichen Kosmologie) gesehen, sondern als Anlaß zum Gegensteuern. Und wie beim Steuern von Schiffen oder Wagen im Raum findet die an Gesellschaft orientierte Steuerung sich damit vor einer Aufgabe, die sich selbst regeneriert. Alle Funktionssysteme erzeugen dadurch, daß sie steuern, immer auch Differenzen und im Effekt Ungleichheiten; denn ihre jeweilige Rationalität zeichnet bessere Problemlösungen gegenüber schlechteren aus. Außerdem gedeihen gerade auf dem Boden einer anzustrebenden Gleichheit meritokratische Unterscheidungen oder, um es mit Hermann Lübbe zu formulieren, chancengleichheitsbegünstigte Egalitätsnutzer.[28] Immer wieder kann man davon profitieren, daß man sich von dem unterscheidet, was als Standarderwartung vorgegeben oder angestrebt wird. Die Steuerung findet an den Gewinnern, die von ihr profitieren, neue Nahrung. Sie erzeugt in ihrer Selbstperpetuierung sehr spezifische Strukturen – etwa solche

27 Zu gravierenden Konsequenzen für die ökologische Problematik siehe Niklas Luhmann, Ökologische Kommunikation: Kann die moderne Gesellschaft sich auf ökologische Gefährdungen einstellen? Opladen 1986.

28 So im Einleitungsreferat zur Diskussion des Bergedorfer Gesprächskreises über das Thema »Die Modernität in der Industriegesellschaft – und danach? Protokoll Nr. 82, Hamburg-Bergedorf 1987, S. 9-17 (13).

der Karriere und solche der Opposition dagegen, solche der indirekten Wege und solche, die Sinnsucher hinterlassen. Was geschieht, ist so letztlich das Resultat des Beobachtens der Beobachter, des rekursiven Vernetzens von Beobachtungen und der sich in diesem Zusammenhang herausstellenden Bereitschaft, Ungleichheiten als Problem zu sehen oder sie als Basis für Operationen zu akzeptieren.

Das Gleichheitspostulat erklärt so, ungeachtet aller Besonderheiten, die sich in den einzelnen Funktionssystemen ergeben, die Steuerungsimpulse, ja die hin und wieder überbordende Steuerungsmanie der modernen Gesellschaft. Die Unterscheidung gleich/ungleich bietet ein besonders günstiges Schema für Differenzminimierungsprogrammatiken aller Art, und Politik sieht sich hier sicher in besonderer Weise gefordert. Das Schema gleich/ungleich bietet schließlich besondere Chancen, sich mit Steuerungsabsichten in der modernen Gesellschaft verständlich zu machen und sich der Beobachtung auszusetzen. Aber es bietet natürlich keine Chance, daß die Steuerung die Differenz von gleich und ungleich tatsächlich in Richtung auf gleich aufheben und es dann dabei belassen kann. Das Gleichheitsschema hat nur die Funktion, der Steuerung eine Art »Legitimität«, das heißt Sicherheit gegenüber unspezifizierten Beobachtern zu beschaffen.

V.

Blickt man auf das hochkomplexe System der Gesellschaft als ganzes, dürfte klar sein, daß es an dem Mechanismus fehlt, den altkybernetische Steuerungstheorien vorausgesetzt hatten, nämlich eine relativ direkte Kausalität, die dazu führt, daß der Output von Systemmechanismen alsbald an einer Veränderung des Inputs wiedererscheint, wie im Paradigma: Die Heizung springt an, und es wird wärmer. Vielmehr findet alles in der großen black box des Systems statt – black box von außen, aber auch von innen gesehen. Trotzdem kann Steuerung stattfinden, weil dies ja nur die Auswahl von Unterscheidungen voraussetzt, in bezug auf die man Differenzen minimieren will. Solange Beobachter das unaufgeregt beobachten, mag es gehen, und wenn die Akzeptabilität von einer Unterscheidung auf andere übergeht, mag die Steuerung dem folgen – etwa von eher sozialistischen zu eher wohlfahrtsstaatlichen, zu eher ökologischen Differenzminimierungsprogrammen fortschreiten. Aber an den Mechanismen, die die Altkybernetik vorausgesetzt hatte, fehlt es allemal.

Die Frage ist, ob dies anders wird, wenn man die Systemreferenz wechselt und die Selbststeuerungsmöglichkeiten gesellschaftlicher Teilsysteme untersucht. Dies ist eins der berühmten weiten Felder. Wir können aber probeweise einmal überlegen, in welchem Sinne man von Selbststeuerung der Wirtschaft oder, noch enger, von Selbststeuerung der an der Wirtschaft partizipierenden Unternehmen und Haushalte sprechen kann.

Begreift man die Wirtschaft als Autopoiesis des Zahlens, dann ist klar, daß es bei aller wirtschaftlichen Steuerung immer um *Geldmengendifferenzen* geht. Ferner geht es, wenn man Steuerung kybernetisch als Differenzminimierung begreift, immer um Minimierung einer in Geldsummen ausgedrückten Differenz. Damit ist aber nicht schon implizit eine monetaristisch orientierte Zentralbankpolitik empfohlen, sondern nur behauptet: Es geht gar nicht anders. Eine Steuerung, die ihr Programm nicht an der Differenz von Geldmengen orientiert, ist keine Selbststeuerung des Wirtschaftssystems. Es mag dann immer noch zum Beispiel politisch sinnvoll sein, eine Verringerung von Arbeitslosenquoten anzustreben. Aber wenn man prüfen will, warum jemand auf diese Idee kommt und was er tun wird, um in diesem Sinne zu steuern, muß man das politische System beobachten und nicht das Wirtschaftssystem; und man wird dann beobachten müssen, wie das politische System das Wirtschaftssystem beobachtet und welche (vielleicht »perversen«) Effekte es erzeugt, wenn es den eigenen Beobachtungen entsprechend handelt.[29]

29 Bestritten wird natürlich auch nicht, daß innerhalb von Organisationen des Wirtschaftssystems Programme entwickelt und befolgt werden können, die nicht diesem Typus der wirtschaftlichen Steuerung folgen. Ein Programm zur Verringerung von Alkoholismus im Betrieb oder sogar des Therapierens von alkoholkranken Betriebsangehörigen braucht nicht (und kann auch kaum) von den wirtschaftlichen Effekten her geplant werden. Es hängt sich nur mit der vagen Vermutung ein, daß die Ergebnisse sicher auch der Wirtschaftsrechnung des Betriebs zugute kommen werden, und es braucht dies Argument nur zu legitimatori-

Steuerungsprogramme können durchaus idealistisch angesetzt werden – zum Beispiel unter der Maxime: so viel Profit wie möglich. Ihre Operationalisierung würde dann aber noch präzisierende Schritte voraussetzen, etwa die Fixierung von Erwartungen in bezug auf Summen und auf Zeiteinheiten. Auch unterscheiden sich Unternehmen und Haushalte dadurch, daß die einen Bilanzen, die anderen Budgets zur Operationalisierung und zur Kontrolle verwenden. Je nachdem, in welche dieser Formen die Spezifikation von Subprogrammen gebracht wird, und je nach dem Schema, das der Aufgliederung zugrunde gelegt wird (also: je nach der Unterscheidung von Geldmengenunterscheidungen) ergeben sich sehr unterschiedliche Steuerungseffekte sowie sehr unterschiedliche Anlässe zum Gegensteuern. Man denke nur an die bekannte Tendenz budgetierter Systeme, das Geld, das zur Verfügung gestellt ist, auch auszugeben, also den Geldvorrat gegen Null (und nicht: gegen soviel wie möglich) laufen zu lassen. Auch reflektieren solche Programmformen seit langem bereits ihre strukturellen Effekte und Folgeprobleme. Arbeitsteilig organisierte Unternehmen kommen aus organisatorischen Gründen nicht ohne Budgets aus, und in Großhaushalten verdienen einkommenswirksame Ausgaben eine besondere Beachtung. Das alles kann uns hier nicht weiter beschäftigen. Es muß hier genügen, zu zeigen, wie sich die Kybernetik der Wirtschaft an schließlich kontrollierbare Kausalitäten heranspezifiziert.

Wie immer aber das System eigene Komplexität aufbaut: nie kann der Sündenfall der Ausdifferenzierung selbst zurückgenommen werden. Man kehrt nicht ins Paradies zurück. Das System bleibt in aller Selbststeuerung immer ein historisches System, das nicht anders kann, als eigene Reaktionen auf die eigene Lage in eben diese Lage einzubauen. Anders gesagt: Die das System ausdifferenzierende Differenz von System und Umwelt wird nie zu einer Steuerungsunterscheidung, wird nie zu einem Differenzminimierungsprogramm. Nie kann es darum gehen, so viel System wie möglich und so wenig Umwelt wie möglich zu realisieren, und ebensowenig umgekehrt. Das heißt auch: Das

schen Zwecken und zur Abgrenzung gegen Programme etwa der religiösen Bekehrung, von denen niemand glauben wird, daß diese auf die Arbeitsmotivation durchschlagen.

System kann sich selbst nicht zum Zweck werden, in bezug auf den Differenzen zu minimieren wären. So verstanden, wäre Selbststeuerung unmöglich. Was möglich bleibt, ist jedoch: im Anschluß an den Geldcode Differenzminimierungsprogramme zu entwickeln und mit Hilfe dieser Programme dann Beobachtungen zu orientieren bis in einen Grad der Spezifikation hinein, der ohne diese einschränkenden Voraussetzungen unerreichbar bliebe.

Daß eine Zentralbank immer auch beobachten wird, wie die Politik die Wirtschaft beobachtet, versteht sich von selbst. Sie kann sich mit einer entsprechenden Umwegkonstruktion dann auch als Instanz der politischen Steuerung der Wirtschaft begreifen, und bei hoher politischer Abhängigkeit mag sie so eingesetzt werden. Nur ändert das nichts daran, daß die Systemreferenzen Politik und Wirtschaft getrennt bleiben und daß die Selbststeuerung der Wirtschaft sich nur über Geldmengenunterscheidungen spezifizieren kann. Wenn man sich als eingreifender Akteur begreift, kann man dies ignorieren. Dann verführt man sich aber selbst dazu, die Wirklichkeit mit Hilfe der Unterscheidung von Aktion und Widerstand oder von Zweck und perversen Effekten zu dekomponieren. Und dann sieht man nur das, was man zu sehen bekommt, wenn man mit genau dieser Unterscheidung beobachtet. Dagegen ist prinzipiell nichts zu sagen. Aber ein Beobachter, der nun dies wiederum beobachtet, sieht auch, daß auch mit dieser Unterscheidung ein blinder Fleck, eben diese Unterscheidung, gewählt wird. Und wenn die Kybernetik zweiter Ordnung, die Theorie des zirkulären Beobachtens von Beobachtungen, etwas lehrt, dann dies: daß man auch dies noch beobachten kann.

VI.

Abschließend kehren wir noch einmal zum Verhältnis von Politik und Wirtschaft unter steuerungstheoretischen Gesichtspunkten zurück. Unter der gesellschaftsstrukturellen Bedingung funktionaler Differenzierung liegt der unaufhebbare Ausgangspunkt in der selbstreferentiellen Autonomie der Funktionssysteme, neben denen es in der Gesellschaft nicht noch eine Gesellschaft, also auch keine gesamtgesellschaftliche Repräsentation geben kann. Das heißt: Jedes Funktionssystem orientiert sich an eigenen Unterscheidungen, also an eigenen Realitätskonstruktionen, also auch an einem eigenen Code. Kein Steuerungsversuch kann diese Differenzen aufheben oder auch nur überbrükken. Jedes System baut in den eigenen Operationskontext aber Programme ein, und diese können als Differenzminimierungsprogramme angelegt sein, also entweder Störungen oder Ziele bezeichnen, im Hinblick auf welche ein Systemzustand angenähert, in seiner Differenz also minimiert werden soll. Es ist nun diese Unterscheidung von Code und Programm, die wir für unser Problem nutzen können.

Codes sind für das System, das sich durch sie identifiziert, invariant. Es kommt dem Wirtschaftssystem nie in den Sinn, daran zu rütteln, daß es einen Unterschied ausmacht, ob gezahlt oder nicht gezahlt wird. Dagegen lassen sich Programme unter der Bedingung, daß der Code invariant bleibt, variieren. Diese Eigentümlichkeit der Differenz von Codierung und Programmierung läßt sich bei externen Interventionen (hier: der Politik in die Wirtschaft) nutzen. Unter der Voraussetzung, daß die Systemdifferenz erhalten bleibt, und unter der weiteren Voraussetzung, daß in der Politik nur politische und in der Wirtschaft nur wirtschaftliche Programme realisiert werden können, kann die Politik es sehr wohl als ihre Aufgabe ansehen, Differenzminimierungsprogramme, nach denen man sich in der Wirtschaft richtet, zu beeinflussen. Solche Absichten bleiben politische Programme. Wenn sie in die Wirtschaft eingreifen sollen, kann es aber nicht mehr einfach darum gehen, politisch relevante Zahlen (etwa Durchschnittseinkommen oder Spannweite der Einkommensdifferenzen, Arbeitslosenzahlen, regionale Unterschiede in diesen Zahlen usw.) zu beobachten. Die Politik verfügt über keinen kybernetischen Mechanismus (Heizung, Kühlung), der diese Zahlen beeinflussen könnte. Sie sind das Resultat eines komplexen Zusammenwirkens von Selbststeuerungseinrichtungen (Differenzminimierungsprogrammen) der Wirtschaft. Die Politik kann daher nur Bedingungen schaffen, die sich auf die Programme und damit auf die Selbststeuerung der Wirtschaft auswirken. Sie kann etwas verbieten, sie kann Kosten schaffen, sie kann Nutzungen unter Bedingungen stellen usw.

Bei einer genauen Überprüfung der Möglichkeiten wird man wahrscheinlich feststellen, daß es meistens darum gehen wird, in die relative Attraktivität der Programme einzugreifen, ohne daß dieser Steuerungseffekt ein Ziel der Politik wäre oder in ihrer Erfolgsbilanz aufgeführt werden könnte. Es kann zum Beispiel sein, daß Umweltauflagen gewisse Betriebe in den Konkurs treiben, da sie nicht, oder nur bei nicht bezahlbaren oder nicht erhältlichen Krediten finanzierbar sind. Die Differenz, um die es geht, wird größer statt geringer. Aber die Politik wird ihre Erfolge an Messungen der Umweltbelastung ausweisen, wird ihr Differenzminimierungsprogramm mit Bezug darauf praktizieren und nicht etwa die Zahl der Konkurse als Programm ausweisen. Wenn sie bemerkt, was sie anrichtet, mag sie ein Konkursrettungsprogramm auflegen und, von Erfahrungswerten ausgehend, versuchen, die Konkurszahlen pro Jahr zu verringern oder die Zahl der Betriebsrettungen aus dem Konkurs heraus zu erhöhen. Aber das sind dann wieder politische Programme, bei denen man erst noch sehen muß, welche Deformierungen an wirtschaftlichen Programmen sie nun wieder auslösen. Bereitstehende Hilfe kann Konkurse attraktiv werden lassen.

Ein anderes Problem ist am Scheitern von politisch induzierten Entwicklungsprojekten in unterentwickelten Ländern sichtbar geworden. Die Politik sucht Gewinnchancen zu eröffnen und damit Aktivitäten zu stimulieren; aber die wirkliche Wirtschaft sucht nicht die Differenz zu einem möglichen Gewinn zu minimieren, sondern die Differenz zu einem möglichen Risiko.[30] Auch daran ist abzulesen, daß die Politik mit politischen Programmen politische Erfolge oder Mißerfolge erzielen und sich auf diese Weise selbst steuern kann; aber daß sie in die Selbststeuerung der Wirtschaft nur eingreifen kann, wenn und soweit sie die Richtung und die Bedingungen der wirtschaftlichen Differenzminimierung treffen kann. Vermutlich findet sich die gleiche Diskrepanz mehr, als die herrschenden politischen (aber

30 Vgl. dazu Raymond Boudon, La place du désordre: Critique des théories du changement social, Paris 1984, S. 123 ff. aufgrund von Amit Bhaduri, A Study of Agricultural Backwardness under Semi-feudalism, Economic Journal 83 (1973), S. 120-137 (bibliographische Ausgaben korrigiert). Vgl. auch James A. Roumasset, Rice and Risk: Decision-Making Among Low-Income Farmers, Amsterdam 1976.

auch markttheoretischen, also wirtschaftwissenschaftlichen) Steuerungskonzepte vermuten lassen, auch in industriell hochentwickelten Regionen. Jedenfalls muß man erst einmal beobachten können, wie es im anderen System läuft, bevor man auf dessen Selbststeuerung einwirken kann; und es ist eine Konsequenz der hier vertretenen Theorie, daß selbst diese Beobachtung nur mit Hilfe von eigenen Realitätskonstruktionen und nur mit Hilfe von selbstkonstruierten Informationen erfolgen kann, also gerade nicht mit Hilfe von Informationen, die (etwa mit Hilfe von Marktdaten) aus dem beobachteten System fertig bezogen werden können.

Aufs Ganze gesehen, ist Steuerung wohl immer Differenzminimierung und Differenzsteigerung zugleich. Sie ist außerdem stets ein unterscheidungsspezifisches Unternehmen, das sich selbst nicht ausreichend unterscheiden kann, wohl aber operativ sich selbst differenziert. Speziell in der politischen Theorie hat man auf die Beobachtung dieses Sachverhalts mit Partizipationsforderungen reagiert – ein grandioser Irrtum, der auf einer Fehldiagnose des Problems beruht. Eine eher skeptische »postmoderne« Version lautet, daß die, die am Diskurs nicht durch Reden oder Schweigen beteiligt sind, zu Opfern (victimes) werden.[31] Die Tatsache einer unaufhörlichen Reproduktion von Differenzen, für die es keine Metaregulation gibt, besagt aber noch nicht, daß die Ausgeschlossenen zu Opfern werden. Sie werden zu Beobachtern, die eigene Unterscheidungen benutzen und eventuell eigene Differenzminimierungsprogramme einsetzen können. Es kann aber auch Fälle geben, in denen die Steuerungen verschiedener Funktionssysteme auf einen Ausschließungseffekt hin konvergieren und damit Beobachter, die sich weder in der Sprache des Rechts (durch Geltendmachen von Ansprüchen) noch in der Sprache der Wirtschaft (durch Zahlungen oder Nichtzahlungen), noch in der Sprache der Politik (durch Gewalt) ausdrücken können, zum Verstummen bringen.[32]

31 So Jean-François Lyotard, Le différend, Paris 1983, insb. das erste Kapitel.

32 Eindrucksvolles Material hierzu ist aus Anlaß des britischen Bergarbeiterstreiks 1984/85 gesammelt, aber noch kaum ausgewertet worden. Es belegt eine hohe Realistik der Situationswahrnehmung bei ebenso eindrucksvoller Unfähigkeit, das motivierende Lebensinteresse in den an-

Wenn es zutrifft, daß jede Beobachtung, jede Beschreibung und in einem sehr spezifischen Sinne jede Steuerung als Operation Differenzen markiert und damit systembildend (= ausschließend) wirkt, ist nicht damit zu rechnen, daß dies Problem je durch eine Art dialektische Synthese gelöst werden könnte. Immerhin kann man es als Aufgabe wissenschaftlicher Analyse und soziologischer Aufklärung ansehen, es in die Selbstbeschreibung der modernen Gesellschaft einzubeziehen.

gebotenen Sprachen des Geldes, des Rechts, der politischen Agitation und des Gewalthandelns zu kommunizieren. Siehe nur WCCPL (Welsh Campaign for Civil and Political Liberties) und NUM (National Union of Mineworkers), Striking Back, o.O., o.J. (Cardiff 1985), sowie das Sonderheft 12/3 (1985) des Journal of Law and Society. Ich danke Phil Thomas für weitere Informationen.

Register

Niklas Luhmann
im Suhrkamp Verlag

Ausdifferenzierung des Rechts. Beiträge zur Rechtssoziologie und Rechtstheorie. stw 1418. 459 Seiten

Das Erziehungssystem der Gesellschaft. Herausgegeben von Dieter Lenzen. Mit zahlreichen Faksimiles des Manuskripts. stw 1593. 236 Seiten

Funktion der Religion. stw 407. 324 Seiten

Die Gesellschaft der Gesellschaft. Zwei Bände. stw 1360. 1164 Seiten

Gesellschaftsstruktur und Semantik. Studien zur Wissenssoziologie der modernen Gesellschaft.
- Band 1. stw 1091. 319 Seiten
- Band 2. stw 1092. 294 Seiten
- Band 3. stw 1093. 458 Seiten
- Band 4. stw 1438. 185 Seiten

Ideenevolution. Beiträge zur Wissenssoziologie. Herausgegeben von André Kieserling. stw 1870. 258 Seiten

Die Kunst der Gesellschaft. stw 1303. 517 Seiten

Legitimation durch Verfahren. stw 443. 261 Seiten

Liebe. Eine Übung. Herausgegeben von André Kieserling. 94 Seiten. Gebunden

Liebe als Passion. Zur Codierung von Intimität. stw 1124. 231 Seiten

NF 126/1/8.12

Macht im System. Herausgegeben von André Kieserling. Gebunden. 156 Seiten

Die Moral der Gesellschaft. Herausgegeben von Detlef Horster. stw 1871. 402 Seiten

Paradigm lost: Über die ethische Reflexion der Moral. Rede von Niklas Luhmann anläßlich der Verleihung des Hegel-Preises 1989. Laudatio von Robert Spaemann: Niklas Luhmanns Herausforderung der Philosophie. stw 797. 73 Seiten

Die Politik der Gesellschaft. Herausgegeben von André Kieserling. stw 1582. 444 Seiten

Politische Soziologie. Herausgegeben von André Kieserling. Gebunden. 499 Seiten

Protest. Systemtheorie und soziale Bewegungen. Herausgegeben von Kai-Uwe Hellmann. stw 1256. 216 Seiten

Das Recht der Gesellschaft. stw 1183. 598 Seiten

Die Religion der Gesellschaft. Herausgegeben von André Kieserling. stw 1581. 368 Seiten

Schriften zu Kunst und Literatur. Herausgegeben von Niels Werber. stw 1872. 490 Seiten

Schriften zur Pädagogik. Herausgegeben und mit einem Vorwort von Dieter Lenzen. stw 1697. 278 Seiten

Soziale Systeme. Grundriß einer allgemeinen Theorie. stw 666. 675 Seiten

NF 126/2/8.12

Theorie der Gesellschaft. Neun Bände in Kassette. stw 2002. 5100 Seiten

Die Wirtschaft der Gesellschaft. stw 1152. 356 Seiten

Die Wissenschaft der Gesellschaft. stw 1001. 732 Seiten

Zweckbegriff und Systemrationalität. Über die Funktion von Zwecken in sozialen Systemen. stw 12. 390 Seiten

Niklas Luhmann/Peter Fuchs. Reden und Schweigen. stw 848. 227 Seiten

Niklas Luhmann/Karl Eberhard Schorr. Reflexionsprobleme im Erziehungssystem. stw 740. 390 Seiten

Niklas Luhmann als Herausgeber

Niklas Luhmann/Stephan H. Pfürtner. Theorietechnik und Moral. stw 206. 267 Seiten

Niklas Luhmann/Karl Eberhard Schorr. Zwischen Intransparenz und Verstehen. Fragen an die Pädagogik. stw 572. 325 Seiten

Zu Niklas Luhmann

Beobachter der Moderne. Niklas Luhmanns »Die Gesellschaft der Gesellschaft«. Herausgegeben von Hans-Joachim Giegel und Uwe Schimank. stw 1612. 343 Seiten

NF 126/3/8.12

GLU. Glossar zu Niklas Luhmanns Theorie sozialer Systeme. Von Claudio Baraldi, Giancarlo Corsi und Elena Esposito. stw 1226. 248 Seiten

Irritationen des Erziehungssystems. Pädagogische Resonanzen auf Niklas Luhmann. Herausgegeben von Dieter Lenzen. stw 1657. 235 Seiten

Luhmann und die Kulturtheorie. Herausgegeben von Günter Burkart und Gunter Runkel. stw 1725. 289 Seiten

Rezeption und Reflexion. Zur Resonanz der Systemtheorie Niklas Luhmanns außerhalb der Soziologie. Herausgegeben von Henk de Berg und Johannes F. K. Schmidt. stw 1501. 514 Seiten

Theorie der Politik. Niklas Luhmanns politische Soziologie. Herausgegeben von Kai-Uwe Hellmann und Rainer Schmalz-Bruns. stw 1583. 320 Seiten

Frithard Scholz. Freiheit als Indifferenz. Alteuropäische Probleme mit der Systemtheorie Niklas Luhmanns. 287 Seiten

NF 126/4/8.12